U0470192

津卫妈祖

马文清/主编

文化艺术出版社
Culture and Art Publishing House

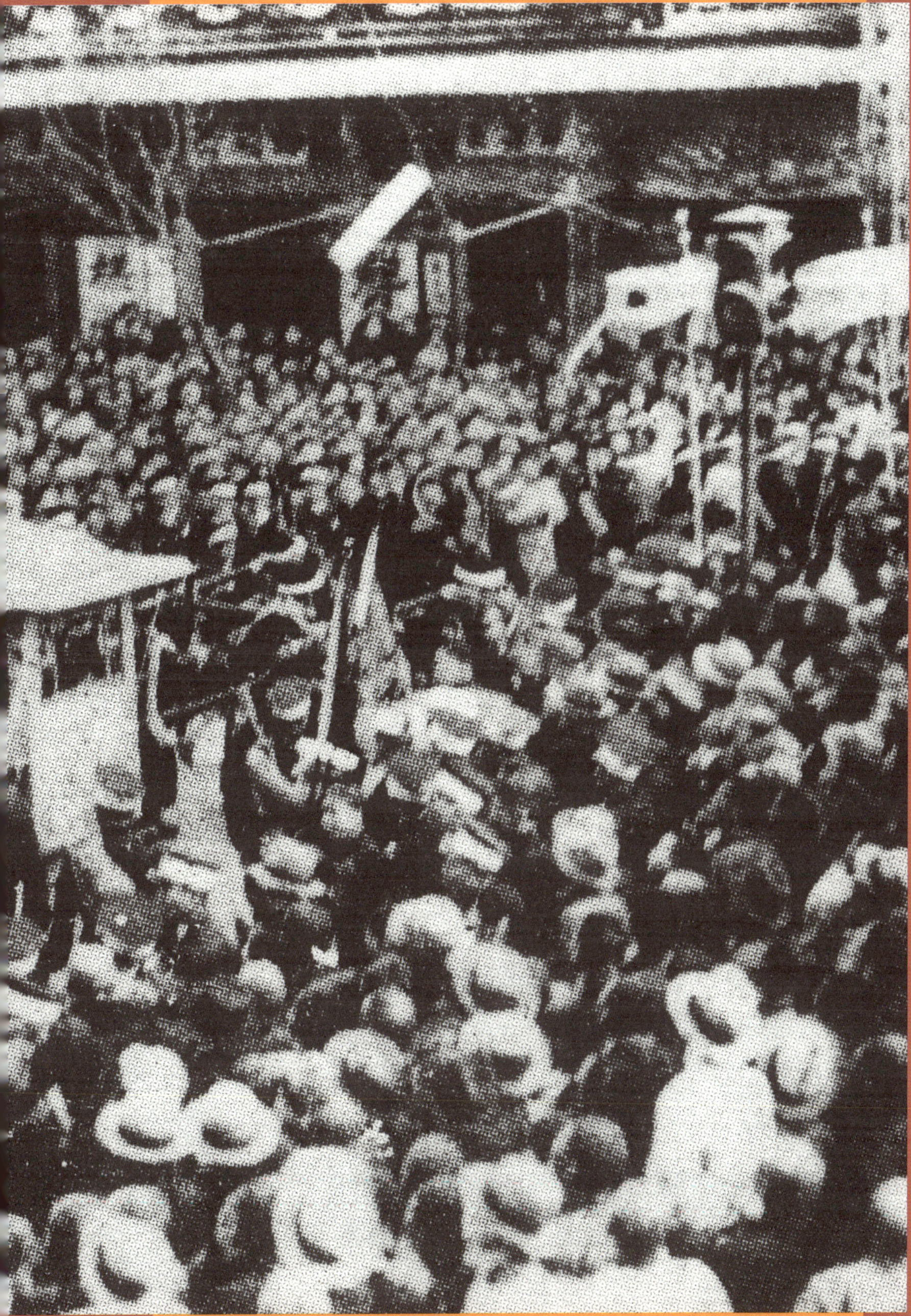

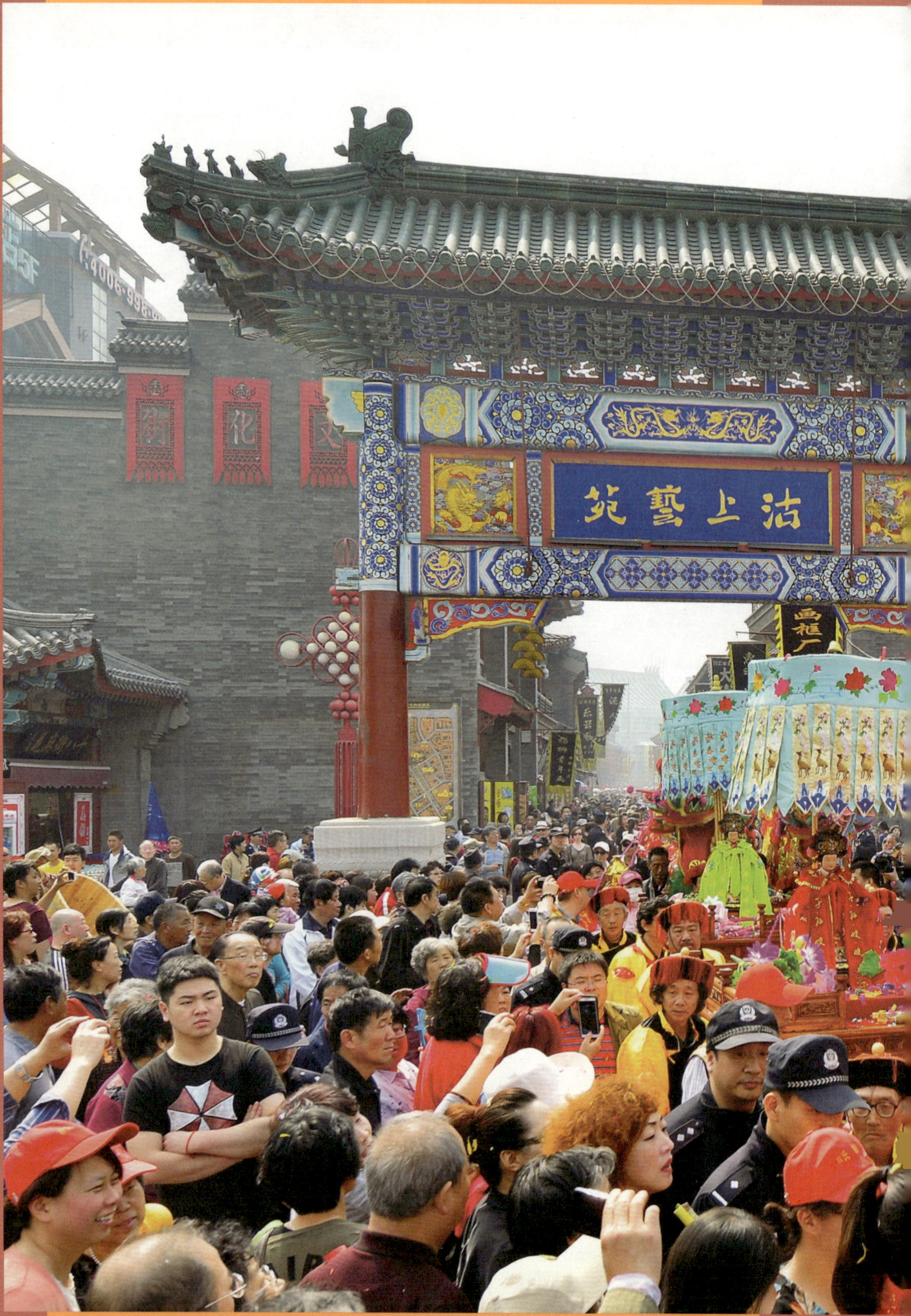
沽上藝苑
文化街

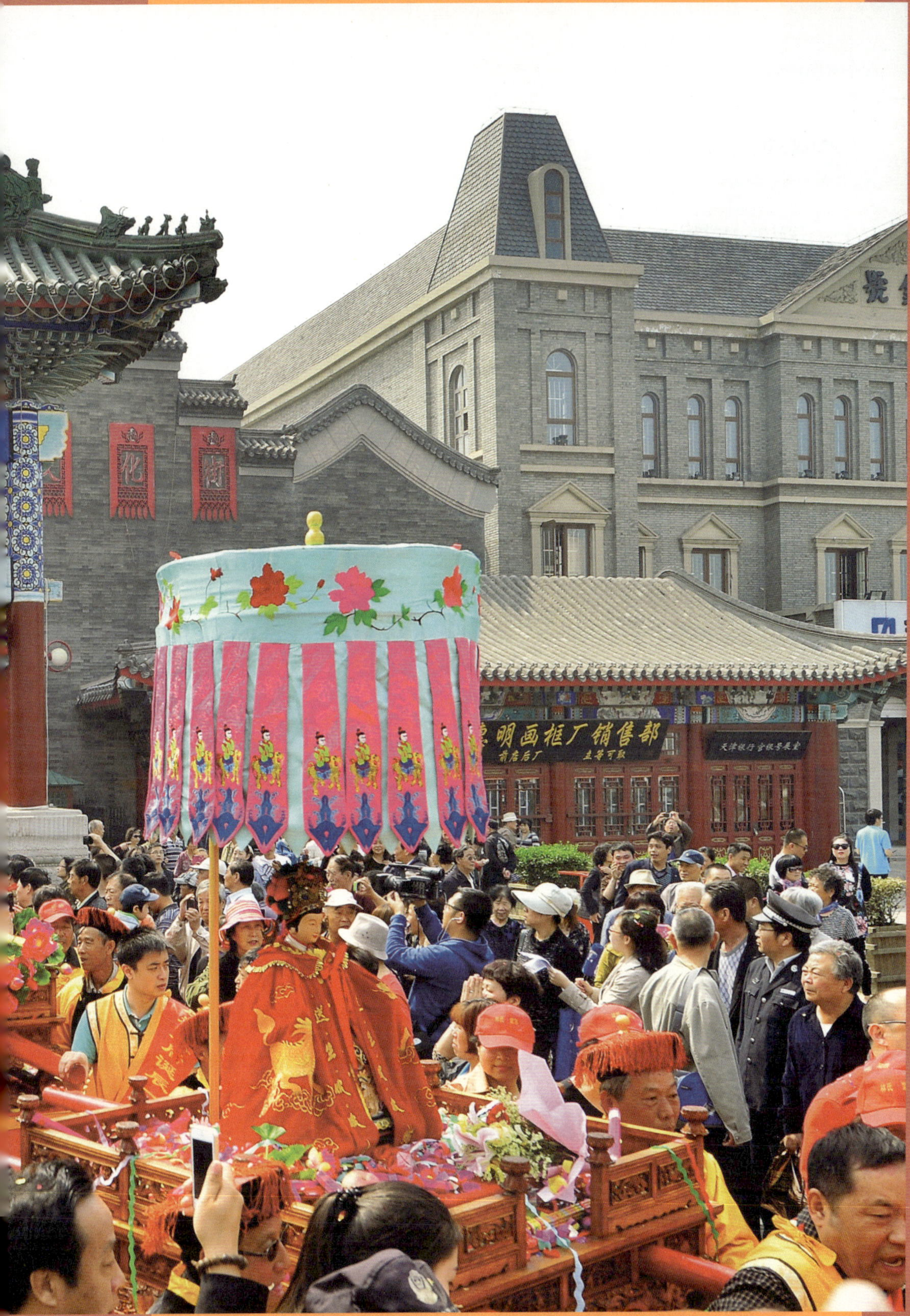
化
街
明画框厂销售部
前店后厂
立等可取

《津卫妈祖》编委会

主　　编　　马文清
副 主 编　　王　敬　尚　洁
主任编辑　　王利文
编　　委　　刘　丽　刘瑞芳　王利文　张晓丹　吕　琰

卷首语

　　这是一种流动的文明，就像津地海河的水，生生不息，源远流长。她，伴随着奔腾浩渺的江河湖海，将氤氲祥和的灵光播撒在世界的各个角落，将全人类的华人凝聚在一起，一代又一代……

　　这一文明的缔造者就是妈祖。

　　妈祖文化崇奉和颂扬妈祖的"立德、行善、大爱"，是劳动人民千百年来在信仰妈祖的过程中积累而成的物质及精神财富的总称，是中华优秀传统文化的重要组成部分。

　　妈祖文化肇于宋、成于元、兴于明、盛于清、繁荣于近现代，具有悠久的历史，并已成为世界中华文化交流、海内外炎黄子孙民族认同的精神桥梁和纽带。据不完全统计，目前全世界有八千多座妈祖宫庙，广泛地分布在中国、日本、韩国、越南、泰国、新加坡、马来西亚、印度尼西亚、印度、菲律宾、美国、法国、丹麦、巴西、阿根廷、南非等四十多个国家和地区，信众达三亿多人。可谓有水的地方就有华人，有华人的地方就有妈祖。

　　天津是大运河载来的城市。城市的兴起与漕运息息相关，而正是元代的漕运将妈祖文化带入了天津。可以说是海洋把妈祖带到了天津，是大运河将妈祖留在了天津。妈祖信俗传入天津后很快与津卫风土民情相融合，发展并衍生出特色鲜明的天津地域妈祖文化，妈祖成为世人景仰的"三津福主"，民间亦留下了"先有娘娘宫，后有天津卫"的历史佳话。根据文献记载，历史上天津曾建有妈祖宫庙达49处之多。其中最有影响的当属由元代朝廷在大小直沽敕建的两座天妃宫，而小直沽的天妃宫（天后宫）作为世界三大妈祖庙之一，以中国北方妈祖文化中心的地位屹立于世界妈祖文化之林。

妈祖文化在天津迄今700多年的发展历程为后世社会留下蕴藏丰厚、弥足珍贵的历史文化遗存，包括宫庙古建筑群体、可移动文物、民间工艺作品和艺文资料等。

回望历史：1954年、1982年，天津天后宫两次被天津市人民政府公布为"天津市文物保护单位"；1997年，大直沽中街拆迁现场（原天妃宫遗址附近）发掘出元代、明代至清代天妃宫的大殿基址，明代《重修敕建灵慈宫天妃碑记》残碑首，并出土了大量元明清各时期天妃宫的建筑构件，以及瓷器碎片和生活用品。这是天津考古首次在市区范围内发现的地层关系明确的元代遗存；2002年，元明清天妃宫遗址博物馆被天津市人民政府公布为"天津市文物保护单位"；2005年，天津天后宫被天津市人民政府公布为"特殊保护级天津市历史风貌建筑"；2007年，天津天后宫"天津天后信仰文化"入选天津市级非物质文化遗产名录；2006年，元明清天妃宫遗址博物馆被中华人民共和国国务院公布为"全国重点文物保护单位"；2008年，"妈祖祭典（天津皇会）"被列入国家级非物质文化遗产名录；2009年9月，经联合国教科文组织保护非物质文化遗产政府间委员会第四次会议审议决定，中国的"妈祖信俗"被列入世界非物质文化遗产名录，成为中国首个信俗类世界文化遗产，对世界文化多样性做出了贡献；2013年，天津天后宫被中华人民共和国国务院公布为"全国重点文物保护单位"。

此外，清代嘉庆皇帝所赐"天津天后宫天上圣母之宝印"，现藏于天津市民俗博物馆，已是镇馆之宝；嘉庆皇帝所书"垂佑瀛堧"御笔匾额仍悬挂于天津天后宫大殿上方；清代佚名画家所绘、总共 89 幅的《天津天后宫行会图》，现藏于中国国家博物馆，是一件国宝级文物。

这，怎能不令我们为之骄傲和自豪！

《中华人民共和国国民经济和社会发展第十三个五年规划纲要（2016—2020 年）》第五十一章"推进'一带一路'建设"第三节"共创开放包容的人文交流新局面"中明确提出"构建官民并举、多方参与的人文交流机制，互办文化年、艺术节、电影节、博览会等活动，鼓励丰富多样的民间文化交流，发挥妈祖文化等民间文化的积极作用"，将妈祖文化纳入国家发展战略。当代的妈祖文化从文化空间的保护到学术研究的纵深都进入了一个崭新的历史性发展时刻。

创造妈祖文化是古代文明，而传承、弘扬和发展妈祖文化则是我们现代文化的延伸。以此讲好天津故事、中国故事，坚定文化自信，这，也正是我们编纂《津卫妈祖》这部书的初衷和愿景。

2021 年 5 月

目录

壹 历史探究

- 大运河文化的璀璨明珠
    ——妈祖信俗 / 尚　洁 ... 002
- 三津福主：来自远方的林默娘 / 尚　洁 ... 007
- 东庙：一座皇家敕建的官庙 / 吕　琰 ... 012
- 娘娘宫：津地香火最旺的皇家庙宇 / 王利文 ... 014
- 多元崇拜的天津妈祖宫庙 / 尚　洁 ... 020
- 点缀津城妈祖文化的珍珠
    ——几座值得记忆的妈祖庙宇 / 尚　洁 ... 023
- 葛沽天后宫与津东书院 / 龚孝义 ... 028

贰 妈祖信俗与津卫民俗

- 皇会：中华妈祖文化的奇异盛典 / 尚　洁 ... 034
- 胡同里的混元盒高跷会 / 吴裕成 ... 046
- 从"娃娃大哥"到五男二女的福分 / 尚　洁 ... 050
- 挑水哥哥进财来 / 尚　洁 ... 053
- 美男张仙与张仙阁 / 尚　洁 ... 055
- 摸摸王三奶奶的手，百病都没有 / 王利文 ... 057

- "当差"痊愈，不忘谢奶奶 / 尚　洁 ... 060
- 娘娘宫育儿有招法：挂锁与跳墙 / 尚　洁 ... 063
- 娘娘宫大殿为何悬挂小木船 / 董季群 ... 064
- 民间俗神白老太太 / 张晓丹 ... 066
- 君子爱财，取之有道

　　　——趣说财神爷 / 张晓丹 ... 068
- 天后宫的守门神 / 张晓丹 ... 072
- 药王与龙王的传说 / 张晓丹 ... 076
- "文运神"：文昌与魁星 / 张晓丹 ... 080
- 腊月十五"上全街" / 尚　洁 ... 083
- 腊月二十三娘娘宫里拜太岁 / 张晓丹 ... 087
- "例儿"：大年三十的禁忌民俗 / 王利文 ... 091
- 正月十六娘娘宫里"走百病" / 尚　洁 ... 092
- "乐奏钧天"唱大戏 / 刘　心 ... 094
- 九九重阳与天后宫秋祭大典 / 尚　洁 ... 096
- "十老九乐"与"八辇二亭"

　　　——葛沽宝辇印象 / 龚孝义 ... 098
- 你知道东岳大帝的女儿吗？ / 张晓丹 ... 101
- 水阁医院与天津天后宫的不解之缘 / 刘建国 ... 102

叁 妈祖文化遗存

- 国宝：《天津天后宫行会图》/ 尚　洁 ... 106
- 天津天后宫的匾额与楹联 / 张晓丹 ... 130
- 历史上与妈祖有关的诗词歌赋 / 王利文 ... 138
- 元代危素《大直沽天妃宫旧碑碑记》/ 吴裕成 ... 153
- 民间文学：《天后宫里的王三奶奶》/ 李世瑜 ... 158
- 传说故事：《戏楼为嘛盖在宫外河边》/ 张　仲 ... 160
- 妈祖文化中的天津方言歇后语 / 谭汝为 ... 162
- 民间曲艺：《刘二姐拴娃娃》/ 桂慕梅 ... 164

肆 复兴之路

- 1985：妈祖文化开启复兴之路 / 王利文 ... 174
- 从宫南、宫北大街到古文化街的华丽转身 / 王利文 ... 180
- 大直沽天妃宫的遗址保护与考古 / 吕　琰 ... 184
- 走进元明清天妃宫遗址博物馆 / 吕　琰 ... 188
- 《天津妈祖文化展》策划实录 / 尚　洁 ... 191
- 解读天津天后宫幡杆之谜 / 段德融 ... 196
- 天津天后宫重光二十七年后修缮提升纪实 / 安盛崑 ... 199
- 妈祖盛宴 / 张晓丹 ... 203
- 天后宫里有神泉 / 姜维群 ... 209

- 天津市区室外最大的天后圣母石雕圣像／汲朝怡 ... 212
- 分布于津地中心城区以外的妈祖宫庙一瞥／龚孝义 ... 216
- 曾被遗忘的两座娘娘庙／尚　洁 ... 219

伍　亲历者说

- 我与妈祖的故事／李家森 ... 224
- 我为天后圣母制作銮驾／戴东涛 ... 236
- 天津民俗文化博览周：一个不能忘却的文化品牌／尚　洁 ... 239
- 用心血哺育的民俗文化之花
  　　——天津市民俗博物馆文物征集的那些事／王利文 ... 241
- 曾经红极一时的《天津卫》杂志／王利文 ... 245
- 藏经阁：一个文化交流的重要阵地／王利文 ... 247
- 钟声鹤鸣：献给21世纪的礼物／王利文 ... 250
- 新编京剧《妈祖》记忆／魏以刚 ... 253
- 天后宫修缮二三事／张　威 ... 256
- 具有历史意义的修缮
  　　——我为天后宫设计汉白玉栏板小记／华绍栋 ... 258
- 张仙阁鉴定及加固工程方案设计有感／江　春 ... 261
- 天后宫内的古董市集／孙林瑞 ... 264
- 斗转星移　再现辉煌
  　　——记2013年皇会盛况／尚　洁 ... 266

- 妈祖祭典唱颂歌 / 陈　克 ... 274
- 让妈祖文化走进校园，皇会有了接班人
　　　　——组建儿童舞花会、哨角会表演团队纪实 / 尚　洁 ... 280
- "泥人张"为妈祖塑像 / 张　宇 ... 283
- 一个可以留住乡愁的地方
　　　　——《印象天津卫》展览的设计制作 / 王利文 ... 288
- 邮戳上的天后
　　　　——《天津天后宫纪念天后诞辰 1055 周年》邮资纪念封
　　　　和个性化邮票成功发行纪实 / 宋少波 ... 292
- 在娘娘身边成长的日子 / 张晓丹 ... 296

陆　妈祖文化研究与海内外交流

- 妈祖文化论坛回顾 / 王利文 ... 302
- 值得称道的田野调查与治学之风
　　　　——采风杂谈 / 尚　洁 ... 310
- 乡情所系天后宫 / 吴裕成 ... 313
- 破冰之旅与《妈祖情缘》一书的创作 / 尚　洁 ... 316
- 同谒妈祖天后　共叙两岸亲情
　　　　——天津天后宫盟亲团赴台演出纪实 / 穆　霖 ... 318
- 一场别开生面的妈祖文化知识竞赛 / 周金琰 ... 320

- 零的突破
    ——记天津妈祖第一次走出天津巡安台湾 / 尚　洁 ... 323
- 《天津市志·妈祖文化志》：首部地域妈祖文化志 / 张月光 ... 328
- 台湾妈祖在天津 / 王利文 ... 334
- 滨海妈祖文化园建立始末 / 龚孝义 ... 337
- 天涯共此时
    ——赴台湾演出有感 / 赵　靖 ... 339
- 那些妈祖人 / 吕　琰 ... 342
- 让传统民俗融入现代生活
    ——"当代社会中的传统生活国际学术研讨会"
    及《天津皇会文化展》/ 蒲　娇 ... 346
- 新媒体时代的天津妈祖文化传播 / 安盛崑 ... 351
- 妈祖文化视频资料的海内外采拍与传播 / 崔　欣 ... 355
- "一带一路"的文化经典：《天津天后宫行会图》/ 耿学明 ... 358

柒　妈祖文化旅游节

- 民间文化的名品牌
    ——妈祖文化旅游节 / 韩宏范 ... 362
- 乘势而上：举办妈祖文化旅游节的时机把握 / 龚孝义 ... 369
- 天时、地利、人和：妈祖节的过去和未来 / 何焕臻 ... 372
- "中国·天津妈祖文化旅游节"标识解读 / 王利文 ... 378

- 首届妈祖节开幕式盛况回顾 / 穆　霖 ... 380
- "妈祖巡海"祥云来 / 张　志 ... 388
- 我为妈祖写音乐　妈祖精神励我行

　　——中国·天津妈祖文化旅游节开幕式

　　主题歌暨系列音乐创作随笔 / 岳志刚 ... 391
- "妈祖之光"焰火晚会 / 续红泉 ... 398
- 为有妈祖情切切，不辞愿做寂寥人

　　——记第三届妈祖文化旅游节一二事 / 贺艳生 ... 400
- 水与火的交融 / 刘　健 ... 404
- 歌唱妈祖

　　——《大海的女儿》演出记忆 / 李　青 ... 406
- 难忘的千人祭祀大典 / 尚　洁 ... 408
- 华彩炫舞河海生艳　津门故里日月同光

　　——第九届中国·天津妈祖文化旅游节开幕式回眸 / 王　敬 ... 412
- 作品《华彩天津　光映南开——"津门故里"光影秀》的

　　幕后故事 / 岳　伟 ... 415

附　录　天津妈祖文化相关历史文献 ... 418

后　记 ... 427

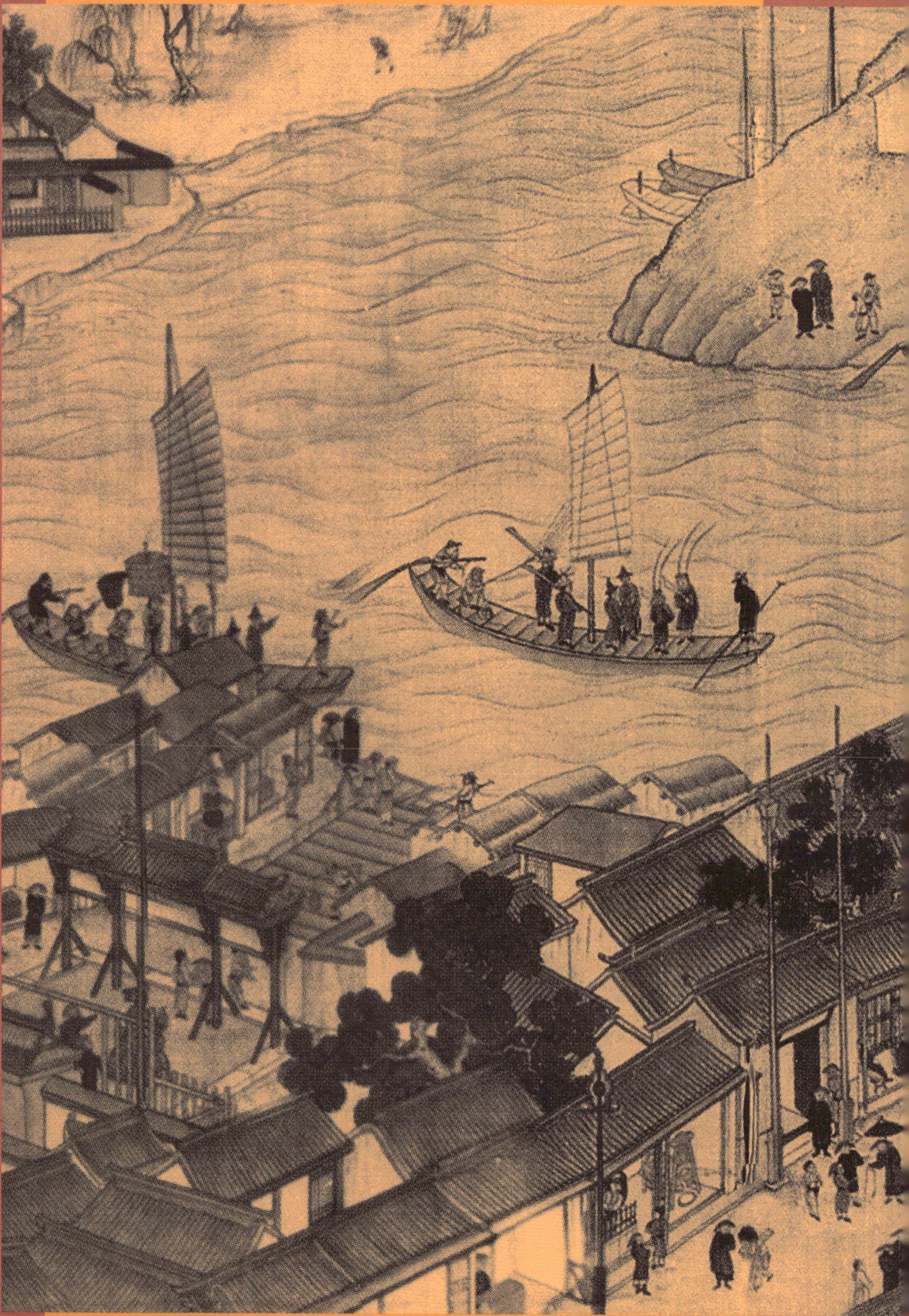

壹

历史探究

山不在高，有仙则名；水不在深，有龙则灵。

其实，"仙"和"龙"说的都是一种灵气，说到底也就是一种人气。

随着元代漕运之舟落户津门、有着700多年历史的妈祖信俗，聚拢着氤氲祥和的人文气息，被天津人尊称为"娘娘"的妈祖，以"三津福主"之地位润泽着天津卫这方水土……

大运河文化的璀璨明珠
——妈祖信俗

大运河由京杭大运河、隋唐大运河、浙东大运河三部分构成,是世界上最长的一条人工开凿河道,全长 2700 多千米,沟通黄河、海河、淮河、长江、钱塘江五大水系,将京津、燕赵、齐鲁、中原、淮扬、吴越等地域文化高度融汇,形成内涵丰富的大运河文化。

大运河文化是中华民族智慧的结晶,是人类征服自然、改造自然的伟大创造,是以物态文化创造出的流动的历史。其上承春秋周敬王三十四年(前486),下至清宣统末年(1911),续以当代,是活态的文化遗产,蕴藏着丰富的古代信息,涉及中国古代社会、地理、历史、政治、经济、军事、文化、科技、外交、民族等领域,可谓一部大百科全书;其展现的各民族的生活方式、行为习惯、文化态度、审美价值等传统文化概念,犹如一个大博物馆。正如联合国教科文组织通过的《保护世界文化和自然遗产公约》其《行动指南》中把大运河的特点归结为:"它代表了人类的迁徙和流动,代表了

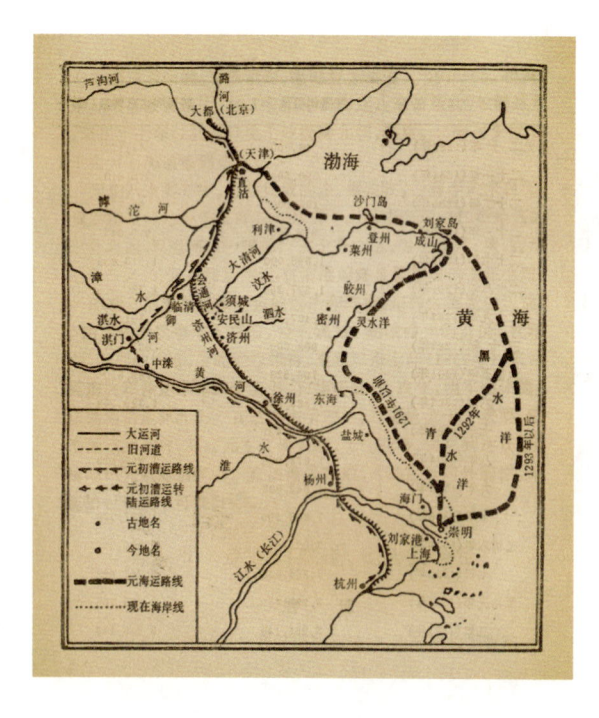

⊙ 元代漕运线路图(《天津市志·妈祖文化志》,方志出版社 2019 年版,第 64 页)

多维度的商品、思想、知识和价值的互惠和持续不断的交流,并代表了因此产生的文化在时间上和空间上的交流与相互滋养……"

作为大运河载来的城市——天津,众多的河流在此交汇,并形成长达76千米的海河。海河连接着运河与海洋,见证着这座城市的发展变迁,不仅是当年中国北方最繁忙的河道,而且还是南接江淮、北达京城的重要枢纽。可以说,天津是因运河而兴,因漕运而繁荣。

漕运是中国古代社会一种特有的社会现象,是指专为朝廷运送粮食的水路运输方式。天津的漕运历史悠久,早在曹操北征乌桓（为古代东胡的一支,居地在乌桓山,今大兴安岭山脉南端）时就在天津地区开凿了平虏渠、泉州渠和新河,使散乱的河流归于一统,形成海河水系,并为京杭大运河的贯通奠定了基础。7世纪初（605—617）,隋炀帝三次大规模开凿运河,修成了通济渠、永济渠和江南运河,把钱塘江、长江、淮河、黄河和海河五大水系

⊙ 海河上帆樯林立

连接起来,揭开了中国漕运历史的序幕,确立了中国南粮北运的地理格局,推动了南北经济的不断发展。如果说长城是中华民族的安全屏障,那么,漕运则是中国古代社会赖以生存和发展的生命线。

无论是运河漕运,还是在元朝定都大都(今北京)九年以后开始开辟发展的海上漕运,都选择直沽(天津金代时的旧称)作为转运物资的码头,特别是海上漕运的船只大,载量重,都需要在直沽换小船后才能驶入北运河。因此,元朝廷在直沽设立"直沽海运米仓""临清御河运粮万户府"和"接运厅"管理储运,将直沽纳入了漕运体制之中。特别是延祐三年(1316)"改直沽为海津镇"后,"聚落始繁",可谓"一夕潮来集万船"。同时万灶沿河而居的发展建设模式,也铺陈出天津带状的城市布局。五方杂厝,促成南北文化交融,众水凑集,造就雅俗文化共赏。

元代时期发展起的大规模海上漕运不仅促进了天津等一大批运河及沿海地域的发展,也使发端于福建湄洲的妈祖文化传播地域由南向北,不断扩大。

⊙ 清 江萱《潞河督运图》（局部），绘制于乾隆年间。潞河，指北运河，画面中的天津天后宫清晰可见（《天津市志·妈祖文化志》，方志出版社2019年版，第3页）

此间，妈祖庇佑漕运的润泽显圣事迹被不断丰富、弘扬和传播，元朝廷亦褒封妈祖为"天妃"，尤对漕运顺利进行提供了精神支持。同时，还在沿海各地敕建妈祖的庙宇，命令与漕运有关系的沿海城镇均要建祠，"惟南海女神灵惠夫人，至元中，以护海运有奇应，加封天妃神号积至十字，庙曰灵慈。直沽、平江、周泾、泉、福、兴化等处皆有庙。皇庆以来，岁遣使赍香遍祭，金幡一合，银一铤，付平江官漕司及本府官，用柔毛酒醴，便服行事。祝文云'维年月日，皇帝特遣某官等，致祭于护国庇民广济福惠明著天妃'"（《元史卷七十六·志第二十七·祭祀五》）。天津最早的妈祖庙大直沽的天妃宫和小直沽的天妃宫（即天津天后宫）正是始建于这一时期。一个城市能有两座敕建的妈祖庙宇，这在历史上是绝无仅有的。目前虽然还没有更多的证据

⊙ "妈祖信俗"获世界文化遗产证书及标识（周金琰摄）

为两处天后宫初建的准确年代下定论，但始建于元代至元十八年至三十一年间（1281—1294）已在学界形成共识。而正是漕运使妈祖信俗成为天津市井生活中独特的文化符号。

作为世界文化遗产的妈祖信俗，既是妈祖文化的核心内容，亦是中华优秀传统文化的重要组成部分；既是中国海洋文化的重要代表，亦是大运河文化的一颗璀璨明珠。可以说是海洋将妈祖送到了天津，是大运河将妈祖留在了天津。

妈祖文化在津卫地域传承的 700 余年间，积淀了包括古建筑、古遗址、碑刻、艺文资料等丰厚的历史文化遗产，凸显着穿越时空的力量，已成为天津这座历史文化名城的重要标志，对于现代都市文化的提升和品牌塑造亦具有示范和参考作用。

（尚洁）

三津福主：来自远方的林默娘

三津福主，是津地民众对妈祖的尊称。

三津，是天津的别称；福主则昭示妈祖被视为这座城市福祉的主宰，不仅是妈祖在其传世圣迹中所记载、所展现的超人魄力，更重要的是妈祖所具有的爱国爱家、扬善抑恶、尊老爱幼、孝悌仁爱等中华传统美德和价值观，正是天津民众努力追求的理想人格模式。因此，天津籍红学家周汝昌曾说过："你是天津人吗？你要是天津人就应该知道，这个城市有两位母亲。一个是母亲河海河，一个就是老娘娘。"

"老娘娘"，就是天津各妈祖宫庙供奉的主神——天后。近距离瞻仰老娘娘，你会惊叹，她是那么年轻漂亮，那么雍容端庄，那么慈善亲和。仰望着她，我们的内心是那么的恬静、开阔、踏实，并涌动着一种深深的依恋与敬爱，仿佛人神之间根本就不存在距离，因而会疑惑何以称她为"老娘娘"呢？

其实，这是天津人一种特有的语言习俗。老百姓常常会把自己心目中最贴心、最爱戴的人，在称呼前加个"老"字，以此拉近彼此的关系。对天后娘娘亦然，且更是如母亲般的敬爱与依恋。

除了天津人喜欢称妈祖为"老娘娘"外，妈祖还有很多别称。从宋朝到清代，历代皇帝封其为"夫人""妃""天妃""天后""天上圣母"等。而民间对她则有"林氏女""神女""龙女""女郎""姑娘""娘妈""妈祖""娘娘"等，多达100个名称。这些尊称都是在妈祖文化传承过程中，与当地民俗文化相融合后产生并流传后世的。

事实上，妈祖确有其人，是由人而成神的。

根据《圣迹图志》《天妃显圣录》等记载，妈祖出生于宋建隆元年（960），农历三月二十三，逝世于宋雍熙四年（987），农历九月初九。就此可知，妈祖活到28岁（一说27岁，实为对实岁和虚岁的不同理解），离世时还是

⊙ 天后宫早期供奉的天后圣像

一位青年女子。

有关妈祖的生平事迹，在南宋绍兴十二年（1142）特奏名进士、福建仙游人廖鹏飞，于绍兴二十年（1150）所作的《圣墩祖庙重建顺济庙记》有所说明。文中记载，妈祖为"墩上之神……世传通天神女也，姓林氏，湄洲屿人。初，以巫祝为事。能预知人祸福。既殁，众为立庙于本屿"。此后，南宋嘉泰二年（1202）进士、莆田人丁伯桂的《顺济圣妃庙记》，亦有"神莆阳湄洲林氏女，少能知人祸福，殁庙祀之，号通贤神女，或曰龙女"的史料记载。福建莆田人李俊甫于嘉定二年（1209）撰成的《莆阳比事》中，福建惠安人黄岩孙于宝祐五年（1257）撰成的《仙溪志》中，都记载过妈祖的生平，且所述内容大体相同，都指出妈祖姓林，生于湄洲岛，生前曾是一名巫女，殁后世人为其立庙。宋朝时期妈祖还没有名字，这符合古代文献中女子有姓无名的惯例。

宋代史料几乎没有提到妈祖的家庭情况，元代以后有关妈祖家世的内容逐渐丰富起来。南宋咸淳七年（1271）进士、福建莆田人黄仲元，于元大德七年（1303）撰写的《圣墩顺济祖庙新建蕃釐殿记》中讲道："……按旧记，妃族林氏，湄洲故家有祠，赫赫公家，有齐季女。生也贤悟，岳钟淡聚。"浙江庆元人程瑞学，在元至顺二年（1332）撰写的《灵慈庙记》中说："神姓林氏，兴化莆田都巡君季女。生而神异，能力拯人患难，室居末三十卒。"宋代史料中妈祖还是普通民女形象，而元代的史料中妈祖已转变为官宦人家的小姐。

明朝时期，妈祖的生平日渐完备，明末清初湄洲妈祖祖庙住持僧照乘编撰的《天后显圣录》中表述：妈祖父亲林惟悫，母亲王氏，两人多行善积德。林惟悫年40多岁时已生有一男五女。但担忧一子难保传宗接代，故经常焚香祷告，想再生一子。林惟悫夫妇的虔诚感动了南海观音，观音托梦给王氏并赐其怀孕。清林清标《敕封天后志》二卷记有王氏分娩时，"方夕见一道红光从西北射入室中，晶辉夺目，异香氤氲不散"，并伴有隆鸣之声。妈祖降生了，虽然是个女孩，父母没能如愿，但因妈祖生得奇异，还是深得父母疼爱。更为奇特的是，她从出生到满月，一声不哭，因命名曰"默"。这段传说中，妈祖有了确切的名字，而且父母双全，兄姐众多。

林默"幼而聪颖"，7岁就被父母送入私塾读书。她聪明过人，凡圣贤经典、古文诗赋皆能融会贯通，朗朗上口。读书未及三载，执笔属文，展卷吟诗，已是锦心绣口，谈吐风雅，非同一般。"十岁余，喜净几焚香，诵经礼佛，旦暮未尝少懈。"传说在13岁时，又得到玄通道士传授的玄妙秘术，16岁时便掌握了许多深奥的医学知识和海上救难的本领。后来，"窥井得符，遂灵通变化，驱邪救世"。宋雍熙四年（987）丁亥秋九月重九，林默在登临湄峰时羽化升天，实际上她是在海上救难时去世的。人们不愿相信她去世的事实，所以，在后来的传说故事中，说她是被天庭招去，羽化成神了。

从此以后，凡渔船出海遇险时，海上总会出现火红的神灯和身着红装的仙女，有时，她还会化作一只彩鸟或一只彩蝶引导大家转危为安。无论天气多险恶，只要有神女出现，海上就会风平浪静。因此，大家都称她为"神姑"或"通灵神女"。说她能乘席渡海，云游岛屿间；说她预知休咎事，可为民解除病瘟，救民于水火；说她见义勇为，除暴安良，收服恶怪；说她为国助战，擒草寇、破倭寇，屡建军功⋯⋯特别是民间还广泛流传着林默《机上救亲》《拥浪浮舟》《钱塘助堤》《托梦锄奸》《澎湖助战》《郑和免险》《药救吕德》《默佑漕舡》《圣泉救疫》等诸多动人的故事，为我们描绘了一位有血有肉、充满爱心，具有超凡能力的民间女子生动感人的形象，使林默成为中国民俗信仰中神话人物的典型代表。

随着时间推移，林默造福人类的事迹广泛传播，人们对她的信奉愈加虔诚，民间赋予她的神秘色彩也愈传愈烈，使她从一个受天意神典而聪颖异常的神女，逐渐演变为具有无边法力、有求必应的女神，以至于沿海一带的许多地方都建有纪念林默的祠堂和供奉她的庙宇。

林默神迹第一次由民间传到官府，并得到朝廷的确认和嘉奖是在北宋宣和五年（1123），也就是林默去世136年以后。这一年，宋朝廷派给事中路允迪公使高丽国，船队在海上遇到台风。路允迪在风浪中仿佛看到桅杆上发出一道道红光，过后风浪顿息，转危为安。他非常奇怪，便询问部下是什么神灵显圣相救，正好船上有一位保义郎李振是莆田人，平时信奉林默，他就向路允迪报告，说是湄洲神女搭救。路允迪深信不疑，还朝复命时就将途中的奇遇上奏皇上。于是，宋徽宗遂下诏赐以"顺济"庙额，并封"顺济夫人"，这是朝廷的第一次敕封。以后历代统治阶层对林默推崇备至并不断加以褒封，最后一次册封是在清同治十一年（1872），封号为"嘉佑护国庇民妙灵昭应弘仁普济福佑群生诚感咸孚显神赞顺垂慈笃佑安澜利运泽覃海宇恬波宣惠导流衍庆靖洋锡祉恩周德溥卫漕保泰振武绥疆天后"共64字。自第一次册封到最后一次册封，先后经历了750年，其间各朝代共加封36次，封号逐渐升级，由"夫人"到"妃""贵妃""天妃"，直到"天后"。

鉴于海神林默的封号各时期各有不同，故为其建造的庙宇也因时代不同而名称各异，如有的称"天妃宫"或"天妃灵慈宫"，有的称"天后宫"等。而天津则俗称天后为"娘娘"，因而天后宫亦称"娘娘宫"。

天后，本为闽、粤一带民间信仰的神灵，又距天津千里之遥，怎么会落户在天津？对于天津的老百姓来说，天后是个外来神，怎么会成为与自己生活息息相关的居家保护神？

可以说，是漕运之舟将这种信仰传到了津门。由于元代的漕运所使用的舟师水手多为闽浙一带的南方人，他们世代在水上与风浪打交道，常年在极端危险的环境中作业，养成了"不拜神仙不上船"的习俗，而这些人心目中的保护神就是从宋时就得到敕封的林默。他们在往来于直沽的过程中，逐渐将自己家乡的信仰风俗带到了这里。而这时元朝皇帝为迎合漕运船工们，并使刚刚恢复的河漕顺利进行，便于至元十五年（1278）敕封林默为"护国明著灵惠协正善庆显济天妃"。也正是在这个时期，元代朝廷在直沽这个漕运的重要枢纽敕建了两座妈祖庙宇，当时均叫"天妃灵慈宫"，并委派国子监祭酒、翰林学士张翥作为特使来此祭祀天妃。其有感而发，写下了著名诗句："晓日三岔口，连樯集万艘。普天均雨露，大海静波涛。入庙灵风肃，焚香瑞气高。使臣三奠毕，喜色满宫袍。"

当妈祖信仰传入天津这一五方杂处之地后，很快便与天津的民俗文化相融合，并被广泛接受。特别是人们把这种信仰移植到与自己生活密切相关的求子和祛疾（主要指天花）等方面来，赋予妈祖更多、更实际的功能，并逐渐完成了由单纯的海神向多元化、宽泛的护城神的信俗崇拜转化。

在广大民众心中，天后已成为可司各事之神，成为他们心灵中的唯一主宰。于是人们赋予了她越来越多的任务，并按其职司分化出"子孙娘娘""癍疹娘娘""眼光娘娘""送生娘娘"四位替天后娘娘分劳的分身之神。随着民间信俗的拓展，又有"耳光娘娘""千子娘娘""百子娘娘""乳母娘娘""引母娘娘"等众多女神被纳入娘娘体系神明。而且，天津的妈祖宫庙除了供奉天后及其分身之神外，还供有相当数量的从祀神灵，包括了儒、释、道、民间杂神等。仅天津天后宫至民国时期供奉的神像最多时就达一百一十多位，形成了群神杂居的特殊文化现象。当然，也更体现出妈祖文化的包容性、多元性和天津民间信仰群体对信仰民俗的实用主义思想。

天后，作为海神，在天津域内的流传过程中，逐渐演化为福佑万方、有求必应的居家保护神。这种民间信俗与崇拜逐渐渗透到民众的精神生活和物质生活之中，乃至城市的社会、政治、经济、文化等层面中。

（尚洁）

东庙：一座皇家敕建的官庙

翻开中国漕运文化和天津妈祖文化的发展史，就会发现，元代当时发展海上运输急需转运物资的码头，而离京城最近的港口就是直沽，故此"舟将抵直沽，即分都漕运官出接运"。因而设立"直沽海运米仓"，并在海河折弯处大直沽先后设"临清御河运粮万户府"和"接运厅"管理储运。《元史》（卷一百六十六·列传第五十三）还记有"初通海道漕运，抵直沽以达京城"。

史料中出现的"直沽"就是现在的天津。"直沽"是天津在金代时的旧称。金代的直沽寨是天津城市最早的聚落。元代海上漕运开始后，"直沽"这一名称多次出现在元朝的文献中，这说明天津在元代的建设中变得愈加重要。

元代时期发展起的大规模海上漕运不仅促进了天津等一大批运河及沿海地域的发展，也令发端于福建湄洲的妈祖文化传播地域由南向北，不断扩大。此间，妈祖庇佑漕运的润泽显圣事迹被不断丰富、弘扬与传播。元代朝廷不仅褒封妈祖为"天妃"，还五次敕封妈祖，其实质是对漕运顺利进行提供精神支持。同时，还在沿海各地敕建妈祖的庙宇，命令与漕运有关系的沿海城镇均要建祠，由此"直沽、平江、周泾……皆有庙"（《元史》卷七十六·志第二十七·祭祀五）。

天津最早的妈祖庙大直沽的天妃宫和小直沽的天妃宫（天津天后宫）正是敕建于这一时期，标志着妈祖信仰文化已在天津获得官方主导的传播并在民间扎下了根。

大直沽天妃宫，亦称"天妃灵慈宫"，因位于海河迤东，故俗称"东庙"。史料记载"泰定间弗戒于火"，"朝廷发官帑钱"重修。天历二年（1329）文宗皇帝"加封天妃为护国庇民广济福惠明著天妃，赐庙额，曰灵慈，遣史致祭"，即"天历年间赐额，至正年间重修"。至正十一年（1351），庙地势低下，"潮汐渐经，栋宇摧坏"，朝廷"发钱八百五十缗"，"增筑基地高八尺有余，

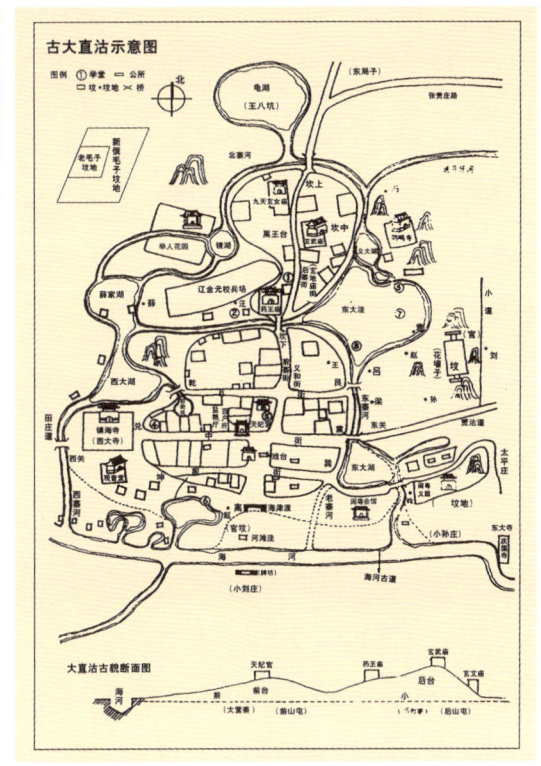

○ 清康熙《天津卫志》之大直沽位置图

盖瓦级砖，为之一新"。明初，大直沽天妃宫扩建，"因其古庙而扩大之，立人以奉祀"。弘治时（1488—1505），"又敕命重修，而更新之"。万历六年（1578）民间发起"重修圣像殿宇"，"起工于春三月，讫工于夏五月，为之落成"。

据史书记载，大直沽天妃宫原占地约四千平方米，有大殿、后殿、东西配殿、二门、山门、戏楼等建筑。庙内供奉天妃、赞相、三官、真武大帝、财神、火神等。

清光绪二十六年（1900）八国联军洗劫大直沽，大直沽天妃宫惨遭兵燹被毁。光绪二十八年（1902）大直沽从侵略者手中收回，当地人集资重新修庙，并于光绪三十一年（1905）重建了大殿，庙的规模缩小。1950年大直沽天妃宫神像被毁。1951年宫内大殿先后改为河东礼堂、供销社、街道工厂。1976年地震后大直沽天妃宫被彻底拆除。

目前，虽然还没有更多的证据为东庙和西庙（小直沽天妃宫）两座妈祖庙宇初建的准确年代下定论，但始建于元代至元十八年至三十一年间（1281—1294）这一观点已在学界形成共识。

我们寻觅和探究东、西两庙的历史，期待未来能有更多的发现来确认它们始建的日期，目的只有一个，对历史负责。

（吕琰）

娘娘宫：津地香火最旺的皇家庙宇

娘娘宫，即小直沽天妃宫，也就是今天的天津天后宫，历史上亦称"天妃灵慈宫"，坐落于海河三岔河口西岸，相对其所处地理位置及大直沽东庙而言，被称作"西庙"。其历史发展进程经历了两大主要阶段。第一阶段是从元代至元十八年至三十一年间（1281—1294）建立开始至1966年被毁；第二阶段是从1985年复建开始迄今。

元泰定三年（1326），娘娘宫重新敕建，并历经明永乐年间重修，正统十年（1445）参将杨节重修，万历年间重修；清顺治、乾隆、道光和同治年间及民国时期也有局部的重修、改建和扩建。这些在史料上都有相应记载。清乾隆《天津府志》载："天后宫，在东门外，元朝建，明永乐元年重建，正统十年参将杨节重修。礼部札复道士邵振祖领《道藏》一部。春秋二祭。"

据资料显示，1985年娘娘宫大修时，曾在大殿的天花板背面发现了七块墨书题记（俗称"千秋带"），为研究娘娘宫的建筑沿革提供了新资料，如记录明代晚期一次重大修建的题记："万历三十年六月二十五日重建，太

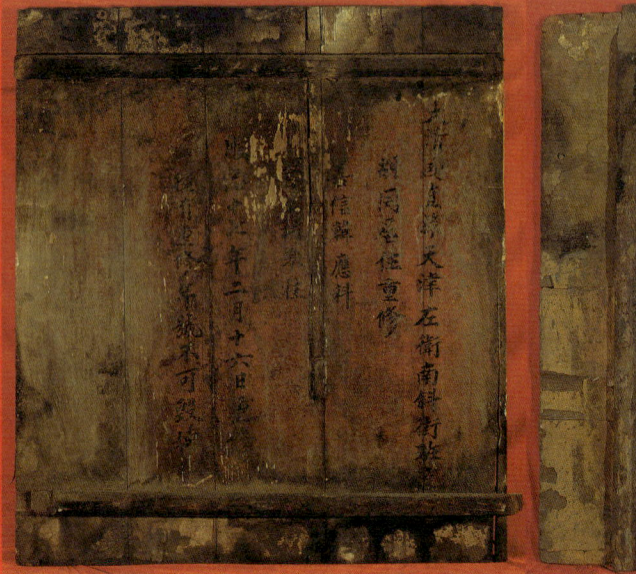

监马堂，监工官王枢，善人孙济……"据题记，清代也多次修葺，分别是顺治十七年（1660）、乾隆四十五年（1780）、同治五年（1866）。其中同治年间的修缮有很详细的记载：

同治五年正月初八日夜宫前不戒于火蒙□［圣］恩保护幸未延烧三街同人捐修于是月十九日兴工今将出资善士开列于后 钦命三口通商大臣崇厚修补大殿

鸿兴义修补张仙阁

诚敬堂修补戏楼

公善堂修补牌楼

涌源号修补山门四值功曹殿

无名氏修补钟鼓二楼

无名氏修补龙虎殿群墙后楼

后有善士重修者幸勿将此版损坏

除了上述三次，道光年间也曾修缮过，在正殿台基的南侧刻有"道光二十七年五月重建"的字样，清晰可见。

⊙ 清光绪二十一天津天后宫大殿千秋带（《天津市志·妈祖文化志》，方志出版社2019年版，第116页）

◎天津天后宫大殿月台上的石刻（尚洁摄）

民国初年重建了藏经阁、钟鼓楼和张仙阁。

20世纪30年代，天津天后宫整个建筑由东向西，依次为中轴线上的戏楼、幡杆、山门、三界符使、四值功曹、牌楼、中殿（前殿）、正殿、后殿（凤尾殿）、后楼（藏经阁）、启圣祠，中轴线南侧的灶君殿、钟楼、诚议献茶老会、火帝殿、河伯殿、老君殿、财神殿、南祖先堂、三官殿、文昌殿、民立第一乙种商业学校，中轴线北侧的罗祖殿、鼓楼、官厅茶座、龙师殿、药王殿、眼光娘娘殿、斗姆殿、马公祠、北祖先堂、关帝殿、皇经堂，以及过街楼张仙阁。截至1966年被毁，基本保持这一时期的建筑布局。

民国时期，宫内还存有民间团体和商铺。据统计，由配殿改成的商业店铺，曾有金店、眼药铺、瓷器店、杂货铺、蒙葫芦店、切面铺、照相馆、绣花作、烟行、鞋厂、窑厂、地毯厂、金鱼铺、卦摊儿等铺面近20家，尤以卖剪纸窗花、吊钱儿、金货（即纯金首饰等）及金鱼儿等店很有名气。1931年春，18岁的高铠庭（天津著名的武术家和武术教育家）在师傅徐永庆的鼓励下，在天津天后宫内成立了天津特别市无极国术研究社（又称天津市私立国术研究社）。教授十八罗汉功、三绝艺（踢桩、靠板、鹰爪力）、无极气功、徒手套路（十二形手、无极拳、无极形拳）、兵器功无极刀、无极枪等主要功法。1957年高铠庭创编无极拳，并做了重要的理论说明，为今天

壹——历史探究

⊙ 上／清代天津天后宫大殿（董季群供图）
⊙ 中／清代天后宫牌坊（董季群供图）
⊙ 下／民国时期的天后宫山门（董季群供图）

无极拳成为天津市"非物质文化遗产"做出了贡献。天津特别市无极国术研究社于1966年关闭。截至1949年,宫内除天津特别市无极国术研究社外,还有刘海空竹、泥人张、照相馆张(曾受过皇帝赠匾)较有影响的民间团体和商铺,并称"四大家"。

1949年中华人民共和国成立前后,随着"废庙兴学"兴起,娘娘宫内先后开办了天津市第八区第四街小学、私立慈化小学与天后宫小学。天后宫小学几经变更,于1975年划归第36中学校办厂(1985年9月迁出)。

1954年,娘娘宫被天津市人民政府公布为"天津市文物保护单位"。1957年,天津市人民政府对宫内主要建筑进行了维修、油饰。1966年,娘娘宫遭到严重破坏,一度成为住有70余家居民的"大杂院",大殿亦沦落为校办、街办加工厂。1982年,天津市人民政府再次颁布娘娘宫为"天津市文物保护单位"。

旧时,娘娘宫曾一度为宗教场所,先后由佛教、道教人员进行管理。元代时曾为僧人住持。元至正年间危素的《河东大直沽天妃宫旧碑碑记》中记载了当时大直沽天妃宫和小直沽天妃宫由僧人负责管理的情况:

> 庆国利民广济福惠明著天妃祠吴僧庆福主之泰定间弗戒于火福言于都漕运万户府朝廷发官帑钱使更作焉嗣庆福者二人始吴僧智本主六年以至正十一年圆寂众请主西庙僧福聚

⊙ 从山门看戏楼(1925年摄)

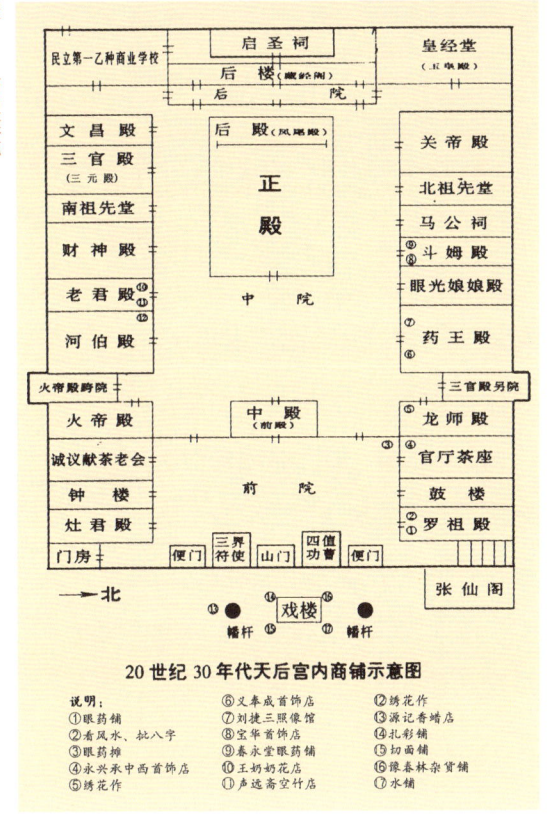

○ 20世纪30年代天后宫内商铺示意图（董季群供图）

来继其任……

明代初，应妙真人李德晟（道号天希）来天津小直沽天妃宫担任住持，为天津道教清微正乙派的开山祖师，是天津市区境内有文字记载的最早的道士。明正统十年，礼部行文给此庙道士邵振祖，令他领《道藏》一部（刻本总1404种，2541册），此后这部《道藏》一直珍藏在小直沽天妃宫藏经阁内，"凡五百余年"，于1957年"旧历重九前"运京，送给白云观中国道教协会收藏。清末民初，兴废庙办学之风，天津城乡许多道教宫观改为学堂，也有一些道教宫观改作其他公共事业处所，道士和道教信徒人数日益减少，道教活动的规模大大缩小，1966年全面停止了宗教、民俗活动。

娘娘宫及宫南、宫北大街曾产生天津早期的集市、城市街道、年货市场；是天津最早的商业网点、商业街、金融街，最早安装电灯、路灯；有天津最早的民间娱乐活动场所及中心、戏剧演出场所，最早的古建筑群以及最早的官绅祭坛；也是天津最早的电影纪录片几个拍摄景点之一。娘娘宫恰似一块反映天津历史年轮的活化石。因此，才有了"先有娘娘宫，后有天津卫"至今广为传颂的民谚。

（王利文）

多元崇拜的天津妈祖宫庙

无论是坐落在海河三岔河口西岸小直沽的天津天后宫,还是坐落于大直沽的天妃灵慈宫,或天津地域内其他妈祖宫庙,都有一个共性,即宫内供奉的神明众多,有着繁复的神仙系统。

天津各妈祖宫庙的主祀神均为天后娘娘,另有分身陪祀神(或称从祀神)数尊。这些陪祀神包罗万象,不同庙宇因体量及需求、理念的不同而在神明选择及数量上有所不同,可谓诸神杂居,佛道仙混杂。许多神明信仰会配合地域特色而演化,对此没有严格的规范要求,基本上属于因庙而设、因人而设。这种多神相容并存的多元化格局,既是妈祖文化包容性的体现,也是天津作为移民城市的必然产物,同时也从一个侧面反映了功利务实、追求"现世报"的市井文化心态。例如,天津天后宫既有主神天后娘娘与护卫神、衍

⊙ 1985年复建的天津天后宫(武延增摄)

生神等陪祀神，又有在僧人管理时期增加的观音、释迦牟尼，以及在道士管理时期增加的大量陪祀神和派生神，还有有功于天津天后宫的曹公和马公，再加上因时代背景而被暂置的佛像等，可谓众神聚集的文化大融合。

天津妈祖宫庙供奉的神明主要包括十大体系：

一是娘娘体系神明。包括天后老娘娘及为其分劳、为其化身或从属于她的诸多娘娘，如眼光娘娘、癍疹娘娘、子孙娘娘、送生娘娘、耳光娘娘、引母娘娘、乳母娘娘、百子娘娘和千子娘娘等。就连碧霞元君泰山娘娘、送子观音、催生郎君、张仙等也被天津民间视为娘娘体系的神明。

二是祖先崇拜体系神明。包括圣父、圣母，即妈祖林默的父亲林惟悫、母亲王氏。

三是护法体系神明。包括王灵官、嘉（亦写作"加"）善、嘉（亦写作"加"）恶、千里眼、顺风耳等天后圣母的驾前仙班。

四是本地民间俗神体系神明。这一部分体系庞大，既有人神的崇拜，亦有对于动物转化成的仙的民间崇拜（如"五大仙"）。主要包括王三奶奶、挑水哥哥、张仙爷、和合二仙、八仙、月老、马王爷、白老太太、柳仙等。

五是药王体系神明。包括伏羲、神农、黄帝、孙思邈、华佗、扁鹊、李时珍、邳彤、吕洞宾等。还包括医治天花、痘疹及其他疾病的神灵，如癍疹娘娘、痘疹娘娘、眼光娘娘、施药仙官、施药仙女、散行痘疹童子、散行天花仙女、挠司大人、送浆哥哥、报事童子、挑水哥哥、王三奶奶、白老太太、黄二大爷等，都具有药王的法力。上述神明在其他神明体系中也有体现，这正是民间神明神职的多重性和融合性。

六是自然崇拜体系神明。包括了由人类对大自然中的日月星辰、山河湖海等自然现象及自然物的崇拜而衍生的民俗事象。如太阳神、月亮神、斗姆、六十元辰星宿、文昌、魁星、泰山娘娘、土地公、龙王、河伯、火神、雷公、电母等。

七是财神体系神明。财神，是民间崇拜最为广泛的神明，有文、武财神及五路财神（即中、东、南、西、北五个方位，也称"五大财神"）之说。而五路财神亦有多种说法，如有中斌财神王亥（中）、文财神比干（东）、柴王爷（南，亦说范蠡）、武财神关公（西）、赵公明（北）之说；还有赵公明（中）、招宝天尊萧升（东）、招财使者陈九公（南）、纳珍天尊曹宝（西）、利市仙官姚少司（北）之说。另外还有其他四方财神，即端木赐（西南）、李诡祖（东北）、管仲（东南）、白圭（西北）等。构成了庞大的"四面八方一个中"的财神阵容。

八是结缘与分灵体系神明。结缘与分灵，是各妈祖宫庙之间相互交流，香火交融、互借神力的一种民俗事象。以天津天后宫为例，有台湾北港朝天宫、台南大天后宫、大甲镇澜宫、新港奉天宫、西螺天后宫、南方澳南天宫、台湾圣迹宫等宫庙与天津天后宫结缘的妈祖神像。

九是其他佛道教体系神明。包括观音菩萨、释迦牟尼、文殊菩萨、普贤菩萨、地藏菩萨、玉皇大帝、太上老君、城隍、真武大帝、四值功曹、十殿阎罗、罗祖、哼哈二将等。民间常将哼哈二将与妈祖的驾前仙班嘉善、嘉恶混淆。

十是纪念性体系神明。包括马公、曹公、岳飞、温元帅、马元帅、姜子牙等。姜子牙也是在各类神明体系中职能交叉较多的，是中国历史上一位全智全能的人物。作为神仙，民间将其视为武神、智神，以及"姜太公在此，百无禁忌"的护佑神灵。马公、曹公据说是当年因为天后宫的修缮做出重要贡献而被人们纪念并塑像供奉。

（尚洁）

壹——历史探究

点缀津城妈祖文化的珍珠
——几座值得记忆的妈祖庙宇

在天津妈祖文化 700 多年的发展历程中，除了元代皇帝敕建的大直沽和小直沽两座天妃宫，民间还有四十余座坐落在不同地域、大小不一、各具风采的娘娘庙（包括娘娘曾经驻跸的行宫），其中以陈家沟娘娘庙、闽粤会馆、如意庵、千福寺、黄姑庵等较为著名。

陈家沟娘娘庙，位于三岔河口以东，其始建的确切年代已无法考证，约建于元代，并于明代永乐元年（1403）重修。清代是陈家沟娘娘庙的鼎盛时期，乾隆年间，为宣泄津北塌河淀积水，官方利用陈家沟挖引河，在金纬路与狮子林大街交口处（原十字街）连通北运河，注入三岔口，南来北往的漕船除泊于南北运河，也多有在陈家沟引河停泊，渔船、渔户和小贩亦相继聚集在娘娘庙附近。道光二十六年（1846）的《津门保甲图说》已明确标出陈家沟娘娘庙的方位，并绘有娘娘庙的图形。同治九年（1870）刻本《续天津县志》卷四记载的津地 16 座天后宫中，陈家沟娘娘庙排在了东门外小直沽天妃灵慈宫之后，位居 16 座庙中的第二位。光绪二十六年（1900）春，义和团在天津城厢内外设坛，聚众练武，陈家沟娘娘庙便是当时河东地区建坛最早、规模最大的坛口。天津义和团著名首领、乾字团的大师兄曹福田，经常在此升坛，主持拜坛大典，操练武艺。袁世凯任直隶总督，在天津推行新政，废科举、办新学堂，陈家沟娘娘庙亦在"废庙兴学"之列，于光绪三十三年（1907）在其原址建起小学校，成为天津最早的 16 处官立小学之一。宣统三年（1911）改称为"官立陈家沟两等小学堂"，学生家庭多半从事渔业。中华人民共和国成立后，该学堂又成为二区第七小学，后又改名为陈家沟小学。近年来，随着大规模城市现代化建设，在陈家沟娘娘庙原址上建起了高层住宅——北岸华庭小区。现今陈家沟娘娘庙只留下了"娘娘庙前街"的地名。

⊙ 陈家沟娘娘庙仅存的路标

　　闽粤会馆位于天津老城北门外针市街。清乾隆四年（1739）由潮州、福建、广州客商们联合募建，有房屋693间，其中潮州帮的"万世盛公所"占144间，厦门帮的"苏万利公所"占206间，义园房占34间，真正属于闽粤会馆的只有309间。会馆内设有天后圣母殿，这是为随时拜祷而建。随着他们所发起和承办的天后诞辰接驾活动一年胜似一年，农历三月十六日送驾至闽粤会馆作为"老娘娘回娘家"的习俗被民间广泛接受和响应。一些天津及外埠香客为了表示自己的诚心，竟也纷纷涌入闽粤会馆参与天后娘娘乡人的敬香祝祷活动。

　　随着天津民间对天后娘娘信仰的普及以及对出皇会的热衷，办会的规模愈来愈大，致使闽粤会馆无法容纳来自各方朝拜拈香的香客了。无奈之下，便将接驾活动移到地方稍大一些的如意庵举行。

　　闽粤会馆在财务管理上采取三帮轮流值年制度，后因内部发生经济纠纷而分裂，会址改为民居。1953年，该会馆被拆建为第二中心医院。

壹 —— 历史探究

城西如意庵，坐落在天津城西，始建年代不详，后为天津的道观。因民间有说天后原本是南海观音大士驾前童女，而如意庵正好供奉的是观音菩萨，所以送驾至如意庵也是最合适的。特别是还有人说如意庵供有斗姆娘娘，天后又是斗姆娘娘驾前侍女，自然应在如意庵驻跸。而这里的道士们为了迎合民间已普遍认同的"老娘娘回娘家"这一心理，在如意庵后殿又加塑了一对老年夫妇的雕像，并谓之为天后圣母的双亲，曾一度使如意庵香火极盛。

清光绪二十三年三月十六日（1897年4月17日），民间照例将天后娘娘送驾至如意庵的"娘家"。遗憾的是，由于在转天十七日时，前来进香的香客蜂拥而至、竞相朝拜，拥挤不堪，至晚间时，香客不慎将蜡烛翻倒引燃了彩绸幔帐，导致一场熊熊大火。火势由前殿一直蔓延到大殿和两旁侧殿。尽管当时各路水会都赶来救火，亦未能挽救其命运，无情的大火使如意庵这座古庙大部分被焚为一片焦土。因当时天后娘娘及随驾的送生娘娘、子孙娘

⊙ 天津闽粤会馆
和会馆匾额

娘、瘢疹娘娘、眼光娘娘这五位娘娘的神像及黄轿、宝辇均在中殿，这大火只在中殿外燃烧，竟没有连及中殿，使其完好无损地保留下来，一些躲在轿辇后的妇女和儿童也幸免于难，此为一大奇迹，这个谜也被后人一直传颂。

大火虽然没有吞噬掉华丽的辇驾，但使大殿、前殿乃至侧殿中存放的一些出会仪仗执事损失惨重，特别是天后娘娘的头像在大火中不翼而飞，据说是偷盗者所为。因当时民间盛传天后娘娘所佩戴之物皆为上乘珠宝，其头像为沉香木雕，价值连城，故使不法窃贼动了邪念。加之在大火中缠足的女香客也伤亡颇多，在这种状况下，皇会元气大伤，从此中断了许多年。

关于如意庵失慎时间，历来有所争议。主要集中在清光绪二十年（1894）、二十二年（1896）、二十三年（1897）。本文采用学者王勇则在《清末天津皇会失慎时间考》中提出"失慎于清光绪二十三年（1897）"的说法。

多年之后，皇会又在信徒们热心的操办下重整旗鼓，再展雄姿。只是由于如意庵被焚后无力修复，故将接驾活动迁至千福寺举行。

西门外千福寺最初被称为"云霞观"，为道教场所，由道士主持庙里的事务，始建于清光绪三十年（1904），由于后来的停庙办学政策，致使天津不少庙宇都改建为学校。这些庙宇中供奉的神像都被迁入云霞观，遂将庙名改为"千福寺"。天津民间多将千福寺称为"千佛寺"，这是以各庙迁来佛像数量有千佛之多而称之的。由于佛道神像同居一寺，故使千福寺形成僧道共同管理的局面。不久，由于僧人力量加强，逐渐代替了道士管理，使千福寺又成为由僧人主持的佛教寺院。这样，接驾活动也就由僧人与潮州、福建、广州三帮客商以及天津天后宫扫殿会的会员们共同操持了。1917年天津发大水，千福寺的庙基被完全冲毁，后经历拆旧建新工程。至1926年，千福寺已颇具规模。

城西黄姑庵，亦称皇姑庵，始建于明代。清光绪二十五年（1899）刻本《重修天津府志》卷三十四《经政（八）·祀典》中记载位于天津各处的天后宫共13处，其中，"一在城西如意庵南"，虽然没有直接说出庙名，但光绪十九年三月二十九日（1893年5月14日）《申报》第7205号记载："今会首于本月十六日舁天后像，至城西皇姑庵。"据此可以佐证，与城西如意庵毗邻、位于其南边的皇姑庵亦曾经作为天后行宫在天后诞辰举办皇会时作为天后娘娘驻跸的庙宇。

清代末年，黄姑庵被辟为小学。1929年前后仍有少量庙地存在，且具寺庙功能。后逐渐消亡。

此外，位于北运河边、始建于元末明初的丁字沽娘娘庙，据清同治九年（1870）《续天津县志》记载，其当年也是十分繁盛，只可惜至民国年间被废，仅存西配殿。1933年在此基础上建立了"天津市公立第七十三小学"，后改名为丁字沽小学并沿用至今。

前述这些妈祖宫庙虽然没有更多的、详细的史料典籍记录，但在民间的口口相传中，仍有许多曾经的辉煌记忆，就像一颗颗珍珠，编串起了天津妈祖文化这一条璀璨的历史项链。

（尚洁）

葛沽天后宫与津东书院

津南区葛沽镇是历史上华北"八大古镇"之一，据历史记载，早年的葛沽从明万历二十九年（1601）开始屯田，经多年的经营，逐渐成了远近闻名的鱼米之乡。又因临近海口，航船停泊，成为天津地区著名的水陆码头、贸易货物集散地和经济繁荣富庶的巨镇。自元代始海漕运发达，葛沽镇居民多以船业、盐业为生。

葛沽天后宫，亦称娘娘庙。坐落于津南区葛沽镇，始建于明代，据传明永乐年间，当地富商与官府出面，在春节至元宵节期间，把海神娘娘（妈祖）塑像放入官轿，用人抬着沿街观灯，此举引得大批船民前来进香祷告，乞求海神娘娘保佑船民出行平安。据《津门保甲图说》记载，葛沽之地拥有18座庙宇，其中娘娘庙、海神庙香火尤盛。庙内由天后化身而出的各位娘娘神态各异，各司其职。葛沽娘娘庙，还是当时海下一带久负盛名的庙宇，占地4000多平方米，绿树红墙，庄严雄伟，规模宏大，殿阁巍巍，金碧辉煌。庙院内分前、后殿。门前还有一广场，宽阔开朗。广场上立着两根红漆旗杆，每根高9丈9尺（约33米）。有点奇怪的是虽然名叫天后宫，但天后娘娘并没有坐主位。在前殿供奉的13位娘娘，迎面中间为三霄娘娘的三个化身，即碧霄、云霄、琼霄。左右陪祀的是眼光娘娘、子孙娘娘，东西两边还有7位站立的娘娘，东边靠近主座的是天明娘娘，然后依次是泰山娘娘、天妃娘娘、火灵娘娘；西边靠主座的是龟灵娘娘，然后依次是痘疹娘娘、送岁娘娘、送子娘娘。中间为碧霄、云霄、琼霄的三霄娘娘的这种布局，是否出自妈祖娘娘的原型中有三霄娘娘这一传说，我们不得而知。后殿供奉着伏羲、神农、黄帝三皇塑像。

清光绪三年（1877）葛沽天后宫重新修缮，后曾一度被李鸿章创建的"津东书院"占据。津东书院，是葛沽镇诸贤苏善恒、赵任弼、郭延沛等人发起筹建，得到洋务派的代表人物之一、直隶总督李鸿章的支持，不仅批准立案，还亲自为书院写了匾额。书院占用了葛沽娘娘庙内文昌阁、药王庙、佛爷庙三座庙宇，面积共约 1500 平方米。招收生童约七八十人，多是富家子弟。教师由十几位有功名的人担任，经费由本镇公议斛局收款项下动支，每月拨纹银七百两。

1911 年辛亥革命后，书院由天津县接管，改名为葛沽镇官立二等学堂。1927 年改称天津县葛沽镇官立小学校。直至 1948 年 12 月，葛沽镇解放，已被改为的"私立津东中学"被人民政府接收，改名"天津县县立葛沽中学校"。1979 年秋改称"天津市葛沽第一中学"。2000 年 8 月，与原葛沽二中合并，迁往新校址。如今葛沽娘娘庙内尚存记载津东书院历史的石碑。石碑为长方形，长 166 厘米，宽 63 厘米，厚 18 厘米。

1995 年 8 月 8 日，由民间人士与葛沽镇政府倡议，报请津南区人民政府批准的重建葛沽天后宫复庙奠基动工仪式在葛沽天后宫原址举行，恢复了天后娘娘等神像。复建的葛沽天后宫占地 7900 平方米。大殿为五楹，占地 160 平方米，坐北朝南，居中。右侧为药王庙，左侧是长寿寺，西边财神庙，东边玉皇庙。院内有三棵古树，其中后侧一棵 600 多年的古国槐树，高 18 米，树围 2.2 米，直径 70 厘米，覆盖面积约 160 平方米，1990 年被列为天津市文物保护单位。2006 年与天津市其他六株古树被推为首批"中华古树名木"，列为国家级重点保护范围。

大殿内供奉天后娘娘、子孙娘娘、眼光娘娘三尊神像。东山墙绘有岳飞、马元帅神像及"海上救难图"；西山墙绘有温元帅、赵元帅及"分身感化图"。后墙绘有碧霞元君、痘疹娘娘神像及"八仙"组图。红学家周汝昌和书法家李鹤年分别书写了"眼光圣母"和"天后圣母"等匾额和楹联。

1996 年 2 月 26 日葛沽天后宫落成，举行了开宫仪式。同年在此成立了"葛沽民俗文化中心"。

2009 年，葛沽镇人民政府又投资 10 万元，在有关部门的大力支持下，

⊙ 葛沽天后宫

对天后宫内建筑、院落进行了修整，在中华人民共和国成立 60 周年之际重新对外开放。

正是先有了这个娘娘庙，也便随之衍生出对娘娘的祭祀庆典，即丰富多彩的酬神社火活动——葛沽宝辇会，以及独特的"跑辇"风俗，并以其气势磅礴、辉煌壮观而久负盛名。

（龚孝义）

知识链接 >>>

西青有妈祖的娘家人

京杭大运河的天津市西青区辛口镇段，东岸有个叫冯高庄的村庄，此地的林姓就是来自天后娘娘的家乡福建莆田。据清代编修的林氏家谱记载："……先世盖闽之莆田人也。明成祖定鼎燕都，永乐二年征调来津，迄于今历年三百有余……"由此可知明永乐二年（1404）福建莆田林姓通过大移民来到西青区辛口镇冯高庄落户，从始祖林广建开始，至今已传十八代。林氏家谱开篇就说："放林之始姓，乃殷比干长子文寔公封于林，遂以为姓。后世家传，今津门天妃宫天妃圣母即林姓，世世尊祀之。"世世尊祀，可以说是林姓祖训，既有此祖训，也便有了年年去小直沽天妃宫（即天津天后宫，俗称娘娘宫）祭祀天妃娘娘的惯例。据林氏家谱记载，至第六代林鹏翔，生有一子林增，一女无名，只在旁边标有小字"出家天妃宫，法名性宽"。

这位法名性宽的林家女子，是实实在在出生于冯高庄林姓家族的姑奶奶。据说性宽自幼常听老人说，娘娘宫里的天妃娘娘是林家祖上的姑奶奶，大慈大悲，受历代人民的尊崇，也为林姓家族增足了荣光。从此，性宽也在心里开始崇拜祖上的那位姑奶奶。长大后，性宽随大人去天妃宫祭典。她发现有那么多善男信女向祖上的姑奶奶顶礼膜拜，求她保佑，觉得这位姑奶奶真是太伟大了！因此萌发出家的念头，要在娘娘宫里陪祖上的姑奶奶，帮她做普度众生的慈善之事。父母虽说有些心疼舍不得，但林家人都大力支持，认为冯高庄林姓族群能出现这样一个有见识、有善心的女子是家族的荣耀，非常难得。就这样，这个十几岁的女孩子便进入了娘娘宫，师傅为她取名"性宽"。

据林姓家族第十五世孙林佐奎、林佐新介绍，每逢农历三月二十三娘娘生日这一天，世世代代的林家人都派代表去娘娘宫给娘娘过生日。冯高庄紧邻南运河东岸，乘船顺流而下很方便，到三岔河口下船，也就到了娘娘宫。历代娘娘宫的住持都认识娘娘的娘家人。冯高庄的林家人一到，就会受到最高级别的礼遇，先请到楼上歇息品茶，然后用斋饭。在给娘娘祭祀前，要先请娘家人为娘娘掸尘净面，整理神袍。

2012年，中断了近70余年的情缘又在西青区"寻根大运河"的活动中被接续，新一代的娘家人又以其特殊的身份参与到弘扬妈祖文化的事业中。

（杨鸣起）

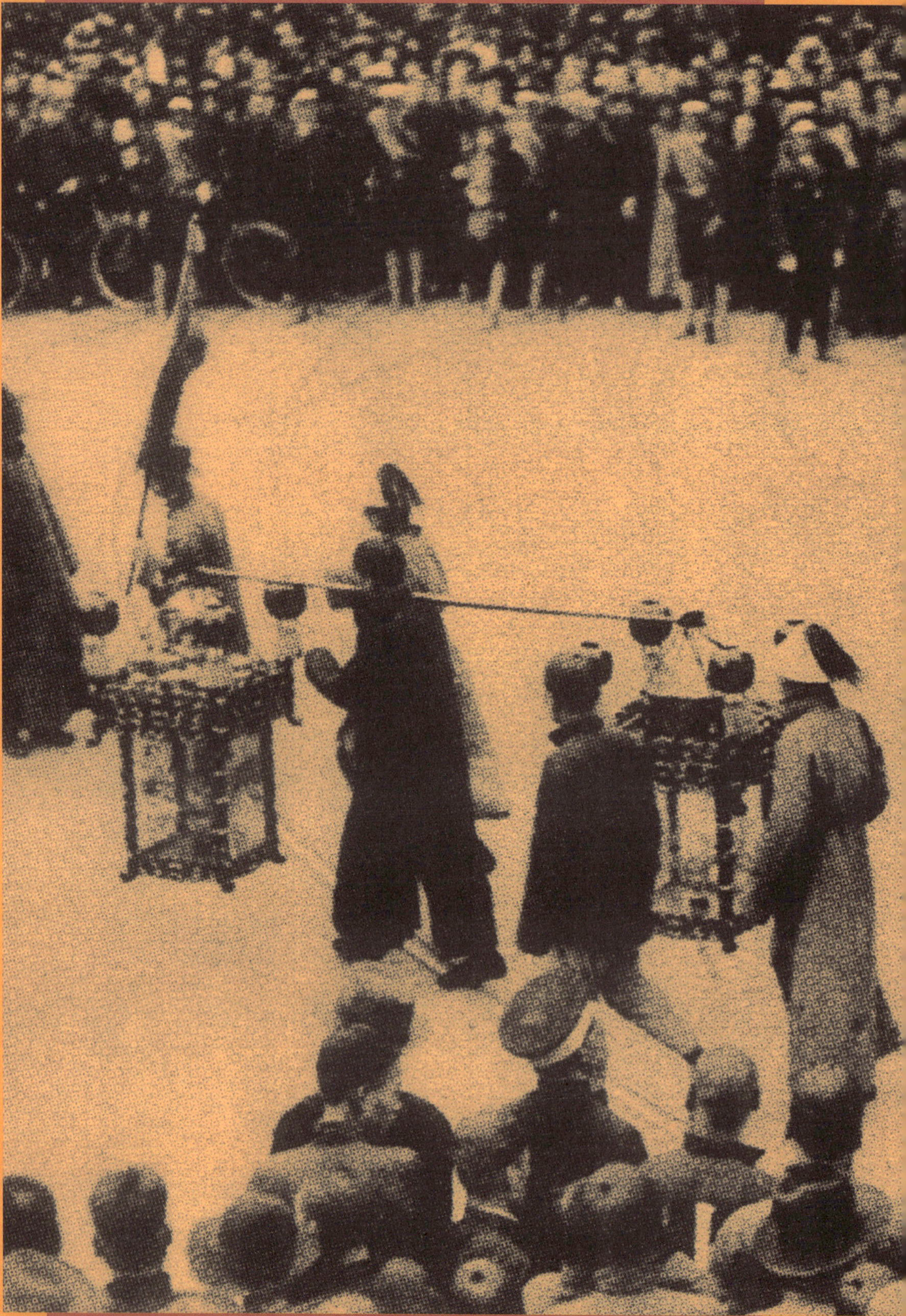

贰 妈祖信俗与津卫民俗

妈祖信俗传入天津后，与天津地域民俗高度融合，妈祖也很快就由单司航海之职发展为多功能的神灵，并被当作护城神加以崇拜。既护航又去灾赐福，被视为万能之神。亦由此衍生出庞大而繁复的信俗体系，形成了具有天津特色的地方化民俗事象。

皇会：中华妈祖文化的奇异盛典

"皇会是中华妈祖崇拜一个奇异的盛典，是北方的妈祖之乡天津重要的文化遗产，也是此地上一个遥远而美丽的文化的梦。"这是2006年冯骥才先生为我的学术专著《皇会》所作之序的开篇之句，也是对皇会最精辟的定义。

皇会，曾被誉为"中国人的狂欢节"和当时"全国各省唯一的神话盛事"，典藏着几代人的城市记忆，牵动着许多过往的情怀，积淀着丰厚的遗存。因而，当2008年天津皇会入选国家级非物质文化遗产代表作名录，成为中华民族优秀传统文化的重要代表时，我们无不为之感慨，为之骄傲！

解读皇会，单从字面来看就会马上想到这应该是一个带有皇家色彩的高规格活动。事实的确如此。

皇会，原被称为"娘娘会"或"天后圣会"，是为祭祀天后娘娘诞辰而举行的大型庆典，起源于康熙四年（1665），因受到清康熙、乾隆两朝皇帝的嘉奖而易名为"皇会"。当然，"皇会"之名的形成及起始年代，除上述源于民间一代又一代的口口相传和相关文献记载的说法外，民间与学界还有"迎驾康乾二帝说""皇家钱办会说""清嘉庆年说"等。其实，不管怎么说，都是与皇家相连。在那个年代，倘若没有皇帝的允诺，哪一个敢用"皇"字？

皇会，既是庄严、神圣的妈祖祭典，亦是隆重、喜乐的诞辰庆典，更是一个有组织、有计划并有严格规定的民俗大庙会。将神祇崇拜、民间信仰、问医求子、祈福还愿、赛会演剧、民众游观及会亲访友、社会交往、城乡商品交易等活动集于一体，可谓中华妈祖文化的活化石。

昔日的皇会从农历三月十五日起至二十三日天后娘娘诞辰日为止，共举行九天。这期间除十六日、十八日、二十日、二十二日四天有异彩纷呈的行（音xíng）会表演外，其余五天均为各地民众大规模进香朝拜、贸易往来、

⊙ 1936年皇会举办前天津天后宫山门上贴满黄报

会亲访友、看戏游观以及一些老会、圣会的座会设摆等庆贺活动。

三月十六日为"送驾日",天后娘娘及为其伴驾的送生娘娘、子孙娘娘、癍疹娘娘、眼光娘娘要被送到天后娘娘行宫(最初在闽粤会馆,后又先后改在如意庵和千福寺),接受香火并驻跸至十八日。

三月十八日为"接驾日"。要把十六日送去的天后娘娘及其伴驾的送生娘娘、子孙娘娘、癍疹娘娘、眼光娘娘神接驾回天后宫。

三月二十日、二十二日两天为"天后娘娘出巡散福日"。届时,天后娘娘要乘华辇出天后宫,沿天津老城区域出巡,接受沿途信众的叩拜,散福于民间。送生娘娘、子孙娘娘、癍疹娘娘、眼光娘娘也要乘坐宝辇伴驾。著名的老会、圣会也随驾左右表演绝活绝技。

皇会行会,是整个皇会活动最壮观、最绚烂、最吸引人的一幕,最多可达一百一十多道老会、圣会参与行会。以至于后来人们将皇会行会表演统称"出皇会"。在当时，能够被邀请参加皇会是何等荣光！因此按照会规，凡被邀请出会的各老会、圣会皆要按照天后宫扫殿会的要求在天后宫山门处贴出黄报公示于众。

皇会行会的主要角色是天后娘娘及其所乘华辇（黄轿）以及为其伴驾的送生娘娘、子孙娘娘、癍疹娘娘、眼光娘娘四位娘娘及其所乘宝辇。所有随驾的老会、圣会以每一架轿辇为中心，按照职能和类别穿插安置在轿辇前，形成一个个组合，按照顺序，前后呼应随驾表演，并兼有护驾和服务于轿辇的职责。天后娘娘的华辇（黄轿）排在最后一个组合里，以彰显尊贵。此外，芦纲公所的八架抬阁和座会设摆类会的七架大座亦作为次主角，与各老会、圣会穿插交错，形成各自组合。各道老会、圣会的排列次序是有严格的规定，任何人、任何表演团体皆不能随意变更。

皇会行会中天后娘娘出巡散福及老会、圣会的各种演艺活动，是整个皇会活动的经典内容。其涵盖的指挥协调类、公益服务类、仪仗銮驾类、座会设摆类、还愿劝善类、玩艺表演类等六大类别，包括扫殿、净街、梅汤、接香、请驾、护驾、护棚、防险、黄绳、叉子、茶棚、门幡、太狮、宝伞、銮驾、日罩、灯亭、宝鼎、宝塔、杠箱、重阁、高跷、捷兽、秧歌、跑竹马、花鼓、抬阁、法鼓、挎鼓、大乐、十不闲、莲花落等七十余会种，各司其职，井然有序，异彩纷呈，争奇斗艳。一切仪仗装饰、人员服制、表演技艺都力求尽善尽美，花钱费事在所不惜，融聚了天津民间雕刻、绘画、音乐、舞蹈、文学等各种技艺的精华。因而能吸引数十万的天津乃至其他省市各界民众蜂拥而至并倾心投入，行会队伍延绵数十里，万人空巷，场面壮观。

右页图：⊙ 上 / 1936年皇会中的鹤龄会
⊙ 中 / 1936年皇会中的接香会
⊙ 下 / 1936年皇会行会场面

贰——妈祖信俗与津卫民俗

⊙ 上 / 1936年皇会中天后娘娘"回娘家"所乘黄轿
⊙ 下 / 1936年皇会中的芥园花音法鼓鲜花双伞

⊙ 上 / 1936年皇会中的乡祠前远音法鼓老会
⊙ 下 / 1936年皇会中天后娘娘宝辇前之銮驾

津卫妈祖

⊙ 1936年皇会中的西池八仙高跷会
⊙ 1936年皇会中的河北阵图秧歌老会

右页图：⊙ 上／1936年皇会中的河东陈家沟德善重阁
⊙ 中／1936年皇会中的同乐五虎少林老会
⊙ 下／1936年皇会中的积善五虎杠箱老会

040

贰——妈祖信俗与津卫民俗

对此，津地文献多有记载。同治九年（1870）《续天津县志·风俗志》记载：二十三日天后诞辰，预演百会，俗呼为皇会……先之以杂剧，填塞街巷，连宵达旦，游人如狂，极太平之景象。天后出巡之期，远近乡民，携家带口中，雇船来津者，甚多。

光绪十年（1884）张焘的《津门杂记》"天后宫"条云：

三月二十三，俗传为天后诞辰。天津系滨海之区，崇奉天后较他处尤虔。东门外有庙宇一所，金碧辉煌，楼台掩映，即天后宫，俗呼娘娘宫。庙前一带，即以宫南宫北呼之。向例此庙于十五日启门，善男信女，络绎而来。神诞之前，每日赛会，光怪陆离，百戏云集，谓之皇会。香船之赴庙烧香者，不远数百里而来，由御河起，延至北河、海河，帆樯林立。如芥园、湾子、茶店口、院门口、三岔河口，所有可以泊船之处，几于无隙可寻。河面黄旗飞舞空中，俱写"天后宫进香"字样。红颜白鬓，弥漫于途。数日之内，庙旁各铺店所卖货物，亦利市三倍云。

皇会的行会路线基本上是绕天津城内外而行，但就出天津天后宫和回天津天后宫这一出一进而言，行进的路线是不能一样的。同时，不仅送驾、接驾，以及出巡散福这四天的行会路线各不相同，而且每次举办皇会的出会行走路线亦有所不同。

皇会的历史是漫长而辉煌的。毋庸置疑，皇会的兴盛是在清康乾时代。但在此之前，民间实际已存有一定规模的酬神祭祀活动。在元代至元十八年至三十一年（1281—1294）时天津已建有供奉妈祖（时称"天妃"）的庙宇。而在这一时期，妈祖信俗早已得到朝廷的认可和推崇，官方的妈祖祭典已经十分普及。特别是元朝廷施行的漕运国策与妈祖信俗建立起密切的关联，成为一种为之保驾护航的主流文化事象。至明代天津设卫筑城后，在明成祖朱棣的海洋扩张的谋略下，郑和七下西洋，其间将妈祖信俗作为一种巨大的精神支撑，使妈祖文化更迅速地得到推广和传播。特别是清圣祖仁皇帝康熙将妈祖列为"春秋谕祭"之神，编入国家祀典，不仅提升了妈祖信俗的地位，

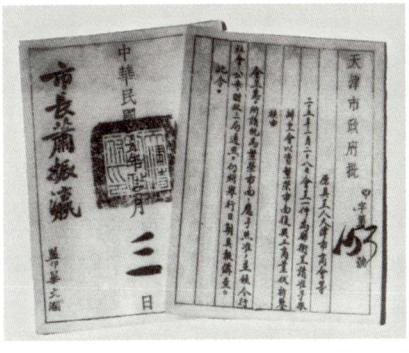

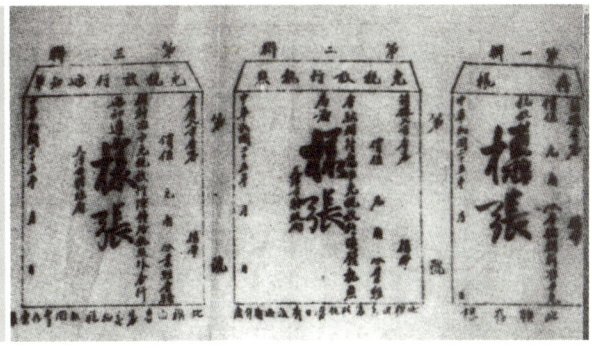

○ 左 / 1936 年皇会政府批件（董季群供图）
○ 右 / 1936 年皇会期间商品免税执照（董季群供图）

  而且使妈祖的爵位达到了至高无上的"天后"，使妈祖祭典活动亦形成繁盛的态势。因此，在此漫长的岁月中，民间的祭祀活动具备存在的基础条件，只是规模或许小于皇会，名称不叫皇会罢了。在经历了清康乾时代至光绪末年的鼎盛期后，由于民国时期社会政治、经济的不稳定，皇会开始走向低谷，规模逐渐缩小，每隔三四年，甚至十年才举行一次较大规模的皇会。

  可以说皇会的形成与天津当时的社会人文环境和政治、经济等密切相关。皇会是以官方支持为前提，并在坚实的物质基础及广泛的群众基础上发展壮大起来的。其盛会行事与仪礼程式规范堪称中华传统文化之典范，在宣传妈祖悲天悯人的精神和深情厚谊的人文关怀的同时，也构成了和谐的文化交流与文化共享的重要纽带。因此，保护好皇会这一国家级非物质文化遗产，必定会取得功在当代、利在千秋的长效成果，也必将为中华民族的伟大复兴做出不朽的贡献。

（尚洁）

知识链接 >>>

她为皇会立传
——冯骥才为尚洁著《皇会》一书所作的序言

皇会是中华妈祖崇拜一个奇异的盛典，是北方的妈祖之乡天津重要的文化遗产，也是此地上一个遥远而美丽的文化的梦。这个延续了数百年的梦，曾经被留在许多本土诗文书画中，也留在民间的年画与口头传说里，最著名的便是杨无怪的《皇会论》和珍藏在国家博物馆那册巨型的《天津皇会百图》了。

不可思议的是，在天津举行皇会例行的七八天里，竟然举城若狂，万人空巷，香船云集于海河，中国的大城市何处还有这样壮观的民俗？

然而，随着社会更迭，时风嬗变，这种以民间崇拜为主题的皇会渐渐远去。历史上最后两次皇会分别是1924年和1936年。

我手中有一些图书，都是1936年那次"最后的皇会"的纪实。一是《天津皇会考纪》，详细记载那一次皇会的全过程。还有一些画报，如《北洋画报》《玫瑰画报》等等皆以图文方式呈现了当时皇会的盛况。这些全成了过往的历史了吧？没有。八十年代社会开放以后，随着生活的宽裕、文化的百废俱兴，隔绝了半个世纪的皇会居然又渐渐复活起来。

复兴的皇会还是往日的皇会吗？尚有昔时的体例与风范吗？还会招致"红颜白髮，弥漫于途"吗？还有那种虔敬之情和此地人逞强好胜的地域精神吗？

在全球化时代，社会转型是不可抗拒的，文化必然随之改变。然而，社会的大文化要与时俱进地转型，历史文化反而要坚守原本的生态，保持自己的传统与精神，乃至于专有的方式，否则就一定会跌入时下流行的与旅游开发混成一团的文化媚俗了。那么什么是皇会自己的传统、精神与方式呢？在这种不能回避而必需思考的时

代命题的面前，尚洁捧出了她的新作——《皇会》。

如果说前几年尚洁对皇会所做的学术工作，主要是资料方面广泛的收集与精心的梳理，这一次则是深层的分析、研究、总结，从而提出自己的见识与理念了。

尚洁是民俗学界一名年轻又富于锐气的学者，用功很勤，学识扎实，文字清新，追求深度与品位，在她此前出版的《天津皇会》中，就已看到她严谨与沉静的学风，也正是多年的扎实的努力，使得她在这本书中跨出了一大步。

一份遗产后边应该有几个学者。如果没有学者，这遗产便会徒具其名，遭人乱用，甚至庸俗化地挥霍。学者对遗产的意义，是从精神文化层面把握它、挖掘它、弘扬它，不让它在市场时代中失却了它独有的精神本质。

可是，要想将皇会这宗庞大的遗产整理出来又谈何容易！在我看来它更像一项工程，但今天尚洁十分令人满意地完成了。

我们中华民族的遗产有多少？一位韩国的学者——她也是联合国世界文化遗产的评委任敦姬对我说："地球上一半的非物质文化遗产在中国。"

可是我们许多的文化遗产一边正在消亡，一边连一个研究者也没有。天津的皇会应该庆幸有尚洁这样一位研究者；她在这个巨大的金矿里默默地开掘，并不断捧出金煌煌的果实来。

2006年8月

胡同里的混元盒高跷会

我的皇会文化启蒙课，是胡同里的混元盒高跷会。高跷表演，俗称"踩高跷"。

老城鼓楼北的路东有条运署西街。运署西街中段，与胡同交汇成丁字，是沈家栅栏南口。再向东，一个小花园，也是南北向，后来改名向阳花园倒也所名不虚，而附近居民，在有"向阳"这个名称之前乃至之后，习惯叫它衙门花园。沈家栅栏胡同口对着水站——周边居民挑水的地方，水站东侧是孙阴阳胡同北口。如同水井场地往往是传统村落的公共空间，运署西街水站前也是邻居们打头照面，道一句"吃了吗""忙嘛了"，嘘寒问暖、家长里短的地方。偏偏由水站到小花园，运署西街这一段路格外宽，成了小广场——至少踩高跷时这么看。高跷、法鼓、秧歌不是被称为广场表演艺术吗，胡同里的高跷会就在水站前打场子。水站一间房，水龙头接到窗外。经管水站的于大爷独自一人生活，小屋是家。屋内搭暗楼，搁置杂物，一些高跷道具也存在楼上。

记得小时候看表演，通常是提前得信儿，"今儿有高跷"，胡同里传个遍。早早有人去凑热闹，不光是看踩跷、勾脸、换装、绑腿子这些戏前戏，也跟着一起掺乎。若是听到锣鼓声响再跑去看，已是打起场子围满了人。那时看的是热闹，至于扮演哪一出，怎样的剧情，并不在意。木腿子很高，踩上去走动，不管有没有锣鼓点，都能踏出节奏，特别好看。多少年后，在非洲肯尼亚原野看到长颈鹿的移动，步点不疾不徐，高形体加上雅致的行姿，那高蹈，有一种似曾相识之感——胡同里的高跷场景被唤醒，卯榫相接。

仍说小时候胡同里的高跷会。红红绿绿的戏装好看，勾的脸好看，排着队转圈圈，走起来好看，舞起来、耍起来更好看。白胡子渔翁，长髯飘飘可以耍，手里的鱼竿颤颤地，可以耍；傻大妈的烟袋锅，柄杆长长，可以耍；

贰——妈祖信俗与津卫民俗

还有那双棒，头上耍、胯下耍、胸前耍、背后耍，棒打棒敲击出脆脆的声响；还有摔叉，忽然间一个大劈叉，一较劲儿又腾起。踩高跷的踩得起劲，看高跷的看得带劲，锣鼓点、叫好声汇成一片。

一次高跷后，总是余音绕梁，成为一段时间的话题。有一回，在小花园听大人们讲《混元盒》，说京戏怎样唱；讲皇会，说老年间咱们混元盒老会可是风光过。那眉飞色舞的神聊，使我的高跷印象，扩展联想，有了时空感：混元盒老会从时光深处走来，从十里笙歌的皇会狂欢中走来，一次次过鼓楼，穿城门，宫南宫北娘娘宫，一路上踩着锣鼓点行进，伴着鼓乐表演……

高跷会扮渔翁的那位，在众位踩跷者中算是年长的，个头不矮，挺飒利，夏天穿件家做的无袖疙瘩襻褂子，家住胡同拐弯处，没有院子的平房。有段

⊙ 1936 年皇会中的高跷会（尚洁供图）

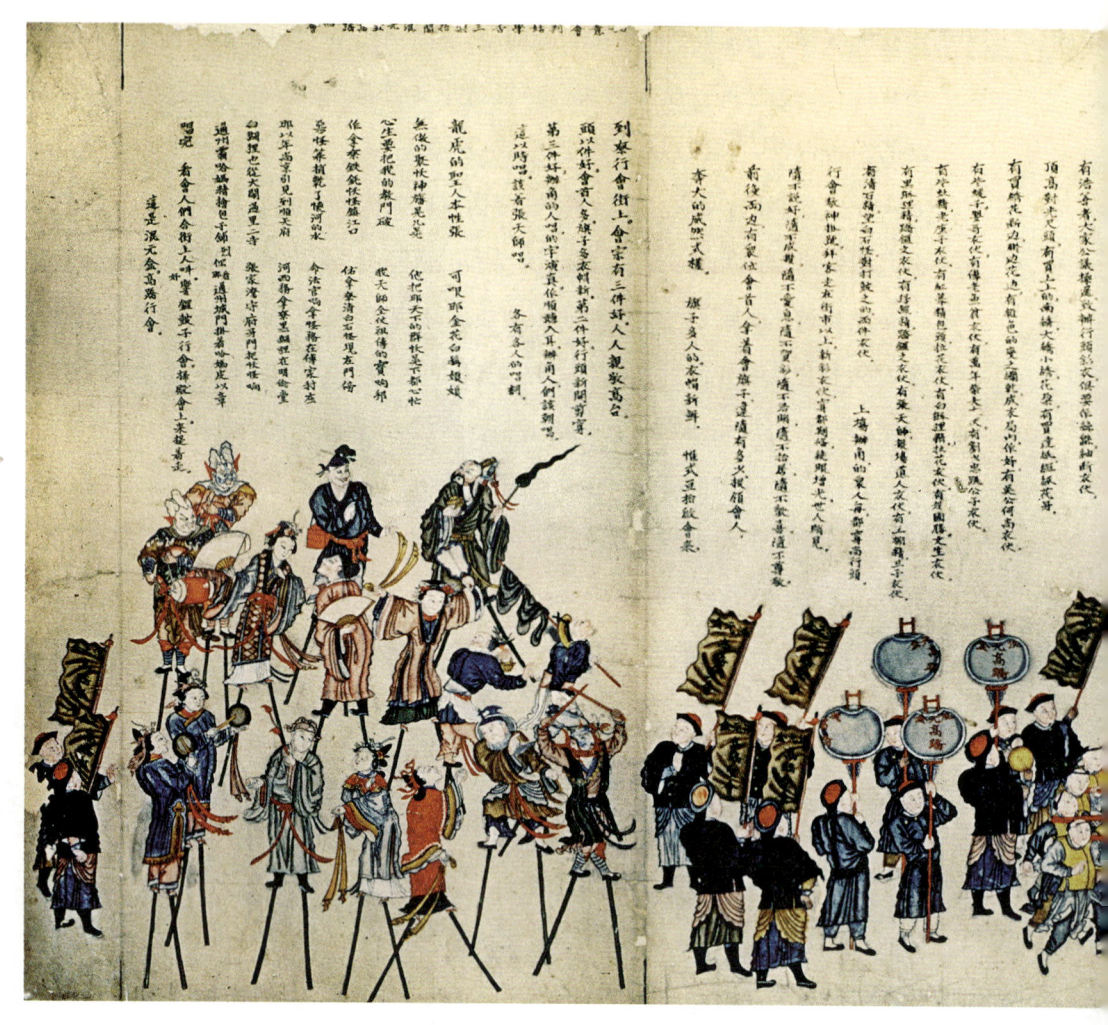

○ 清《天津天后宫行会图》第二十一起（武延增摄）

时间，去北门里、去鼓楼，我总是走那条小胡同，去看一眼"渔翁"。碰巧人家在门前浇花，在屋外鼓捣自行车，就好像又见踩高跷的身影，那鱼竿的抖动，那动起来浑身上下都是戏的帅气，是可以回味的。

　　胡同里的高跷，后来停了十多年，到20世纪70年代末重又活动起来。一次，在水站小屋里，偶然得见高跷会的标志，上写着"咸丰老会"，惊喜之余，不免有点失落，心目中胡同里的高跷会没赶上康熙，怎么着也得是乾

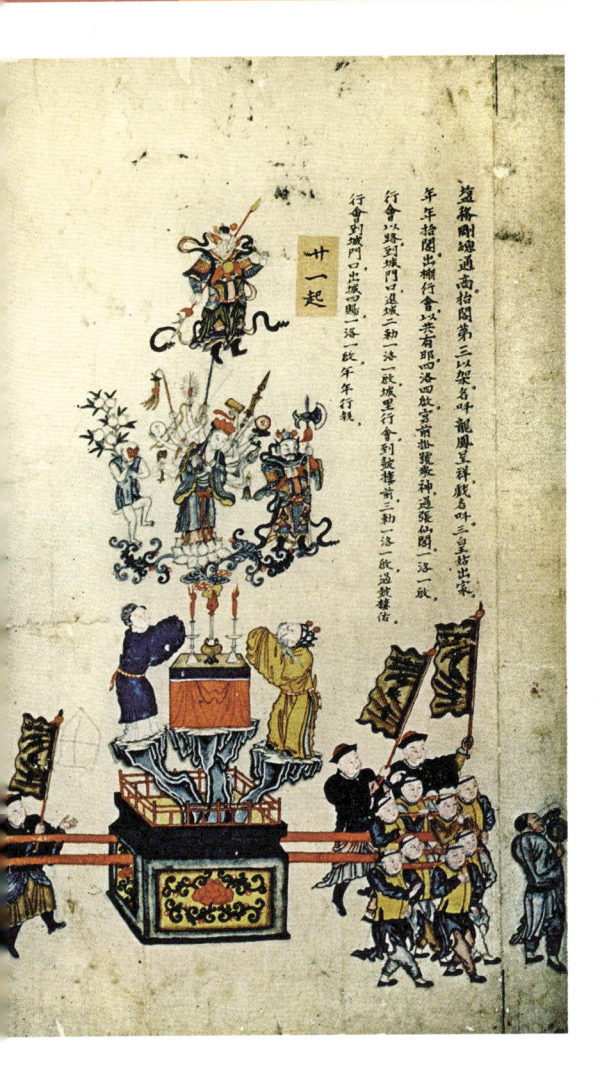

隆朝的老会呀。后来，在书店遇到陶君起《京剧剧目初探》，立马翻目录页，找到《混元盒》。再后来，天后宫建了民俗博物馆，市里成立了妈祖文化促进会，妈祖文化旅游节一届连一届，成为沽上盛事。我有幸以学术的研讨，一次次参与其中，参与妈祖祭典天津皇会——这一国家级非物质文化遗产的传承和保护。这期间，我为自己关于家门口高跷会的时空畅想，找到了支点——县署前《混元盒》高跷圣会，清代皇会图这样写。端详照片上的彩画，细读图中文字，老城里，胡同水站小花园，娘娘宫和皇会，图画上的高跷仿佛伴着锣鼓动起来。

对我来说，老城里混元盒高跷定格在 1985 年。那是假日，我们夫妻俩领着孩子来看爷爷奶奶。晚饭后，熟悉的锣鼓响起来，赶忙去看。仍在水站前，路灯之外另拉着大灯泡。还是老节目、老招式、老风格，如今记忆犹新的是，踩跷者有几位十几岁的"小小伙"。

时间的记忆也不会错。那时我家孩子还小，坐在我的肩膀上看表演，边看边听我讲，拍着巴掌，看得兴高采烈。

（吴裕成）

从"娃娃大哥"到五男二女的福分

一个小泥娃娃,居然在家里排行老大,平时在家供着,一日三餐要给"他"摆上食物碗筷,年节还要添置新衣服,家里人平辈的要叫"他"大哥,晚辈的则要叫"他"大爷、爷爷、舅爷……待遇比家庭成员还要高。

说起"他"来,老天津卫应该都不陌生。这个小泥娃娃就是鼎鼎有名的"娃娃大哥",也是天津地区所独有的求子民俗衍生的典型事象。这种求子民俗的产生与清代中叶的社会发展及人们的思想观念密切相关。

生命维系着人类自身的繁衍,历来受到人们的普遍关注。素来有人认为中国传统文化是"孝的文化",不孝有三,无后为大。不能生儿育女、传宗接代被视为最大的不孝。天津地处中国传统文化发育的中心区域,元明清三代又都近在京畿,传统的封建文化观念根深蒂固。因此,尽管是一个工商业城市,但人们的生育观念仍然属于封建小农经济意识,普遍期望多生儿女、子孙满堂、家大业大。

早立子嗣,且要生育"五男二女",是当时人们家庭生活追求的最重要理想。认为只有这样,家族才能兴旺,才是完美的,才是有福分的,且女人在家庭中才有地位,才能让人看得起。

那如果一直不孕或没有儿子怎么办?人们首先想到和要去的地方就是娘娘宫,要去那里"拴娃娃"。

拴娃娃,是天津民间最典型、最

⊙ 娃娃大哥(武延增摄)

普遍的求子方式。盛行于清代中叶以后。旧时，位于海河三岔河口处的娘娘宫大殿就供有天后老娘娘及子孙娘娘等神像，传说她们是专司每对夫妻有无子嗣之事。凡婚后艰于子嗣的妇女，只要虔心祈求，准会应验。前来求子的一般是婚后一二年仍未有身孕的妇女。也有婆婆为儿媳求的，也有母亲为女儿求的。她们摆上点心、水果等供品，烧上三股香，留下香火钱，再许下自己的心愿，然后就从娘娘神像前抱出一个泥娃娃带回家中（亦有偷偷地抱走一个泥娃娃，殿内的道士或管理者只当没有看见）。如果是为自己求子，则一边将小泥娃娃揣进怀里，仿佛真的有了儿子，一边默默念叨着"跟妈妈回家吧"。回家后，不能把小泥娃娃露在外面，而要放在炕褥里角边藏好，不能压着、踩着、碰着。一旦真的怀孕生下孩子，才能把小泥娃娃拿出来，送到"洗娃娃铺"将小泥娃娃"洗大"，即给它加些新泥，重塑一个大一点的娃娃像。与此同时，还要塑 99 个与小泥娃娃同样大小的泥像送回娘娘宫"还愿"。

当洗大的泥娃娃被家长带回家后，做母亲的要将其供在炕琴（一种摆在炕上的家具）上，侍奉如同亲子，一日三餐都要供上食物、碗筷，并要根据季节的变化为其添置新衣服。自己亲生的真孩子则排行第二，长兄的地位留给泥娃娃，民间俗称"娃娃大哥"或"娃娃哥"。每一年，做家长的都要花钱到"洗娃娃铺"去重新塑造一个新的泥像，视为长了一岁。随着其真弟弟、妹妹的成长，娃娃大哥的泥像也由幼年变为青年，由青年又变为老年，不断变化形象，穿上长袍马褂，坐太师椅，有了花白胡须等。若其真弟弟、妹妹有了子女，"他"也就成了"娃娃大爷（音 ye，即大伯）""娃娃大舅"。等有了第三代，泥娃娃便成了"娃娃爷爷""娃娃舅爷"，辈分越来越大。无论男女老少，都要像侍奉真人一样对待娃娃大哥，并对其格外尊重。若当年拴娃娃的老太太不在了，则由她的子女继续供奉着娃娃爷爷，因为大家认为所有家里的孩子都是"他"带来的。

由于"拴娃娃"习俗的产生，市面上的"洗娃娃铺"的泥塑行业应运而生，且生意十分火爆。如今，在娘娘宫求子的观念和习俗仍然传留，仍有祈子的善男信女前往娘娘宫烧香、许愿、拴娃娃。但由于生育后，不再将小泥娃娃重新塑大供奉家中，所以洗娃娃的行业也就消失了。

天津的生育习俗非常繁杂，礼仪还有很多。祈求多子，一般在婚姻礼俗中就已显露。如在洞房的装饰上，营造出诸多祈望多子的氛围：在墙帷或板墙子上张贴杨柳青年画《麒麟送子图》和《连生贵子图》；窗户上贴有葫芦万代、石榴、牡丹、喜鹊等吉祥图案的大红剪纸窗花；一对玲珑耀眼的"子孙灯"摆在炕头；被子和箱子上的手绣缎面"榴开百子"图案的喜果等。此外，新娘下轿时要倒红毡，即古时在新娘脚下倒粮食袋子（寓"传代"）的旧俗；拜堂后新娘须吃"子孙扁食"，吃时要用"子孙筷子""子孙碗"，全可（轻音 ke）人，亦叫全活（轻音 huo）人等女眷们会问："生不生？"新娘必答："生！"借用扁食的生，为祝生儿育女的口彩；旧时的撒谷豆活动，意在避免无子嗣，城市则改为撒高粱，以其丰盈预兆多子；还有晚间全可人用枣、栗子、花生给新人"焐被"等，无一不体现出崇尚"早养儿早得济"的多子多福观念。当然，这其中或多或少也含有一定的俗信色彩和天津作为一个工商业大都会所特有的奢靡和浮华。

随着社会进步和时代变迁，生男生女已经不是那么重要了，重要的是生养一个心智和体能都健康的宝宝、一个对社会和家庭都有责任感的孩子。

（尚洁）

挑水哥哥进财来

挑水哥哥，俗称"水哥哥"，是娘娘宫内供奉的津地民间神。其穿着十分简朴，头戴斗笠，身前放着一副扁担、两个水筲，十足的水夫形象。他看起来很普通，就像生活在我们身边的家人、邻友，那么亲近，没有一丝距离感。

有人说他是药王，还有人说他是修庙的功臣，更有人说他是财神……其实，这一切都与天津的民俗生活息息相关。

在过去科学蒙昧的年代里，天花之疾的死亡率相当高，被视为孩子生长过程中的一道关口，因此家长们对于天花十分恐惧。虽然娘娘宫中还供奉着许多专司天花之疾的神灵，如瘢疹娘娘、痘疹娘娘、挠司大人等，但人们仍然将挑水哥哥视为可治愈天花的药王神。认为他可以用挑来的神水帮助患儿浇天花，使患儿身上出好花，尽快痊愈。孩童"种花"掉痂后，家长来天后宫"谢奶奶"时，一定不会忘记挑水哥哥的恩德。都会奉上供品和为他准备的草帽、扁担、鞋子等。

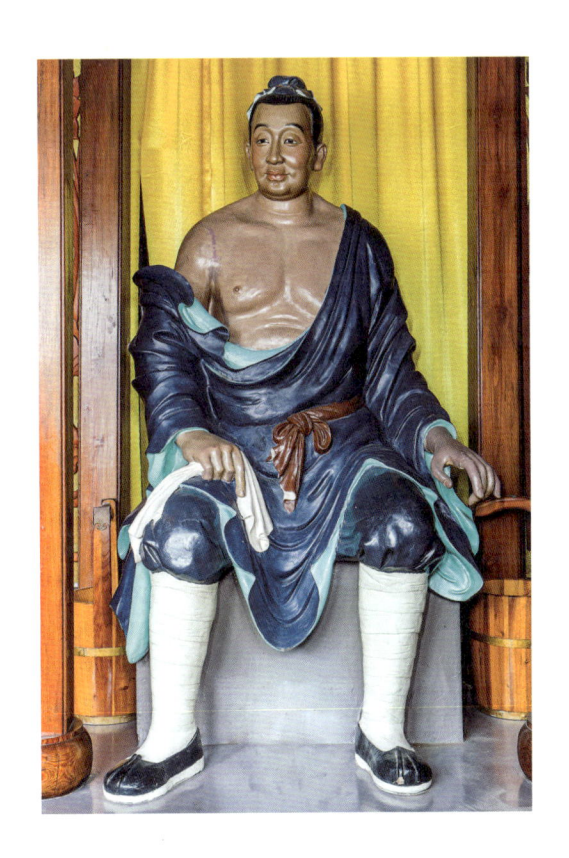

说挑水哥哥是修庙的功臣，是因为在民间传说中，挑水哥哥曾经是一位普通的信

⊙ 天津天后宫供奉的挑水哥哥（尚立新摄）

○ 大年初二进财水（于全苓绘）

众，常常到娘娘宫做义工。他吃苦耐劳、勤勤恳恳、一心向善的品行得到了大家的赞赏，特别是在娘娘宫大修期间，他不分昼夜，帮助修缮。为推崇普通民众的这种功德，娘娘宫就为他塑了像，让世人学习、敬仰。

将挑水哥哥视为财神，这又和天津民间在农历正月初二敬财神的习俗密切相关。旧时，每到农历正月初二，天蒙蒙亮时，天津的街头巷尾就有水夫（当时居民吃水全靠水夫挨家挑送）挑着柴火和水筲挨家挨户送柴送水。柴火都用红绸带扎着，并贴着书有"真正大金条"墨字的红纸条。因"柴"与"财"谐音，故此举被称为"送财水"，是天津民间新年祈福的一种方式。而水夫也成为能够带来财运的吉祥之人。于是，挑水哥哥也成为人们心目中的财神爷，人们不仅膜拜他，还会触摸其身边的水筲，以祈盼财运滚滚而来。

至于挑水哥哥的姓氏，也是众说不一，有说他姓白，有说他姓吴。另有传说他曾是福建有名的神医，得道升天后作为御驾仙班者，随妈祖娘娘来到天后宫。由此可以看出民间神所具有的多重性、复合型特质。

（尚洁）

美男张仙与张仙阁

漫步在宫南宫北大街（今古文化街上），放眼望去，一座横跨街道的独特楼阁建筑首先映入眼帘。这种楼阁建筑，俗称"过街楼"。登阁远眺，整个宫庙、街市及周边地区一览无余。作为天津天后宫古建筑群的重要组成部分，这里是供奉张仙的殿阁。

张仙阁，位于天津天后宫山门外北侧，阁高 6.9 米，东西宽 9.74 米，南北深 8.9 米，七檩硬山顶，前接卷棚式抱厦，南北两侧均置隔扇门窗，门窗下为勾栏。清代江萱所绘的《潞河督运图》中便出现了张仙阁，故其建立的时间应早于清乾隆五十三年（1788）。

张仙，何许人也？据传他是民间信奉的送子神，形态俊美，飘逸洒脱。人们认为其前身曾是帝王——五代后蜀皇帝孟昶。后蜀被宋太祖赵匡胤灭后，孟昶的爱妃花蕊夫人也被虏入汴京皇宫送给新帝。花蕊夫人不忘故主，时时怀念前夫，就画了一张孟昶挟弓射猎的画像，挂在寝室墙壁上。一天，赵匡胤见到此画，询问其故，花蕊夫人诡称其为"我蜀中的送子张仙神"。赵匡胤信以为真，还赞赏了花蕊夫人的诚心。后来，传到民间，求子之人便也纷纷供奉起这位弄假成真的张仙来了。

天津民间认为，张仙不仅能送子，而且还能佑子，亲昵地称他为"张仙爷"。因为灵验多多，信众终日络绎不绝。因此，

⊙ 天津天后宫供奉的张仙（尚立新摄）

当年天津天后宫还专门为他建了殿阁，并根据民间传说，将他的形象塑造得与众不同。

这位张仙爷一身华丽的贵族打扮，面如敷粉，唇若涂朱，五绺长髯飘洒胸前，十足的美男子形象。他左手张弓，右手执弹，作仰面射击状。市面出售的神马儿，右上角还常画有

津卫妈祖

⊙ 2014年重新修复后的张仙阁（尚立新摄）

一只天狗，有的还题写"射出天狗去，引进儿孙来"的字样。旧时，天津不少居民家中把张仙的神马儿或画像镜框挂在卧室房山炕灶烟道出口处悬架的供板上，供上香碗、蜡烛。板上还要设一小瓷碟，内放四五个湿白面球，每日更换，据说是喂天狗的。传说因烟囱冲着天，会有天狗从烟囱钻进屋里，吓唬小孩，传染天花。张仙爷守在烟囱口，天狗就不敢进屋了，可保佑孩子平平安安。此外，人们还认为生男孩要悬弧矢（弓箭），张仙所挟"弹"又与"诞"字谐音，暗含"诞生"之意，因此，人们将张仙爷奉为专管人间送子之事的"诞生之神"。

1985年，张仙阁重修。楼上悬挂着由天津已故著名作家、书法家方纪先生左手所书的"张仙阁"蓝地金字匾额。当年并没有重塑张仙像，而是将张仙阁辟为会议室。后又作为画廊，再后来因楼体下沉，成为危楼而闲置多年，在此期间虽然重塑了张仙爷，但被安置在宫内南侧的泰山娘娘殿内。2012年，在天津天后宫整体提升修缮时，聘请专业人士对张仙阁进行了科学的勘测、设计，进行了整体加固、修缮，彻底解决了困扰多年的危楼问题。

重新修复的张仙阁，仍旧是那样古朴典雅，气度不凡。成为天津天后宫古建筑群乃至整个古文化街一道亮丽的风景。

（尚洁）

摸摸王三奶奶的手，百病都没有

天津天后宫的南侧小配殿，供奉着一位民间神王三奶奶。

王三奶奶，颇具传奇色彩。据史料记载当年娘娘宫供奉的王三奶奶，神像为檀香木制，位于正殿天后娘娘像前北侧。其形象似北方民间老年妇女，着蓝色粗布衣，小脚，非常淳朴，慈眉善目，胳膊、手设有机关可活动，右手持药丸，左手垂放在膝上。她身旁有一头毛驴和一名手持鞭子的男童。人们笃信"摸摸王三奶奶的手，百病都没有""摸摸王三奶奶的脚，百病全都消"。

传说王三奶奶是京东人氏，19岁嫁给一个王姓、排行老三、以农为业之人。王三奶奶本性慈善，能为人"了灾治病"，"引以康乐"，大家称她为活神仙。她78岁那年，骑着毛驴到北京妙峰山进香，一不小心跌入山涧，朝山的善男信女便说她"成仙飞升"了，故对其供奉如神；还有的说王三奶奶是天津人，为一大户人家的老妈子（即佣人），懂得一些为人治病的巫术，深受周边民众的信奉；传说最多的是王三奶奶来自北京妙峰山，有一年骑着毛驴来天津，进天后宫后就成了神，没再出来。

传说清末民初的时候，天津城西头有个贫苦的胶皮车夫，日子过得很清苦。一个夏天，小伙子正蹲在路边为没有活计发愁，这时从远处走来个慈眉善目的老太太，她笑着对车夫说："快点拉我到娘娘宫。"车夫一路小心慢跑，车到娘娘宫门前，老太太告诉小伙子："我是王三奶奶，忘了带钱了，你在这等会儿，我马上给你送钱来。如果过会儿我不出来，你就到庙里找我。"小伙子将信将疑，一直等到晌饭的时候实在耐不住了，就问娘娘宫门口的道士："您见没见过一位盘着髻、穿蓝布袄的小脚老太太出来？"道士说："没有，你自己进去找找看吧。"娘娘宫中的香客不少，就是没见那老太太。正在小伙子又悔又急的时候，猛然瞧见老太太不知什么时候已坐在了

津卫妈祖

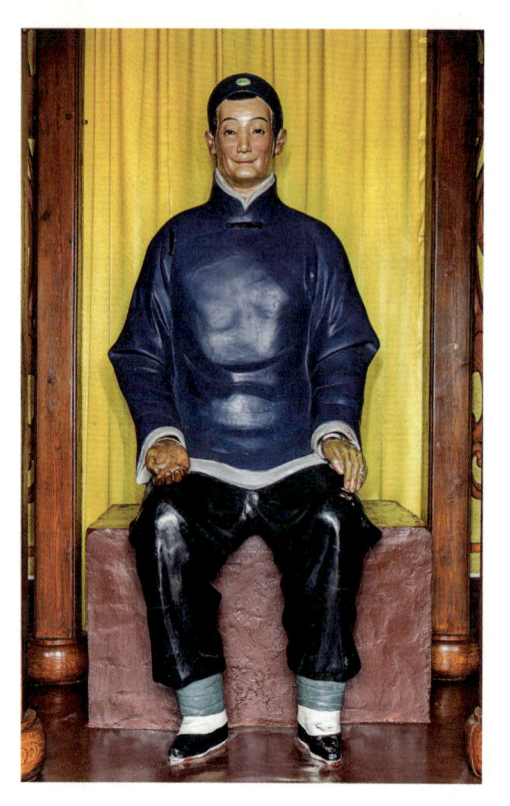

⊙ 天津天后宫供奉的王三奶奶（尚立新摄）

庙堂的神台上，仔细一看，才发觉老太太已成为一尊塑像了，还笑呵呵地看着他呢。"这不是那位王三奶奶吗？！"小伙子惊得叫出声来。王三奶奶的脚下放着给他的车钱，有十几块大洋，还留有字条。小伙子又惊又喜，连忙三拜九叩谢过王三奶奶。后来，他逢人便讲王三奶奶显圣、有恩于人的故事，一时风传故里。

据传，王三奶奶常常骑着毛驴由童子引路，显灵去为人治病。民国时期，民间对王三奶奶的崇拜达到了鼎盛。祭祀活动除到娘娘宫朝拜进香外，还要成群结队去北京妙峰山参加庙会，朝拜山上的王三奶奶。旧时的天津庙会或杂货摊上常卖一种木制的小牌子，名叫"进香牌"，上面写着"金顶妙峰山王三奶奶之位"，边上有"香客"二字，下面空着的地方是留着填上前去进香香客的名姓。这小牌最好是自己带到山上，以表虔诚。实在不能亲自去山上祭拜，就要委托最亲近的人代为办理。因此当年妙峰山上的王三奶奶殿，会有不少胸前挂着许多进香牌之人，不仅替自己，也受托替他人祭拜祈福。人们拜过王三奶奶，踏上归途前要将进香牌留在殿中，同时还要在庙会上买一些麦秸编的鱼、马小玩具和福贴、聚福元宝等民间工艺品，有"带福还家"之说。

1994年，娘娘宫将1985年天后宫复建时在南侧配殿布置的《天津漕运民俗》展撤出，重塑了作为妈祖宫庙中的配祀神的王三奶奶神像，并供在南

058

侧配殿主位。此殿面阔三间，进深一间。考虑到此殿地方比较狭窄，故没有塑昔日的毛驴和童子。王三奶奶依然是那么朴实平易、慈祥可亲，她的手仍可以活动，且因总被香客和游人摸以求百病都没有，而变得锃光瓦亮。神龛旁、香案上除了和其他神灵处一样供奉着香烛、点心、鲜果外，还布满用黄纸包着的茶叶和一双双"三寸金莲"鞋。因为民间还盛传王三奶奶手中的茶叶可以驱除病患，解了灾祸。

（王利文）

"当差"痊愈，不忘谢奶奶

"当差"作为汉字语汇，本指在某个地方（官场、生意场或其他部门）掌管某项事务，或受人差遣使唤。但在天津民间，"当差"却是一句俗语。除了上述说法外，还特指正患痘疹之疾。

旧时，幼儿的养育十分艰难，对生命威胁最大的莫过于出痘疹（即天花）了。这是一种传染性疾病，通常在婴幼儿时期发病，在科学技术不发达、医疗条件落后的情况下死亡率极高，轻者也会落下一脸麻子，曾被视为儿童成长过程中的一个重要关口。为了使自己的孩子能够顺利地度过生命中的这个关口，人们一定要到娘娘宫拜娘娘，并求一幅癍疹（或痘疹）娘娘的神马儿带回供在家中，日夜焚香祷告、许愿。人们笃信天后老娘娘和她的化身之一癍疹娘娘及她的众多的陪祀神痘疹娘娘、散行天花仙女、散行痘疹童子、施药仙官、送浆哥哥、挠三大爷、痘哥哥、花姐姐、挑水哥哥等能够一起保佑孩子平安。孩子一旦痊愈，便要还愿。当年皇会中就有十多道还愿类的会种，其中庆善堂巡风圣会、余庆堂巡风圣会、积善堂顶马会、怀古堂顶马圣会、普善花童圣会、花瓶圣会、积善堂道童行香圣会、城内宝塔花瓶圣会、道童花瓶圣会以及万善报事灵童圣会等都是主家答谢娘娘保佑家中"当差"的孩童早日痊愈。出会时多由自家儿女亲自参加，通常男童（年幼的小学生）出的叫"顶马会"，女童出的叫"巡风会"，稍大一些的男童出花瓶会、灯亭会，"有乳口未开小孩娃"出的叫"灵童会"等，都是以祈福还愿为目的而承办的会。体现了天津民间对天后娘娘及其化身癍疹神的崇信和当时人们对痘疹疾病的恐惧。

此外，"谢奶奶"是最重要的还愿方式。通常在小儿出天花后第12天疮痂脱落之日（或另选吉日）举行。在此之前，要准备好两件事。一是到扎彩作置办扎彩；二是到专门的香烛纸马儿店请来天后娘娘、送生娘娘、子孙

贰——妈祖信俗与津卫民俗

⊙ 牛痘局为孩童接种

娘娘、眼光娘娘、癍疹娘娘的神马儿（俗称"娘娘纸"）供在香案上。"谢奶奶"这一天，先要将在扎彩作置办的扎彩陈列在香案两侧，在五位娘娘的神马儿前摆上供品，点燃香烛，叩拜致谢。然后，将神马儿连同扎彩一并焚化。扎彩有全副、半副、一角之分，各家根据自身经济能力自行选定。

所谓扎彩，是一种用竹子、彩纸裱糊扎制的造型艺术，有各式各样的扎彩制品。"谢奶奶"所用的扎彩是仿照天后宫所供主司子嗣天花各神及其衣履、冠带、舆辇、仪仗和使用的器物扎制的。各家根据经济能力，可扎制或全副，或半副，或一角，进行还愿酬神活动。全副扎彩包括天后、送生、子孙、眼光、癍疹、千子、百子、引母、乳母、耳光共十位娘娘，以及散行天花仙女、散行痘疹童子、施药仙官、送浆哥哥、挠三大爷及其黑狗、挑水哥哥、报事灵童等的神像；上述十位娘娘的服装、佩饰及辇轿、銮驾等仪仗执事；二至四盆纸花盆，以及挠三大爷的痒痒挠儿、挑水哥哥的水筲等。半副扎彩要减去十位娘娘的轿辇和仪仗。而一角则是指去掉娘娘们的服装、佩饰。一般情况下，即使生活再不富裕的人家还愿时，也少不得象征天花的纸花及报事童子和挑水哥哥的扎彩。还愿"谢奶奶"时，要将这些扎彩供上，同时奉上鲜果、"小八件儿"糕点等供品，上香叩拜。第二天，还要来娘娘宫，将之前在家中供奉的癍疹（或痘）娘娘神马儿及前一天供奉的所有扎彩一并

津卫妈祖

⊙ 保赤堂施种牛痘公局

焚化。这一天，孩子的姥姥、姨母、姑母等都要来看望、庆贺，并送一种烧饼，即脆皮上布满芝麻的小点心，俗称"掉痂烧饼"，以求吉祥。

清朝道光末年，一个叫华光炜的天津人，因读了广东人梁浩川所写的《引痘略》有感，认为种牛痘预防天花，是治病救人的好方法，遂从北京请来医生于子安，借老城南门里涌泉寺庙堂，试验推广种牛痘防疫，收效甚好。此举得到民众的广泛推崇，盐商王敬熙捐出位于老城二道街的宅院作为固定局所，设立"保赤堂施种牛痘公局"，经费由盐纲公所捐助，华氏族人钧三、静符学会了引种牛痘技术。后华景循购买了其西邻房屋，由严修之父严仁波和娄举信勘测、设计成小医院；光绪十九年（1893）再由总办徐士铠扩建，值春天时种痘。开始种时，采用患者血痂作为疫苗。光绪三十二年（1906），使用由北洋防疫局培养的牛痘疫苗。引种牛痘技术的推广，使得天花这一令人恐怖的疾病得到了有效防治。当时刚刚种过痘的小学生，都在左臂上戴着写有"小心牛痘"字样的红布条，防止碰掉结痂。要给孩子吃"发腥物"，让种在两臂上的六颗花出齐，浆灌满。当孩子牛痘痊愈掉痂时，家里人仍然不忘来娘娘宫"谢奶奶"。

（尚洁）

娘娘宫育儿有招法：挂锁与跳墙

挂锁与跳墙是两种关联密切的、颇具天津地域特色的育儿习俗。在当年的娘娘宫可谓盛极一时。

旧时，家庭以养子为贵，对那些结婚数年才得"贵子"者，更是如此。一般生下儿子后，时兴到天津天后宫等寺庙还愿。同时，要为儿子在庙里拜个师父，请师父赐法名，做寄名弟子，师父要给孩子挂锁。锁的质地有金、银、铜、玉等，根据弟子的家庭经济能力而定。师父要用七彩丝带将锁拴好，为孩子戴在颈上，寓意孩子的性命被"锁住"了，可以躲避邪祟、灾祸。每年春节、端午节、中秋节及孩子的生日，师父必须到家里看望弟子，并为其更换挂锁的七彩丝带。还带一笼提盒，内放香、黄钱、法器及天津天后宫娘娘的"供尖儿"、庙中给弟子准备的斋饭等。主家自然要给师父香资若干，并备丰盛的斋饭。此俗延续至孩子长到12岁后、举行跳墙仪式时止。

跳墙，实际是一种还俗仪式。作为庙中寄名弟子的孩子长到12岁，即第一个本命年生日时，要举行跳墙仪式。这天一大早，家长带着孩子来到庙中，师父为孩子戴上帽子。孩子要像小道士一样做一些诸如扫地、打水、掸香案的活儿。然后，给师父磕头。之后，师父在庙门月台上放一条长木凳，象征宫墙。孩子面向大殿娘娘圣像，立于凳后，两手各握四个铜钱。师父帮孩子剪断颈上挂锁的红绳，将锁留下。旁边的道士（或和尚）高喊："打小老道（或打小和尚）！"孩子听到喊声，迅速将手中的铜钱向后抛洒，跳过木凳，跑出山门，不许回头看，意即"还俗"。还有的家长特意让孩子穿上小道袍，仪式结束后再脱下，以示庄重。亦有将之前蓄扎的小辫子剪下一截。民间普遍认为男孩子过了12岁就好养活了。

（尚洁）

娘娘宫大殿为何悬挂小木船

早年间,凡是到娘娘宫游览的人都会发现一个有趣的现象:在正殿的上方,用彩绳或铁丝悬挂着许多做工精巧的木船模型。这些仿真船模个个巧夺天工,惹人喜爱,时间久远的当属宋代木船模型。

相传清光绪时期,娘娘宫里悬挂的这些小船模,吸引了到此进行实地调查的日本军人的视线,他们曾记载:"奉献船只模型的不少。"

20世纪30年代,天津的有关志书也对此进行了专门描述:"在娘娘宫大殿里,实可见一排排小船,挂在屋顶上。"

娘娘宫何以独独青睐这些小船模呢?

传说600多年前,广东有个腰缠万贯的古董商,从广州携带大批古玩珍品随漕船北上,到直沽,也就是现在的天津,要做一笔大买卖。一路上,顺风顺流。不料,船行至黑水洋时,遭遇了大风暴。风暴来得突然,刚才还远在天边,说话间就扑到了眼前,把天地都搅得混沌一片,接二连三掀翻了许多航船,这下可把商人吓坏了。他怕这些价值连城的宝物毁于一旦,自己血本无归,便"扑通"一声跪在甲板上,磕头如捣蒜,高声呼叫道:"求海神

⊙ 当年天津天后宫内的还愿船

娘娘保佑，求海神娘娘保佑！如果我能人货平安抵达直沽，一定要到娘娘宫去修庙还愿，决不食言。"说话这工夫，忽然船头飘落一个红衣女子，只见她轻舒玉臂，仿佛摇动一把巨大的羽扇，海面上登时风平浪静，漕船重又平平稳稳地向前进发了。

广东商人到直沽后，稍作安顿就直奔娘娘宫还愿。他进到娘娘宫，先至大殿焚香上供，给海神娘娘磕了几个响头，说要答谢娘娘降灵显圣救险之恩。可他忽地又心疼起自己的钱财来，苦思良久，他眉头一皱，计上心来，出庙便照他所乘的那条船的样子，找人做了一只小木船。木船做成之日，广东商人到娘娘宫恭恭敬敬地将其奉献给海神娘娘，以示把整船货物都献给了娘娘。

从此以后，其他商贾、船夫纷纷仿效这种向天后娘娘敬奉供品的独特方式。凡是因得到海神娘娘保佑而平安抵津的船只，皆到造船的船坊据本船的样子订制一个小船模，待到赴娘娘宫还愿时，焚香上供，敲钟打鼓，举行仪式，将其呈献给天后娘娘，以谢其恩。

娘娘宫的道士亦将此类船模称为"替身船"。有一种说法，认为其缘于古代的一种航海习俗，即在新船下水出航之际，必须同时制作一个船模，供奉给娘娘宫内的护航女神，以保未来航行平安。如船远航遇到不测，此船便可作为替身，远航船则可避险无虞。此俗由来已久，倘追溯小船模在娘娘宫的历史，恐怕还要更久远。

20世纪90年代，在一次中日文化交流展览活动中，替身船作为天津大运河文化和妈祖文化的代表性参展展品远赴日本，被翻译为"奉纳船"。

（董季群）

民间俗神白老太太

在天津,提起娘娘宫可谓家喻户晓,妇孺皆知。外地人到天津,如果不去逛一逛娘娘宫,实为一大憾事。作为天津地域文化的历史原点、天津民俗文化之根,娘娘宫内有众多受百姓爱戴的民间神仙,其中前院南配殿中就有一位颇具神秘色彩、慈祥可亲的民间神,她便是"白老太太"。

为什么要说她颇具神秘色彩呢?因为民间早就赋予她多重的原生说辞。

清代李庆辰《醉茶志怪》(卷四)"白夫人"条云:"南门外东塔寺,仙祠也。中塑一老妪像,曰为白老太太。"在旧时生产力和科技都不发达的条件下,人们对自然的敬畏不仅体现在一些祭祀仪式上,还体现在将一些无法解释的现象加载在并不常见却经常有"怪事"发生的动物上,因此,民间就渐渐出现了对"五大仙"(即狐狸、黄鼬、刺猬、蛇、老鼠,俗称狐黄白柳灰)的崇拜。白老太太为其中的"白仙",即刺猬,呈女人像,穿裙子,十分漂亮。刺猬因主食昆虫和蠕虫,对农作物有益。在古代社会,凡对农业有益的动物都会受到农民的青睐。又因其长相特异,昼伏夜出,行踪诡秘,而被蒙上一层神秘色彩。而它那温顺的性格很是符合和气生财的说法,因此也有"财仙"之称。可见这种带有

⊙ 天津天后宫供奉的白老太太(尚立新摄)

灵性的小动物满足了人们的多重心理需求，人们就将它当作防病、进财的吉祥物，对它敬畏有加。

民间还传说白老太太确有其人，是天津西郊精武镇（现西青区南河镇）小南河村人。先前由于百姓看不起病，有了疾患就请那些会针灸、拔罐子、开验方的民间郎中诊治。白老太太就是这样一位热心救人、远近闻名的女郎中，不仅医术高明，而且心地善良，治病救人分文不取，看病不分患者高低贵贱。只要有求于她，她都会认真和蔼地为病人诊治，因此深受乡亲的爱戴与尊敬。白老太太最擅长治疗小孩儿出疹子、水痘等被人们视为险症的疾病。久而久之，在人们的心目中，白老太太不仅是救人的民医，而且能管的事情似乎也多了起来，像那些求子问事、禳灾祛病、求财祈福的事情她也有求必应。据说她很灵验，以致如今仍然香火旺盛，供奉不断。

早年间娘娘宫除了在凤尾殿供奉"白仙"外，还有"胡三爷（即狐仙）""柳仙（即蛇仙）"。其实，无论对哪一种仙的崇拜，都源于万物皆有灵性的思想。1995年由香客捐款在娘娘宫南配殿中重塑白老太太像时，赋予了她"悬壶济世"的医者身份。

（张晓丹）

君子爱财，取之有道
——趣说财神爷

中国有句俗话："君子爱财，取之有道。""财"是自古至今百姓生活的基础，爱财并没有错，但求财要讲究方式方法。随着时代的不同、行业的差异，求财的方式多种多样。当然，不可低估的便是民间信仰中"财神爷"的力量。他不仅寄托了百姓对美好生活的渴望，也教化着人们应遵循仁、义、礼、智、信，取财有道。

传统意义上的财神分文财神和武财神，共四位。分别是文财神比干、范蠡，武财神关羽、赵公明。文、武财神形象有所不同。文财神的形象为文官打扮，头戴宰相纱帽，手捧如意，身着蟒袍，足踏元宝，神态慈祥，笑容满面；武财神手持青龙偃月刀，形象威武，义薄云天，也有的是黑面浓须，骑黑虎，一手执银鞭，一手持元宝，全副戎装。

2002年，在天津天后宫原殿址上重竣了殿阁，将文财神比干及武财神关公供奉于中院南北配殿。

据载，文财神比干（前1125—前1063），商朝沫邑（今河南卫辉市）人，为商朝贵族商王文丁之子，名干，被誉为"亘古第一忠臣"。其幼年聪慧，勤奋好学，20岁就以太师高位辅佐帝乙，又受其托孤之重，辅佐帝辛。从政40多年，主张减轻赋税徭役，鼓励发展农牧业生产，提倡冶炼铸造，富国强兵。商末帝辛（纣王）暴虐荒淫，横征暴敛，比干遂至摘星楼强谏三日不去，纣王大怒遂杀比干剖视其心，终年64岁。比干因受妲己所害，被挖心致死。因其生前正直、死后无心，故无心无向、办事公道，因此被后人奉为文财神。比干生前主管内政和经济建设，专注于做实际工作，有不爱财、不贪权、不好酒色的恬淡性格，在比干的辅佐下，帝辛一朝在科学、教育、文化、卫生、宣传等各领域取得了长足的发展。因此，他的生平事迹也常被用来引导人们刚正不阿、求真务实、发展实业、服务社会。

那么同样作为文财神，为何天后宫内供奉的是比干而非范蠡呢？这就不得不说他与天后宫内主司神妈祖的渊源了。

众所周知，天后宫内供奉的主司神为来自福建湄洲岛的女子林默。根据林氏家族族谱记载，比干是纣王的叔父，由于他犯颜直谏，终遭纣王挖心，而当时他的夫人与儿子泉，藏匿在长林石室中避难。周武王灭纣后，终于找到比干的儿子泉，封其为大夫，赐姓为"林"，名为坚。这就是中华林氏的由来。林坚的封地在今天的河南，地处黄河以西，古代称为"西河"。妈祖林默是福建莆田林姓的九牧林后裔，是林姓发展史上由人上升为神的传奇人物，她立德、行善、大爱的精神一直影响至今。而比干作为林姓的太始祖，爱国爱民、忠于职守、无私无畏的伟大精神，同样激励了无数的林姓族人，他们多以比干为榜样，为民族振兴、国家昌盛而努力奋斗，可谓家族精神代代相传。

因此，比干和林默是同宗同源，不仅是林姓族人的骄傲，更是有志之士的精神信仰和道德追求。

了解了文财神，再来说说武财神。在天津天后宫内，自古以来供奉的便是关羽。

关羽（？—220），本字长生，后改云长，河东解良（今山西运城）人，东汉时著名武将。相传农历六月二十四日为关帝神诞。《三国演义》中关羽"千里走单骑""刮骨疗毒""单刀赴会""水淹七军"等故事脍炙人口。因其忠信义勇，武功超群，在他去世后，逐渐被神化，被民间尊为"关公""关圣帝君"。道教奉其为"荡魔真君""伏魔大帝"，列为天庭神将、四大元帅之一。佛教称其为"伽蓝菩萨"。历代朝廷对关公多有褒封，清代奉为"忠义神武灵佑仁勇威显关圣大帝"，崇为"武圣"，与"文圣"孔子齐名。

关公作为中国的文武"全能"之神，财神只是其功能之一。他先有桃园

○ 天津天后宫供奉的比干（尚立新摄）

三结义之情，后有过五关斩六将之勇。2002年天津天后宫重塑关帝神像时，亦在殿阁内加塑了他的义子关平和侍从周仓之像。他二人均为关羽身边的大将，随其南征北战，十分骁勇，屡立功勋。

　　说到关公，我们的眼前会立即出现一幅极具视觉冲击力的英雄面目：红脸、美髯、丹凤眼、卧蚕眉，相貌堂堂，威风凛凛。其中美髯、丹凤眼、卧蚕眉三者，他人也可能具备；唯独这张红脸，古往今来只为关公一人所独有。京剧的歌词不是这样唱吗："蓝脸的窦尔敦盗御马，红脸的关公战长沙。"就中国人而言，说到关公，就会想起红脸；说到红脸，也会想起关公。关公的这张大红脸，完全称得上是中国文化中一个标志性的符号。天津天后宫内的关公像也保留了红脸这一特殊的肤色，但与其他地方关公形象不同的是，他既不提刀也不立刀，更不托印。而是以右手轻抚胡须、左手持书卷的形象

○ 天津天后宫供奉的关帝（尚立新摄）

示人。既彰显出关公的正气、镇恶、英明神武的形象，亦有主张世界和平、和谐发展之意。

其实不难看出，无论是哪一位民间神祇，在时代赋予的使命下，他们的出现都倾注了劳动人民的朴素情感，寄托着人们渴望安居乐业、大吉大利的美好心愿。而这些优秀的中华民族传统文化也随着时代的步伐与时俱进，在潜移默化地教化人们一心向善，向榜样学习，向英雄学习的同时，也教化人们只有秉持人类命运共同体理念，才可以切实做到维护人类生命安全和共同利益。

（张晓丹）

天后宫的守门神

津卫妈祖

漫步在687米长的古文化街上，人们仍能感受到作为天津最早的商业街它曾经那种繁华热闹的盛况。而在这条古街上，还有那福佑这片热土的庙宇——天后宫，她就像一位长者，静静地端坐在街上，伴随着悠悠岁月，感受着历史的变迁，见证着整座城市的进步。

天后宫的前殿为面阔三间的过堂殿，门前屹立两尊修建工程中出土的元代石狮，殿阁上悬挂着书有"三津福主"的匾额。进殿便看到了迎门而建的王灵官和左右两侧高大雄伟的加（亦作"嘉"）善、加（亦作"嘉"）恶、千里眼、顺风耳的全身像。

王灵官为镇守道观的护法神将，其作用相当于佛教中的韦陀。他赤面髯须，身披金甲红袍，三目怒视，左手持风火轮，右手举钢鞭，形象极其威武勇猛，令人畏惧。据明清时期的《神仙传记》称，王灵官原名王恶，因其吞噬童男童女，被天师虚靖

⊙ 天津天后宫供奉的王灵官（尚立新摄）

◉ 左/天津天后宫供奉的加善大将军（尚立新摄）
◉ 右/天津天后宫供奉的加恶大将军（尚立新摄）

真人的弟子萨守坚（又称"萨真人"）飞符火焚，将王恶烧成火眼金睛。王恶不服，奏告于天庭。玉皇大帝即赐其慧眼及金鞭，准其暗查萨真人，查有过错，即可报复前仇。12年间，王恶以慧眼观察无遗，竟无过错可归咎于萨真人。后至闽中，拜萨真人为师，誓佐行持。萨真人乃以"善"易其名，改王恶为王善，并且奏告天庭，录为雷部三五火车雷公，又称豁落灵官。后因王灵官为人刚正不阿，嫉恶如仇，加上被玉皇大帝赐予慧眼及金鞭，纠察天上人间，除邪祛恶，不遗余力，于是被老百姓赞曰："三眼能观天下事，一鞭惊醒世间人。"

千里眼又称朱雀。其形象右手持叉，右脚踏海蛤，左手遮在额前作远视的样子。顺风耳又称玄武。其形象面目狰狞，四肢裸露，敞胸露肚，右手持

津卫妈祖

方天画戟,右足踏人形海螺,左臂缠一红蛇,作远听状。加恶亦称青龙。其形象面黑露齿,身披铠甲,头戴金盔,右手持大板斧,左足踏人形海星,样子极凶。加善亦称白虎。面白和善,右手持长矛,左足踏人形海龟。据史料记载,这"四灵"均为海怪,常在中国沿海地区兴风作浪,船工渔民祈求妈祖惩治他们,于是被妈祖在几年间相继收伏,民间相传最多的是妈祖"降伏二神""收伏二怪"的传说。

关于千里眼、顺风耳的传说还有很多。相传商朝末年,纣王手下有一对法术高强的兄弟,兄为高明,弟为高觉。高明能眼观千里,人称"千里眼";高觉能耳听八方,人称"顺风耳"。在商周交战时,两人各凭本事窥探军情,立下不少功劳,成为姜子牙营中百将的心腹大患,后来周营想出一办法,以战鼓扰乱顺风耳的听力,以旗帜遮

⊙ 上/天津天后宫供奉的千里眼大将军(尚立新摄)
⊙ 下/天津天后宫供奉的顺风耳大将军(尚立新摄)

住千里眼的视线，并洒狗血在地面，使二人法力尽失而丧生于战乱中。受制于奇谋而亡的千里眼与顺风耳心有不甘，妖魂盘踞在桃花山上，前后历经3000年，才等到妈祖前来收伏。二人双双跪倒在妈祖面前，口称师父并说："我等奉旨在此守候已久，愿诚心皈依门下，共计天下苍生。"此后妈祖身侧就多了两位相貌吓人的常侍将军。

又传在公元982年，岁次壬午，湄洲屿西北方桃花山上，有二怪状貌狰狞，目似铜铃，齿如短剑，身高丈余，声若铜钟，来去如飘风闪电，时常出没作祟。林默（即妈祖）携符等上山，经一番激烈斗法，默娘念动神咒，持丝帕一拂，二怪眼花身瘫，弃械投降，愿归正途。妈祖降服二妖，命其左右随侍修行，每当海上有遇难的船只和人们，二怪则第一时间可以"看到""听到"，并将讯息传达给妈祖，就这样他们一起辅佐妈祖驱邪镇恶，默佑众生，终成神将。因千里眼姓金，顺风耳姓柳，故而于清同治八年（1869），分别被封为"金将军""柳将军"。

总之，前殿中的四大护法神都钦佩妈祖的本领和人格，甘心当起了妈祖的驾前侍卫，协助妈祖守护海事平安，保卫四方安宁。越来越多的人也将其作为"东南西北"四方和"春夏秋冬"四季的象征，而津地百姓又将他们加释为"风调雨顺""四方安定""四海安澜""四季平安"，视为城市的守门神。

（张晓丹）

药王与龙王的传说

在天津天后宫中前院的殿阁内住着这样一位神仙,他就是有着"苍生太医"之称的药王孙思邈。孙思邈作为天后宫的副祀神被人们供奉在北侧配殿内,又作为北配殿的主祀神与四海龙王被供奉在一起。众所周知,孙思邈与妈祖都有不邀名求誉、救死扶伤的高尚品德,因此,把他供奉于天后宫内不足为奇,但为何孙思邈会与龙王们被供奉在一起呢?他们之间又有着什么样的联系呢?

其实,在民间流传着颇多有关孙思邈与龙王的有趣传说。

传说一,据《独异志》记载,孙思邈在嵩山修道时,天下大旱。皇帝下旨选出洛阳各大寺院中有德行的僧侣千百人,在天宫寺讲《仁王经》以祈求上天降下雨泽。其中一名僧人名叫昙林,在众僧中发现有两个头发、眼眉都为白色的老人,便在讲经后将他们请到小院,问他们从何处而来。二位老人说:"我们是伊水、洛水的龙王。"昙林说:"我们在这里讲经求雨,你们知道吗?"回答说:"怎么能不知道,但是下雨需要有天符才可以,我们不敢自己施为。"昙林便问有什么办法,龙王告诉他,当修道之人的文章被

⊙ 天津天后宫供奉的药王(尚立新摄)

天庭知道了，便会有滂沱大雨。昙林闻听后便向武则天报告，请孙思邈前来讲道。当天晚上，天降大雨。

传说二，据《续仙传·隐化》记载，有一次在行路时，孙思邈看见一个牧童在杀一条小蛇，那蛇已经受伤出血了。孙思邈恳求牧童不要杀它，并脱下自己的衣服送给牧童，赎救了小蛇。然后他又用药物把蛇封裹起来，把它放回草丛之中。一个多月后，孙思邈又外出行走，看见一个白衣少年，其仆人和马匹都很壮实，白衣少年下马来拜见他，并感谢他说："小弟承蒙道者救了一命。"孙思邈听后没有介意。少年又再次拜他，并请他骑上另一匹马。两匹马驰行如飞，到了一处有城郭的地方。那里花木繁盛，春景和媚，门庭灿然显赫，人物繁杂，简直就像是君王的住处。原来孙思邈救的小蛇是龙王的儿子，那里就是龙宫所在"泾阳水府"。龙王为报孙思邈救子之恩，临别时要送他许多金珠宝物，但都被孙思邈推辞了。龙王见他不爱富贵，便叫儿子取出龙宫药方30首赠送给他，并告诉他说："这是真方，可以济世救人。"孙思邈回家后把每一个药方都试用了，发现都有神效。后来孙思邈在撰写自己的方书《千金方》三十卷时，便将龙宫药方分散其中。

传说三，据《酉阳杂俎》记载，因为天气大旱，所以昆明池中的龙很忧虑，就去请僧人搭救。僧人说，这事你要找孙思邈先生。昆明池龙就去向孙思邈求救。孙思邈说："我知道昆明龙宫里有药方30首，你传给我，我就救你。"昆明池龙说："这些药方是天帝的，不让随便传啊。不过现在情况紧急，我就传给你吧。"孙思邈得到药方后说："你回去吧，不会有事的。"后来果然天降大雨，昆明池龙得以保命。孙思邈后来写《千金方》时，每卷都掺入了龙宫得来的药方。

传说四，相传唐太宗年间，渤海湾大潮，东海龙王因为龙孙治病，带领虾兵蟹将，一直使海水淹到泰山脚下。为解百姓疾苦，唐王命秦琼和程咬金前去镇压东海龙王，没有想到两员大将根本不是东海龙王的对手。兵败后程咬金得知原委，奏明唐王并派兵找到了药王，老龙王也正带着孙子化装成人

津卫妈祖

形，前去诊治。孙思邈一号脉，就感觉诊治的小孩子非一般常人，于是也不便说破，只按照常理针灸医治。但是没有想到，孙思邈一针下去，那小龙王还是显了原型。孙思邈也不害怕，唰唰几针扎过，小龙王龙体康泰，孙思邈针到病除，自此后人皆称其为药王。

从以上传说可以看出，药王孙思邈在其一生行医济世的过程中，经历过不少次与龙王的接触。孙思邈的药王殿中同时供奉四海龙王，大抵是因其医术高超，治好了龙族成员甚至龙王的病，四海龙王感其恩德，与其相交为友之故。且龙王职司行云布雨，而民间也有关于孙思邈祈雨的传说，职司上有重复之处，故被同列一殿。

使药王孙思邈作为天后宫的副祀神被天津百姓尊崇，不仅是为了弘扬孙思邈"以民为贵""救贫贱之危"的高尚医风医德，更是为了教化众人要传承他博极医源、精勤不倦、勤学苦练、钻研医术的治学精神。孙思邈堪称古今医德医术一流的名医，足以为百世典范。

（张晓丹）

左页图：⊙ 上左 / 天津天后宫供奉的东海龙王（尚立新摄）
　　　　⊙ 上右 / 天津天后宫供奉的南海龙王（尚立新摄）
　　　　⊙ 下左 / 天津天后宫供奉的西海龙王（尚立新摄）
　　　　⊙ 下右 / 天津天后宫供奉的北海龙王（尚立新摄）

"文运神"：文昌与魁星

"十年寒窗苦读日，今朝金榜题名时。"自古以来，"考试"对于考生和家长而言，都是人生最重要的经历之一，每个考生都希望用理想的成绩回报父母师长的关心和培养，考取功名，光耀门楣，从此平步青云，富贵可期，并因此寄希望于文昌帝君和魁星二位神仙。至今，文昌帝君和魁星作为妈祖的副祀神，都安坐在天津天后宫南配殿碧霞元君的殿阁中。

这两位神仙何许人也？

相传文昌帝君姓张，名亚子，贤达孝顺，其母生疮之时，他曾用嘴为母吮毒，并割己肉为母食用。他不仅道德高尚，为人诚实，而且很有才华和品行，受到人们的尊敬。他在晋朝做官，不幸战死。死后百姓为他立庙，渐成神明，并被元代仁宗皇帝封为"辅元开化文昌司禄宏仁帝君"，简称"文昌帝君"，主司科举考试。此后文昌帝君成了读书人的命运之神，受到历代朝廷的信仰，逐渐演化为文学、学术和考试的守护神，亦被奉为教育业、刻碑业祖师。作为主管考试命运及助佑读书撰文之神。文昌帝君身旁常伴有两个侍童，一个手捧印鉴，名叫"天聋"；另一个手拿书卷，名叫"地哑"。这俩人能听的不能言，能言的不能听。因为文昌帝君掌管科举，故保密是第一位的。

天津卫曾有多个文昌宫，最著名的当数红桥区西北角的文昌宫，虽然如今它已荡然无存，但文昌宫小学却因其得名。

魁星本为奎星，北斗七星中的第一星。早在汉代，即有"奎主文章"之说法，后人将奎星视为主司文运之神。古代士子中状元时称"大魁天下士"或"一举夺魁"，都是因为魁星主掌考运的缘故。故在科举盛行之时，文人举子大多供奉奎星以求科考顺利。

奎星神后来逐渐被人格化，相传其为宋朝一文士，聪慧过人，才高八斗，

贰——妈祖信俗与津卫民俗

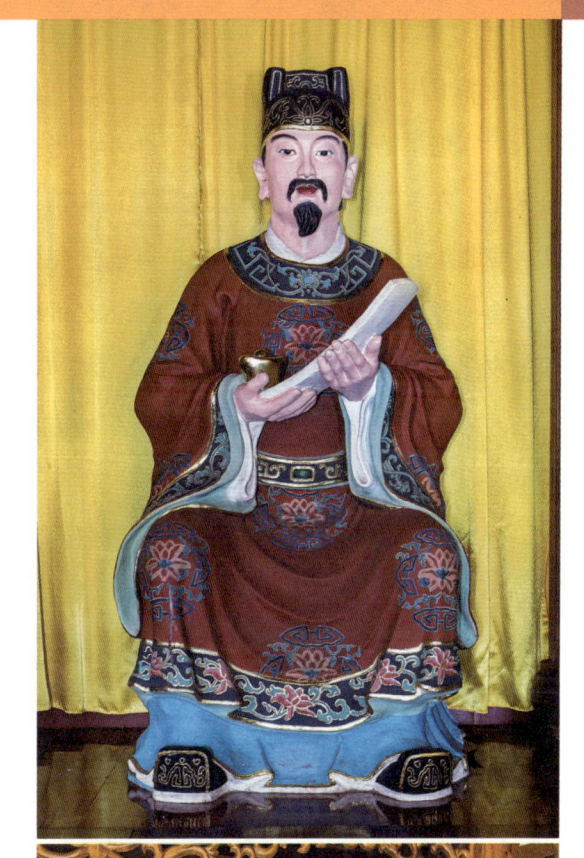

⊙ 上 / 天津天后宫供奉的文昌（尚立新摄）
⊙ 下 / 天津天后宫供奉的魁星（尚立新摄）

但因相貌丑陋而屡试不中，遂投江自尽，幸被神鳌救起，点化为魁星。故天津天后宫魁星的形象与民间相同，乍看外形很凶，为一赤发蓝面之鬼，右手持朱笔，左手拿墨斗；右脚踩大鳌鱼的头部，取独占鳌头之意；左脚向后踢起，应北斗七星。民间俗谓"魁星点笔，独占鳌头"。但凡被朱笔点中的人，都是金榜题名之人。拜魁星也是中国古老的民俗之一，尤其闽东一带读书人于七夕之日更有晒书"拜魁星"之说（相传七月七日是魁星的生日），祈求自己才思敏捷、考运亨通。至今，很多地方都建有祭祀魁星的魁星楼，香火鼎盛。

魁星与文昌帝君一样，是求科名者最尊奉的神祇之一，深受读书人的崇拜。至今，每逢年节或考前之际，他们都会来到娘娘宫，拜一拜文昌和魁星这两位民间俗神，求一个"文昌塔"、带一支"文昌笔"回家，希望能借此打开智慧之门，从而科考顺遂，如愿以偿。

当然，取得好成绩的关键还是专业知识的积累和扎实的基本功。信俗的力量则在于通过对民间神的渲染和美化，去教化和引导人们约束自己的行为，从点滴积累，成为像榜样一样功成名就、奉献社会的有用之才。

（张晓丹）

腊月十五"上全街"

"上全街（音 gāi）"，说的是历史上每年腊月十五就开始的娘娘宫庙会。

娘娘宫的庙会是天津众多庙会中最为隆重、影响最大的庙会。在过去的很长时间里，娘娘宫庙会俗称"娘娘会"。起初，娘娘庙会一年举办好几次，除了农历三月二十三日天后诞辰大庆之外，五月初海运频繁，海船出海或返港，如果平安无事，也要庆贺一番，由商贾出资，一为酬谢娘娘，二为船工平民自娱和娱人。特别是农历腊月十五至正月初一还要举办盛大的迎春庙会。

为什么在腊月这冰天雪地的寒冷季节举办规模宏大的娘娘庙会呢？

说起来它与天津人传统的年节习俗及历史上娘娘宫所处的地理位置关系密切。

天津卫有句俗话："过了腊八就是年。"人们一过腊月初八就不再忙别的事，而以极大的热情把精力和财力投入忙年的活动中。各家各户务求把吃的、穿的、用的一并准备齐全，形成了从腊月"二十三灶王爷上天；二十四扫房子；二十五糊窗户；二十六炖大肉；二十七宰公鸡；二十八白面发；二十九贴到有；三十合家欢乐坐一宿"到"初一的饺子，初二的面，初三的合子（一种圆形的'饺子'，具有合家团圆之意。做法与包饺子一样，只是要用两个饺子皮上下平捏严实，有的还做花边，可煮、可烙）往家赚……合子加八，越过越发，合子加九，越过越有……"这样一个内容丰富多彩又紧张忙碌的春节习俗。

娘娘宫腊月庙会就是在这样一种热闹的气氛中应运而生。从腊月十五开始，各种年货商贩聚集到天后宫内外，形成一个声势浩大的年货交易市场。宫南宫北大街一带年节需要的杂货和庙内前院的儿童玩具，吸引了大量的游人。这种情形至今依然。

早年间，娘娘宫内就有许多由配殿改成的商业店铺，据统计，曾有金店、眼药铺、瓷器店、杂货铺、蒙葫芦（空竹）店、切面铺、照相馆、绣花作、烟行、鞋厂、窑厂、地毯厂、金鱼铺、卦摊儿等铺面近20家，尤以卖剪纸窗花、吊钱儿、金货（即纯金首饰等）及金鱼等著名。清乾隆初年诗人汪沆曾作诗，描绘当时人们来天后宫买金鱼的情景：

元日晴光画不如，

灵慈宫外斗香车。

玻璃瓶脆高擎过，

争买朱砂一寸鱼。

清冯文洵亦有七绝一首：

称体衣裁一色红，

满头花插颤绫绒。

手提新买金鱼钵，

知是来从天后宫。

从腊月十五开始依天后宫而发展起来的宫南宫北大街摊店鳞次栉比，一个挨一个，卖什么的都有，有空竹（俗称"蒙葫芦""翁葫芦""闷葫芦"等）、绒绢花、鞭炮、剪纸、吊钱儿、肥猪拱门、各种神马儿、香烛、干鲜货……万商云集，百货罗陈。每个摊点都在店铺门前的墙上贴上"年年在此"的红纸签，一来表示这里是他早先占上的点儿，别人就不要再占了，据说由此也常引发一些纠纷；二来是让买主放心，他年年都在这儿卖东西，不会使人上当。也有说只有专卖对子（对联）的小贩才贴"年年在此"的红签。各个摊点儿、店铺一般都要卖到腊月三十才收摊儿。如今，天后宫内虽然没有以前那么多的店铺，但每年都按老传统设一些临时性摊点儿销售这些东西，与在宫外的古文化街（原宫南宫北大街）上的各个店铺、摊点儿形成了天津最大的年货市场。在此期间必然还要伴随着各种老会、圣会的行会表演。

天津还有许多中小型的庙会，如三太爷庙会、福寿宫庙会、花神庙庙会、

贰——妈祖信俗与津卫民俗

⊙ 上 / 20世纪20年代"年货"中心之天后宫门前
⊙ 中 / 1957年，天津天后宫春节庙会景象
⊙ 下 / 年文化中心——天津天后宫

⊙ 清代天津天后宫内的玩具耍货摊

窑洼大悲院庙会等。由此表明，天津的庙会是在民间信仰的感召下形成的，同时在既娱神又娱人的丰富灿烂的演艺中发展的。更重要的是，与商业活动日益融合后壮大起来，成为人们祈福、除祟、酬神、游乐、购物、交流的民俗活动。

（尚洁）

腊月二十三娘娘宫里拜太岁

在娘娘宫里拜太岁，实则是个逐渐兴盛起来的民俗。拜太岁，是缘于一种对于星宿的自然崇拜。

何为太岁？太岁，原本是古代天文学中设定的星名。后被民间奉为岁神，又名"岁星""顺星"。每年都有一位太岁，这位当值者称为"值年太岁"。《月令广义·岁令二》："太岁者，主宰一岁之尊神。凡吉事勿冲之，凶事勿犯之，凡修造方向等事尤宜慎避。又如生产，最引自太岁方坐，又忌于太岁方倾秽水及埋衣胞之类。"可见太岁在中国民间信仰中还是凶神的代表。

民间普遍认为"地上有多少人，天上就有多少星"，每降生一口人，就多添一颗星；每死去一口人，天空就会落下一颗星。还认为星辰能预知祸福，每一凡人一生中都占有一星为本人之星宿神，这样每年都有一星值命。因此，要"祭星"求吉。并运用中国古代传统的计时纪年方法，创造了六十甲子轮流值岁的民俗。

中国古代传统的计时纪年方法，是天干地支法。用十天干"甲、乙、丙、丁、戊、己、庚、辛、壬、癸"与十二地支"子、丑、寅、卯、辰、巳、午、未、申、酉、戌、亥"循环相配，由甲子起至癸亥止，共得60对，用此计年，60年为一周，称"六十甲子"。同时，还以十二属相配，与六十甲子循环往复，即由12种动物相配十二地支，子鼠、丑牛、寅虎、卯兔、辰龙、巳蛇、午马、未羊、申猴、酉鸡、戌狗、亥猪。本人生某年就肖某物，本人的出生年称为本命元辰。以后每过12年，就要遇到自己的本命年。这也是中国独有的纪年方法。

太岁主掌人间吉凶祸福，人们爱也罢，怕也罢，终归一生当中都会有一位本命元辰相生相伴，也会遇到每一年的"值年太岁"。因此，人们以敬畏之心创造了这60位保护神，赋予他们各自不同的形象、名字和"某某大将军"

⊙ 庚子太岁卢秘大将军（尚立新摄）　　⊙ 辛丑太岁杨信大将军（尚立新摄）

的封号，其形态文、武、长、幼，神采各异，且每人手中持不同宝器，可谓巧夺天工。

究竟什么时候拜太岁？这要追溯到农历正月初八"祭星"的古俗。旧时每年的农历正月初八，善男信女都熙熙攘攘去到毗邻娘娘宫的玉皇阁"祭星求顺"。传说玉皇大帝诞辰是正月初九，前一日天宫全星下界，因而是"祭星求顺"的佳日。后来民间又逐渐形成腊月二十三和正月初七、初八三个主要拜太岁的日子。因腊月二十三既是小年儿，又是祭灶日，还是后来天后娘娘的春祭大典日，拜太岁就被融合在一起，成为春祭大典的议程之一，才有了后来"腊月二十三娘娘宫里拜太岁"的新民俗。

除了拜太岁，还要拜斗姆（亦称"斗姥"）。民间传说她是北斗众星之母，是远古时期一个国家的王妃，名叫紫光，其性情极为温顺、贤惠。一年春天在莲池中感生九子，老大勾陈星后来成为玉皇大帝，老二北极星成为紫微大帝，其余七子为北斗七星。紫光夫人因生九子有德，被封为"北斗九真圣德天后"。旧时的娘娘宫内也供有斗姆神像，其形象为额生三目，肩扛四头，左右各四条长臂，正中两手合掌，其余各手分别执有日、月、宝铃、金印、弓、戟等。民间对斗姆的祭祀主要在农历九月初九斗姆诞辰之日。在此之前，人们要为斗姆上寿，这也是为个人增福延寿、消灾免劫。还有些盐业、当铺商人为虔礼斗姆，成立"斗社"，入社者称为"居士"，每月有二三次到庙中拜北斗。农历九月则从初一到初九，天天朝拜。除此，初九当日，人们还要到玉皇阁为供奉在这里的斗姆"攒斗"，进香上寿。民间对斗姆的祭祀活动在新中国成立后逐渐消失。

2000 年，娘娘宫将 1996 年在启圣祠内塑造、供奉的六十甲子星宿神移至面阔五间、进深一间，面积稍大的北侧配殿内，并在主位塑造了斗姆神像。2012 年，天津天后宫整体修缮时，又为斗姆及六十甲子星宿神像增加了木雕护板。雕塑家王有为亲自为六十甲子星宿神重新着色，并进行了保护性修复。

拜太岁，讲究礼仪程式。要先拜值年太岁，祈求值年太岁保佑自己

⊙ 天津天后宫供奉的斗姆（尚立新摄）

○ 春祭大典恭迎值年太岁（安盛崑摄）

这一年顺利平安；再拜自己的本命太岁，他是每个人的本命元神，保佑自己的生、老、病、死、福、祸、学业、事业等；最后再拜斗姆，"增福增寿"。

娘娘宫腊月二十三的春祭大典日，不仅祭祀天后娘娘，这一天还被定为值年太岁轮守换位的日子，标志着值年太岁"大将军"新官上任，而过去一年的值年太岁也从此时暂时"退休"，要等到59年以后再重新来"值班"了。当然，他们仍然还是同居一处，回到元辰殿，享受属于他们那个年份要护佑的信众们的日常膜拜。

其实对于现代人而言，这种信俗或说习惯已成为新年祈福的一种心情和方式，成为情感的一种寄托和希冀。正如殿外的对联所言："求福祈安当值悯人分善恶，逢凶化吉循规解厄辨慈悲。"

（张晓丹）

"例儿"：大年三十的禁忌民俗

"例儿"，是天津地方的一句俗话，是一种规范，一种隐形的制度。在民俗学中被称为"民间禁忌"。

旧时，娘娘宫过年期间也有一些"例儿"，很多都是源于香客的约定俗成。

例如，大年三十晚上，风尘女子穿红衣到天津天后宫进香，则沿袭成俗。1931年出版的《天津志略》，特别介绍妓女在节俗里的活动："旧历元旦，各娼妓祷祝于此，粉红黛绿，满院光辉。"一方面流露出编写者的哗众取宠之心，另一方面也表明妓女到天津天后宫烧香敬神，是多么惹人注目，独成一景。妓女烧香有不成文的定规："每年的大年三十，妓女们依惯例，总要到天后宫来烧香，以保证自己来年好运。只是，到天明前，妓女必须离开天后宫。"就是早年缠成"三寸金莲"的小脚妓女，这时也要雇人背着到天津天后宫来进香祈祷。为防止妓女逃跑或仇家劫持，男女保镖亦如影随形地尾随在她们的后面。妓女到天津天后宫烧香之际，为显示其非同一般，借机摆谱显阔，通常都不烧普通的鞭杆香，只青睐价钱最贵的贝子香。

而良家妇女则与之错开时间，多在正月初一白天，着红衣入庙进香，一方面是因她们年前需操持家务，无暇进庙烧香，另一方面更是为回避，以免他人误认了自己。久之，也成为一种禁忌。

年三十夜间，对无意给天后敬香的男香客，庙里甚至不允许站在月台上，以免叫心怀叵测的人搅乱娘娘宫的规矩，影响财运和名声。

（王利文）

正月十六娘娘宫里"走百病"

农历正月十六，天津民间有"走百病"的习俗。"走百病"亦俗称"遛百病"，是期望通过外出行走的方式将百疾走掉、丢弃，获得福祉。而这一日又紧邻正月十五灯节，亦是赏灯游乐的好日子，因而更是整个年文化中的又一个高潮。而娘娘宫及其周边区域是民众走百病的首选之地。

旧时，一般家庭中的妇女，在正月里的前段时间基本上都要守在家中接待亲友拜年、伺候膳食、拾掇家居。直等到正月十五灯节，才可以堂堂皇皇地外出。劳累一年很少离开婆家的妇女们纷纷走出家门，或回娘家与父母团聚，或到庙里进香，或到繁华闹市逛一遭，消闲一番。特别是正月十六妇女不仅要回娘家，且大多与好友、闺蜜结伴出游，边赏灯散逛，边以行走除百病。而母亲家在这一天要接出嫁的姑娘回来松快游乐几天。可见在当年的春节习俗中，只有正月十六日，才真正给妇女们补偿了节日的欢乐。

走百病有讲究。民间笃信在走百病时，须越过三条河流，跨过三座桥，还要"摸钉"以求吉除疾。"摸钉"即用手触摸桥梁的铁钉或是庙观门上的门钉。因"钉"与"丁"谐音，而"丁"又象征男子，所以妇女特别是未孕妇女则须虔诚摸钉，以求子嗣，使家业兴旺，有传宗接代之人。

门钉是中国古代建筑大门上的一种特有装饰，源于隋唐时期。门钉在古代又称为"浮沤钉"，浮沤，意为水面上的气泡。"浮沤钉"这一称谓形象地道出了门钉圆润的形象。宫门、府门、庙门上的一排排硕大的金色门钉不仅彰显出坚固、威严之势，更有辉煌、壮丽之美。对于门钉的数量，明代以前没有明文规定。直到清代，才成为等级的象征，且以奇数为吉。只有帝王才能使用"九行九列"81个门钉。《大清会典》亦对亲王、郡王、公侯等府邸使用的门钉数量有明确规定——"亲王府制，正门五间，门钉纵九横七"；"世子府制，正门五间，门钉减亲王七之二"；"郡王、贝勒、贝子、镇国公、辅国公与世子府同"；"公门钉纵横皆七，侯以下至男递减至五五，均以铁"。平民百姓家则根本不能使用门钉。民国以后，随着社会的发展，等级制度松弛，对于门钉的具体规定就不那么严格了。

令人疑惑的是，1985年复建后的娘娘宫门钉与清代仪规有所不同。其大门上的门钉以"七行十列"的形式排列，只是在最上一层，靠门框两侧的一边各少一个，门钉的数量为68个。为什么采用这种排列形式？又为什么用这个数量？而这个数量还是偶数？

我们不得而知，因为未能查询到当年的相关档案记载。尽管采访了一些当年的建设者，但他们也未能说出所以然。难道只是一种随性的设计？

为了探究这个问题，我们在查阅相关典籍的基础上，经过反复研究，倒是可以推断出这样的结论：一是按照中国传统的"阴阳"学说，奇数为阳，阳又象征男性；偶数为阴，阴则寓意女性。娘娘为女神，娘娘宫的门钉采用偶数自然可以。二是因为考虑到拱券的严丝合缝，去掉最上一层边上的门钉，确为实用性的考量。

话又说回来，人们喜欢正月十六到娘娘宫里"走百病"，也符合津地百姓对老娘娘崇信和热爱的那份虔心。娘娘宫内的老娘娘和为其分劳的诸多副祀神明既可送子，又可育子、治痘疹、治眼疾、赐福禄寿喜财、赐灵丹妙药、听信众倾诉衷肠、抚慰心智、寄托美好愿景、福佑一家老小平平安安……谁不图个吉利呢？因而，娘娘宫自然是人们摸钉、赏灯、进香最多、最热闹的地方了。

此俗至今延绵不衰。当然，业已成为全家老老少少出游祈福、其乐融融的"合家欢"了。

（尚洁）

"乐奏钧天"唱大戏

"乐奏钧天",是天津天后宫山门外与其遥遥相对的戏楼上悬挂的横额,是天津天后宫戏楼的标志。

这座戏楼作为酬神演出之所,坐东朝西,面对山门,上下两层。上面木结构,前后台各有两根周长为 1.4 米的明柱。前台有护栏,演出时才打开。除戏台天幕正中的"乐奏钧天"横匾外,上场门和下场门亦分别悬挂"扬风""挖雅"横匾。下面为砖圈拱过道。两层通高 12 米,门洞进深 11.42 米,宽 10.08 米,门高 2.49 米,宽 3.5 米,为过街楼式,东西南北四面都可穿行。20 世纪 70 年代以前,戏楼为三面观戏台,后改为一面观,两侧墙封闭为硬山顶双层建筑。戏台上有楹联一副:"望海阔天空千帆迎晓日;喜风清云淡百戏祝丰年。"据说由吴云心作于 1985 年 10 月。

每年的农历三月二十三天后娘娘诞辰庙会,必演《八仙庆寿》等三出戏。1966 年戏楼被拆除。

⊙ 1860 年,美国人阿龙绘《三岔河口戏曲演出》(王利文供图)

戏楼不仅具有酬神的功能，还是天津最早的群众自娱自乐的场所。清道光元年至光绪三十四年（1821—1908），北京"四大徽班"之一的春台班台柱余三胜，三庆班班主程长庚，京剧第二代人物、曾为"内廷供奉"的谭鑫培，以及近代天津名票刘叔度、王庚生、卞励吾等，都曾在天后宫戏楼粉墨登场，其他京剧名角也以参加庆祝天后圣母诞辰的义务演出为荣耀。当年的演出着实热闹，除了京剧，还兼演曲艺，有时穿行头，有时不穿行头。农历三月二十三日天后诞辰的演出大都穿行头彩唱，听戏的人随意而至，是平民百姓一种免费的休闲与享乐。据说有一次漕船的养船户从北京请来著名京剧老旦龚云甫和丑角王长林在此合演《钓金龟》，龚云甫饰演老母，王长林饰演张义。"叫张义，我的儿呀！"龚云甫一开口就获了个满堂彩。王长林不甘人后："我都七十多岁了，你才六十岁，我怎么是你儿子呢？"当场的对口抓哏儿逗得众人前仰后合。

　　"乐奏钧天"木匾当是旧戏楼的"点睛之笔"。此匾为桃木所制，长1.87米，宽0.54米。"钧天乐"是道教语言，俗解为"上天的音乐"。匾上的四个大字为楷体，书法古朴遒劲而又不失典雅俏丽，只是没有落款。民间有传此匾乃清康熙皇帝玄烨所书。1966年，戏楼被毁，"乐奏钧天"老匾将要被付之一炬之时，津门收藏家刘铁梁先生跟随其父碰巧经过戏楼，悄悄塞给那些要烧毁老匾的人一点儿钱，说是自己用来当木柴，便将那匾"赎"了出来，并在随后的几十年里一直精心收藏。

　　1985年，这座戏楼作为天津天后宫古建筑群的重要组成部分亦得到了重新复建，并被改为东西向可通行式。20世纪90年代曾一度改建为"二泉茶社"（二泉特指天津天后宫大殿前的妈祖泉和普济泉）。后又恢复了戏台的功能，每逢天后娘娘诞辰纪念日及其他重大节日，都要在此举办各类演出活动，真正成为展示、弘扬中华优秀传统文化的重要舞台。

（刘心）

九九重阳与天后宫秋祭大典

农历九月初九是中华民族传统节日重阳节。因九为阳数，而日月并应，故以"重阳"谓之。其历史悠久，源远流长。无论是春秋战国时屈原的《楚辞》，三国时魏文帝曹丕的《九日与钟繇书》，还是晋代文人陶渊明的《九日闲居》以及包括《吕氏春秋》等在内的诸多历史文献中，都可以寻觅到上至帝王、下至百姓在"重阳"之时祭飨天帝、祭祖、享宴、登高、赏菊、佩茱萸、吃花糕等风俗习尚的记载。因其谐音"久久"，寓意长久，故又兼具"长寿"之意。可见重阳节是一个具有深厚积淀和祈福意义的多彩浪漫的民俗节日。这一节日沿袭传承至今，并被国家定为敬老节。

在天津民间，特别讲究在重阳节登高、赏菊、饮菊花酒、攒斗等。还有的人家要把出嫁的女儿接回娘家小聚，故而民间也称此节为"女儿节"。

这一天，人们会邀集亲朋好友携酒具佳肴，登到高处远眺，或引吭高啸。同时吃蜂糕、切糕等带有"糕"字的应节食品，取其"步步登高"之意。那时，人们多以海河三岔河口畔的玉皇阁或是水月庵、望海寺、望海楼、鼓楼等为登高处。最有特色的是在玉皇阁为庆祝斗姥生日举办的"攒斗"活动。所谓攒斗，就是把信士弟子从农历九月初一开始进献的香（五股为一封）摞成塔形香山，高可逾丈，在九月初八晚间从上部点燃，迎接斗姥降临，为父母祈求长寿。

除此之外，"重阳"之日还具有一个特别的意义，一个值得中华民族传承和纪念的人在这一天为拯救海难而献出年仅28岁的生命。她就是被后人尊奉为妈祖，被历代帝王敕封、享有国家春秋二祭的天后娘娘。

天津天后宫是由元代朝廷敕建的庙宇，故每逢吉日朝廷还会派官员参加由地方长官主持的官祭。元代诗人张翥曾以《代祀天妃庙次直沽作》记录了当时的盛况："晓日三岔口，连樯集万艘。普天均雨露，大海静波涛。入庙灵风肃，焚

贰——妈祖信俗与津卫民俗

○ 2011年秋祭大典中评选出的"健康长寿老人"（安盛崑摄）

香瑞气高。使臣三奠毕，喜色满宫袍。"清乾隆年间撰写的《天津府志》中也记载了当时举办祭祀仪式的历史情况。

2011年，天津天后宫恢复了停办了近百年的九月初九秋祭大典。在继承传统祭典仪式的同时，积极探索当代社会的实际需要，赋予妈祖文化新的形式和内容，特别是利用民俗文化的创新来体现时代风采，并在培育和践行社会主义核心价值观中发挥作用。

如果民俗文化僵化地固守传统方式，不与现代社会生活相结合就会失去生命力。在此理念的指导下，整个仪式分为"缅怀篇""敬神篇"和"敬老篇"三部分。在表达民众对天后娘娘立德、行善、大爱精神颂扬的同时，为民间推选出的九位老人颁发"健康长寿老人"奖状及泥人张"老寿星"塑像。此后几年中，还与《天津老年时报》联合评选当年的"健康长寿老人"，使敬老爱老的中华传统美德与妈祖文化得到有机的契合。这是将传统祭典仪式与现代社会文化活动结合起来，促进非物质文化遗产活态传承的创举。它不但承续了历史传统，更为重要的是，使天津天后宫成为培育和践行社会主义核心价值观的文化场所，使妈祖文化这一活态传承的非物质文化遗产呈现出新的生机和活力。将民俗文化融入老百姓的生活之中，让更多的民众来共享优秀传统文化，使广大民众真切地体会到良风益俗能够跨越历史、恒久不衰，并将会产生积极的社会文化效应，也将为实现中华民族伟大复兴的中国梦做出贡献。

（尚洁）

"十老九乐"与"八辇二亭"
——葛沽宝辇印象

葛沽宝辇是葛沽地区妈祖文化的典型代表。

明清时期，葛沽漕船云集，成为漕运线上的一个繁华地带，曾设有漕运司，南粮北调，北盐南运，舟楫方便。

盐漕文化的繁荣也促成了如"玉厚堂"等一批盐商富贾的形成。据传，"玉厚堂"的张氏兼经船运，一次在海上船遇风浪，漂泊至闽，终于脱险。后发现船舷曾触礁，但因有两条大鱼贴堵其漏洞，船竟未沉。船主回忆此船遇难之际，见空中一女子时隐时现，恍然觉得是老娘娘搭救。随即上岸进庙，给老娘娘烧香，并许愿回家后为老娘娘另塑金身，在家供奉。许愿回家后，即将天后娘娘塑像供奉在家中。

明永乐年间，经诸官僚、盐商与巡检司商议，将"玉厚堂"张氏家中的娘娘神像摆放在官轿内，并将蓝布帷帐换成天津人喜爱的大红色，在春节至元宵节期间，抬着沿街看会观灯，引海河两岸的船民前来烧香，求助娘娘保佑船人平安。因在"玉厚堂"张氏住宅对面东大桥搭棚，作为娘娘出巡的驿所，并摆设茶水招待宾客，也就有了东茶棚的由来。

所谓"十老九乐"，即指十道老会中有九道称"乐"，取意明永乐年间兴起，如海乐小车会、安乐旱船会、丰乐西渔家乐会、美乐十不闲会、强乐武术会、公乐秦腔会、同乐大娃娃会、胜乐梆子腔会等。每逢元宵节前后，几十道花会在葛沽、咸水沽、小站等村镇竞相设场迎会已成定俗。过年时还会把各庙的神像抬出来出巡散福，渐渐形成了以女神信仰体系为特征的葛沽宝辇跑落形式。

葛沽宝辇兴起于明万历十六年（1588），兴盛于清乾隆年间，到民国时期形成了"八辇二亭"的格局。八辇分别是天后宝辇、北茶棚凤辇、东茶棚凤辇、西茶棚凤辇、香斗茶棚凤辇、东中街茶棚凤辇、营房茶棚凤辇、阁前茶棚凤辇；二亭是表亭、灯亭。

宝辇会有设摆、接驾出宫、送驾回宫等三个主要环节，紧紧围绕着迎送娘娘这个中心精心安排，以求"神人共乐"。

每年的正月初二起，每驾辇都要先搭一个贮辇棚，主要用于设摆，即展摆大辇香案，供人们上香、礼拜和观瞻。因附设茶饮，供远道香客驻足饮水故称之为"茶棚"。早期茶棚是用杉篙、竹竿、苇席搭设的一次性简易灯棚，每年在春节期间搭建，宝辇会后拆除。近年来盖起了砖混结构的茶棚，提供一个可以长期存放宝辇、祭祀物品、出会道具的场所。

接驾是活动的高潮，每年的正月十六为接驾日，传说中的娘娘省亲返宫日，辇会进入鼎沸的高潮，各辇各会尽兴一乐，通宵达旦，气氛热烈。

娘娘庙的广场是热闹的中心，午饭后，八驾辇和两个亭子从各街茶棚而来，集中到娘娘庙前。各会头持各自会旗进庙，庙祝宣布上香朝拜，此刻鞭炮齐响，鼓乐齐鸣。拜毕，把神像请入各辇，大辇居中，各辇呈雁翅排列，各会及各辇的全体人员逐一排队朝拜。

接驾后便开始步入会道。十几道高跷、旱船、龙灯等一起上街，每驾辇

⊙ 葛沽宝辇（尚立新摄）

前都有一副仪仗銮驾，并有驾前法鼓等一二道花会伴驾。通常首辇到达第二个庆典地点玉皇庙时，尾辇才刚刚出离娘娘庙广场。在玉皇庙内举行"一进宫"表演，就是请辇里的娘娘到庙内享祭，各会要拿出精彩的绝技依次进行跑辇表演。行进中时缓时疾、如车似舟，回转弯时平稳洒脱，独特的技艺令人叹为观止。最后出场的是大辇，三声炮响后，大辇由清音锣开道，马童、背印的童子引跑，日罩之后稳步行使，以表现大奶奶雍容端庄的气度。

各会经过几个表演高潮后，到子夜过后，全体转回娘娘庙广场，举行奶奶离辇归座仪式，同接驾一样全体朝拜，最后广场四角同时燃放"盒子灯"，热烈的场面一直持续到次日天明。

葛沽宝辇除天后宝辇不进行跑落表演外，其他各茶棚的辇都要进行直线、大圈、8字、捻捻转（打转盘）、龙蛇形（一条龙）、三角形等阵形的跑落表演。高超的技巧令观者赞不绝口。从整体看，排列起来的千人大队簇拥着八驾辇和两个亭子显得杂乱无章，但细心者会发现抬辇的姿势、步伐及起落行止，有着严格的统一口令，如同船员们在海上齐心协力地驾驶一艘船，加之两个宝亭在前面引路，形如两座宝塔，场面十分壮观。

葛沽宝辇历经沧桑。20世纪30年代，曾被拍成电影纪录片在天津市丹桂电影院放映。1949年中华人民共和国成立后，还曾参加庆祝游行及春节上街演出。1963年是最后一次参加接驾活动。1966年"八辇二亭"被损毁。1985年至1988年，葛沽当地民众自发捐款50万元，用四年时间复制了八驾凤辇和两座灯亭。20世纪90年代是葛沽宝辇最兴盛的时代，每年正月出会接驾都要表演到凌晨三四点钟，是整个葛沽年文化的核心。特别是近年来，每逢正月十六这一天，葛沽就会出现昔日狂欢的场面，人们都自发地会聚在一起进行花会和跑辇表演。天津市内、塘沽、南方的船民以及海内外游客都慕名前来观看，使这一传统的地方民俗文化得到弘扬和继承。

（龚孝义）

你知道东岳大帝的女儿吗？

在津门百姓口中，有一位与妈祖娘娘功能相近的"娘娘"。这位"娘娘"的神情仪态、职能称谓等均与妈祖相似，故民间常将她与妈祖娘娘混淆。她就是碧霞元君，相传为东岳大帝第九个女儿，因坐镇泰山，民间又称"泰山老母""泰山娘娘""泰山奶奶"，作为副祀神，也被供奉在了娘娘宫。葛沽宝辇中其中的一驾辇，就是供奉着碧霞元君的凤辇。

自古，中国民间就有"北元君，南妈祖"的说法，指的就是泰山娘娘和妈祖娘娘。她们虽然有地域之差和山神、海神之别，但同样都普渡众生、舍己为人，成为北方地区和南方地区闻名于世的女神。

碧霞元君是以中国华北地区为中心的山神信仰，道场在中国五岳之尊——东岳泰山，位于山东省的泰安市，故又称为"东岳泰山天仙玉女碧霞元君"，中国南方部分地区也称其为"送子观音"。"碧霞"是指东方的日光之霞，"元君"则带有浓厚的道教色彩，被认为是对女仙的称谓。相传，泰山娘娘出生于开天辟地之时，有"庇佑众生，灵应九州""统摄岳府神兵，照察人间善恶"等神力，是中国历史上影响最大的女神之一。至明朝中期，碧霞元君信仰被道教纳入神灵系统，并得到官方的认可和支持。同时，其信仰又为民间所容纳，位列民间杂神之上，是地位很高的一位女神。

古往今来，史书中记载了许多与妈祖有着相似经历的女神形象。而碧霞元君作为华北地区山神信仰的女神代表，寄托了人们对完美、善良的女性及仁爱精神的颂扬。千百年来，妈祖娘娘和泰山娘娘的信俗流传不衰，引导人们友爱互助、舍己为人、尊老爱幼、惜老怜贫、解人危难等，为弘扬中华民族的传统文化和优良风尚起到了促进的作用。

（张晓丹）

水阁医院与天津天后宫的不解之缘

天津天后宫是天津城市形成和发展的摇篮,妈祖文化在天津有着深厚的根基和底蕴,衍生出的"拴娃娃"求子习俗家喻户晓。特别是清末以来民间以在娘娘宫求子、在水阁医院生子为约定成俗的惯制。

水阁医院的前身是天津公立女医局,后称北洋女医院,始创于清光绪二十八年(1902),有"全国女医院之冠"的美称,是中国最早的公立妇产科专科医院。北洋女医院的创立使广大妇女的生育观念得以改变,是中国妇幼保健史上的一座里程碑。中华人民共和国成立后,先后改名为市立人民妇产科医院、市立妇幼保健院,直到1970年12月定名为水阁医院,至今已有119年的历史。据不完全统计,百余年来共有10万余名婴儿在水阁医院降生。

清光绪二十八年(1902),为了推行西法接生,提高妇女儿童的医疗保健水平,直隶总督袁世凯力排众议坚持成立了全国第一所公立私助西式妇科医院——北洋女医院(天津公立女医局)。北洋女医院初创期,在金刚桥附近北运河边租赁的一座小院(今李公祠大街与河北四马路交口处的天津海河假日饭店)内挂牌接诊。光绪三十三年(1907),毕业于美国纽约女子医科大学的中国第一位女留学生、当时颇负盛名的金

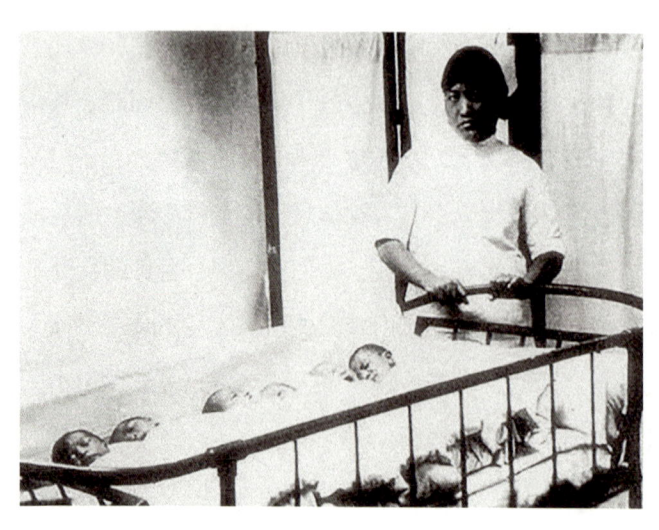

⊙ 北洋女医院婴儿室的婴儿与护士

雅梅（亦称金韵梅）应聘来津，出任北洋女医院院长。次年，金雅梅女士用袁世凯的两万两赠银扩充北洋女医医院、建设长芦女医学堂（1949年并入天津市护士学校，后几经变迁，成为天津医学高等专科学校），并兼任学堂堂长，这是中国最早的公办护士学校。女医学堂培养的医护人员全部到北洋女医院实习，开创了医科教学与医院临床一体化的办学模式。

光绪三十四年（1908）北洋女医院与长芦女医学堂一并迁到东门外水阁大街长芦育婴堂（1794年创办）旧址（今水阁大街古文化街牌楼西侧）。北洋女医院也因坐落于水阁大街28号，被百姓称为水阁医院，水阁医院遂成为北洋女医院的代名词。

水阁医院规模不大，却在中国近代医疗发展史上占有相当重要的地位，水阁医院的百年历史在一定程度上代表和反映了近代天津在中国医学、妇幼保健和护理学上的先进地位。

"先有娘娘宫，后有天津卫"，在妈祖信俗在天津传承、发展的过程中，最贴近民间生活的信俗就是"拴娃娃"求子习俗。人们笃信天后老娘娘不仅赐予健康的子嗣，还会以立德、行善、大爱的妈祖精神对孩子的生养给予深厚的人文关怀。

因此可以说，天津天后宫与水阁医院不仅在地缘上紧密相连，而且与百姓的生活也是密不可分的，是传统文化与现代科学的相融互补、相得益彰。

（刘建国）

華勒早，誠讓招官請駕聖會，歷年誠議請駕，黑佐拾宵爺每發是會首人招退眉行會期，叫茶房人下請貼到院署轎夫班房，心請貼去請號，各有號名，準備下上會品香貨銀財等行會日期，累佐四到客家下處，此茶駕是茶房人到羅署轎夫班房下貼請說，請駕累佐號名爺母叫，各代有資袋財到下處累家，茶房人叫道署轎夫班房下請貼請，累佐行會日期奉財，上會請駕，茶房人到鹽署轎夫班房

品請梁山

名行會日期，累佐號名行會日期，各代有資袋財上會

遠袋財，上會請駕，茶房人到，各代音資袋財

駕茶房人到，各庭益務商開至家

吉資黃財，上會請駕

加眛郎樣會殿

叁

妈祖文化遗存

天津是中国著名的历史文化名城，妈祖文化在天津700多年的发展历程中，为我们留下了蕴藏丰厚、弥足珍贵的文物建筑、古籍史料和民间口传的艺文资料，真实地记录了天津妈祖文化的发展、演变和多姿风采。

国宝：《天津天后宫行会图》

《天津天后宫行会图》是藏于中国国家博物馆的一件国宝级文物。它以清代天津天后宫为庆祝天后诞辰举行的皇会为主题，描绘了当年各阶层民众倾情参与皇会行会的恢宏场面，既是一幅记录中华妈祖文化在天津民间传承的写实性全景图历史画卷，又是一部具有历史学、民俗学、人类学和社会学价值的田野珍贵史料。

《天津天后宫行会图》总共89幅，为清代佚名画家所绘，无款，纸本，设色，纵63厘米，横113—115厘米，倘若连接成长卷，可达100余米。以"起"为排列次序，一幅图为一"起"，有"一起一会""一起二会""一起三会"或"一会二起""一会三起"等不同形式。生动地描绘了105道民间表演老会、圣会4350余位人物在皇会行会中的表演内容和表现形式。图上四万余字的题记内容丰富，采用地道的天津方言进行记录，无论引经据典，还是平铺直叙，皆风趣、幽默、诙谐、达观，令人或忍俊不禁，或浮想联翩，或肃然起敬。对皇会的原貌进行了立体化、多角度、全方位的描绘和记录，是研究、展现皇会盛况的经典之作。

《天津天后宫行会图》描绘和记录的民间各参会团体包括庆祝门幡老会、公议太狮圣会、万善报事灵童圣会、姜家井捷兽云狮老会、乡祠前中幡圣会、天后宫前敬艺中幡圣会、盐关口胜议中幡圣会、院署内庆祝中幡圣会、河北大关诚龄中幡圣会、梅家胡同中幡圣会、南头窑公议中幡圣会、闸口扫堂中幡圣会、乡祠前远音挎鼓圣会、南门内永乐杠箱老会、南门内诚议杠箱官、胜议十锦杂耍老会、闸口下溜米厂胜议重阁

⊙ 上/《天津天后宫行会图》第一起门幡老会（武延增摄）
⊙ 下/《天津天后宫行会图》第二起太狮圣会（武延增摄）

108

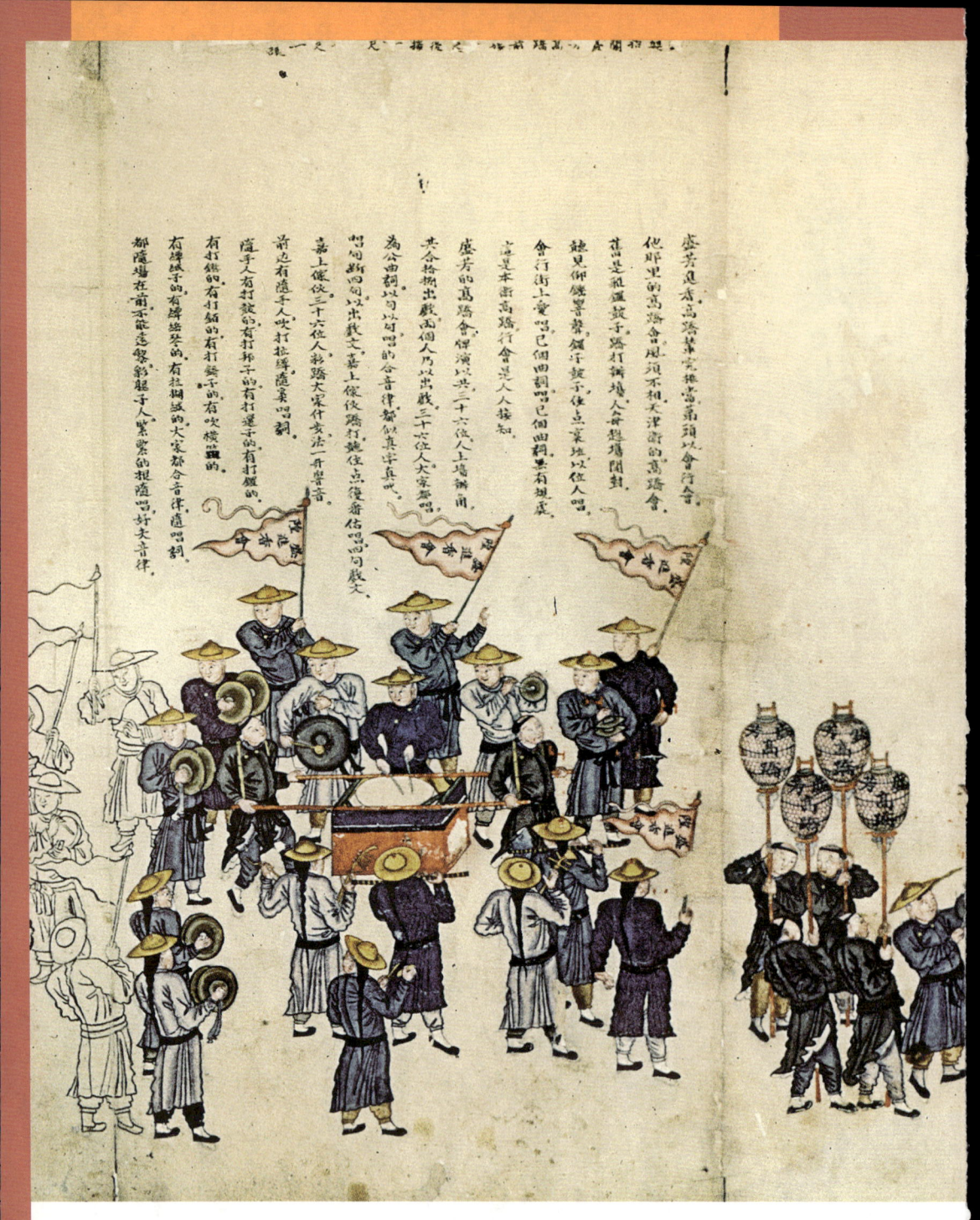

盛芳退吉品踏荤完接高蹻頭以會行會
他那里的萬踏會周知不租天津街的萬踏會
甚出是龍温鼓子使点菜坛以位人唱
聽見鐃響鑔鋦子使点菜坛以位人唱
會行街上覺唱四個曲詞巴個曲詞即是人人接知
上邊是本街萬踏行會是人人接知
虛芳的萬踏會鐰演以共三十六位人大家叅唱
共合抬捌出戯兩个乃以戯三十六位人大家叅唱
為合曲詞以司以唱的合音律聲似真人吼叫同戲文
同間新四句以出戯文嘉上俙打魤住点復番佑唱四句戲文
嘉上俙以三十六位人彩踏打魤住一开叅音
前边有隨千人吹打拉繹隨裏
隨手人有打鐃的有打鈸子有打邦子的有拉檭彀的
有打鐃的有打銅的有打籤子有還子的有吹橫笛的
有牌蛾子在前不能违礙
都隨場在前不能违礙，鑼絲鼓擰起来大家都合音律遛唱詞
都隨場子人繁繁的視隨唱好夫音律

⊙《天津天后宫行会图》第十四起抬阁会（武延增摄）

110

十四起

鹽務鞘總道商人家公議運署二分半銀兩皇商家的歲銀國客戶為皇會稱呼年年出行擱架抬閣票用等項辦理。

年年的會規出巡行看者在街市行會從門橋頭以會起到頭架抬閣前有几會他掌們年年行會不拘完不拘當讓為老規者行會。

抬閣後面子者的聖會上人人每要抬完推當行會是無有增減。

行會按著高蹺會通望高蹺會上聖完按當行會似萬蹺會報抬閣後。

頭以當行會這似萬蹺會上聖完推當會規。

佑倫哪有北草芝前塘的皇會上聖每抬完排當行人報隨萬蹺會後面行會。

他等聖完推當遂而行會報吉匯兩高蹺後行會以會大家全知泰。

佑倫小完忌完旦推當遂高蹺後行會報吉匯兩登寺蹺當拾數就上推看兩會必當。

後倫下的年年會規出巡無能滯者不能增重才會的敢知上事。

門塔聖會年年錫行裝征遊半塘尚龍旗盡雄旗勒封正果歷年三月十八門塔到城西加意裝駕雄旗仁追大堂宮內二十日揚符者出遊建南門出南門正架駕城煌神位追大堂宮內宗在午時初封勤到又有揚符會諸眾門塔行者到出由市上有老字明鏡春輝到時封行閨會中卷十有老字明鏡者即時到

第壹

門塔會行時除大鈔揚符者出由市上大鈔有苦居方者之氣尤上拾上推有揚符者迎來之大鈔有香居方者之氣尤上拾上鎮名松松迎城市仁大鈔有香居有昇天前尚中拾上推名松松迎城市仁大鈔有香居有昇天前尚中拾上推衙招進德門會內到刻封出神明仁朗會到由衙招進德門會內到刻封出神明仁朗會到由無照人大門至德門到時會內如金含當合無照人大門至德門到時會內如金含當合會西到刻封出稍會時會西到刻封出稍

第貳起

年年出遊爭導路

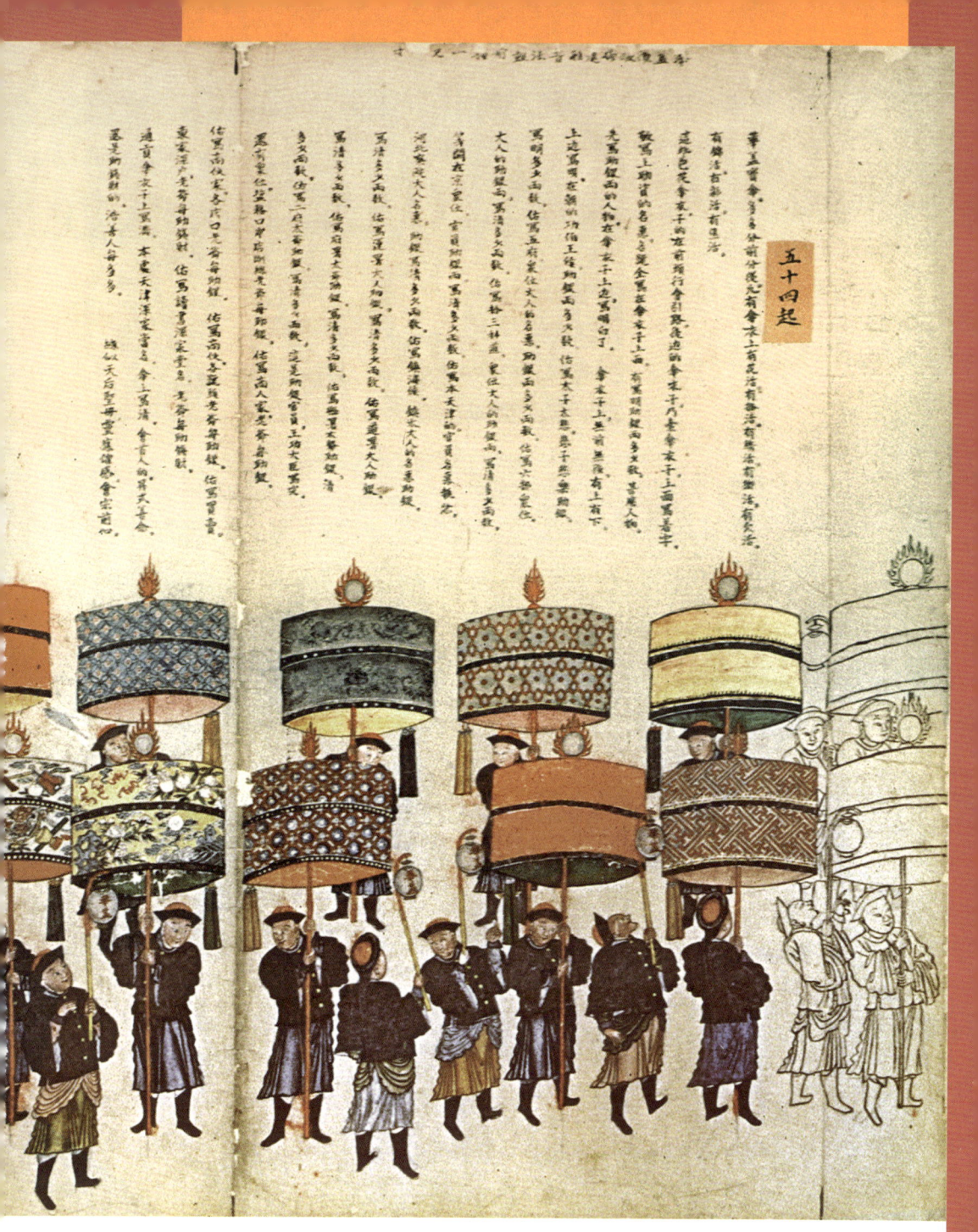

五十四起

○《天津天后宫行会图》第五十四起长顺华盖宝伞（武延增摄）

113

叁——妈祖文化遗存

老会、侯家后胜议猴扒竿老会、傅家村高跷老会、盐务纲总通商抬阁第一架《仙人上寿》、胜芳进香高跷会、河东上盐坨三道井沟意善《洛阳桥》

⊙ 1936年皇会中的独流北街通庆老中幡会

圣会、侯家后同乐十不闲圣会、议善莲花落圣会、盐务纲总通商抬阁第二架《判官送妹》、河东大寺于家厂胜意高跷老会、河北窑洼秧歌圣会、多福如意圣会、随议《判姑学舌》圣会、盐务纲总通商抬阁第三架《龙凤呈祥》、县署前《混元盒》高跷圣会、西码头庆乐《渔樵耕读》圣会、乐善双花鼓圣会、西大药王庙前德庆舞花圣会、盐务纲总通商抬阁第四架《替天行道》、中营前《金山寺》高跷圣会、吉家胡同白衣庵巷和善《长亭》老会、育德庵前永长金钱竹马圣会、东南城角康家大院庆和《瞧亲家》圣会、盐务纲总通商抬阁第五架《火焰山》、河北石桥《升仙》高跷圣会、城北西沽永庆太平花鼓圣会、永庆《万年甲子》圣会、同乐《锔缸》圣会、盐务纲总通商抬阁第六架《雷师成圣》、东南城角过街阁后《西游》高跷会、河东小圣庙后同善《渔家乐》圣会、先春园德庆《绣球》圣会、河东棋盘街后万家台英乐《四季长鲜》圣会、盐务纲总通商抬阁第七架《脱过轮回》、《绿牡丹》高跷圣会、梁家嘴议胜秧歌老会、盐坨文殊庵前妙显寸跷莲花落圣会、顺天府宛平县长乐京十不闲圣会、盐务纲总通商抬阁第八架《忠孝节义》、城内宝塔花

⊙ 上／《天津天后宫行会图》第五十七起（武延增摄）
⊙ 下／《天津天后宫行会图》第六十一起（武延增摄）

109

○《天津天后宫行会图》之道童行香圣会（武延增摄）

○《天津天后宫行会图》第三十七起城内宝塔花瓶会（武延增摄）

卅七起

慈母聖會行好隨聖母觀娘娘神位遊遶看你是本家的祖上有德性陰騭

聖母寶賜慈愿娶妻迎生產死宗延德流善念感到祖上苦好之世傳著

小孩子的福田果代青從從生有命長活青宗乃是徐祖行好者陽間已后年歲治世

本家生養頭壽女孩掌到五歲仲明聖到公行代性命現催不過四日早就本人受家

老婆兒大大小小男女上下人等到天后聖母面前即催供上有裡漢

出些拾座花雷寄善盞盞十有請明公前右試到

本家在大殿後揸翼抱女皆諸神明許愿那以天義健旦日間到神前期給養上有屋漢

許愿人等夏作大家全都叫家去了走在手鐲裡見本家的人來嘆驚

都經享佑説不好不好自家的上房進去加一個清輪汪愛的女使出去不會看睡熟大九之打

浪淀漫恐怀姐四見我就見來牛哥着説説語活大大叫着香產看家本家男女蔓貴皃恫有人知往看者都請聖母宗

本家男女到家逗屋門了幾着説着人們閣有人説這你奶奶説話有兒有女的

点香香慶這位奶奶說你們別有喜別看要兒来有有如此人説有兒有女的

看上煙火上言略有才房宗庭家個十是老人說鼓鼓的言的女便

不過是十是見看人説着想上之現見天后宗接受嗎皆香

老娘娘慌伸出来人對你説看胡椒這樣上世進安人夜小老

通路非常騃但那出来家輸徃出來對上上可念

你們説説方便這來奏有唐姑上皆如此好多有說種娘娘

⊙《天津天后宫行会图》中描绘的娘娘华辇（武延增摄）

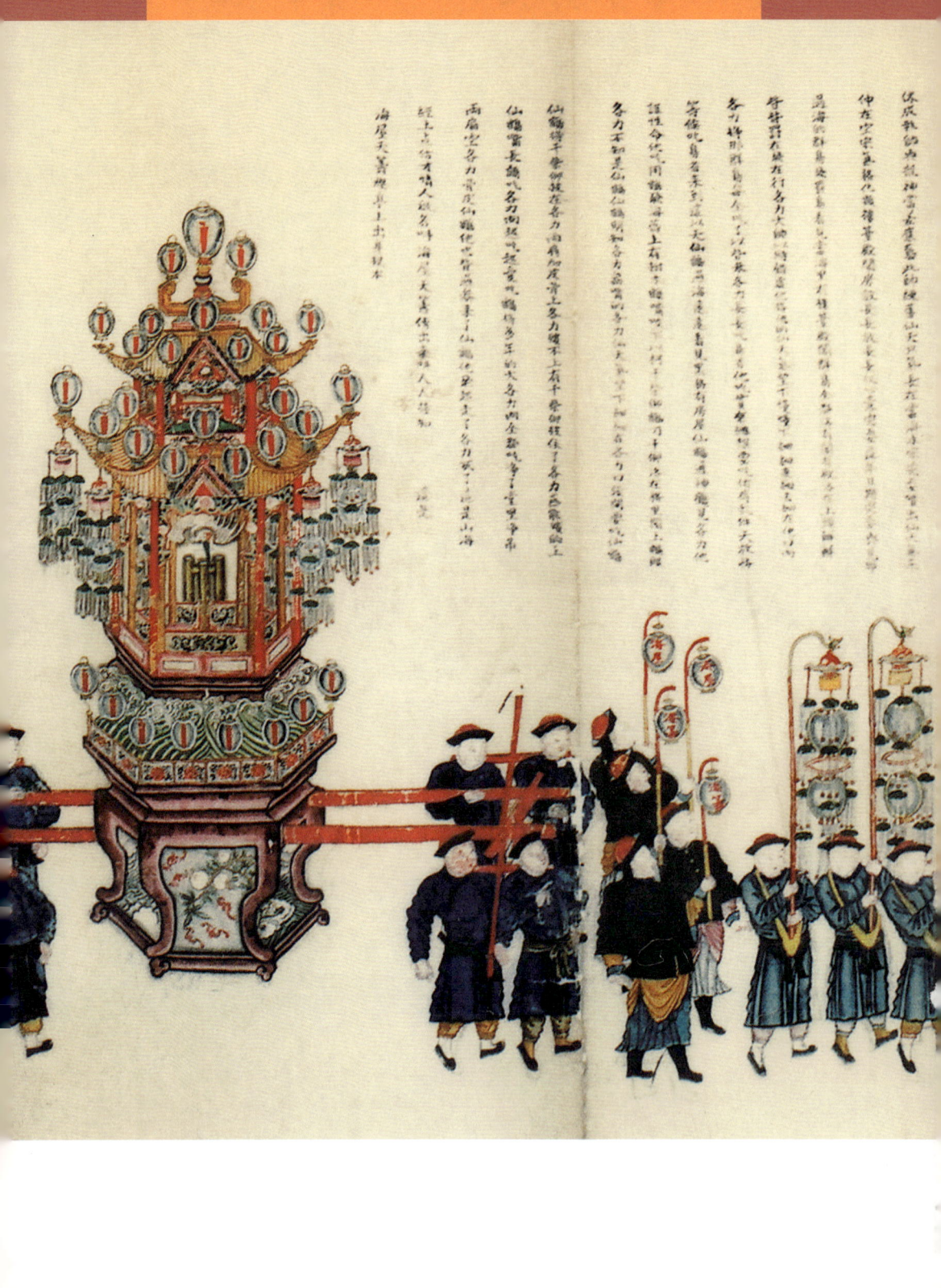

係厌耿动内亂神雷玄雷鲁代纳事出左岩岬身習出月餐
仲左空宗並路化龍禱弃敢建房敢官敢走敢去先明音
昌各咐身吟舜昏昌春寒甲名各相望奇嚀卜嚀多急
䓁特許在餓行名力大神峙倘造伦任登堂卜嚀多勝
各力特那起曡各力伦未到遠深天仙嚀声海唐番昆熱房屋仙嚀神龍見各力
䓁僚吠身問番未到遠深天仙嚀声海唐番昆熱房屋仙嚀神龍見各力
誰性命代代開識識誨嘗上有咐冇雷叭咐啼有上有各力各力
各力不知是仙嚀明如冇方 各力不仙 雷叭咐天仙咐下 各力 仙

仙嚀精千會仙誂在各力由躺加度骨各力嚀卜上冇千登仙誂住有各力州至吟名各力州至撒地當名王的大各力州至
仙嚀嘗长嚀叭各力倒起吠度叭啼嚀多王的大各力州至

兩扁空各力骨度仙嚀他骨鵐多丁各力仙他骨鵐多丁各力

經业古信冇倩人致名時诮學天葺传出乘稚大人碓知

海屋天葺嚔具上出月智本

⊙ 《天津天后宫行会图》第五十起《海屋添筹》灯亭陈设会（武延增摄）

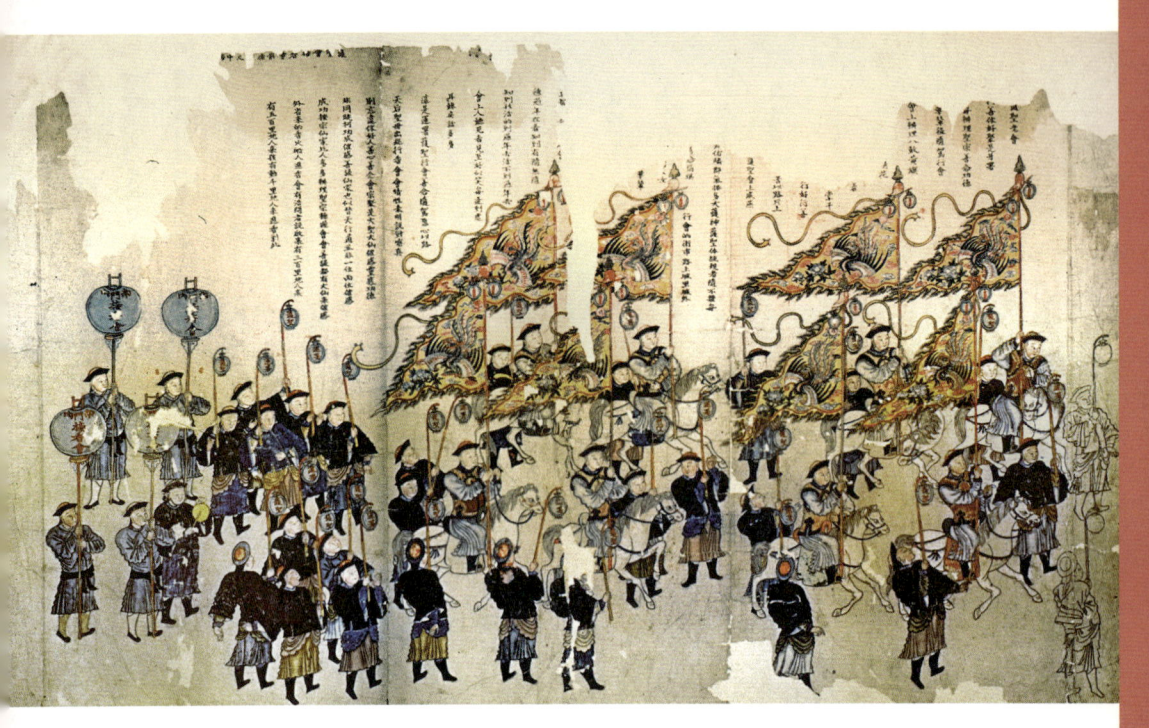

《天津天后宫行会图》之运署护驾会（武延增摄）

叁——妈祖文化遗存

○ 明代石雕《狮子》（武延增摄）　○ 元代石雕《犼》（武延增摄）　○ 明代石雕《马上封侯》（武延增摄）

○ 清代铜鎏金《天津天后宫天上圣母之宝印》印蜕（安盛崑摄）

○ 明代木雕《天后娘娘》（王晓岩摄）

知识链接 >>>

镇馆之宝：

1. 清代铜鎏金《天津天后宫天上圣母之宝印》，为嘉庆皇帝于嘉庆七年（1802）御赐，并敕封天津天后宫天后娘娘"天上圣母无极元君"封号。这是全世界妈祖宫庙中唯一的皇帝御赐印章，规格为83×84.5×23（毫米），印文为"天津天后宫天上圣母之宝印"，边饰海水波纹、二龙戏珠纹。现藏于天津市民俗博物馆（天津天后宫）。

2. 元代石雕《犼》《香炉》、明代石雕《狮子》《马上封侯》、清代泥塑《娃娃大哥》、清代缎地满绣《独流北街通庆老中幡会幡旗》等藏品，均以不同的文化特质展现了时代的标记，现藏于天津市民俗博物馆（天津天后宫）。

3. 明代木雕《天后娘娘》，高110厘米，现藏于天津大学冯骥才民间文化研究院。

125

《天津天后宫行会图》第八十三起顶马圣会（武延增摄）

瓶会、小南河进香音乐法鼓圣会、河北窑洼果子店梅汤圣会、德照灯亭圣会、闸口下东园广音法鼓老会、城西小伙巷同照灯亭会、西城大园金音法鼓老会、扫殿会灵官护圣大座、花瓶圣会、西头双忠庙后花神庙鲜花厂鲜花圣会、锦衣卫桥和音法鼓老会、东门外南功店《海屋添筹》灯亭陈设会、河东陈家沟娘娘庙前善音法鼓老会、长顺华盖宝伞圣会、河东于家厂雅音法鼓圣会、玉皇阁前津音法鼓圣会、普善花童圣会、天后宫道炬行香会、送生娘娘宝辇同议请驾圣会、侯家后永音法鼓老会、积善堂顶马会、于家厂公议鹅云法鼓老会、子孙娘娘宝辇敬议请驾圣会、城内草厂庵清音法鼓圣会、余庆堂巡风圣会、同愿太平法鼓老会、瘟疹娘娘宝辇同议请驾圣会、城西北大伙巷内牌楼口立源振音法鼓圣会、积善堂道童行香圣会、城内石桥后洪音法鼓圣会、眼光娘娘宝辇敬议请驾圣会、县署前接香会、盐坨寿恩堂庆音法鼓圣会、天后宫宝鼎圣会、河东上盐坨三道井沟诚议心音法鼓老会、怀古堂顶马圣会、庆善堂巡风圣会、永丰屯公议香斗法鼓老会、永丰屯公议香斗圣会、公献提炉灯亭会、顶马圣会、天后宫扫殿会执符神大座、道童花瓶圣会、同和大乐老会、和平音乐圣会、河东杂粮店公议善念銮驾会、天后圣母宝辇诚议请驾圣会、运署护圣老会、南门内接香会、天后宫扫殿会等。

  《天津天后宫行会图》创作完成的时间至今没有定论。根据其画风、气韵、图文内容，特别是题记内容相互考察印证，可推断在清同治元年至光绪十年（1862—1884）。

  《天津天后宫行会图》的题记方言浓重，在当时的语境下，其所使用的文字不甚规范，错别字、生僻字，甚至自造字很多。同时涉及的典故非常丰富，有的略显牵强，但这种表述和记录方式值得借鉴。特别是在方言俚语、传说故事、民间戏曲、民间绘画、民间工艺、民俗民风等方面，都为后世的研究提供了难得的线索和空间。

（尚洁）

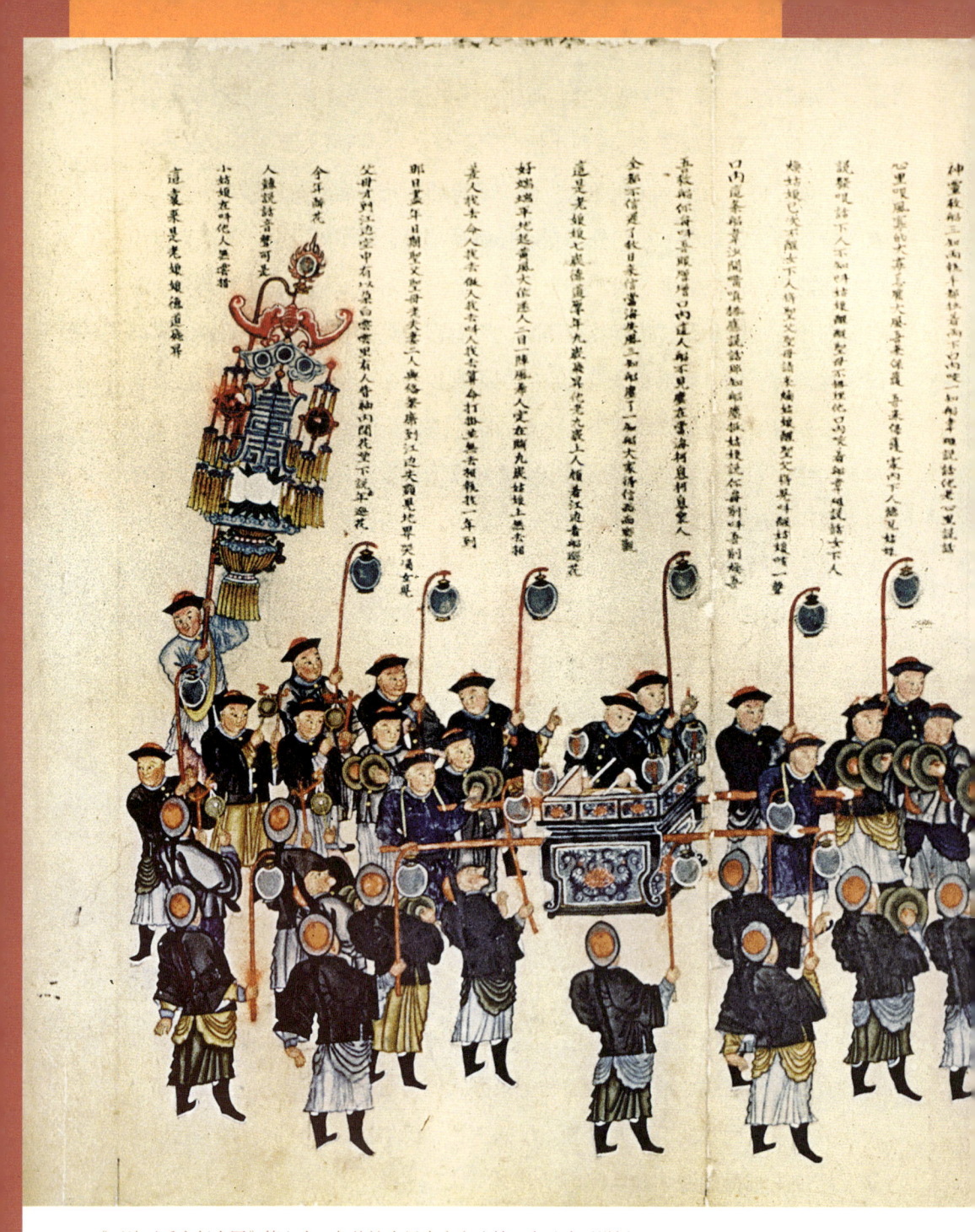

《天津天后宫行会图》第七十四起盐坨寿恩堂庆音法鼓圣会（武延增摄）

七十四起

慶音法誠聖會隨驾出海行者休奸善念果住息心乘驗
每海法號勅身議為當善醒閒陳設會議曲
行會別處街市及上城里城外此諸易人等總見
銅骂嘗法人人誤有真神木閒同會中四會令候举菜篇
右家自惟冢住尤置流人性林艾册會行善亲来大善当时王
家家自曾自賈貨如三和在當海招風三加疆着到人招姐俅聖体在
雲媽堂息兩家住于林住両如如高善身口內晚後以思以善華

⊙《天津天后宫行会图》第八十九起天后宫扫殿会（武延增摄）

吕但下跪告者 老人家他第十房門老十 天妃大是當重人来

病人得恩下跪謝遠者天人哥家人列天后官娘看看供草有喉衣

揚列家衆開口論若病人母下女侫内受注其下病人出香者小宫害

病座余念人人應不舍進姓神思

尚多女如的嫉使持嗟娘尚有肉議嫣面老人說

捅抱天后如主母聖恩食至家家下出頂馬會歷為四年行會

這是頂馬貝會行好難事出門人若不有善舍保好在老

油聖点米首典逢家

天津天后宫的匾额与楹联

数百年间,天津天后宫内积攒了数十块历朝历代的匾额,这些匾额最早的始于明代,多产生于清代。额为砖质、木质;匾为木质、铜制。这些匾额或为利济漕运,或来自皇帝巡行;或为祛灾解厄,或来自信众还愿等。可以说从天后宫内的匾额上便可看出娘娘在津地百姓中所受敬仰之高。

与匾额遥相呼应的是天后宫的楹联。楹联,也叫"楹帖""对子""对联",是悬挂或粘贴在壁间、柱子上的联语,是诗歌形式的演变。天后宫内的楹联大多为清代的文人墨客之作,对仗工整且富有历史韵味。内容多为歌颂天后娘娘功德的溢美之词。现天后宫楹联除正殿内外抱柱为复制外,其余皆为新撰。

山门 据《天津皇会考纪》载:"正门的横额上有以整砖雕成的五个字,蓝地金字,写着是:'敕建天后宫'。横额的上首有:'乾隆己巳秋九月'等字样。"己巳,为乾隆十四年(1749)。1986年天津天后宫复建后,新的山门

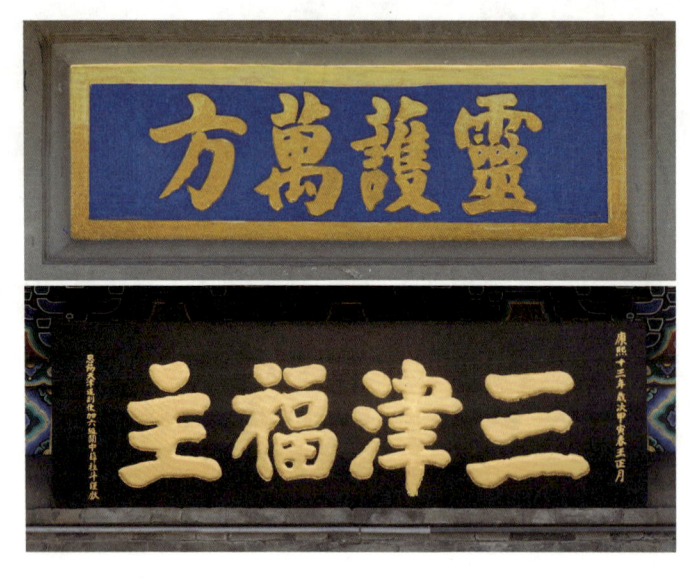

⊙ 天津天后宫匾额(尚立新摄)

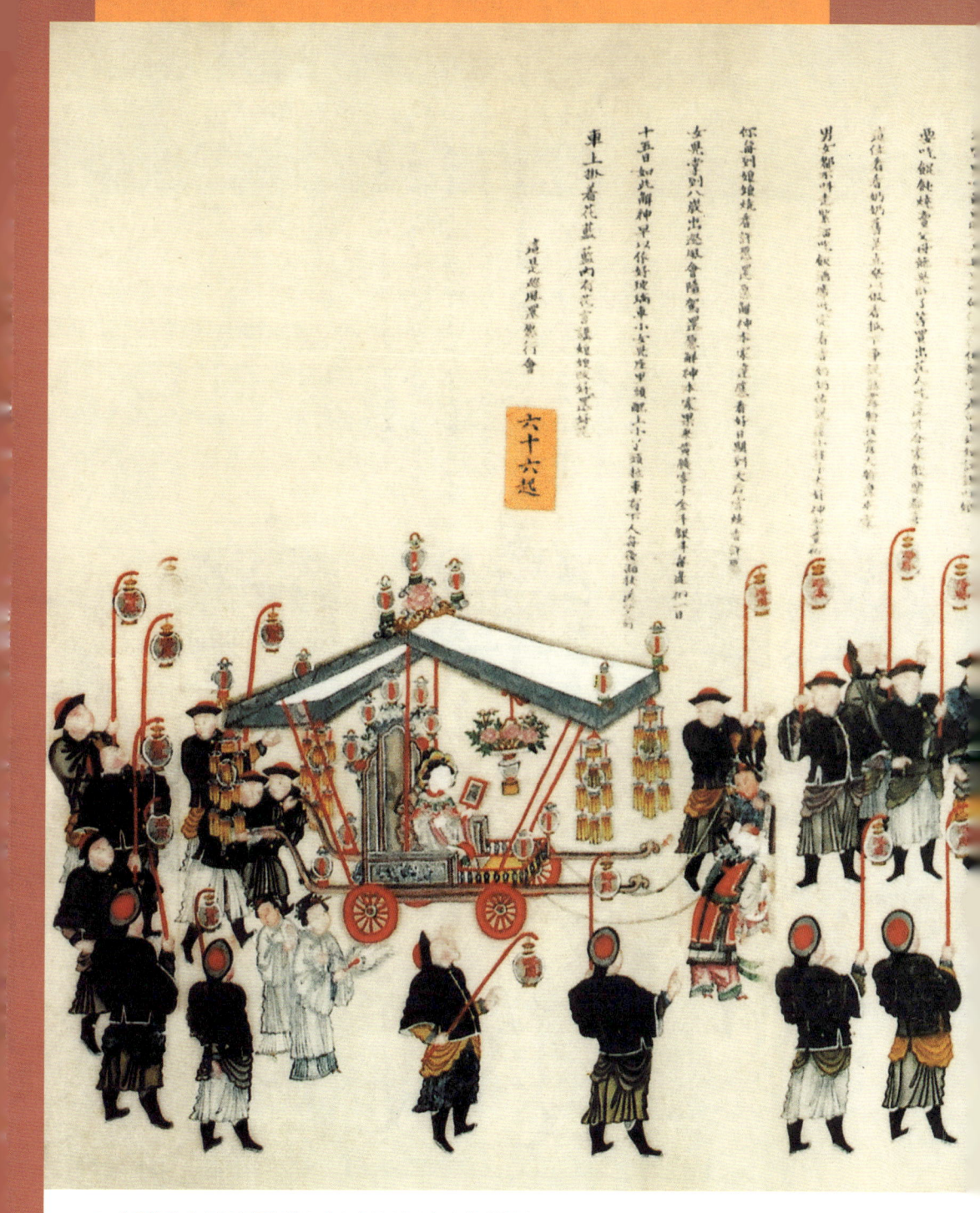

《天津天后宫行会图》第六十六起巡风圣会（武延增摄）

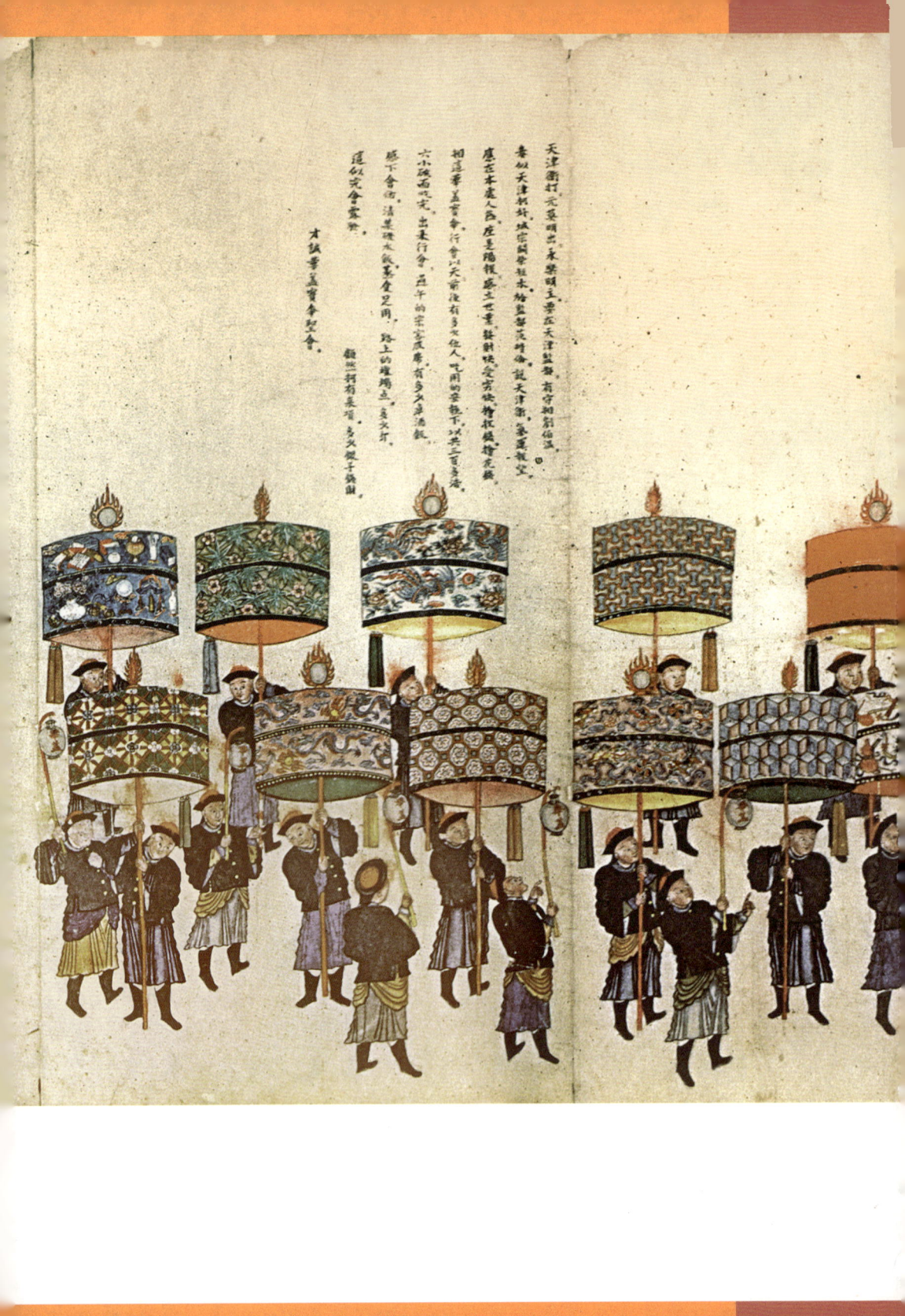

天津衛打元宵朋出。承榮明王爺在天津監督，有守把相別信温。魯似天津打鈔城宗同幾柱木格監督范峰偏說天津衙。蒙差頭笑
慶在本處人应。庄是随復廣上也盡。鼓射帙念芳吹挣挩蚕搢究綵。
相逗蒙差實令行會以天前後有多位人。吃用的家藏下以共三百堂活。
六小版西吃光。出来行令。正年的宗家歴席有多人并湯鈑。
慇下令街。湯是誰太飯蒙套已用。路上的灌踽亾，亥文打。
追似完令會煞。

才鈑蒙差實令智會

雖然阿有長頂。名文擬子係赖

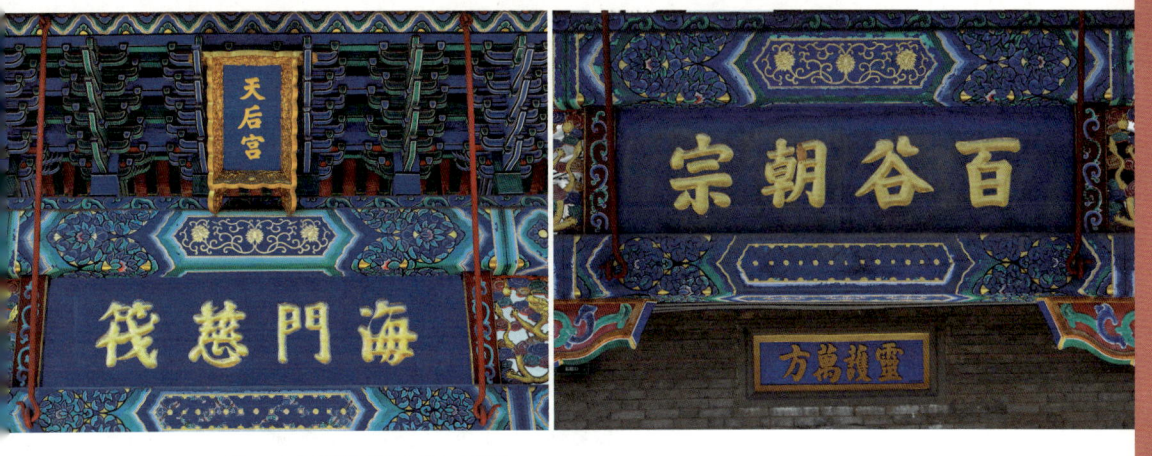

⊙ 天津天后宫牌楼匾额（尚立新摄）

砖额已无原上款。

山门背面有"灵护万方"字样的砖额，同样也是蓝地金字，赞美了妈祖以其神通护佑万方百姓的丰功伟绩。

牌坊 进山门即是木结构二柱一楼式牌楼，正面斗拱下是"海门慈筏"四字横额，将妈祖慈悲与热心助人的性格表现得淋漓尽致。背面横额是"百谷朝宗"，意为天下众谷之水见到妈祖，都要像臣子见到君王一样来朝拜。

前殿 迎面匾额为"三津福主"。背面匾额为"普天同济"。

正殿 门外有匾额三块，迎面按中、右、左顺序分别为"护国保民""宇宙精灵""资生锡类"。"护国保民"与"宇宙精灵"二匾从字面上很好理解，一是赞扬妈祖保卫国家、保护人民的丰功伟绩；一是对妈祖超凡脱俗、兰心蕙质的绝佳呈现。而"资生锡类"则是对娘娘赐送子嗣的歌颂。"锡类"一词语出《诗·大雅·既醉》："孝子不匮，永锡尔类。"《毛传》："类，善也。""锡类"的意思就是以善施及众人。"资生"二字见于《易·坤》："至哉坤元，万物资生。"意为赖以生长、赖以为生。这四个字连起来的意思正是说明了百姓的生育繁衍都是在娘娘的荫蔽之下。

正殿殿门两侧悬挂篆字楹联："厚德仰坤元化被寰中光日月；资生扶泰

运威加海外息风波。"其含义十分丰富。《易经》有云:"地势坤,君子以厚德载物。"中国向以"坤"代表女性,"厚德仰坤元"即厚赞了妈祖作为女性神灵为百姓带来福德,令众生无不瞻仰。"坤元"则是指大地为生长万物的根元,进一步指出妈祖对百姓的慈爱犹如大地母亲一般。"寰中"为天下、宇内之意。上联意为妈祖的福德与慈爱得到了天下所有人的敬仰,同样也能够施及每一个人,其光芒令日月都增色不少。"泰运"为天运、大运、好运之意,下联指出了妈祖赐子、赐福、震慑妖邪以及在大海中救助落难民众的几大职司,意为妈祖听到百姓的祈求,能够赐予子嗣、好运,其威望可以加于四海之外,镇压住兴风作浪的邪祟,令海浪风波不兴,商船及赶海路之人能够顺利平安出行。

○ 天津天后宫大殿匾额(尚立新摄)

正殿内前排楷书对联:"缥缈三山回望白云生翠巘(yǎn),滂洋万里但见碧海磨青铜。"这副对联化用了苏轼《祭常山回小猎》中"回望白云生翠巘,归来红叶满征衣"一句作为上联的后半部分以及《登州海市》中"斜阳万里孤鸟没,但见碧海磨青铜"一句作为下联的后半部分,大气磅礴,沧桑历尽的厚重感沛然而出。

正殿内后排隶书对联:"天教圣母兴邦布泽慈心重,后佑黎元苰海临江恶浪平。"这副对联则描述了天后护佑国家人民、兴云布雨的恩德以及平息海难的大慈大悲之心。"布泽"即下雨之意,"黎元"代指百姓及广大人民。

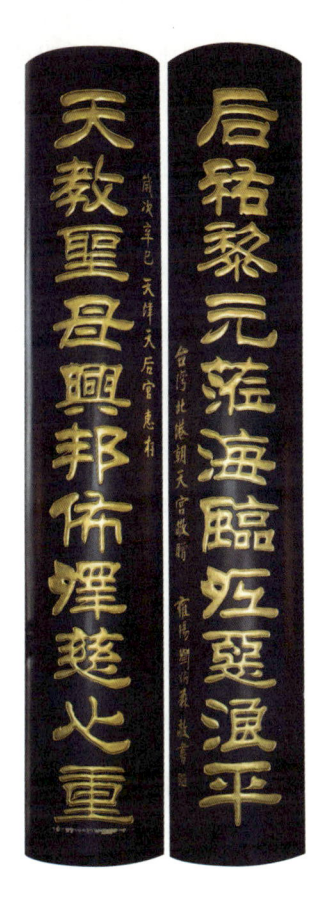

⊙ 天津天后宫大殿楹联（尚立新摄）

特别是悬于正殿内柱、由天津籍著名学者周汝昌先生撰写的对联温婉典雅，令人荡气回肠，形象地勾勒出天后娘娘的民俗文化特质："裁霞曳绣辇凤翠鸾士女总倾城竞香影六街万盏明灯迎五驾，箫簧凌波唧龙画鹢神灵长靖海敷恬风九域千艘楼橹会三津。津沽天后圣母行宫甲戌重阳佳节里人周汝昌敬撰并书。"

正殿内迎面有"盛德在水""垂佑瀛壖（ruán）""万里波平"三块匾额。

"盛德在水"，"盛"通"圣"字，意为妈祖的功德像水一样最接近大道的所在。《老子》："上善若水，水善利万物而不争，处众人之所恶，故几于道。居，善地；心，善渊；与，善仁；言，善信；政，善治；事，善能；动，善时。夫唯不争，故无尤。"其意就是说最善的人好像水一样。水善于滋润万物而不与万物相争，停留在众人都不喜欢的地方，所以最接近于"道"。最善的人，居处最善于选择地方，心胸善于保持沉静而深不可测，待人善于真诚、友爱和无私，说话善于恪守信用，为政善于精简处理，能把国家治理好，处事善于发挥所长，行动善于把握时机。最善的人所作所为正因为有不争的美德，所以没有过失，也没有怨咎。该匾额一方面说明了妈祖待人真诚无私、热心助人，性格沉静

津卫妈祖

⊙ 周汝昌为天津天后宫大殿撰写的楹联（武延增摄）

⊙ 天津天后宫大殿匾额（尚立新摄）

⊙ 湄洲妈祖祖庙敬赠天津天后宫的匾额（武延增摄）

温婉；另一方面也点明了妈祖的功德是始于海上，也可以解释为妈祖的庞大功德最早是由在水上救护遇难民众逐渐而来的。"垂佑瀛壖"，相传是清代嘉庆皇帝颙琰亲笔所书赐，"壖"指河边的土地，象征天津。该匾额与"万里波平"一样，盛赞了妈祖对津沽大地的护佑以及对海上行船之人的保佑。

正殿之中还有"四海同光""德孚四海""赞顺敷慈""泽被万方""河海尊亲""海峡英灵""寰海镜澂"等七块匾额。其中"四海同光"匾额是辛未年（1991）菊月，台湾北港朝天宫董事长曾蔡美佐相赠，含义深远，把人们引入美好的联想中。"德孚四海"，"孚"字意为信用，令众人信服。该匾意为天后的品德为四海信众所信服。"赞顺敷慈"，出自清同治四年（1865）帝王对妈祖的封号"显神赞顺"。同治九年（1870）《续天津县志》卷首亦有载："今皇帝御制天后宫额'赞顺敷慈'。"

"泽被万方""河海尊亲""海峡英灵""寰海镜澂"等匾额都是歌颂妈祖一生的功德与事迹，表现出了她对于天津百姓的重要性并对"盛德在水"做了进一步的阐述。

凤尾殿 为与大殿连接的抱厦殿，殿内供奉净瓶观音、渡海观音、滴水观音与南海观音神像。

殿外楹联："接引群生扬三千大化，圆通自在住不二法门。"意为观音菩萨引导众生遵从教化，弘扬总摄宇宙之大法；信众一心一意修行必然会达到相应的功德，行事顺畅自如。

殿内楹联："莲池印月非空非色，沧海藏天无古无今。"意为一切由心，自由自在，无乐无苦，无喜无悲。

关帝殿 殿内供奉关圣帝君，左右两侧分立其侍从周仓和义子关平。殿外楹联："堪叹桃园一诺成败显孤忠不断香烟崇庙飨，漫嗟汉祚三分死生成大义长教黎庶仰神威。"入木三分地刻画了桃园结义后关羽的一身忠肝义胆，以及其死后神格化的历程。

财神殿 殿内供奉神祇文财神比干，左右分立童男童女。殿外抱柱楹联："惩贪婪要让生财有道，扶困苦莫教致富无门。"意在教化众生君子爱财，取之有道，要帮助困苦的人，为人切忌贪婪的道理。

元辰殿 殿内供奉斗姆元君及主管流年运势的北斗诸星君，全称六十甲子元辰本命神。殿外楹联："求福祈安当值悯人分善恶，逢凶化吉循规解厄辩慈悲。"意在劝人向善，教化众人多行善、常有怜悯之心才可获值年福寿安康，有慈悲之心、规矩做人才可逢凶化吉、祛病除厄。

良缘阁 位于天后宫南侧别院内，两层小楼，一楼供奉和合二仙像，二楼供奉月老，童男童女分立两侧。所悬挂对联："玉烛生辉喜兆千秋鸾凤，银灯结彩祥吉百代鸳鸯。"其中玉烛、鸾凤、银灯、鸳鸯都是极为喜庆之词，借以点出了月老的主要职能——为世间男女牵姻缘、护美满。

天后宫承袭时代的发展，影响着一代又一代人。天后宫内的匾额和楹联给人们留下了可咀嚼的古韵新味。

（张晓丹）

知识链接 >>>

今佚之天津天后宫楹联与匾额

1. 补天娲神行地母神大哉乾至哉坤千古两般神女；

治水禹圣济川后圣河之清海之晏九州一样圣功。

（郑仁圃书。原悬于正殿内柱）

2. 击楫溯黄流但求利济澄清不惜艰难凭造化；

翔舩来翠羽幸赖神灵呵护敢云忠信涉波涛。

（武进盛宣怀敬献。原悬于正殿内柱）

3. 捷响应乎声息之微诚通呼吁；

昭灵感于风波之险苦拔沉沦。

（原悬于正殿内柱）

4. 朝礼是虔忠信涉波涛帆樯利济；

天监永赫极崇在功德黍稷惟馨。

（原悬于正殿内柱）

5. 朝野共瞻依后德常昭垂海宇；

无人同感应慈光普照遍蓬瀛。

（原悬于正殿内柱）

6. 圣德配天海国帆樯叨共济；

因汉称后家园俎豆庆重光。

（原悬于正殿内柱）

7. 朝阳启端庙貌巍峨地灵人杰；

天运开元神功浩荡物阜民康。

（原悬于正殿内柱）

8. 慈云远在江天外；

坤德长垂泽国中。

（原悬于正殿内柱）

9. 水德配天海国慈帆并济；

母仪称后桑榆俎豆重光。

（原悬于正殿内柱）

10. 积金积玉莫如积德；

问佛问仙需要问心。

（原悬于正殿内柱）

11. 一般哈哈腔也装男也装女自己行头说唱就唱；

四天娘娘庙又烧香又还愿那里演戏爱听不听。

[此联系1920年严修（字范孙）为祝贺七人班演新戏所作]

12. 天地宇宙一剧场；

古往今来如是看。

戏楼别苑（横批）

（岁次壬申之秋余明善撰书。曾悬于戏楼楼下）

13. 望海阔天空千帆迎晓日；

喜风清云淡百戏祝丰年。

（1985年10月吴云心作。曾悬于戏楼楼上）

14. 瀛恬照贶（匾额）

（稽承恩书。原悬于前殿后上方）

（王利文）

历史上与妈祖有关的诗词歌赋

诗词歌赋是中国传统文化的精髓和文学大成。而津地妈祖文化源远流长，风韵独特。因而历代文人墨客留下了许多有关妈祖的脍炙人口的佳作。

一、元代作品

1. 张翥《代祀天妃庙次直沽作》

晓日三岔口，连樯集万艘。

普天均雨露，大海静波涛。

入庙灵风肃，焚香瑞气高。

使臣三奠毕，喜色满宫袍。

张翥（1287—1368），字仲举，晋宁（今属云南省，一说山西省）人。曾任国子监助教、翰林院国史院编修、翰林学士。致仕后加河南行省平章政事。曾参与修撰宋、辽、金三史，著有《蜕庵集》等。此诗是其当年作为使臣代表朝廷来天津天后宫拜谒祭祀有感而作。

2. 臧梦解《直沽谣》

杂遝东入海，归来几人在？纷纷道路觅亨衢，笑我蓬门绝冠盖。虎不食，堂上肉；狼不惊，里中妇。风尘出门即险阻，何况茫茫海如许？去年吴人赴燕蓟，北风吹人浪如砥。一时输粟得官归，杀马椎牛宴闾里。今年吴儿求高迁，复祷天妃上海船。北风吹儿堕黑水，始知溟渤皆墓田。劝君陆行莫忘莱州道，水行莫忘沙门岛。豺狼当路蛟龙争，宁论他人致身早？君不见：贾胡剖腹藏明珠，后来无人鉴覆车。明年五月南风起，更有行人问直沽。

臧梦解，生卒年不详。浙江庆元人。宋末年进士，官至广东肃政廉访使。

二、明代作品

无名氏《直沽棹歌》

天妃庙对直沽开，津鼓连船柳下催。

酾酒未终舟子报，柁楼黄蝶早飞来。

三、清代作品

1. 乾隆诗二首

咏天津天后宫

沽水曲曲树重重，普天雨露沐皇风。

宫观楼阁人不见，但闻天声满舟中。

此诗是乾隆皇帝下江南路过海河三岔河口时，看到被绿荫掩映的天后宫香烟袅袅，钟磬声声，即兴所赋，这也是迄今民间流传的唯一一首皇帝赞美妈祖宫庙的诗篇。

观天后宫庙会

望海祇园临海河，隔年此复一相过。

虽然缛节繁文禁，仍有衢歌巷舞罗。

只以祝厘合众志，遂因同愢礼三摩。

普门无量慈悲愿，愿作筹添曼寿多。

此诗作于乾隆三十八年（1773），时年63岁的乾隆皇帝临幸津门，又一次观看到天津天后宫出皇会，同时回想起两年前来津时的景象，虽然不喜欢当地官绅诸多繁文缛节的迎送，但看到天津天后宫庙会（皇会）非常喜欢，感慨不已，故御笔题诗一首。

2. 汪沆《津门杂事诗》三首

天后宫前泊贾船，相呼郎罢祷神筵。

穹碑剔藓从头读，署字都无泰定年。

元日晴光画不如，灵慈宫外斗香车。
琉璃瓶脆高擎过，争买朱砂一寸鱼。

圣德怀柔感百神，洪波静晏不扬尘。
两朝御墨酬庸重，虎卧龙跳矗翠珉。

汪沆（1684—1764），字西颢，号槐塘，浙江钱塘人。清乾隆初来津，与吴廷华（东璧）主修《天津府志》《天津县志》。乾隆四年（1739）与府县志同时刊行了《津门杂事诗》百首，对天津地方史进行许多认真的考证，每首诗后都有很详细的注释。

3. 于豹文《天后会四十韵》《天津竹枝词》各一首

天后会四十韵

神光缥缈隔沧瀛，士女欢娱解送迎。
雾隐七闽潮上下，云开三岛画分明。
翔鹍低映蛟宫水，绣帨遥连赤嵌城。
万古郊禖同享祀，一时向若共飞声。
澄鲜惠逮鲛人伏，祝颂便联珠户倾。
寿域枝交桃捧日，华筵香满巷吹饧。
东皇乍启催鸾辂，少女微飘展翠旌。
戏衍鱼龙谁后至，曲传铙吹竞先鸣。
承蜩技妙胸频按，走索身轻体半程。
盎运竿头形的的，莲生足下态盈盈。
妆偷龋齿姿偏丽，锷闪纯钩目尽瞠。
前导庄严七宝聚，中权烂漫五花擎。
云梯月殿空濛合，鬼斧神工指顾成。
岂是楼台重晚照，但凭般翟逞心精。
大千眷属参差见，小有因缘次弟萦。

高出层霄邻窈窕，响和流水助铿锵。
冶游试就黄金勒，仙子谪来白玉京。
选妓临风多娓媕，修罗扬盾太狰狞。
广眉压额龙头困，巨臂连尻豕腹亨。
幻忆鹅笼闻魄格，变惊鬼国认花黥。
锦栏凤尾纷前后，芝盖云旗俨纵横。
鹤篆翩翩袅玉箸，琼浆馥馥泻金茎。
崆峒驻跸钩陈列，紫府回车彩仗轻。
信有天吴森羽卫，无劳巴女荐湘蘅。
佐觞细拊成君磬，尚食微调子晋笙。
焰吐龙衔星照户，翠腾麟脯露垂罂。
元宵兴剧由来谙，祓禊欢浓此日并。
赠芍那愁波共远，湔裙差喜雨初晴。
蹒跚步自依豚栅，闹扫妆宜对豆棚。
踏遍香尘应有迹，乞残新火倍多情。
采桑筐寘遗春茧，叱犊鞭停罢晓耕。
桃叶渡边呼画舫，枣花帘外顿华缨。
偕行翼趁双飞燕，辨色喉怜百啭莺。
几处楼头窥盼盼，何人陌上唤卿卿。
赵家姊艳文鸳竞，杨氏姨骄绣队呈。
柳杬一旗倾桂酿，药栏三爵餍侯鲭。
拥来车戏神恒眩，望去金支意转诚。
赑屭光摇浮彩鹢，婆娑影动偃长鲸。
春回慈御千塍润，风避皇威万国清。
测海定当球共至，更将歌舞答升平。

天津竹枝词

海神庙启静洪波，风送艨艟一苇过。

留与里中作佳话，榜人齐唱太平歌。

于豹文（1713—1762），字虹亭，号南冈，天津人。清乾隆三年（1738）举人，乾隆十七年（1752）成进士。所著《南冈诗草》十六卷，存诗1500余首，诗律清坚，选材宏富。钞本，现藏天津图书馆。其第十五卷有《天津口号五十首》并序，可谓《天津竹枝词》之滥觞。

4. 沈峻《津门迎神歌》

鸣钲考鼓建旗纛，寻橦掷盖或交扑。

鱼龙曼衍百戏陈，更奏开元大酺曲。

笙箫筝笛弦琵琶，靡音杂遝听者哗。

老幼负贩竞驰逐，忙煞津门十万家。

向夕灯会如匹练，烛天照地目为眩。

香烟结处拥福神，仪从缤纷围雉扇。

白昼出巡夜进宫，献花齐跪欢儿童。

慈容愉悦默不语，譬彼造化忘神功。

别有香船泊河浒，携男挈女求圣母。

焚楮那惜典钗环，愿赐平安保童竖。

我闻圣母奠海疆，载在祀典铭旗常。

初封天妃嗣称后，自明迄今恒降康。

津门近海鱼盐利，商舶粮艘应时至。

维神拯济免沦胥，策勋不朽宜正位。

在昔缇萦与曹娥，皆因救父死靡他。

虽云纯孝泽未远，孰若仁爱昭山河。

复有恬波称小圣，立庙瀛堧裡祀敬。

未闻报赛举国狂，始信欢虞关性命。

伊余扶杖随奔波，欢喜爰作迎神歌。

康衢击壤知帝力，阙里犹记乡人傩。

沈峻（1744—1818），字丹崖，号筌浦，一号存圃，天津人。清乾隆三十九年（1774）副榜贡生，官广东吴川知县。乾隆五十七年（1792），以失察私盐案遣戍新疆。嘉庆二年（1797）归故里，授徒讲学至终。工诗，精书法。

5. 崔旭《津门百咏》二首

逐队幢幡百戏催，笙箫铙鼓响春雷。

盈街填巷人如堵，万盏明灯看驾来。

飞翻海上著朱衣，天后加封古所稀。

六百年来垂庙貌，海津元代祀天妃。

崔旭（1767—1845），字晓林，号念堂，河北庆云人。清嘉庆五年（1800）举人。著有《念堂诗草》等。他先后在天津居住达40余年，于道光四年（1824）就所闻所见写下了《津门百咏》（实际仅存96首）。同治九年（1870）出版的《续天津县志》卷十九《艺文》录存十首。

6. 樊彬《津门小令》五首

津门好，

天后庙开时。

铁马珠悬红线络，

金鱼瓶映碧玻璃，

灯市上元期。

津门好，

灯夕乐忘归。

几队秧歌喧月上，

满城花爆乱星飞，

柳翠大头围。

津门好，
皇会暮春天。
十里笙歌喧报赛，
千家罗绮斗鲜妍，
河泊进香船。

津门好，
忙碌杂优游。
小直沽头人似蚁，
锦衣桥外艇如鸥，
风景两般留。

津门好，
儿戏笑声哗。
碎剪羊皮糊老虎，
细穿马尾叫蛤蟆，
竹马纸乌纱。

樊彬（1796—1881），字质夫，号文卿，天津人。曾任国史馆誊录及学官等。生平笃嗜金石文字，搜罗海内碑刻至2000余种，著有《畿辅碑目》。另有《问青阁诗集》十四卷，清道光间刻，北京图书馆藏。《津门小令》一卷，清嘉庆二十三年（1818）刊，天津师范大学图书馆藏。

7."失名"撰《皇会歌》

国泰民安，河清海晏，春光明媚艳阳天。只听得锣鼓声喧，又见那儿童欢喜，妇女争妍，都来到娘娘宫前。

月未逢三,早将会演,有那些游手好闲,家家去敛,口称善事,手拿知单,有钱无钱,派人上脸,竿子一举好像似作了高官,怕只怕一张告示全行散。

忙碌吃穿,张罗铺面,大家小户,都要花钱。邀朋友,接亲眷;搭看棚,借公馆。河豚海蟹,早晚时鲜。烧燎白煮,罗列杯盘。不及煞弄囵面。

跨鼓声先,中幡耀眼,看会的未到街前。早饭用罢,鸦片吃完。换几件好衣衫,轻摇纸扇,出门来先问门幡。买卖齐声喊,喧哗有万千,乱嚷嚷听见了冰糖梅苏丸。

一行村媪街旁站,河沿上,早来了香火船,雪白的头发,黟黑的脸旦,人人等把抬阁看,提老话半是年残。

急忙忙,莫容缓,去复来,不惮烦,数柄黄旗百会前,上写着扫殿。忒精明,忒强干,薄底靴,亦穿个武备院。夹套裤,簇新的月白缎。腰巾儿长,帽梁儿短,花洋绉的棉袍,把齐袖儿挽。无事呵扬扬得意,有事呵捣了个头山,好和歹出了些个汗。

结彩铺毡,假充官宦,廊儿下派定跟班,会一到将闲人赶散。点心包,早拿在眼前。有几个老斗,围着些小旦,询饥渴,问寒喧,殷勤体贴不害心烦。叫管家,时把茶儿换。意翩翩,美少年,有那些富家公子杂其间,好叫我难分辨。

风静帘喧,秋波闪闪,行走处不敢多言。细留神,遮遮掩掩。侧耳听,似呖呖莺声花外啭。你也看,我也看,帘外帘中各偷眼,碧玲珑不是万重山。

野花艳目偏偏惊眼,两廊下,穿红挂绿,抱女携男,脂粉重,笑语喧,花儿朵儿插鬓边。自觉得好看,不知倒惹厌。欲语人前先腼腆脸,羞容满面。一个个浓眉大目,高拥髻鬟。

晚妆楼上杏花残,风过处应怯衣单。夜儿黑,室儿暗,粉墙儿高似青天。虽有些人气香烟,辨不出清奇浓淡,谁敢抬头看。

夜色漫漫,行人缓缓,上会的哥儿爱打扮,头戴三和,足穿百万,白玉烟壶翡翠搬,腰间古董争开店。马褂俱天青,坎肩多镶嵌,斜尖子搭包双飞

145

雁。一到了街前，左顾右盼，也烧高烛照红妆，缓步当车，故意的在人前站。

一行羽士调笙管，花瓶顶马，裕后光前。你看他衣帽新鲜，顶戴齐同，人物体面。小马夫温存善面。赛班儿，茶挑子，一幅一幅的玻璃面。

耳边金鼓震连天，大梁声悠远。鹤龄一到，气静神怡。手持请驾小灯先。说靠后罢，一个个像似心虔。有那些粉面，焚香帘内，跪拜街前，一种情思无两般。

霎时间夜阑人散，銮舆拜罢，各回还，神仙归洞天。怎消遣，难留恋，东风剪断垂杨线，游丝难系桃花片，夜深门掩梨花院，繁华都向眼中收，记不清珠帘掩映芙蓉面。

此文是学者高洪钧从郭师泰编《涤襟楼遣怀集·小曲》中发现。郭师泰（1802—1863），字筠孙，室名涤襟楼。天津人。清道光十九年（1839）举人，道光二十四年（1844）成进士，曾官安徽定远知县。编有《津门古文所见录》四卷。《涤襟楼遣怀集》四卷四种辑成于道光十八年（1838），是一部俗文学集，现残存第二、第三两种。书中所收作品都标明作者姓名，如贾凫西撰鼓词《通鉴标目》、孔尚任撰词曲《哀江南》、汤显祖撰唱段《石道歌》、曹雪芹撰《好了歌续唱》，以及郑燮撰《道情十首》等。唯所收《皇会歌》作者在目录中标为"失名"。

8. 杨一崑《皇会论》

国泰民安，时移岁转，春光明媚艳阳天，只听得锣鼓声喧，又见那儿童欢喜妇女争妍，却原来是皇会重兴第二年，月未逢三，早将会演，有一等游手好闲，家家去敛，口称善事，手拿知单，有钱无钱，强派上脸，图了热闹，赚了吃穿，这胜事直办到三月间，跨鼓声喧，中幡耀眼，看会的来到街前，吃了早饭，换了衣衫，行走间先问门幡，买卖齐声喊，喧哗有万千，乱嚷嚷早听见冰糖梅苏丸，一群村媪跕街前，河沿上早来了香火船，手持竹竿，身穿布衫，靠定栏杆，人人等把抬阁看，急忙忙莫容缓，来复往不惮烦，数杆黄旗在会前，上写着扫殿，逞精明，露强干，薄底靴亦穿武备院，夹套裤簇新月白缎，腰巾儿长，帽梁儿短，青洋绉棉袍把齐袖挽，无事呢，洋洋得意，有事呵，磕了个头山，好和歹出了些汗，通纲抬阁是新演，今年会胜似去年，节节高，乏人办，莲花落，不耐看，猴扒杆，亦有限，扛箱官，委实可厌，稍可的，是侯家后十不闲，秧歌高跷数见不鲜，惟有那溜米厂高跷人人称赞，不论女，不论男，颠倒争把青蛇看，貌似婵娟，名胜梨园，是何时结了喜欢缘，他面庞儿俏，意思儿甜，一架娇痴墨牡丹，掩映在红绿间，舞花本自戏中传，四海升平见一斑，说甚么长亭婀娜，绣毯灯烂，有一等结彩铺毡假充官宦，廊帘外派下跟班，会一到将闲人赶散，点心包拿在眼前，有几个老斗围着小旦，询饥渴，问寒暄，殷勤体贴不怕心烦，叫管家时把茶儿换，到晚来下了个名庆馆，意翩翩美少年，有那些良家子弟杂其间，好叫我难分辨，风动帘角，时来偷眼，静悄悄，不敢言，细留神，遮遮掩掩，侧耳听，呖呖莺声花外啭，你亦看，我亦看，帘外帘中隔不远，碧玲珑不是万重山，野花时卉偏争妍，两廊下穿红挂绿抱女携男，脂粉腻，笑语喧，花儿朵儿插鬓边，自觉得好看，不知是憎厌，未语人前先腼脸，一见人，把头还，羞容满面，都是些浓眉大眼，高拥髻鬟，晚妆楼上杏花残，风过处，应怯衣单，夜儿黑，影儿暗，氤氲馥郁不辨钗钿，又不是轻云薄雾，惟有些人气香烟，半掩香扉半卷帘，出头露面不怕春寒，又见灯火高悬，青烟四散，宝塔仍是章家办，花瓶会，到底让口岸店，打顶马的数周家露脸，衣帽新鲜，顶戴齐全，人物体面，胜似当年王寿田，还有管事的双双对对穿的是大镶大沿，小马夫，温唇善面，跟班的，光华脸蛋似粉团，茶挑子，亮光光净素玻璃片，耳边金鼓震连天，会儿多，记不全，法鼓还算大园小园，一到茶棚敲的更熟练，翻来覆去离不了七二么三，夜色漫漫，行人缓缓，一更之后，众会蝉联，一伙子清音大乐声悠远，两档子河南雅乐喧，后跟一行道士调笙管，西洋德照，前后光悬，少不了老鹤龄在和平音乐前，不知不觉已过了四驾辇，法鼓声声犹近，鹤龄音不远，提灯伞扇来到跟前，手执请驾羊角灯说驾到了，靠后罢，一个个俱都气静神安，有那女眷拈香拜街前，一种情思无两般，无非是求子育男，霎时间，夜阑人散，拦舆拜罢各回还，香消粉减漏尽更残，好似神仙归洞天，难消遣，怎留恋，夜深门掩梨花院，繁华都在眼中收，记不清珠簾难掩芙蓉面。

杨一崑（1753—1807），字二愚，号无怪，天津人。清乾隆五十三年（1788）举人。经史子集诸书无不读，学自成一家言；凡所著述，训诂义理并重，不偏袒宋儒，对朱熹多所批评。亦擅长制艺，但屡应会试不中。居家授徒起凤楼书社，造就人才甚众，一时学者称之。

9. 梅宝璐《竹枝词》

九河天堑近渔阳，三辅津梁著水乡。
海舶粮艘风浪急，齐朝天后进神香。

梅宝璐（1816—1891），字小树，天津人。梅成栋之子。世其家业，终老诸生。宿松石元善，其父执官司直隶时，聘宝璐入其幕，相从数十年，遍历畿辅州县，晚年归里。所著有《闻妙香馆诗存》二卷，清同治十二年（1873）刊本，天津师大图书馆藏。

10. 周宝善《津门竹枝词》十四首

儿女欢欣盼岁除，娘娘宫里众纷如。
玻璃缸子红绳络，要买头盆鸭蛋鱼。

十方子弟为祈儿，香火船依水一涯。
三月上弦齐演会，天妃又是出巡时。

中幡跨鼓列先筹，高跷秧歌待抬阁。
运署鹤龄偏引驾，夜来舞唱韵清幽。

插空台阁接仙曹，迥迈杨青节节高。
刘氏桢坊义子会，城门出入最偏劳。

148

驾前摆马会跷蹊，列队双双五色迷。
稳坐雕鞍衣服艳，芳龄未冠比肩齐。

簇拥仙童羽士裳，巡风幼女亦宫装。
手榮莲子角灯至，马褂全披草上霜。

德照辉煌恩照佳，香亭广照后先挨。
谁知宝塔高逾丈，跑落街前稳不抓。

绣花黄伞占中央，宝炬提炉列两旁。
夜半人声忽寂静，驾来到了请高香。

子子孙孙满膝前，娘娘圣意倩人传。
阿侬乏嗣关时命，不是天神与少缘。

娘娘次号送生神，哄得孩儿降世尘。
转面狰狞相恐吓，防他依恋不离身。

痳疹娘娘举世钦，天花散处总无心。
全凭造化分存殁，酬愿焚香但表忱。

宝华生辉第四行，炉烟缭绕气清扬。
阿侬偏虑银花炫，稽首人群拜眼光。

五代林姑是海神，天妃正号荷温纶。
世人全不询来历，乞子求孙趁出巡。

时行花好阿娘欢，来谢娘娘戴道冠。

献供更求长命锁，水哥豆姐也分盘。

周宝善（1817—？），字楚良，别号木叶。天津人。所著《木叶诗稿》六卷（附帖括五卷），收录作者自清道光二十一年（1841）至咸丰九年（1859）所作诗，现藏天津图书馆。另有《津门竹枝词》300首，见存于郝福森辑《津门闻见录》内，多为记述天津民俗风情。

11. 华鼎元《津门征迹诗》二首

梵宫建自海运始，吊古客来寻旧碑。

一年最好是三月，无边春色游人嬉。（天后宫）

东眺扶桑雾气浓，畿南众水尽朝宗。

三朝祀典崇碑碣，祠宇辉煌殿阁重。（海神庙）

华鼎元（1832—1890），字文珊，天津人。官江苏同知。所著有《津门征献诗》八卷，另有《津门征迹诗》一卷，原抄本藏南开大学图书馆。

12. 胡宗楙《析津竹枝词》

迎神奏曲海波澂，香篆氤氲宝鼎腾。

最是上元时节好，大家齐看赛春灯。（天后宫）

胡宗楙（1868—1938），原籍浙江永康，清光绪二十九年（1903）举人，曾官直隶州知州。入民国后，1915年一度出任河南中国银行行长。其后即长期寓居天津，从事著书和刻书活动。曾将所镌《续金华丛书》赠浙江图书馆。在天津所筑颐园藏书，赠予天津崇化学会。

13. 冯文洵《丙寅天津竹枝词》五首

称体衣裁一色红，满头花插颤绫绒。

手提新买金鱼钵，知是来从天后宫。

中幡跨鼓闹街前，皇会重兴已不全。

150

粉饰太平财力尽，争豪斗胜逊当年。

痘哥花姐本虚无，仁术仍推厉二姑。
保赤自从设公局，救人胜造万浮屠。

道别真君与火君，真君茹素火君荤。
天妃宫里游人散，笛管笙箫响遏云。

家供张仙子是求，娘娘庙里又来偷。
逡巡殿角知新妇，欲系红绳尚觉羞。

冯文询（1880—1934），字问田，祖籍天津，生于河北涿县。北京警官学校毕业。民国初曾赴黑龙江，先后任泰来、海伦等县县长。后回天津居住，一度出任河北省北运河河务局局长。能诗善画，为城南诗社主要成员。著有《紫箫声馆诗存》一卷，另于1926年撰《丙寅天津竹枝词》300首。

14．王韫徽《津门杂咏》

三日村庄农事忙，忙中一事更难忘。
携儿结伴舟车载，好向娘娘庙进香。

王韫徽（生卒年不详），字澹音（一说"淡音"），女，江苏娄县人，长芦批验大使杨绍文室。著有《环青阁诗稿》八卷。集中有《移居卫河北礤使署西》诗四首等，同治《续天津县志·艺文》收录。

15．蒋诗《沽河杂咏》

庙貌权舆泰定中，今年卜得顺帆风。
刘家港里如云舶，都祷灵慈天后宫。

蒋诗（生卒年不详），字泉伯，号秋吟，余杭仁和（今属浙江省）人，嘉庆十年（1805）进士，翰林院编修，历官侍御。著有《秋吟诗钞》。

16. 庄俊元《诗一首》

宋代坤灵播，湄洲圣迹彰。

至今沧海上，无处不馨香。

庄俊元，生卒年及生平不详。

17. 于献廷《天后宫》

驱使封家十八姨，龙洋鲸浪坦如夷。

三津宫殿同瞻仰，万里帆樯尽指迷。

彩蝶只今来海舶，神鸦终古拂灵旗。

圣朝重译争修贡，呵护传闻事更奇。

于献廷，生卒年及生平不详。

四、民国时期作品

雨文《咏皇会之高跷》

袍带衣冠装饰新，庐山面貌已非真。

高人一等何须傲，落地依然故我身。

阁阁声同高底鞋，临风婀娜过前街。

偶然小憩墙头坐，疑是谁家广告牌。

雨文，生卒年及生平不详。此文刊于1936年4月9日《北洋画报》。

（王利文）

元代危素《大直沽天妃宫旧碑碑记》

元朝都于燕京，百司庶府之繁，卫士编民之众，无不仰给于江南。南粮北运，量大路远，如何运？陆路挽输、挑河水运，还有海路及多种线路方案的联运，试了20多年，最终选择"海漕之利"。督运长官称漕运万户，又称海道万户。年年海漕，"舟行风信有时，自浙西至京师，不过旬日"，此其利；"风涛不测，粮船漂溺者，无岁无之"，这又是那个时代木船航海不得不面对的凶险。以上所述，依据元明之际文学史学名家危素《元海运志》。《元史·食货志》"海运"一节文字，与《元海运志》一文大体相同，也应出自危素手笔。就是这位危素，还为天津的漕运和妈祖信俗留下一篇重要史料：《大直沽天妃宫旧碑碑记》。

危素（1303—1372），字太朴，号云林，江西金溪人。危素出生于世代官宦人家，4岁开始读书，少年已通《五经》，及长，博洽之名震动江右。南台中丞张起岩为元代第一个状元，读到危素文章，推服"危君为状元庶几相当"，挟其入朝，"大臣交荐，入经筵为检讨"。其时至正二年（1342），危素40岁。历任国子监助教、应奉翰林文字同知制诰兼国史院编修官、国子监丞、兵部员外郎、礼部郎中、监察御史、工部侍郎、礼部尚书、翰林学士承旨、荣禄大夫知制诰兼修国史；明初任翰林院侍讲学士中顺大夫知制诰同修国史。如此详实的履历，由学士宋濂所记。元朝时，危素曾任修史官，完成宋、辽、金三史；易代之际，危素保护《元实录》免遭兵乱；入明，以这些实录为重要材料，宋濂主修《元史》，危素是参与者。

因是降臣，危素结局欠佳，洪武三年（1370）被贬和州，转年卒于那里。"相知特深"的宋濂撰墓志铭，称其"有文集五十篇，奏议两卷，宋史稿五十卷，元史稿若干篇藏于家"。所说"元史稿"，大约包括那篇《元海运志》。宋濂罗列危素历任官职，其中至正"十三年，转奉训大夫国子监丞"一条，则可辅证《大直沽天妃宫旧碑碑记》的写作时间——康熙《天津卫志》载录此文，署以"国子监丞危素"。

碑文言及立碑的缘由：大直沽天妃宫一次增筑扩建后，庙貌为之一新，令人"竦然为之敬畏"，"乃因会稽沙门元复来请，为之记"。

何人促成此次修建？危素记，海运万户逯鲁曾海上得天妃护佑，平安抵达直沽，方有鸠工庀材之举。

至正十一年（1351），朝臣逯鲁曾出任海道万户。海上督运，船触山石，险些倾覆。危急之际，逯鲁曾蹲跪呼救天妃保佑，只见霞火现于桅杆上方，仿佛有所助力，船舵得以扳正，有惊无险。天妃海上救难的传说，又添一则。

逯鲁曾，字善止，河南修武人。天历二年（1329）中进士第，被授予翰林国史院编修官。他正直刚介，虽有外放，但为朝官多年，历任监察御史、枢密院都事、刑部员外郎、礼部郎中等职。逯鲁曾出任海道万户，礼部郎中吴当赠诗送其履新："帅符新拜紫髯翁，国饷深贤转漕功。海水八方浮地轴，云帆万斛动天风。东吴民力今时困，中土军储昔自充。抱政归朝参大议，经邦事业属豪雄。"八句诗，漕粮国需、民力之困、海浮云帆、经邦雄豪，面面俱到。至于"参大议"，依危素碑文所记，逯鲁曾督运历险而归，做了两件事。第一件事，"请于朝，加神封号"。《元史》载，至正十四年（1354），"诏加号海神为辅国护圣庇民广济福惠明

⊙ 大直沽天妃宫大殿复原模型（郭男平供图）

著天妃"。这次制封与逯鲁曾的请封有无直接关系？或许有，或许无。但是有着逯鲁曾类似经历的官员请求加封，在妈祖信俗史上是不乏例子的，并且加封神号还可能得助于这样的氛围积聚。第二件事，天妃宫僧人福聚"以修庙告，逯公以文书至户部"——重修的请求由逯鲁曾呈文，经朝廷多个衙门走程序，立项拨款，派员监理。这期间，有官员出俸倡捐、民间聚资，以增置地基，又有南方漕民施财，新建观音堂。

碑记写道，扩建后的天妃宫地基垫高，殿宇壮观，钟梵渔鼓之声，朝夕相闻。碑文结尾道，"乃者，加天妃之庙额，天历间所赐也"。此语不虚。史载，天历二年（1329）十月，"加封天妃为护国庇民广济福惠明著天妃，赐庙额曰灵慈，遣使致祭"。此外，《元史》中还有"至元中，以护海运有奇应，加封天妃神号，积至十字，庙曰灵慈"的记载。大直沽天妃宫又称灵慈宫，元朝御赐匾额。

危素这篇碑记保留下妈祖文化随漕运北传的许多史料。比如，作为敕建天妃宫庙，"朝廷发官帑"修建，一次在泰定年间，一次在至正年间；天妃宫由僧人管理；既奉祀天妃也奉祀观音的传统；督漕官员、直沽居民、江南漕民崇信妈祖的民俗；直沽河两岸各一座敕建天妃宫，有东庙、西庙之称。危素的东庙碑记，也写到西庙。

至于西庙，元代有诗《代祀天妃庙次直沽作》描写官祭："晓日三岔口，连樯集万艘。普天均雨露，大海静波涛。入庙灵风肃，焚香瑞气高。使臣三奠毕，喜色满宫袍。"需要特别指出，诗作者张翥与危素同朝为官，且有交集。至正十一年，危素任儒林郎、太常博士，整理郊祀礼制；"时翰林承旨张公翥为博士，礼文有阙者同补正之，人称双璧"。这朝官"双璧"均为直沽留下篇章——危素撰文以记东庙，张翥吟诗以诵西庙，一文一诗，堪称天津元代弘扬妈祖信俗的"文学双璧"。

大直沽天妃宫碑刻，又有明万历六年（1578）一通，碑文题目为《重修敕建灵慈宫天妃碑记》，任天祚撰。民国修《天津县新志》，碑在大直沽，据以录文。

任天祚是天津人，隆庆四年（1570）中举，转年联捷，中进士当年即赴山海关，任兵部主事。后积年累月守辽东，升任兵备按察使。这篇为家乡撰写的天妃碑记，记录当时宫庙的重修，并言及灵慈宫始建于元延祐年间、明弘治时曾经重修。

危素所撰《大直沽天妃宫旧碑碑记》距今660余年，任天祚所撰《重修敕建灵慈宫天妃碑记》距今440余年。

元代危素所撰《大直沽天妃宫旧碑碑记》实录：

庆国利民广济福惠明著天妃祠，吴僧嗣庆福主之。泰定间弗戒于火，福言于都漕运万户府，朝廷发官帑钱，始更作焉。嗣庆福者二人，始吴僧智本主六年，以至正十一年圆寂，众请主西廊（庙）僧福聚来继其任。然东庙素卑下，潮汐渐经，栋宇摧坏。会覃怀逯公鲁曾以海道万户督运行海中，所乘舟触山石几被覆，乃亟蹐呼天妃，俄火发桅杆，若掾其柁，遂得免。请于朝，加神封号。福聚具以修庙告，逯公以文书至户部，监察御史海岱刘公真、工部郎中鲁郡白公守忠交章以达，中书发钱八百五十缗，命大都路达鲁花赤高昌公，以京府务繁不遑躬莅工役，属同知漷州事脱欢庸责其成。因增筑基地，高至八尺有余，盖瓦级砖，为之一新。于是，工部郎中藳城鲁公铨、员外郎马邑王公朵罗觯皆以接运至中书，断事官知事张允秉中、张师云其咸竭力相助，脱欢恪承太府之意，又出俸钱为之倡，衷众资增置地基；漕民吴中郁庆国、徐珍等各施财，即庙前创观音堂，庆国又塑观音阿罗四十余像。过者悚然，为之敬畏。乃因会稽沙门元复来请，为之记。福聚之主西庙能率其师之志，多与兴创，至是益竭其心思以治东庙，钟梵渔鼓之声，盖朝夕相闻云。乡（向）使食君之禄，居一官效一职，举若福聚之为，庶政其有不治者乎？乃者，加天妃之庙额，天历间所赐也。

（吴裕成）

知识链接 >>>

明代任天祚所撰《重修敕建灵慈宫天妃碑记》实录

神毓秀于闽，显化于湄。先朝感其灵异，代代褒封，曰夫人，曰天妃，十五余更。是时，雨旸疫厉，舟航危急，无祷不应，故陆行舟载，若或使之，莫不祀奉其神焉。而巍然焕然，保治世于无虞，感人心于冲漠，不特一时一处已也。传至延祐，兹大直沽乃古建天妃灵慈宫。我国初，岁取东南之粟以实京师。以天下至险莫过于海，天下至计莫重于食，海运边储，舟航无虞，神之阴口默相者万万也，乃因其古庙而扩大之，立人以奉祀。弘治时，每每显化，又勅命重修而更新之。按《礼》，能御大灾则祭之，能捍大患则祭之。斯神上以护国家，下以庇生民，其裨益于天下后世，岂浅浅哉！是宜报德报功无尽，我朝二百余载矣，神功贯彻万古如一日，凡有险危，非神以效灵罔克有济。於戏！发迹于蒲湄，而大昌于异世，夫岂偶然也哉！今本邑善士周得水等有感，相与赞成重修，圣像殿宇各图其新，起工于春三月，讫工于夏五月，乃为之落成，神其永孚于休矣！虑时久则湮，不刻之石何以广其传？因谋予叙其事，以为记。时大明万历六年岁次戊寅夏五月吉旦立。

民间文学：《天后宫里的王三奶奶》

天津天后宫里王三奶奶的传说有许多，这里只说其中的一种。

王三奶奶是三河县人，约生于清嘉庆年间，主要活动于道光年间。咸丰初年（1851）后去世，终年56岁。她父亲是农民，会武术，母亲会治病，会针灸、拔罐，知道刮痧、推拿及气功等方法，也用草药治病。幼时的王三奶奶很聪明，耳濡目染也学会一些治疗方法。因为家里孩子多，生活困难，她15岁那年，父亲就把她嫁给老王家。她27岁时已生了5个孩子，糟践了两个。最后一个孩子出生不久，因为闹灾，丈夫死了，一家人没法活，她心一横给刚满四个月的孩子掐了奶，到了天津一家当过四门千总的丁二老爷家当了奶妈。她个子不高又年轻，丁家就叫她小王妈。在丁家待了近三年，不能再当奶妈了，她就到另一个大户姚家当佣人，伺候老太太。老太太很喜欢小王妈，小王妈也把老太太服侍得服服帖帖。

姚老太太常闹腰疼、肩膀疼。小王妈先用推拿、后用针灸，很快就治好了老太太的病。二少爷结婚三年还没孩子，小王妈给二少爷做"法制黑豆"吃，没多久二少奶奶就怀孕了。小王妈还有一种最绝的药方叫"七针丹"，专治眼病，它可以使"瞳仁转背"的人复明。

姚老太太乐善好施，小王妈就把知道的丹方都教给她。这样一来，小王妈能治病、姚家的老太太舍药的事很快传遍了天津，甚至传至外地，来问病讨药的络绎不绝。小王妈一看，这样下去，姚家就过不了安静日子了，想到自己来天津已经15年了，她便决定把在家种地的16岁的儿子接到天津，托人让儿子在西门外驴市口一家铁铺里当了学徒。她又在府署街找间小房，娘俩就此住下。小王妈从此成了专业的民间医生。她医术高明，济弱扶贫，轻易不要人家的钱，因此声名大噪。几年以后，她就成了天津卫家喻户晓的人物。人们也不称其小王妈，而称王三奶奶，有的地方则称王二奶奶，还有的称王奶奶。

⊙ 传说王三奶奶常常骑坐毛驴走街串巷为人治病（尚君剪纸）

那些年间，北京妙峰山香火鼎盛，天津人也热衷于每年农历四月初一至四月十五去"朝拜进香"。无力去妙峰山的可以买个檀木牌子，写上要祈求的事情，交些钱和香蜡纸锞，代香会就可以替其带上山去。王三奶奶在行医的同时也组织了一个代香会，名叫"万缘公议代香老会"。本来她在姚家的时候就每年必去妙峰山，一来进香，二来路过三河县时顺便回家看看，已经坚持了近20年。

咸丰初年，王三奶奶又去进香，她坐车坐船又骑驴，辛苦至极。她上山朝拜时走在山路上，忽然眼前一阵发黑，摔到山沟里死了。

噩耗传开，整个妙峰山笼罩在悲痛的气氛中。第二天在碧霞殿前有位天津来的妇女向大家宣布，她昨晚梦见王三奶奶了，说她是东岳大帝的第七个女儿，碧霞是她大姐。大帝派她在世间广结善缘，如今已经功德圆满，昨天把她召了回去。以后她还会像在人间一样给人治病，做善事。消息传到天津，百姓们纷纷出钱出力，为她在妙峰山下关帝庙后修建了一座坟堂，又在碧霞殿西偏殿盖了一座王三奶奶殿。跟着，在天津天后宫也修了一间王三奶奶殿。以后的几十年中又有15座庙内塑起了王三奶奶的像，她的威望比她活着的时候还要高。

天津传统的民风是：崇拜英雄，崇拜身怀绝技的人，崇拜善人。王三奶奶就是这样的人。

（李世瑜）

传说故事：《戏楼为嘛盖在宫外河边》

天下的庙都是坐北冲南的，唯有天妃（天后妈祖）宫，不一定面南背北。这是因为天妃庙对着海河开，娘娘要看着河与海，才能保佑船家和水手。

天津东门外的天后宫也是冲着海河，而且就是单街子（一面有房的街道）下来，位置在海河边上。可是海河年年淤积，河岸越来越宽。这样天后宫的山门，就等于从海河岸边往后退了。日久天长，海河里的行船人觉得离娘娘越来越远了。但是烧香的人觉得越近越亲，只有离得近，烧了香，老娘娘才知道。

怎么办？把天后宫的山门往前挪？不行，山门离大殿太远了，不像庙的格局。

庙里的老道，为这件事很着急。老老道年纪大了，就把这个难题交给了徒弟小老道们，说谁把这件事办好了，谁就是未来的住持。小老道们都认为师傅这个主意很好。能解决这个问题的就是有头脑的能人，应该"选贤于能"。

有一天，宫前集市上来了两个乞讨人：一个两眼像烂红果，要饭时净说："可怜可怜我吧，我看不见，就给我一口饭吧！"另一个手里拿着一个空碗，嘴里老念叨："我还没吃饭啦，您可怜我，就添点嘛吧！"说着就把空碗往行人身上一捅。

日久天长，这两个要饭的就在宫前的集市上认识了很多人。可是有人问他们姓甚名谁，他们则概不回答，只是一个说："看不见，看不见。"另一个嘴里念叨："添点嘛，添点嘛。"于是，人们就把这两个人的话变成了外号儿"看不见"与"添点嘛"，代替了名字。

天气越来越冷，两个人要饭很难，就到天后宫请道士施舍。庙里一位小师傅对他们特别怜惜，就把自己的饭匀出来，给两个乞讨人吃。小老道问他们，怎么不干点活挣口吃的呢？两个人同时说，我们就是给天后干活儿来的。

小道士很奇怪地问，你们能干嘛活呀？"看不见"一指山门，"添点嘛"往河边一指，说："我们是给你出主意来的。"小老道莫名其妙、百思不解，就说："我去再给你们拿点吃的来。"

小老道到厨房里拿了两个馒头，等再到山门一看，人没了！到集上去找也无踪影，第二天、第三天也没见这两个要饭的。

可是，小道士寻思开了：一指山门，一指河边，什么意思？给我们出主意，什么主意？

天气越来越冷，是天后宫香火最淡的季节。娘娘宫的道士利用这个时机，凑在一起琢磨来年农历三月二十三出皇会的事。大家认为酬神演戏是少不了的。可是演戏就得冲着娘娘。如果还在大殿前的月台上临时搭台唱戏，那么就只有唱戏的地方，没看戏人站的地方了。大伙都琢磨着把台搭在什么地方才好。

那个小道士也陷入苦思冥想中。忽然他想起那两个要饭的。小道士想，这可能是来点化我们的。对呀，就是这样。指山门的叫"看不见"，是说海河行船的人看不见山门；指河边的叫"添点嘛"，是说在河边添点东西。小道士想，要添点嘛？不就是指戏楼嘛！小道士灵机一动，说出自己的主意："把戏楼搭在山门对过的河边上，既能冲娘娘演戏，又能让河里过往的船只看得见，知道是天后宫。"众老道都认为这主意挺好。众老道还出主意，把戏台下的出口盖成山门式样。

这就是戏楼没有盖在天后宫里，而盖在河边的原因。

（张仲）

妈祖文化中的天津方言歇后语

天津这座依河傍海、由漕运发展起来的移民城市,其民俗文化的原生点就是妈祖崇拜。妈祖文化在天津的生成和发展,南北语言文化沟通是重要动因之一。明清两代运送漕粮的船户、水手和军士多为南方人,吴、楚、浙、闽等南方方言对妈祖文化的传播功不可没。这在元明清三代描摹天津风土人情的诗作里常有反映,如:"兵民杂居久,一半解吴歌"(元·傅若金《直沽口》);"荒陂野火兼渔火,短棹吴歌杂楚歌"(明·张宁《夜宿独流》);"西来打桨东来橹,惯学吴娃唱采莲"(清·梅宝璐《潞河棹歌》)。漕运文化和妈祖信仰在天津的兴盛,在推动经济发展和文化交流的同时,也促进了南北方言的融合。

天后信仰对天津方言文化产生了重要的影响,笔者主编的《天津方言词典》收录天津方言词语7000余条,其中与妈祖信仰、天后宫及天后宫的商业活动密切相关的为数众多。例如,【娘娘】词条:天津旧有多处娘娘庙宇,所供之娘娘不尽相同。①天津民间对妈祖的敬称。②指由妈祖文化派生出的其他女神,如天后宫西三间殿供女像三尊,俗谓子孙娘娘、痘疹娘娘和眼光娘娘等。③指泰山娘娘,全称天仙圣母碧霞元君,由山东传入,故俗名侉娘娘。④三霄娘娘,宜兴埠碧霞宫内供着碧霄、云霄、琼霄三位娘娘。⑤葛沽镇娘娘庙供奉娘娘十三位,故称全供刹。列出天津方言"娘娘"的五个不同义项,便于读者全面把握。

再如,歇后语"娘娘搬家——现大眼了",天津俗传:海神天后娘娘就坐在海眼上,如离位,则现出"海眼",大水就会淹没整个天津。这条歇后语暗喻办事莽撞,砸锅现眼。也说"娘娘搬家——有多大眼,现多大眼"。还有"娘娘宫前大旗杆——独根苗儿""娘娘宫大殿供寿星老儿——是那个庙,不是那个神"等。

以"拴娃娃"为题材的歇后语数量更多,如"娘娘宫的娃娃——泥小子",谐音"你小子";"娘娘宫里抱个兔捣碓儿——没点儿人样儿","老爷庙里拴娃娃——认错门儿了","佘太君拴娃娃——瞎凑热闹"等,都充满了机敏与谐趣。旧时在天后宫前的宫南、宫北大街上购销两旺,市场繁荣,尤其春节前年画、窗花、蜡烛、炮仗等年货一应俱全。歇后语"娘娘宫的小玩意——耍货儿",所谓"耍货儿",即儿童玩具,谐音"耍乎",批评那些不踏实工作的年轻人。"德性"是天津方言惯用词语,语法上属于名词性的非主谓句,语用上属于鄙夷贬斥或委婉咒骂。歇后语"宫北帽铺——德性!"旧时宫北大街有一家帽子专营店,字号"德兴","德兴"与"德性"谐音,其谐趣在于兜个圈儿损人、绕个弯儿骂人。

总之,妈祖文化多姿多彩的民俗事象与天津方言俚俗、简捷、幽默的语言风格相结合,于是数量众多的语言文化佳作层出不穷,天津方言里大量的俗谚和歇后语就是典型生动的体现。

(谭汝为)

民间曲艺：《刘二姐拴娃娃》

　　曲艺作为一门表演艺术，是中华民族各种"说唱艺术"的统称，曲种有相声、时调、快板、鼓曲、铁皮书、评书和单弦等。曲艺以带有表演动作的"口语说唱"来叙述故事、塑造人物、表达思想感情及反映社会生活等。据传，曲艺起源于春秋，兴盛于唐宋两代。到了近现代，曲艺艺术日趋成熟，表演规模已蔚为壮观。

　　在中国众多城市中，天津被公认为"曲艺之乡"，这与天津的人文地理环境密切相关。天津地处华北平原，东临渤海，北倚北京，元明清三代建都北京之后，天津就成了京都门户、水陆要冲，城市地位日益重要。元代漕运使天津日渐繁荣。明代天津建立卫城，清代天津三卫并为一卫，后改为州，再升为府，天津的发展带动了移民的增加，五方杂处的人文环境逐渐形成。移居天津的外乡人将各自家乡的曲种带到天津。各曲种在天津地界既激烈竞争，又相互借鉴。很多曲种在天津得以形成，众多曲种在天津获得传承。据记载，民国时期天津曲艺最为繁盛，当时曲艺演出场所众多，遍布城区；曲种达30余个，既有天津本地的天津时调、天津快板；又有在天津形成的京韵大鼓、京东大鼓、铁片大鼓、快板书等；相声、评书、单弦、梅花大鼓、西河大鼓等在天津兴起并获传承。随着历史的发展，天津曲艺不断壮大，并形成了多元化的传承特色。天津培养造就了一批又一批杰出的曲艺艺人及大师级曲艺艺术家，可谓名家荟萃、经代不衰。曲艺业内素有"北京学成，天津走红"的说法，天津曲艺在业界的重要地位显而易见。

　　在众多曲艺唱段中，《刘二姐拴娃娃》是名段之一。这一曲目以鲜活的艺术形式展现了天津地区妈祖文化的代表性民俗——拴娃娃求子习俗和皇会民俗。该曲目影响广泛，天津时调、京韵大鼓、单弦（岔曲、数子）及相声等多个曲种中均呈现过这个段子。不同曲种因自身表演形式所限，在表演词句上略有差异。

天津时调《刘二姐拴娃娃》(俗称《刘二姐逛庙》),实录:

诸位落下座,细听我来言,十三道大辙听我唱言前。

提起刘二姐,家住河北大寺前。四合套瓦房坐北朝着南,高台阶儿,石匠把它墁,方砖墁在地是一马平川。影壁墙,修中间。荷花缸内栽的是藕莲,四季花草种两边。东西厢房,北房五间。

屋里的摆设,听我就把他言。大条案紧靠着后檐,上边挂着一副大挑山,和合二位仙。两边配着一副对联:上联写,福如东海长流水;下联配,寿比南山不老仙。八仙桌子放在了中间,太师椅子放两边。

桌子上头放着一个木瓜盘,座钟挂表响连天。躺箱被阁,花梨紫檀,四季的衣裳,放在里边。

这个刘二姐,出阁五六年,没生过一个女,没养活一个男。娘娘宫的庙会,三月初三。这个刘二姐,一心要把娃娃来拴,未曾拴娃娃,梳洗巧打扮,打扮起来赛过天仙。梳了个八字头,真好看。柳叶儿眉,杏核儿眼,通关鼻梁。樱桃小口,金牙在瑞安。夹裤夹袄身上来穿,丝线的洋袜子是一尺零三,老美华的礼服呢皮底尖口鞋,真正好看。

这个刘二姐,生来好大胆,一没带老妈,二没带丫鬟,自己拿步撵,迈步走出了家园,前行来到了河北大街前。有几家买卖,您了听我就把他言。这边竹篙铺,那边洋药店,这边卖雨伞。竹篙铺对过是官盐店,换钱局内还带卖纸烟。

二姐不爱看,二姐不耐烦,二姐往前走,二姐往前蹿,前行来在了北大关。正赶上开了关,河里头过的是艚子船,一船装大米,一船装洋面,一船装稻草,一船装竹竿。不多一时上了关。过了北大关,对过就是隆昌海货店。有几家买卖,听我就把他言。这边烙大饼,那边擀条面,二位喝酒闹了一个欢,"耳朵眼"的炸糕是也在旁边。

二姐不爱看,二姐不耐烦,二姐往前走,二姐往前蹿,前行来在电车站。

165

许多的电车可真威严，白牌电车，围城转，红蓝牌，跑老站，黄牌电车，进海关。

二姐不爱看，二姐不耐烦，二姐往前走，二姐往前蹓，前行来在估衣街前。敦庆隆，卖绸缎；瑞蝠祥，瑞林祥，货高价廉；物华楼内打簪环。

二姐不爱看，二姐不耐烦，二姐往前走，二姐往前蹓，前行来在估衣店前。这边卖马褂，那边卖坎肩。喝估衣的掌柜的老把二姐看，看来看去，花了他的眼，三十六块的皮袄他喝了一块半，八块钱的马褂他要了一块三。

二姐不爱看，二姐不耐烦，二姐往前走，二姐往前蹓，前行来在归贾胡同前。卖羊肉的掌柜的也把二姐看，看来看去，花了他的眼，人家要四两，他给拉斤半，人说饶点油，他往手上片，鲜血流了一大摊。

二姐不爱看，二姐不耐烦，二姐往前走，二姐往前蹓，前行来在茶汤摊儿前。卖茶汤的掌柜的也把二姐看，花了他的眼，烫了手，摔了碗，还砸了脚面，疼得这个掌柜的是直打磨磨转。

二姐不爱看，二姐不耐烦，二姐往前走，二姐往前蹓，前行来在元宵摊儿前。卖元宵的掌柜的也把二姐看，看来看去，花了他的眼，一簸箕煤球愣往锅里填。二姐骂了一声倒霉蛋。

二姐不爱看，二姐不耐烦，二姐往前走，二姐往前蹓，前行来在皮匠摊儿前。缝皮匠的掌柜的也把二姐看，看来看去，花了他的眼。拿根铁丝儿，愣当麻线，抄起锥子愣往大腿上穿。

二姐不爱看，二姐不耐烦，二姐往前走，二姐往前蹓，前行来在理发店。理发店的师傅也把二姐看，看来看去，花了他的眼，不给人剃头，不给人刮脸，把人家眼眉呀刮去了半边，给理发店的掌柜的可惹了麻烦。

二姐不爱看，二姐不耐烦，二姐往前走，二姐往前蹓，前行来在瓷器店。瓷器店的掌柜也把二姐看，看来看去，花了他的眼，一筐瓷器没上架，全扔到地上摔个稀烂。

二姐不爱看，二姐不耐烦，二姐往前走，二姐往前蹓，前行来在"范永

津卫妈祖

和"前。进了"范永和"，买上一挂五彩线，好去娘娘宫，来把娃娃拴。出了"范永和"，对过就是山西会馆。山西会馆，代上房捐，你不上捐，他就罚款。

二姐不爱看，二姐不耐烦，二姐往前走，二姐往前踮，前行来在单街子前。有一帮花子就把二姐拦，有秃头，也有瞎眼，有叫街，也有砸砖。二姐伸手掏出一把钱，哗啦啦，哗啦啦，撒在了地平川。一帮花子去抢钱，才把路来闪。

二姐不爱看，二姐不耐烦，二姐往前走，二姐往前踮，前行来在毛贾伙巷前。卖鞭炮的掌柜的也把二姐看，看来看去，花了他的眼，掏出来洋火，就把鞭炮点，乒乒乒乒乒，乓乓乓乓乓，吓得二姐不敢看。

二姐往前走，二姐往前踮，前行来在石头门坎前。

高搭棚，空中悬。有几个小孩儿扛着旗杆，又把扫帚大铁锹，高的铲，矮的垫，净水泼街，黄土把道墁，那本是盐坨六局来承办。

净街会，头一拨儿。门幡会，竖宝幡。针市街的太狮，逞着威严。

请驾会，抬着辇。乡祠前跨（也作"挎"）鼓紧相连，当当地不住打，鼓槌彩绸翻，再送四个字，千子万代连。

中幡不扯绳，生来好大胆，嘁叭上脑尖，上面的铃铛响连天。

八扇的灯牌，整齐荣光添。高跷落地叉腿把铃铛安，"渔樵耕读"闹上一个欢。

秧歌要得巧，都把好来喊。窑洼的秧歌，最爱打转盘。霸王鞭，围着手来转。

小车会，跑旱船。少林会，紧相连，达摩老祖把他来传。

子弟会，单刀破花枪，双刀破宝剑。拐子流星，七节鞭，后跟着一伙儿新灯扇。

"节节高"一直往前踮，乒棱乓，来在了道中间。敲得铃铛响，耍一个捻捻转。

法鼓闹喧天，苏秦背宝剑。有那独流街，耍花坛，浪子踢球，不好练，玩了一手，砸狗缠绊。

姜井儿的狮子打地盘，大狮子又把小狮子舔，又来了堤头的秧歌本是双伞。

小关儿的高跷扭得好看，河东的高跷背着宝剑，西码头的高跷老三点，随驾的鹤龄在后边。

永丰屯的西池八仙会有王教和王禅，还有刘海儿撒金钱，这个孙膑骑牛在云端。后跟着十不闲，打十不闲的前边有个杠箱官。抱头的，来喊冤，喊了一迭声唱我的大老爷，小媳妇冤枉！抬头看，谁来喊冤，带到我面前。

不告别人，告我男人。不管奴家吃，不管奴家穿，吃穿二字全都不管，坐在那屋里头净学懒。他叫奴家到处骗，要吃饭给他赊米面，要喝茶水铺给他灌，一包茶叶全都不嫌酽。你看他，坏不坏，一到夜晚，让奴去赚钱，一心一意，毫要当老。叫衙役，共三班，急急忙忙把他拦，重打四十，又把理来言。

⊙ 杨柳青年画《刘二姐拴娃娃》
（尚洁供图）

看完花会，二姐往前走，二姐往前踮，前行来在了娘娘宫前。对台的大戏，唱了一个欢。李吉瑞，独木关；李少春，打金砖；梅兰芳，盗仙草；刘汉臣，麒麟山。

二姐不爱看，二姐不耐烦，二姐往前走，二姐往前踮，前行来在了山门里边。有几家买卖，您听我把他言。这边卖"耍货"，那边卖鬼脸，这边卖刀枪，那边卖宝剑。忽听背后喊了一声二号签。二号签，摇茶碗，敲锣打鼓

168

拉洋片，金鱼盆来金鱼摊，刘海儿牌的风葫芦抖了一个欢。

　　二姐不爱看，二姐不耐烦，迈步走进了穿心殿。四大金刚站在两边，拧着眉，瞪着眼，这个拿琵琶，那个抱雨伞，这个顺风耳，那个千里眼。刘二姐害怕不敢看，迈步走出来穿心殿。

　　首饰楼，照相馆，前行来到大殿里边。点着一炷香，扦在炉里边，跪在溜平地，嘴里乱叨念，我姓刘，叫二姐，出了阁，五六年，没生一个女，没养一个男。是男那个是女，赏我一个，等到明年，塑画金身把愿还。我家住，河北大寺前。

磕罢头，平身站，伸手掏出来五色线，一到娃娃山，来把娃娃拴。有几个娃娃打花鼓，有几个娃娃弹丝弦，这些个娃娃全不爱，拉胡琴的娃娃跟我有缘。跟着妈妈走，跟着妈妈跪，跟着妈妈回家园，家住在，河北大寺前，四合套的瓦房坐北朝着南。儿要去，早早去，别等日没了黑了天，咱家的巴狗讨人嫌。儿要习文，把书念，要习武，请上一位武状元，给儿买来一个"四轮电"，四马路上去绕圈。

正是二姐来叨念，从外边走进来一个俏皮男。

一个俏皮男，没把好心安。灰帽头上戴，哔叽夹袍身上穿，哈腰拾起团破毛线，上边拴着一个大钱。来在娃娃山，来把娃娃拴。有几个娃娃打花鼓，有几个娃娃弹丝弦，这些个娃娃全不爱，打把势的娃娃跟我有缘。跟着爸爸走，跟着爸爸跪，跟着爸爸回家园。家住在大丰浮桥老老店，高家胡同门牌十三。儿要去，早早去，别等日没了黑了天，咱家的巴狗讨人嫌。儿要习文，把书念，要习武，"锅伙"安，要打架，敢向前，千万别把兔子鞋穿。

说得二姐翻了脸。骂了一声小秃蛋，拴娃娃本是女流之辈，哪有你男子把娃娃拴。俏皮男，头里跑，刘二姐，后边赶，扫堂会，把他拦，拘留半拉月的十五天。

二姐拴娃娃，惹下祸端。唱到此处，算一段。

合家欢乐，大发财源。

（桂慕梅）

知识链接 >>>

民谣《小大姐，逛皇会》

小大姐，逛皇会。走一走，跪一跪。回到家里没床被。公公打，婆婆啐，小姑子过来揪头发。揪一根，不理会；揪两根，掉眼泪；揪三根，跳河去；揪四根，跳井去。河又远，井又深，坐到门墩上骂媒人：媒人媒人，你好狠的心！媒人婆，老娼婆，你赚钱，我受屈。

注：这首民谣曾经在天津民间流传了100多年，旧时妇女哄孩子玩耍或睡觉时常常哼唱。后来被改编创作成长篇叙事诗，有多个版本，基本上都是描绘"小大姐"逛皇会引发的故事，显现出以"小大姐"为代表的普通家庭妇女对于天后娘娘的敬仰、信赖和祈愿。亦是那个时代生活在社会底层的普通妇女的心灵呐喊和倾诉。

（王利文）

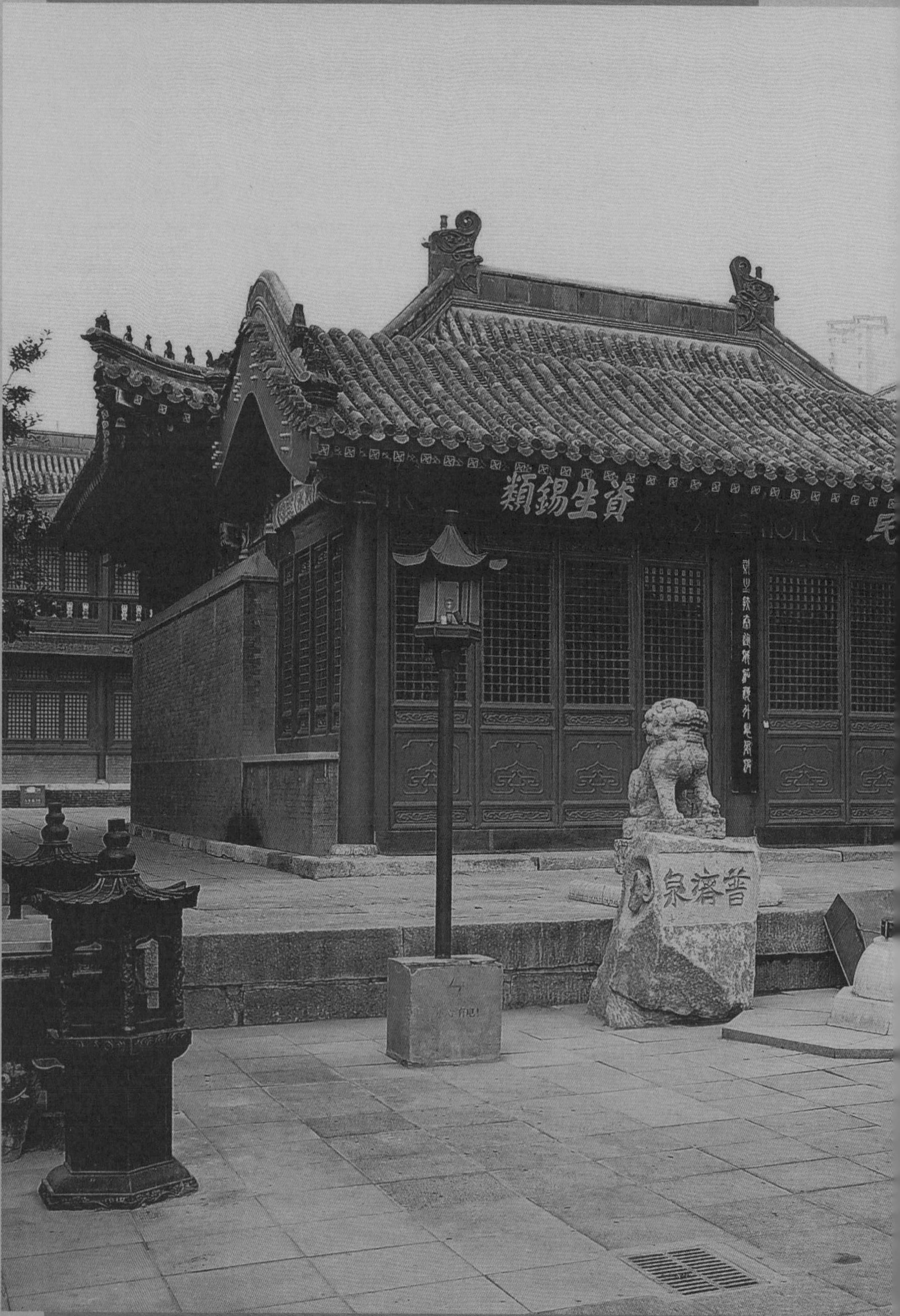
資生錫類
普濟泉

肆 复兴之路

天津妈祖文化的复兴得益于1985年天津天后宫复建和古文化街修建。1985年是一个历史性的、具有里程碑意义的重要时刻,它将被载入史册,成为中华妈祖文化传承的经典篇章。

1985：妈祖文化开启复兴之路

　　妈祖宫庙是妈祖文化重要的组成部分。作为物质载体，它不仅是妈祖文化传承、传播、展示的平台，同时也是妈祖文化保护、发展和创新的阵地。天津妈祖文化的复兴得益于天津天后宫的复建。

　　按照规划要求，在还原历史的基础上，天津天后宫的整体复建占地5360平方米，施工面积为1436平方米，投资180万元，迁出了72户居民和6家工厂、仓库。

　　重新修复后的天津天后宫古建筑，以保证其中轴线上各殿建筑原有的面貌为主，整个建筑群包括中轴线上的戏楼、幡杆、山门、牌楼、前殿、正殿、凤尾殿、藏经阁和启圣祠，以及牌楼两侧的钟鼓楼、正殿南北两侧的6座配殿和过街楼张仙阁。天津泥人张彩塑工作室的专业人员根据文献资料，复原了天后娘娘、王灵官及妈祖统领的驾前仙班千里眼、顺风耳、嘉善、嘉恶（亦作"加善、加恶"）等神像。正殿南北两侧的6座配殿中，除临近藏经阁两侧的两座配殿作为办公和会议接待处外，其余4座配殿均作为《天津历史民

⊙ 1985年复建天津天后宫　　　　⊙ 复建后的天后宫山门和牌坊（武延增摄）

俗陈列》的展厅，分别展示了"天津漕运民俗""天津民间生活习俗""天津婚姻生育礼俗"等地域民俗文化内容。藏经阁则作为临时性展厅，不间断地展出海内外的各类民俗文化、文物藏品、书画、民间手工艺等不同类型的专题展览，成为海内外文化交流的重要平台。同时，扩建了戏楼与山门之间的广场，扩建后可容纳千人。加固并保持山门前两座幡杆的原貌，重大节日期间两大幡杆分别悬挂幡旗"津门艺萃百肆迎春"和"溟波浴日济运通航"。

1986年1月1日，天津市民俗博物馆开张纳客。从此，天津妈祖文化的复兴进入了一个新的历史性阶段。

1994年，正殿前南北两侧的两座配殿又进行了调整，将《天津历史民俗陈列》中的"天津漕运民俗"展览撤出，陆续塑建王三奶奶、白老太太、挑水哥哥、施药仙官和施药仙女等民间神像于南侧配殿内供奉；塑建药王孙思邈及四海龙王神像于北侧配殿内供奉。

1995年，另外一座南侧配殿也进行了调整，将《天津历史民俗陈列》中的"天津民间生活习俗"展览撤出，陆续塑建泰山娘娘、张仙、柳仙、马王爷、河伯、雷公、文昌、魁星、土地公等神像于殿内供奉。

◎ 复建后的天后宫正殿

◎ 天后宫复建后重塑的天后圣像

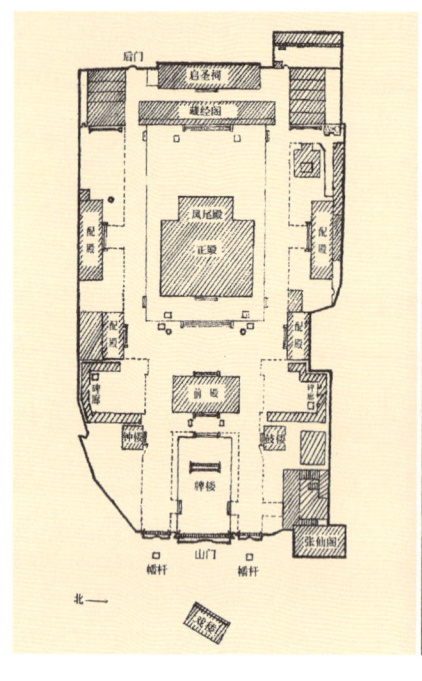

⊙ 1985年复建后的天后宫平面图

1997年，于前殿两侧、钟鼓楼以西增建了天后碑廊，共有碑刻80通。两侧碑廊不完全对称，南侧碑刻41通，北侧碑刻39通。碑刻以反映千百年来历代帝王、文人雅士为妈祖和天津天后宫题写的匾额及诗词歌赋为内容，由谢稚柳、周汝昌、余明善、李鹤年、启功等80位当代著名书法家书写，字迹遒劲有力、行云流水，不仅展现了书法之美，更从一个侧面佐证了妈祖文化千百年来在国家和人民生活中的重要影响。

2000年，对藏经阁北侧原为办公使用的配殿进行了调整，将在启圣祠内供奉的六十甲子星宿神移至殿内，并塑造了斗姆神像。

2001年，为加强与台湾地区妈祖文化的交流，对另外一座北侧配殿也进行了调整，将《天津历史民俗陈列》中的"天津婚姻生育礼俗"展览撤出，殿内供奉与天津天后宫结缘的来自台湾北港朝天宫、大甲镇澜宫、台南大天后宫、花莲天后宫等几十座妈祖宫庙的妈祖神像。殿内按照闽南地区妈祖文

⊙ 1985年复建后的天后宫全景照片（武延增摄）

⊙ 复建后的天后宫天后碑廊（尚立新摄）

化的风格进行布置、装饰，成为海峡两岸妈祖文化交流的典范，受到海内外妈祖信众的广泛赞誉，每年都会接待来自台湾的各妈祖宫庙及其信众前来省亲、结缘。

2002年，在凤尾殿南北两侧空地上，重建了财神殿和关帝殿，分别供奉财神比干、关公等神像。

2004年9月，在天津海河两岸综合开发改造中，古文化街区域全部拆落地重建，天津天后宫又经历了一次整体修缮。

津卫妈祖

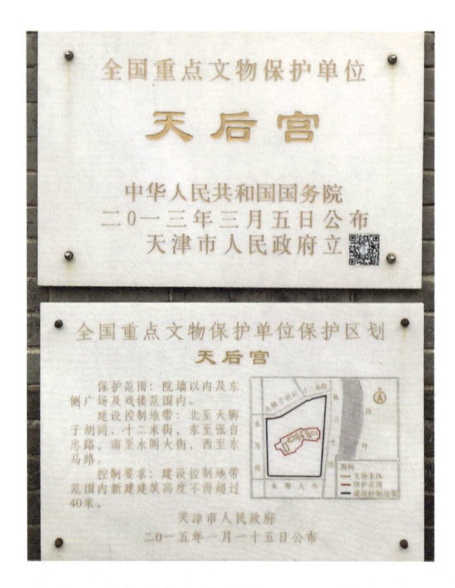

⊙ 全国重点文物保护单位——天后宫（尚立新摄）

⊙ 2012年修缮后的天后宫牌楼（尚立新摄）

2005年，天津天后宫被天津市人民政府公布为"特殊保护级天津市历史风貌建筑"。

2010年，为迎接第六届中国·天津妈祖文化旅游节，全面展示世界文化遗产——妈祖信俗及国家级非物质文化遗产——天津皇会的风采，在藏经阁设计制作了《天津天后（妈祖）文化展》。全面展现妈祖文化的神采，感悟妈祖"立德、行善、大爱、和谐"的精神魅力和天津妈祖文化传承、发展的独特风韵。

2012年，为了更好地展现天津天后宫的风范，迎接将要举办的第六届中国·天津妈祖文化旅游节，天津天后宫进行了长达半年的闭馆修缮，这是天津天后宫自1985年复建后30年来规模最大的一次整体修葺，具有重大的历史意义。

2013年，天津天后宫被国务院公布为"全国重点文物保护单位"。

2014年，南开区人民政府又出资4900万元，从天津市国土资源与房屋管理局下属的海河楼开发有限公司购买一处毗邻天津天后宫的两层办公楼房，扩建了天津天后宫，并在此展陈天津市民俗博物馆的《印象天津卫展览》。此外，在此楼南侧，建立了妈祖文化园，塑立了通高9.60米的汉白玉妈祖雕像，周边建有联升斋刺绣博物馆、老美华华夏鞋文化博物馆等文化场馆，后将整个区域命名为"民俗文化博览园"，聘请文化名人冯骥才题写了园名。这次修缮和扩建实现了天津市妈祖文化的又一次重大发展，实现了津门百姓几代人的梦想，也实现了天津天后宫历史上的诸多突破，开启了天津妈祖文化发展的新纪元。

（王利文）

从宫南、宫北大街到古文化街的华丽转身

自中国改革开放以来,天津呈现出万象更新的良好发展态势。特别是城市基础建设和公共服务体系,包括文化旅游基础设施建设,俨然成为发展、进步的标志。而经历了700多年历史沧桑、残破不堪的天津天后宫及宫南宫北大街一带的建筑现状,显然与时代发展的要求格格不入,也与日新月异的天津城市建设和人民的期盼格格不入。当时,虽然这条街上有经营民俗文化产品的商铺、摊贩,但只有极少的正式门面,大部分是支个小摊儿在路边售卖,街面杂乱无序,与作为历史文化名城和直辖市的天津很不相称。因而社会各界及专家学者不断提出关于重新修复天津天后宫及宫南宫北大街的意见和建议,得到了中共天津市委、市政府的高度重视。

据《天津市四十五年大事记(1949—1993)》记载:1985年1月14日,时任天津市市长的李瑞环主持召开了有关区局领导干部会议,决定全面大修天津天后宫,复建宫南宫北大街,将其一并改造成仿古文化街,并确定把修建古文化街与修复天津天后宫、文庙、广东会馆、吕祖堂等四处古建筑作为1985年天津市人民政府改善城市人民生活的十项工作之一。还决定将天津天后宫辟为天津市民俗博物馆。

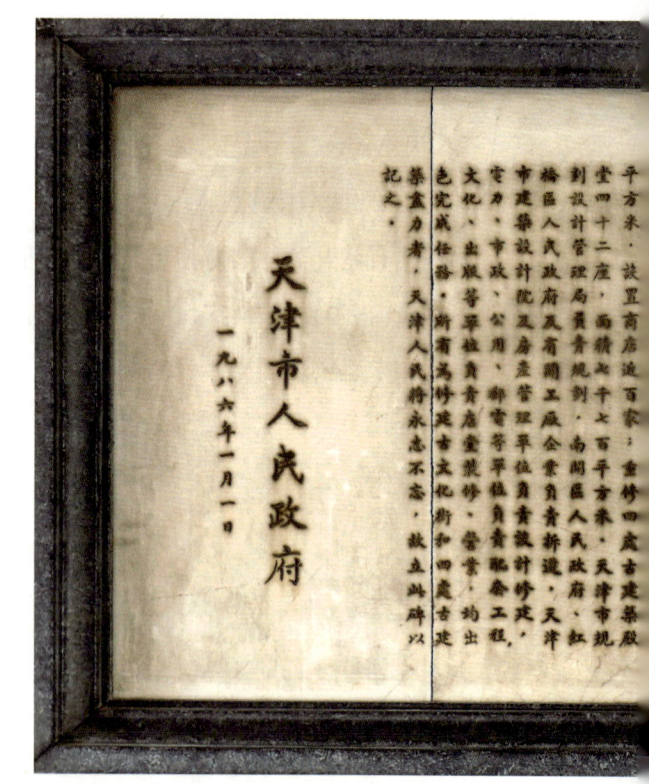

肆——复兴之路

宫南宫北大街修建面积 22000 平方米，天津天后宫等四处古建修建面积 7700 平方米，工程总投资 2508 万元，由天津市人民政府拨款 1000 万元，工业、商业及交通等系统的 85 个单位集资赞助 1508 万元。资金使用采取大包干的办法，分三大块：一是拆迁安置居民，由南开区人民政府负责，费用为 1200 万元；二是工程设计、施工（包括土建和配套工程），由天津市房地产管理局负责，费用为 1000 万元；三是天津天后宫等四处古建内的配套附属设施及古文化街部分店堂内装修，由天津市文化局负责，费用为 308 万元。此外，原国家文化部为修复古建筑拨专款 80 万元。

修建工程从三月中旬开始，共动迁居民 762 户、公建单位 66 处，动迁

⊙ 镶嵌在天津天后宫戏楼拱门下的《修建古文化街碑记》（尚立新摄）

⊙ 古文化街（武延增摄）

的公建单位及天津天后宫等四处古建内的 102 户居民，采取"谁的孩子谁抱走"的办法，由各主管单位负责安置。施工队伍三月下旬陆续进入现场。全街除三个街口的建筑由天津市建筑设计院设计外，其余由天津市房地产管理局设计。天津市房地产管理局第一修建公司承担了土建施工任务。

在设计和施工中，宫南、宫北大街的建筑格调和形式坚持"仿清、民间、小式"原则。在土建施工中，采取了"拆建、改建、移置、打扮"的办法，全街 80 处仿清古建筑，大多为一、二层，少数为三层，其中新建和旧房改造的面积基本上各占一半。全街建筑物上饰有 1500 多处彩绘，各式砖雕达 500 多件，均以古代历史和神话为题材，古朴典雅，大气华美，凸显出浓郁的津地民俗风味。

1985年5月17日整体改造工程动工，12月17日竣工。宫南、宫北大街改建后，改称"古文化街"，全长687米。宫南宫北大街原宽7米，不再拓宽，宫前街向东延伸107米，并新辟宫前小广场约1000平方米。根据"雅俗共赏、动静结合""多布点、小面积"和体现"中国味、天津味、古老味、文化味"的原则，在规划时即着手安排店堂。经多次调整，最终安排87家商店，经营单位涉及全市16个区、局，主要是天津市文化局、天津市出版局、天津市第二轻工业局和南开区人民政府所管辖的部门。经营的商品以文化用品为主，包括文玩、戏装、图书、字画、文房四宝，以及各种工艺品和民俗用品。著名店铺有四宝堂、河洛书屋、华宝斋、修竹斋、杨柳青画店、天一阁、艺林阁、古纺阁、玉丰泰、翠文斋、华龙金店、娃娃乐、七弦堂等。另有来今雨轩茶社、天乐园（多功能的小型文化娱乐场馆），以及天妃楼、汇文酒家、太白酒家、石头门坎等几处餐馆和冷热饮食店。宫南和宫北还分别建造了小花园，使"吃住行游购娱"的文化旅游功能得到了有机融合。各家店铺的匾额均由当时著名书法家和名人书写。南北街口各有牌坊一座，上书"津门故里"和"沽上艺苑"。整条街道古色古香、富丽堂皇。

1986年1月1日，古文化街举行了隆重的开业典礼。古文化街的修建为津卫妈祖文化的传承、弘扬和发展提供了良好的基础条件。

1989年，古文化街被命名为津门十景之一——"故里寻踪"。

2003年，天津海河两岸综合开发改造工程启动，古文化街又迎来了第二次全面提升改造。原住户全部迁出，形成开放型的商业街。2007年5月，经原国家旅游局批准，古文化街成为天津城区唯一的国家5A级旅游景区，成为海内外游客观光游览的胜地。

（王利文）

大直沽天妃宫的遗址保护与考古

1987年第二次全国文物普查后，大直沽天妃宫遗址作为天津市文物登记点登记造册，并存于天津市文化局文物处和河东区文化局。

1993年11月，在河东区政协召开的"直沽文化研讨会"上，与会专家学者提出了对大直沽天妃宫遗址的保护问题。当时正值天津市东达房地产开发有限公司（以下简称"东达公司"）承担大直沽地区的危房改造任务。董事长兼总经理牛世清本着对历史、未来、环境、现实、子孙、政府负责的精神，在危改之初，即向当地居民发布征集大直沽天妃宫相关历史文化信息的启事，由此获得了许多有关大直沽天妃宫遗址的重要线索。

1997年9月15日晚，东达公司在河东区大直沽中街（原天妃宫遗址附近）一处拆迁现场，挖掘出土一件完整的赑屃（石碑碑座）。随后，该公司与天津市文联联合举办了"保护大直沽地域文化研讨会"。同时出资委托国家国土资源部天津地质调查中心"地质环境变化"研究组，围绕"大直沽地区一万年来的地质环境重大变化"与"大直沽高台的成因"做了科学研究。

⊙ 大直沽天妃宫遗址发掘出的明代大殿基址（王红磊供图）

⊙ 大直沽天妃宫遗址出土的明代神明头像（王红磊供图）

肆——复兴之路

1997年9月，天津市考古队获悉大直沽佳喜园小区发现了古代文物后，立即赶到现场考察，经勘查确认出土文物为明代天妃宫遗物，同时发现建筑遗迹。10月22日上午，在出土"赑屃"东侧30多米处，又发掘出了明代《重修敕建灵慈宫天妃碑记》残石质碑首，上有"重修敕建"四个残字和龙纹，同时还发现了石龟形碑座。

⊙ 大直沽天妃宫遗址出土的元代石碑座（王红磊供图）

1998年1月，东达公司在大直沽中台投资2800多万元，兴建了"直沽历史文化陈列馆"（即今荐福观音寺）。为保护大直沽中台遗址和高台上一株有600多岁树龄的古槐，牛世清先生特别奖励古槐的看护人一套新房，并且要求施工人员一定要保留这棵罕见的古树。同时，斥资43.9万元赞助天

⊙ 大直沽天妃宫遗址出土的宋金时期器物残片（王红磊供图）

⊙ 大直沽天妃宫遗址出土的元代器物残片（王红磊供图）

津市考古队对大直沽中台遗址进行考古发掘。考古队又在遗址上发掘出元明清三代天妃宫的大殿基址，并出土了元明清各时期天妃宫大量的建筑构件和瓷器碎片及生活用品。这是天津考古第一次在市区内发现地层关系明确的元代遗存。据出土的元代蓝色琉璃筒瓦和明代绿色琉璃筒瓦表明，元明时期的天妃宫是等级较高的官庙。根据遗址内的建筑施工基槽提供的剖面推断，存有宋金或更早的遗存。大直沽天妃宫遗址被考古学家证明为天津市区内堆积最厚、历史最早的古代文化遗存。

1999年1月，东达公司与天津市政协、天津市历史博物馆联合主办"大直沽考古最新成果新闻发布会"，公布大直沽天妃宫遗址考古发掘中的重大发现。牛世清先生与文化界、文博考古界专家学者共同倡导兴建"天妃灵慈宫遗址博物馆"。

2000年9月8日，天津市文物管理委员会邀请国家文物局徐苹芳、张忠培、徐光冀、叶学明四位考古专家对此进行了考察论证，提出了"大直沽天妃宫始建于元代初年，是中国海上漕运发达的重要遗存。它与天津卫城东门外三岔口海河西岸的天后宫东西相望，成为海运和内河漕运的交汇点。大直沽是天津历史文化名城的原生点之一，天妃宫遗址则成为这个原生点的标志……大直沽天妃宫遗址不论从天津市还是全国的文物保护角度来说，都是极为重要的；应对该遗址进行全面发掘，科学地再现天妃宫不同时期建筑遗存的面貌"等意见。

之后国家文物局、天津市社会科学院、天津市文物局、天津市旅游局、天津市历史博物馆有关专家又联名提出《关于建立天津大直沽天妃宫遗址博物馆的建议》。

考古发掘及考古研究取得的成果最终促成了天津市人民政府在大直沽投资修建元明清天妃宫遗址博物馆的重大决策，并使得建设工作顺利实施。

大直沽天妃宫的复建暨元明清天妃宫遗址博物馆的建立，是2001年天津市人民政府改善城乡人民生活20件实事之一。按照天津市人民政府（2000）

肆——复兴之路

⊙ 大直沽天妃宫筹备处供奉的妈祖圣像

55号会议纪要——《关于抓紧建设天妃宫遗址博物馆有关问题的会议纪要》的要求，大直沽天妃宫的复建是整个元明清天妃宫遗址博物馆的二期工程。东达公司又斥资200多万元聘请天津大学建筑规划设计院对大直沽天妃宫的复建进行了严谨规范的规划设计，并完成了施工设计图。在2008年9月第四届中国·天津妈祖文化旅游节期间，曾邀请海内外妈祖界代表举行了奠基仪式。2009年直沽妈祖文化园项目得到实施与及时推进。之后，由于天津市及河东区相关机构和领导的调整，后期工程一度停滞。

2015年伊始，东达公司联合天津市天后妈祖文化发展基金会、天津市妈祖文化促进会、天津天后文化传播交流中心、天津市广场艺术民间联谊会等民间团体，邀请罗澍伟、谭汝为、黄殿祺、陈克、李家璘、姚树贵、崔庆捷、逯彤、杨恩久、张月光、尚洁、王俊荣、赵靖、吕琰等专家学者，组织召开了大直沽天妃宫复建专题研讨论证会，还邀请了国家非物质文化遗产保护专家委员会乌丙安、陶立璠等教授亲临现场考察指导，为大直沽天妃宫的复建起到了推进作用。

（吕琰）

走进元明清天妃宫遗址博物馆

元明清天妃宫遗址博物馆占地6600平方米，建筑面积为3000平方米。分上下两层，建筑风格独特，融古建筑与现代建筑为一体，在建筑一侧设计有长46米、高4米的浮雕。博物馆主体建筑中央大厅展示的是考古发掘出土的元代建筑基址和明、清时期天妃宫大殿基址。其周围设两层展厅，展线长200米，展出200余件遗址出土的文物及300余幅图片。馆内拥有清代天妃宫大殿基址的考古发掘现场、文化堆积层、按比例缩小的"明代郑和1号宝船的船体模型"及福建地区"妈祖庙会"盛况的多媒体演示。

元明清天妃宫遗址博物馆前方广场中央矗立着高318米的通柱式妈祖雕像。通柱象征桅杆，外包石材，采用浮雕手法，自下而上雕刻着代表元、明、清三代的不同的海洋图案。柱的顶端立有一尊贴金妈祖像，是海内外其他反映妈祖题材的雕塑中唯一采用"人"形设计的妈祖形象。妈祖像为一年轻民间少女，双手轻捧在胸前，双目远眺，面向海洋，衣上的锦带随风飘舞，似在盼望远航的人们平安归来。

元明清天妃宫遗址博物馆作为天津市第一座遗址类博物馆，其展陈设计独具特色。展览的主题为"海洋的旋律"，分为"浩瀚的海洋""神奇的妈祖""海与河的城市""永恒的遗址"四个部分。

第一部分"浩瀚的海洋"。主要介绍中国古代先民对于海洋的认识和利用。通过照片、图表和实物，展示中国在几千年来认识和利用海洋的过程中形成的独具特色的古代中国海洋文化。一幅巨大的《海洋神话》壁画生动地向观众述说了"大壑归虚""禺强巨龟""鲲鹏抟扶摇""伍子胥为涛""海上仙山"五个具有代表性的神话故事，形象地说明了古人对于大海、陆地、海风、波涛和潮汐的朦胧、神秘的认识。并以图表、解说等形式介绍了战国阴阳家邹衍的"大九州说"、明代徐光启主持制造的中国古老的地球仪、明

⊙ 元明清天妃宫遗址博物馆（郭男平供图）

代万历年间绘制的《坤舆万国全图》、宋代吕昌明的《浙江四时潮候图》、晋代测风的"相风鸟"、商代的"独木舟"、战国的"帆船"、秦汉时期的大海船，以及《郑和航海图》等，说明了古代先民从海陆关系、海洋地貌、海洋潮汐、海洋利用等几个方面探索海洋并且日益趋向科学的认识过程。说明人类在长期认识和征服海洋的过程中，以及在人与自然的矛盾冲突和对美好生活的追求憧憬中，创造出能够征服海洋、解救危难的海神林默，并使之成为人们世世代代寄托理想、祈保平安的超自然的力量的化身。

第二部分"神奇的妈祖"。通过"林默诞生""海上救难""湄屿飞升""神女护使""圣泉救疫""钱塘助堤""神女助漕""涌泉济师"等8个民间故事组成的大型油画，叙述了海神林默从人到神的演化过程和中国先民与自然斗争的各个侧面。该部分还重点介绍了祭祀妈祖的民间活动"皇会"，展示了天后娘娘"出巡"乘坐的"宝辇"和《天津天后宫过会图》，反映了天津皇会由单纯的祭祀典礼发展为民间娱乐活动的过程。

第三部分"海与河的城市"。通过照片和实物向观众说明距今5000年前，退海地加上河流入海过程中泥沙的淤积，造就了辽阔神圣的天津滨海平原。古代先民在这片海与河赐予的土地上繁衍生息，从金朝设立"直沽寨"、元朝设立"海津镇"、到明代设立"天津卫"的城市发展的历史过程。重点反映直沽地区是元朝漕粮集中和转运的要地，曾经车水马龙，繁华昌盛。展览还突出展示了沿海地区一道道与现代海岸线走向大致相同的贝壳堤，说明贝壳堤是由贝壳残骸堆积而成的海岸沙堤，是经过潮汐和风浪对海底泥沙和贝壳冲刷、搬运逐渐形成的。天津滨海平原的贝壳堤是一道美丽壮观的古海岸线遗迹，其完整程度国内外罕见，被国家定为"天津古海岸线与湿地国家自然保护区"。

第四部分"永恒的遗址"。全面系统地介绍了大直沽天妃宫的创建历史和发展过程。中心展厅为元明清时期天妃宫大殿基址的发掘现场，展示了200余件元、明、清时期的琉璃瓦、瓦当、滴水、脊兽、鸱吻等建筑构件，碗、盘、盏等生活用品，棋子、石砚等文化用品及钱币等。带有使用痕迹的各种杯、盏、罐、壶及清代民居墙体遗迹，反映了历史上天津人生活的状况和足迹。考古证据说明了大直沽天妃宫遗址是目前天津市区文化堆积最厚、内涵最丰富的古代遗址，对于研究天津城市的形成与发展，充实天津历史文化名城的内涵有着重要意义。

2017年，元明清天妃宫遗址博物馆全面启动馆舍外立面修缮和展陈提升改造项目。2018年12月23日重新对外开放。元明清天妃宫遗址博物馆从各个侧面展示和说明天津城市的形成及发展与河海文化、妈祖文化及民俗文化的关系，并通过人们对妈祖从人到神又从神到人的认知回归进一步阐述了人与自然的和谐关系，揭示出人类对海洋从神秘、深不可测到真实、科学的认知发展过程，并因此造就和形成了天津城市特有的河海文化和民俗民风。

（吕琰）

《天津妈祖文化展》策划实录

在天津妈祖文化复兴的发展进程中，《天津妈祖文化展》可谓是一个值得称道的成果。

在天津天后宫1985年复建后，当时除了大殿、前殿和凤尾殿采取了复原陈列的方式外，其余配殿基本上都是以天津地方民俗文化和漕运文化为主要内容的陈列展览。后来随着大量民间神像的重塑，这些展览也被陆续地从各个配殿撤出，只保留了藏经阁作为举办临时性展览的展厅。作为世界三大妈祖庙之一的天津天后宫，特别是天津市民俗博物馆的所在地，明显存在着博物馆专业性和妈祖文化导向上的欠缺。

2011年，为迎接第六届中国·天津妈祖文化旅游节，全面展示世界文化遗产——妈祖信俗及国家级非物质文化遗产——天津皇会的风采，由笔者主导，在天津天后宫藏经阁设计制作了《天津妈祖文化展》。展览以弘扬妈祖文化、促进社会和谐发展为宗旨，全面展现妈祖文化的内涵和风采，感悟妈祖"立德、行善、大爱、和谐"的精神魅力和天津妈祖文化传承、发展的独特风韵。

《天津妈祖文化展》共设计了五个方面的内容。包括"灵妃一女子瓣香起湄洲——天后生平事迹""先有天后宫，后有天津卫——天津天后宫""昔日神话盛事，遗珍荣膺国宝——天津皇会""研究成果与对外交流""和谐盛世妈祖情——中国·天津妈祖文化旅游节"。

第一部分"灵妃一女子瓣香起湄洲——天后生平事迹"中，设计了五个主题。一是"天后世系与帝王敕封"。通过《福建莆田地区地理位置图》《天后世系图》等图表反映了天后世系、林姓家族的历史脉络暨发祥区位；通过《历代册封图》展示了历代皇朝对天后的不断册封。二是"天后生平传说故事"。以清代绘画《天后圣迹图》（长卷节选）中的《神女降生》《窥井得符》

《救父寻兄》《菜甲天成》《降服二怪》《乘席渡海》《湄屿飞升》《护佑使臣》《默佑漕舡》《郑和免险》《助战破寇》《收复海峡》等12组故事,展现了妈祖爱国爱家、扶危救困、惩恶扬善的人文情怀和高尚品德。三是"天后降生与飞升地"。通过湄洲岛祖庙、贤良港天后祖祠及天后祖祠收藏的妈祖曾经使用过的织布机、天后祖祠内的天后得道受符井等珍贵的历史照片,使妈祖作为有血有肉的"人"的形象更加丰满,使其生平事迹更具有感召力。四是"发祥之地民俗风情"。通过反映丰富多彩的天后祭拜食品、天后庆生民俗、湄洲当地妇女的妈祖头饰、渔业民俗,以及妈祖糕、天后的三个不同造像、湄洲祖庙祈福大典、天后出巡时百姓为天后挂胆祈福平安、台湾各天后宫庙信众前来湄洲谒祖进香等的珍贵的历史照片和《敕封天后志》《天妃显圣录》、天后灵签、卜杯、妈祖服等实物藏品,反映妈祖文化发祥地特色鲜明的习俗事象。天后不仅庇佑着世代以渔业为生的莆田湄洲岛人,而且已经成为海内外华人共同敬仰的神祇。五是"天后文化的传播"。通过明永乐皇帝朱棣画像、《郑和下西洋图》、《漕运路线图》、《海内外著名天后庙宇分布图》等图,以及漕船船模等馆藏文物,深刻反映了中华民族对于海洋的探求是一个以农耕文化为主导的华夏大陆的蓝色梦想。正是这个蓝色之梦,成就了大明王朝永乐皇帝立志使中国与世界上更多的国家建立和睦关系、使光华璀璨的中华文明为世界知晓的政治抱负。如此恢宏的海洋战略也使中华民族的妈祖信仰随着没有国界的海风传到了世界各地,向全世界表达了一个礼仪之邦天下同福的理念。

　　第二部分"先有天后宫,后有天津卫——天津天后宫"中,也设计了五

⊙ 天津天后宫《天津妈祖文化展》（尚立新摄）

个主题。一是"元代漕运与天津天后宫的建立"。通过《元代漕运吞吐量简表》《元代直沽港河海路线图》《畿辅通志·漕运图》《天工开物·漕舫图》《清乾隆年间的天津与天后宫地理位置图》等图表，《元史》中有关敕建天津天后宫的记载，京杭大运河邮票中的天津天后宫，清代《潞河督运图》《三岔河口鸟瞰图》等图片，以及昔日漕运官府所用石砝码、当年漕运所用的大福船和对槽船船模等实物揭示出元代漕运促使天津天后宫建立，并显现出其重要的地位。二是"帝王敕建与历代修缮"。通过元代国子监祭酒、翰林院学士张翥的《代祀天妃庙次直沽作》等诗作，天津天后宫千秋带，幡杆上的无字天书等实物，以及民国时期天津天后宫的老照片折射出天津天后宫的建设发展历程和历代帝王对它的青睐。三是"天津天后宫的历史遗存与造像艺术"。展示了天津天后宫天后娘娘像、壁画艺术、石雕艺术、泥塑艺术、匾额、元代石香炉、旧时天后宫收藏的中国第一部《道藏》《天后宫版玉皇经》、天后宫嘉庆年宝印、天后宫正脊龙凤吻等实物，凸显天津天后宫深厚的文化底蕴和地方文化特色。四是"非物质文化遗产与地域民俗文化"。通过春祭大典、天后诞辰庆典等影像资料，以及《天津天后宫历史上的"第一"》等图表、"娃娃大哥"等实物，再现了天津天后宫独有的拴娃娃、挂锁、跳墙、谢奶奶等民俗风情，以及天津天后宫作为天津年文化中心的繁盛场景。五是"天津天后宫得到海内外的尊崇和拥戴"。通过各地妈祖庙参拜天津天后宫并与之结缘、各地妈祖庙赠送天津天后宫的匾额等照片，进一步说明天津天后宫受到海内外妈祖信众的尊崇和拥戴，与各庙宇妈祖圣像相互亲缘、互增神通的亲密关系。折射出天后文化是津地社会经济、民俗文化形成和演进的原动力与凝聚力。

第三部分"昔日神话盛事，遗珍荣膺国宝——天津皇会"中，通过清乾隆皇帝御赐天津皇会的黄马褂、金项圈、龙旗，以及民间各表演老会的表演道具、茶炊子、拜匣、拜帖等实物；鹤龄会、跨（挎）鼓会、天后宫山门、牌坊等旧照；《皇会出行路线图》等图表；以及民国时期出版的《醒俗画报》中所绘的皇会时热闹的市井，特别是清人所绘《天津天后宫皇会行会图》，揭示了天津皇会的厚重与独特的历史及民俗，再现当年万人空巷看皇会的盛况，凸显天津皇会对于中华妈祖文化的重要贡献。

最为珍贵的是宝辇会、抬阁会、灯亭会、运署护驾会四组民间表演老会的出会人偶微缩景观，由天津市著名非物质文化遗产传承人孟庆慧制作。108位人物造型栩栩如生，华贵精美的道具、技艺精湛的造型和恢宏的出会阵势无不令人流连忘返、拍案叫绝。这也成为孟庆慧老师创作的最后的一套遗作。

第四部分"研究成果与对外交流"中，通过民国版《天津皇会考》、清举人杨一崑所著《皇会论》、清代津门著名诗人崔旭所作《津门百咏》、清沈峻的《津门迎神歌》、清于豹文的《天后会四十韵》、民谣《小大姐，看皇会》等历代文人雅士的著作、歌词诗赋，以及近年来天津天后宫专业人员相继出版的《天津皇会》《天后圣迹图》《妈祖文化论文集》《天津天后宫的传说》《天后宫写真》《妈祖情缘》《中国民俗大系·天津民俗》《皇会》《老天津的风俗》等著作，折射出天津市民俗博物馆、天津天后宫是中国北方妈祖文化、民俗文化研究的中心的重要地位和为弘扬妈祖文化做出的重要贡献。

第五部分"和谐盛世妈祖情——中国·天津妈祖文化旅游节"中，通过大量的图片资料反映出天津天后宫作为世界著名的妈祖宫庙，在研究和弘扬妈祖文化方面做了大量有益的工作，取得了令世人瞩目的成就。经过南开人的努力，由天津市人民政府主办，南开区人民政府承办的首届"中国·天津妈祖文化旅游节"于2001年4月在天津成功举办，海内外各界人士和天后信众数万人参加了天后祭典、妈祖文化学术研讨、旅游节文艺演出、经贸洽谈及旅游观光活动。展览凸显了中国·天津妈祖文化旅游节的举办意义，弘扬了妈祖"立德、行善、大爱"的精神，促进了海峡两岸的经济和文化交流，加强了各宫庙之间的交流与合作，对妈祖文化的繁荣起到了推动作用，同时也向世界宣传了天津，让世界了解天津，带动了天津经济、文化的繁荣和发展，成为天津历史文化名城一张亮丽的名片。

为使游客和信众加深理解，还设立了两块电子屏幕（触摸屏），不仅循环播放妈祖文化电视片，而且还为观众检索天津妈祖的相关知识提供帮助。

展览开幕后，得到了各方的一致称赞。也算是圆了笔者一个多年的梦想，我心中只有感恩、欣慰、幸福和快乐，所有的付出都显得微不足道了。

（尚洁）

解读天津天后宫幡杆之谜

津卫妈祖

在天津市著名的5A级旅游景区古文化街宫前广场中央、天后宫山门前矗立着一对高耸入云的木质旗杆，雄伟挺拔，既是古街的标志性建筑，也是全国重点文物保护单位——天津天后宫的重要组成部分，实为天后宫幡杆。古老的幡杆始建年代、何人修建、从何而来等如重重迷雾困惑着津城百姓，由此也衍生出种种假想，世代传承，为幡杆平添了许多诡异与神奇。

幡杆始建年代现已无从可考，但是从清人江萱所绘反映乾隆时期漕运盛况的《潞河督运图》中，天津天后宫幡杆依稀可见，临河戏楼、宫前广场幡杆、天后宫山门居于同一中轴线上，由此推论，幡杆至迟于清乾隆年间已存在。那么，今人所见屹立于古街的幡杆是否《潞河督运图》中清乾隆朝江萱所描绘的古物呢？

2004年，天津天后宫管理单位天津市民俗博物馆对幡杆实施文物保护修缮，在文物整体勘查中喜获重要文物发现，终于解开围绕幡杆的诸多谜团，为世人揭开古老幡杆的神秘面纱。笔者作为此次文物修缮的组织参与者，有

⊙ 天津天后宫幡杆、戏楼（尚立新摄）

幸见证了这一珍贵的历史时刻。

2004年9月6日下午2：00左右，4名工匠爬上26米高的脚手架接近幡杆桃形宝顶，检视后发现宝顶表面多处鎏金脱落，北侧宝顶东北角有一直径3厘米至4厘米的不规则放射状破损，施工人员随即将情况向馆方进行报告。馆领导现场组织相关负责人进行研究，鉴于1985年、1993年、2000年虽曾三次对幡杆实施维修，但均只限于杆体本身而未触及宝顶，加之此次修缮正值古文化街整体改造时期，来自不同地区、不同单位的几十支施工队伍、数百名民工聚集在古街现场昼夜施工，从确保文物安全考虑，馆领导决定取下幡杆宝顶，将其移至馆中文物工作室内修缮。待两个幡杆宝顶在工作人员的护送下运至文物工作室后，我们对其进行拍照、测量、检查、勘损等文物信息采集。

两枚幡杆宝顶系桃形铜质鎏金，外形大小近似，均为纯手工制作，通高60厘米，最大周长120厘米，造型匀称，曲线流畅，虽然历经岁月沧桑、风雨侵蚀，多处已现斑驳，但仍不失工艺之精美。在接下来对宝顶内填充物的检查中，工作人员发现，两枚宝顶内均填满棉花，棉花与宝顶内壁由篓状细竹皮隔挡，因年月久远，其色已显灰暗。工作人员从南侧宝顶底部取出附近的棉花，拿出一团被黄泥封存已发白的蓝布，去除黄泥铺平检视，共计三块，均为3.5厘米宽、6厘米长的砂布，在其反面有"猫牌……"等字样及三个手书的人名，此物应是昔时工匠签名特意留入其中以作纪念无疑。当工作人员手伸入宝顶中部时，触及一沓软纸，小心取出后发现其形近似于现今64开本的小书。棉线手工装订，封皮、封底均为朱红染色，内页为黄色宣纸，书角染蓝色。工作人员随手翻阅，并无一字，尝试多种措施使其显字，均告无果。从"无字书"的剪裁、装订工艺手法可以断定，绝非现代人所为。有工作人员戏称："这难道是《无字天书》？"怀着深深的疑惑，工作人员再次对"无字天书"逐页进行认真检视，终于在紧贴装订线处惊喜地发现一张折叠整齐的红宣纸条。纸条展开后宽11.5厘米、长24.5厘米，三竖行墨迹正书："庆善堂翁呈献大桅高九丈四尺五寸。大清光绪二十一年八月二十五日重立，宫内南廊财神殿住持刘清云叩化。"随后，工作人员又在北侧幡杆宝顶内发现红宣纸条，尺寸也是宽11.5厘米、长24.5厘米，墨迹正书："陈五爷名兆麟字玉书，敬献大桅壹棵，长八丈七尺八寸。帮铃至梢四尺五寸。路（潞字误书）河楼众善士上善会，众伍善助工。同治五年十月初六日午时吉立。三街同人、住持郭最正公具。"

我们严格遵循文物保护的原则，请天津市文物局专家参与进行专业缜密的勘察考证，天津天后宫幡杆宝顶内文物的新发现，为我们研究天津天后宫历史、解开环绕幡杆的层层谜团，首次提供了珍贵的历史实物佐证。

现今人所见昂然屹立于古街宫前广场的幡杆，年代清晰，北侧幡杆于清同治五年（1866）重立，距今已有154年；南侧幡杆于清光绪二十一年（1895）重立，距今已有125年。对相关文字信息进行研究并结合文献深入考证，"潞河楼"当在海河三岔河口天津天后宫附近，且19世纪时依然存在。主持同治五年（1866）北侧幡杆修缮的"住持郭最正"系道教清微正一派"最"字辈、天津天后宫第十二任住持；筹化光绪二十一年（1895）南侧幡杆修缮的"宫内财神殿住持刘清云"系道教清微正一派"清"字辈、天津天后宫第十八代道士。至于"庆善堂翁呈献大桅""陈五爷名兆麟字玉书，敬献大桅"等文字，记述了南、北幡杆主材（桅杆）的捐献人。"桅"，即竖立于船舶甲板之上的圆木，亦称"桅杆"。墨迹题书还明确无误地告诉我们，两根幡杆明确印证传说中所言，天津天后宫幡杆由漕船"大桅"充任无疑。

至此，天津天后宫宫前广场现存两根幡杆的修建（重立）年代、主材幡杆来源、捐赠人、筹划、主持人等均已清晰明了，但是，天津天后宫幡杆的始建年代、是否与天津天后宫同期而立抑或是后天增设，尚不得而知，仍要指望方家进一步考据。

（段德融）

肆——复兴之路

天津天后宫重光二十七年后修缮提升纪实

为了以崭新的风貌迎接将于 2012 年 9 月举办的第六届中国·天津妈祖文化旅游节，全面提升天津天后宫作为世界三大妈祖庙之一和中国北方妈祖文化中心的影响力，修复文物古建筑及相关服务设施，天津天后宫进行了自 1985 年开馆以来规模最大的一次文物修缮、养护及景区提升改造工程。这不仅是对天津天后宫整体面貌进行全方位的提升，更是为南开区乃至天津市文化旅游的可持续发展增加后劲，具有着重大战略意义。

本着文物修旧如旧的原则，此次天津天后宫整体修缮和提升改造突出了九大亮点：

一是隆重彰显作为主殿的天后正殿，营造了美轮美奂、富丽堂皇、金碧

⊙ 2012 年修缮后的天津天后宫大殿（尚立新摄）

⊙ 2012年天津天后宫汉白玉栏板修缮记（尚立新摄）

辉煌的华贵效果。不仅在室内外的油漆彩绘上一改以往的墨线勾画，采用高档的南京库金金箔贴饰，同时还将门窗饰以金线，特别是在殿内顶部的"鹤领祥云"、梁柱上的"凤戏牡丹"等彩绘上，以及匾托和字体上均采用了大量的金箔贴饰，创造了历史之最。

二是在月台上增加了汉白玉雕栏板，不仅提升了天后宫的庙宇规格，为整个古建筑群平添了庄严、雄伟和大气，同时也规范了信众和游人进香朝拜的动线秩序。特别是栏板上雕刻的象征女神的凤凰，造型婀娜妩媚、栩栩如生，成为天津天后宫一道亮丽的风景。

三是将月台上的石材地砖更换为青砖，解决了长期以来地面水汽不能蒸发而侵蚀大殿及凤尾殿墙体的问题，对古建筑主体起到了有效的保护。同时将宫内地面所有井盖精心设计为或圆形或方形的铜质雕刻样式，造型别致，美观大方，更加衬托出天津天后宫的古朴凝重。

四是加固了过街楼张仙阁，彻底解决了困扰多年的危楼问题。大胆采用国际先进的文物保护设计理念，整个张仙阁下面的立面墙体采用玻璃幕墙的效果展现了文物本体的自然现状，这种设计也成为贯穿整个古文化街的一道独特景致。

五是统一设计制作了殿内神龛护板及神袍装饰。特别是天后娘娘的神龛护板采用高浮雕的创作方法，底色采用纯银装饰，凤凰采用纯金贴饰，五色牡丹装点斗艳，将《凤戏牡丹》的图案造型刻画得惟妙惟肖、活灵活现，不仅体现了妈祖所蕴含的文化特质，而且以传统与现代完美融合的装饰风格营造出了华丽精致的氛围。同时，根据阴阳五行确定神袍的颜色、图案、花饰，使得每一件神袍都具有深刻的精神内涵和不同的文化表象。

六是统一设计制作了神明供器，包括景泰蓝天后福佑长明灯、连年有余宫灯、五供、熏香炉和青花瓷托盘等。进一步彰显了天津天后宫皇家庙宇的风采。特别是景泰蓝供器参照故宫藏品的款式，聘请国家级设计大师，采用传统工艺为天后宫量身定制，将凤凰、海水江崖、牡丹等女神与海神的文化元素有机融合，可以说是目前妈祖宫庙中等级最高、制作最精美、最具文物收藏价值的艺术珍品。

七是设计制作了天津天后宫官方网站，进一步提高了天津天后宫和天津地区妈祖文化的知名度和影响力。特别是在设计上独具匠心，极富创意，融

⊙ 天津天后宫凤尾殿（尚立新摄）

入了许多当下互联网新媒体的思维模式，将时尚与传统有机组合，使"妈祖文化论坛""妈祖文化产业"等版块中的历史文化信息得到传播和普及，"网上祭拜"的模式也深受广大信众的欢迎，点击率不断攀升。此外，还开设了天津天后宫官方微博、微信公众号等平台，走在了各妈祖宫庙的前列。

八是增加了绿植面积，馆容馆貌得到了有效提升。在天津天后宫正殿、凤尾殿、天后碑廊、烧瓷壁画影壁等建筑周边，种植了女真、冬青、柏树、迎春花及榕树盆景等，使得整个天后宫芳草如茵、花木葱郁、幽然古朴、恬静清新。此外，还统一了宫内的标志标识、规范了英文简介，在颜色上采用与庙宇褐色相和谐的金色，在纹饰上采用传统的海水江崖图案，突出了妈祖文化和海洋文化的特色。

⊙ 天津天后宫大殿的掐丝珐琅供灯（尚立新摄）

九是对游客服务中心、民俗祈福用品商店、卫生间等公共配套服务设施亦进行了精心设计，关注细节，使其各具特色，达到了国家级旅游景区的要求。

我们还真实地记录了此次修缮的全过程，记录了各单体建筑的每个细节，强化资料管理，保留历史信息。为今后的发展奠定坚实的基础并留下宝贵的经验和物质财富。

天津天后宫重光二十七年后的修缮提升，不仅仅是宫庙本身建筑实体和相关设施的提升，其实更是我们的一份使命、责任、功德。

（安盛崑）

妈祖盛宴

妈祖供品始于宋代，源于民间，几乎与妈祖信仰同时发端的，是民间传统祭祀妈祖所用祭品，也称供品。它是敬神献礼食品的装饰艺术，不仅内容丰富多彩，有着深厚的传统文化底蕴和礼俗文化内涵，而且在历史文化的长河中，随着时间的推移，妈祖供品在遵从礼制的规范要求的同时，又不断丰富、深化和发展，形成了现在相对固定的格式，我们称其为"妈祖盛宴"。在天津，这些祭祀用品通常为在妈祖诞辰和天后宫春祭、秋祭大典等传统节日及祭拜仪式上摆列供奉所准备。由于天津百姓对妈祖崇敬有加，我们把妈祖的祭祀供品制作成最精美的"盘景"造型艺术，既敬神，又美观。经过一代又一代的传承与发展，达到了妈祖文化与天津地域文化的完美结合。

妈祖寿诞，盛宴祀之，每逢农历三月二十三之前，世界上的妈祖庙都会为妈祖诞辰而精心地准备祭祀活动。自2007年开始，天津天后宫在农历腊月二十三这天恢复举办春祭大典，把一场具有700多年历史的传统春祭盛典展现在人们面前，为天津城增添了浓郁祥和的节日气氛。腊月二十三既是小年，又是祭灶日，有"灶王爷上天"之说。所以，人们在这一天会准备"糖瓜"祭祀灶王，而天津天后宫也会为了迎接新年的到来，用祭祀供品，如糖瓜、核桃、大枣、栗子等带有北方特色的时令特产和鲜果时蔬等举行隆重的祈福仪式，来更换每年的"值年太岁"，并希望能取生活甜蜜、阖家欢乐、早生贵子、子立万方的美好寓意，祈求新的一年风调雨顺、国泰民安，这一习俗充分体现了天后娘娘在北方的地域性和民间性。

2008年"天津皇会"被列入国家级非物质文化遗产名录，这是一个值得纪念的时刻。为此天津天后宫管理委员会研究决定烧制一套专门的供器，用来祭祀天后诞辰。经过认真设计、考量，带有"天津天后宫制"字样落款的26件景德镇兰花青瓷器在天津天后宫妈祖诞辰中亮相。对祭祀用品的统一规制,不仅体现了这一活动的规范性,更彰显出天津天后宫皇家庙宇的风范,以便将这项民俗活动薪火相传下去。

  天津天后宫的天后诞辰祭祀活动是天后宫一年中最隆重的活动。因此,我们要提前精心准备,依据四季节气、时令,采购最新鲜的时蔬、水果、糕点、面食、五谷、山珍等,并制作枣糕、红米团、三牲,以及津门八大碗等带有天津民间特色的食品进行祭祀活动。时蔬以应季的蔬菜为主,力求品种丰富、颜色搭配亮丽。水果多选取新鲜精美的,用高足碟准备四盘,其中一盘全部为苹果,寓意平平安安;另一盘为橙子,寓意称心如意;其余两盘为杂果,如草莓、提子、石榴、桃子、西瓜、香蕉、菠萝、樱桃、山竹、火龙果等,根据形状、颜色、种类搭配在一起。草莓、火龙果颜色鲜艳亮丽,寓意生活红红火火;石榴多籽,寓意多子多福;提子和葡萄外形相似,但常选用提子,取提携子孙之意;枣糕意味着生活甜蜜、步步高升;红米团则意味着生活红红火火;糕点会选用"桂顺斋"的白皮点心和带有"福""寿""喜"字的老式黄蛋糕,取福寿双全、喜事连连之意。特别是2013年,在妈祖祭祀面点形式的多元化上进行了有益的创新和尝试,精心制作了以海洋生物为主题的独特新颖的面点,如螃蟹、海参、海螺、海星、海马等为天后祝寿。这些面点既凸显了妈祖的海神形象,又表达了北方百姓对天后娘娘的挚爱之情。祭祀供品中的五谷,由五种米粮——红豆、绿豆、黑米、大米和小米组成;

津卫妈祖

⊙ 妈祖祭典所用供品(尚洁摄)

山珍则以海盐为主体，由菌类进行装饰拼摆而成，如选取平菇、茶树菇、海带结、黄花菜、生姜、木耳等产品进行点缀，代表山珍海味，五谷丰登；独具天津地域特色的"津门八大碗"也被纳入供品。此外，在一些重大节日时还要祭祀"三牲"。三牲亦称太牢，有大小之分，即"大三牲"和"小三牲"，所谓"大三牲"是指羊头、猪头和牛头；"小三牲"则指鸡、鸭、鱼。由于北方人的生活环境、饮食习惯和心理因素，天津人一般会采用"小三牲"来进行妈祖的祭祀活动。除天津特产和美食，敬献鲜花也是祭祀活动中不可或缺的一项。最初天津天后宫在恢复祭典时所用的鲜花都由理事、信众捐赠，大多数为花店常见的款式。随着天津天后宫的发展与人才队伍的壮大，越来越多的年轻人加入祭祀供品的研究中。这群"80后""90后"的朝气蓬勃的孩子们，把对天后宫的热爱和对老娘娘的敬重之情，全部通过祭祀贡品的形式表达了出来。她们依据鲜花的品种、季节及花语，在不同的活动中亲手选材并制作完成。其中最常见的主花为白色的百合（代表纯洁、庄严神圣）、玫瑰（代表爱与美的化身）、康乃馨（代表感恩、敬老）等，配花为洋甘菊（代表越挫越勇、苦难中的力量）、满天星（代表思念、祝福）、洋桔梗（代表真诚不变的爱）和小菊花（中国十大名花之一，与梅、兰、竹并称为花中四君子，代表着逆境中的乐观心态）等。花纸的颜色常常与活动的主题相呼应，如红色象征喜庆、黄色象征庄严、蓝色象征大海（故乡）、绿色象征生机勃勃。后来，随着天津天后宫影响力的扩大及世界各地妈祖庙互动交流机会的增加，形式多样且绚丽多姿的妈祖供品出现在我们眼前。我们也效仿了其他宫庙一些较好的元素，采用仿真花进行日常的祭祀，这样既美观又可以延长使用期限。例如2014年天后诞辰时，我们在天后宫正殿统一摆放了12盆紫色仿真花"蝴蝶兰"，不仅喻意妈祖的高洁和清雅，更代表中国古代十二时辰，有紫气东来之意。

每年妈祖诞辰，除了古文化街商户自发的为娘娘献上10篮（每篮99个）寿桃祝寿之外，祭祀供品中的重头戏则是为娘娘精心准备的生日蛋糕。为了在祭祀供品中力求形式多元化，所定制的每一个生日蛋糕都具有特殊的寓意。

2013年，我们将蛋糕主题定为"仙鹤捧寿"。仙鹤，自古有长寿鸟之称，意指延年益寿，且地位仅次于凤凰，为"一品鸟"，是明清时期一品官服的图案，体现官阶之高。此款蛋糕整体寓意着一只只活灵活现的仙鹤衔食着寿桃为天后圣母祝寿，也有众仙朝拜之意。2014年，考虑到"拴娃娃"习俗是天津妈祖文化的特色，于是把这一年蛋糕的主题定为"子孙祝寿"。设计为5+1层，主体蛋糕胚有5层，每一层都各有一名童男童女捧桃祝寿及6个小寿桃环绕，表达了为老娘娘及送生娘娘、瘢疹娘娘、眼光娘娘、子孙娘娘祝寿之意。顶层设计为13个小寿桃追捧着一个大寿桃，表达天津百姓对妈祖的爱。蛋糕整体共有大大小小的寿桃54个，意为纪念天后诞辰1054周年。另外，众娃娃捧桃祝寿的形象也有子子孙孙共为天后祝寿之意。而朵朵的玫瑰花则意指在天后娘娘恩泽福佑之下，天津的百姓生活如花似锦、福延子孙。2015年时，不仅为了通过"妈祖情"加强大陆与台湾地区的两岸团结，也为了表达"天下妈祖同一人，天下信众同一家"的美好愿望，我们将这一年

⊙ 志愿者按照天津民俗为天后诞辰包饺子催生（桂慕梅摄）

⊙ 妈祖祭典所用供品（左中为桂慕梅摄，其余为安盛崑摄）

的蛋糕主题定为"众生贺寿"。采用了当时最流行的翻糖蛋糕,运用3D打印技术,将创意和食物完美地结合在一起。一个个独立的翻糖小蛋糕代表着世界各地的妈祖庙,55个则代表天后诞辰1055周年。并且每个蛋糕上都有不同的立体花纹装饰,如荷花,寓意"和美";"心形"寓意世界妈祖庙心心相印;"蝴蝶结"则寓意彼此在天后情缘中结为一家等。蛋糕顶端的设计也融入了时尚元素,采取了珍珠和玫瑰花。不仅彰显了天后娘娘的雍容华贵,也表现了天后的博爱。七朵争相斗艳的玫瑰花,则代表着筹备组七位参与祭祀供品创作的女孩对天后的崇敬之情,同时"七"又与"起"同音,预示着天津百姓的生活风生水起,越来越好。蛋糕寓意着天后大爱无疆,福佑万方,恩泽四海。

在不同的祭祀节日,还有不同的饰品点缀在祭祀供品上。例如,春祭(腊月二十三)常以窗花、头花装饰;天后诞辰日,则以"喜字"装饰。一次,我们提前设计制作了一款圆形、红底黄字写有"纪念天后诞辰"的即时贴,不仅用于祭祀供品,也为每一位来参加活动的信士达人贴于胸前,得到了大家的追捧。更加奇妙的是,在纪念天后诞辰1055周年活动结束后,当工作人员还在大殿月台上做收尾工作的时候,在正殿西南方向,清晰的出现了一道绚丽多彩的彩虹,仿佛妈祖在表扬我们,让我们既激动又欢喜,相信这就是我们用心做而得到的收获吧!三年精心设计的实践经验,不仅提高了天津天后宫祭祀活动的知名度,也使天后宫在广大信众和百姓的追捧中,有了更好的发展。

通过对妈祖祭祀活动的研究与实践,我们形成了一套既能体现妈祖祭祀特点,又能突出北方百姓生活习俗的祭祀流程和产业链。不仅成为海内外各地妈祖庙争相效仿的对象,也成为中国内地妈祖祭祀文化的新标榜,同时"妈祖盛宴"也将天津天后宫的妈祖诞辰活动打造成为一项既富有古老韵味,又具津味创新的天津民间特色的文化品牌。

(张晓丹)

天后宫里有神泉

1994年10月2日，天津天后宫举行了隆重的妈祖泉重浚揭幕仪式，再一次证明了民间传说的娘娘宝座底下是一个"海眼"。经测定，这个"海眼"其实是一个泉眼。重浚的这个"妈祖泉"距大殿内天后娘娘塑像有10米，经测定，是娘娘座下的泉眼的一个"分支"。经天津市劳动卫生职业病研究所对泉水水质进行分析，微量元素锶、锌含量超出矿泉水界定指标0.2mg/L，矿化度高出1200mg/L，此井水被定为可饮用天然矿泉水。

在天津一直流传着"娘娘座下有海眼"的说法。多少年来，老天津卫对"海眼"的传说深信不疑。事实上，在天津天后宫宫址上，天后娘娘的座下和大殿前的确是"泉眼"的聚集处。史料载，这里有13眼泉，后人开浚探明的有5眼泉，而重浚的这眼妈祖泉正是旧日的"金蟾泉"。

关于金蟾泉，还有一个神奇而美好的故事。传说元代时，有一年天大旱，民多疾，井水苦涩异常。天后娘娘为拯救民众，派一金蟾入井。从此，井水清澈甘洌，并治愈了民众的许多疾患。金蟾泉名气大震，百姓纷纷前往天后宫以饮神泉水为幸事。

1985年，天津天后宫开始重建，娘娘的塑像依然建在以前的位置上。经过有关部门勘察，发现娘娘的塑像下面是一根硕大的白果树桩，树桩下便是这一带最大的一个泉眼，一旦挪动树桩，水便会涌出，因此娘娘座下有海眼之说并非毫无根据，只不过不是海眼，而是泉眼。

长期以来，一些人在天后宫中发现了一个奇怪的现象。每到下雨，天后宫大殿前的地面上就会喷出串串水柱，有的呈伞状，有的像一只小蘑菇，十分好看。从科学的角度分析，这种奇异而美丽的景象是一种雨泉共涌的现象。

一位曾在天后宫当过道士的张姓老者介绍说，从清道光年间至今，娘娘宫虽屡经修葺，但大殿基础、娘娘的座位一直未动过。即使1985年天津市

⊙ 妈祖泉（王利文摄）

　　人民政府重建古文化街和天后宫，娘娘宝座、大殿、山门、藏经阁依然保持在一个中轴线上。可以这么说，在从元代至今的700多年的风风雨雨中，娘娘端坐的位置丝毫未动，她座下确确实实是一个"泉眼"。然而，人们始终找不到确切的位置。神泉，你在哪里？

　　1994年6月22日中午11点，天津天后宫重浚妈祖泉的工程开始了，打井完全采用传统的方式，天津市民俗博物馆请来了宝坻县的打井"土专家"鄂大爷。初步决定打9米深。选定日子后就"开钻"了。

　　此前，天津一直被旱情所扰，春去夏来无一场雨。说来也怪，就在6月22日这天11时，天忽然阴了，下起了雨。据说，打井这天若逢阴天下雨是天地合一，乃吉祥之兆。果不其然，井打下去仅30厘米就出现了水，自此一直用潜水泵抽水直到打井完毕，打到6米深时已出现7处泉眼，是个颇为吉利的数字。

　　妈祖泉井深6.4米，直径0.66米，不但水质好，而且日出水量达40余吨，其井水在用泵吸干后，两个小时又盈满如初。经过近十年的观察，在本市暴雨成灾之日，这里的井水与地平面持平；在旱而无雨的秋季，井水亦依然保持这么一个水平面，实为罕见。

更有一个奇特的现象是，将水满盛在杯中，投入石子，水高出杯口3毫米而不溢出，人见而称奇。

许多人倍觉新奇，纷纷前来品尝泉水，于是出现了更为神奇的传闻，某院校校长夫人腿肿两年不愈，仅用水洗三次，腿竟消肿了；还有人用这泉水洗眼，眼立刻清亮了……这是人们将美好的愿望赋予了这眼清泉。

1997年，经过不断论证，天津天后宫管委会决定在大殿前的南侧，与妈祖泉相对称的位置，再开浚一眼"普济泉"。这一决策也吸纳了包括台湾杨清钦先生在内的海内外众多妈祖文化专家们的建议：天津天后宫坐在龙脉之上，庙前的两个幡杆犹如两根龙须，而大殿前左右两侧的两眼泉就应该是龙的两只眼睛。1998年农历二月二，普济泉开浚……

天津依河临海，水是天津的命脉。对于泉，特别是随着妈祖泉、普济泉的出现，会发现另一番新奇的天地。相信不管是现在还是将来，"福主三津"的天后娘娘永远会"赐"给人们一份厚礼——纯天然矿泉水。

（姜维群）

天津市区室外最大的天后圣母石雕圣像

在市区，唯一一尊矗立于室外的大型妈祖石雕圣像，当数坐落在古文化街妈祖文化园内的这一尊天后圣母雕像了。

妈祖文化园北至天津天后宫，南至水阁大街，西至七向街，东至古文化街南街，整体规划面积为10700平方米，是天津妈祖文化事业有序传承、蓬勃发展的一个重要标志。

妈祖文化园的面积虽然不大，但在这个寸土寸金的地方，能够开辟这样一个广场，实属不易，还得说它赶上了一个千载难逢的机遇。

妈祖文化园是2014年为落实中共天津市委主要领导在南开区考察时提出的"充分发挥南开民俗文化旅游优势"的要求，充分发挥和挖掘南开区文化旅游资源，打造文化旅游亮点而规划建设的重要民俗文化点位。同时，它的建设也得益于市区各界人士连续多年的呼吁和鼎力支持。可以说，妈祖文化园的建设进一步拓展了天津民俗文化的发展空间，是南开区乃至整个天津市民俗文化发展新的聚焦点。无论是《天后圣母》雕像的造型设计，还是整个广场的景观设计，都围绕着海洋文化和运河文化的特质，以妈祖在民间的润泽显圣事迹为依托，凸显了妈祖文化的天津地域特色。

《天后圣母》石雕像是整个妈祖文化园的核心和灵魂。雕像精选汉白玉石材雕刻而成，通高9.60米，意为妈祖娘娘出生于公元960年，圣像自身高7.36米，意为距离当年敕建天津天后宫已经有736年。雕像基座正面雕刻"天后圣母"四个大字，背面篆刻《碑记》。"天后圣母"雍容大气，慈眉善目，和蔼可亲，手持宫灯凝望远方，寓意为百姓指引幸福方向，为城市发展保驾护航，具有典型的天津地域特色。

为了凸显妈祖文化具有的海洋文化特质，铺设在石材地面间的鹅卵石被设计成海水波浪状；为游客提供休息的座椅也因地制宜，围绕一棵棵巨大的

肆——复兴之路

槐树，被做成一条条船的造型，着实花了心思。

最具匠心和文化创意的是地面铺设的文化地标。分布在园内的27块妈祖文化地砖引领人们了解从妈祖出生到妈祖文化园建成期间的津门妈祖文化传承的重要节点。每块地砖长0.6米、宽0.4米，由海水江崖纹饰托底的古铜板精雕细刻而成，数字27意指妈祖娘娘27岁时羽化升神（一说是28岁，天津地域认为此为虚岁，而通常以实足27岁羽化升神视之）。从入园处开始，年代由近及远，寓意走进历史。

寻着妈祖文化园中的妈祖文化地标，犹如进行一次穿越时空的体验。

（汲朝怡）

⊙ 妈祖文化园《天后圣母》石雕圣像（尚立新摄）

213

知识链接 >>>

妈祖文化园中的 27 块妈祖文化地标

1. 2014 年 5 月，妈祖文化园建设工程历时 180 天全面告竣。

2. 2013 年 9 月 17 日，天津天后宫天上圣母应台湾北港朝天宫之盛邀，第一次巡安台湾散福，受到台湾信众的顶礼膜拜。其间举办的"世界妈祖会北港"活动入选吉尼斯世界纪录。

3. 2013 年 5 月 3 日，天津天后宫古建筑群被国务院批准为全国重点文物保护单位。

4. 2012 年 6 月，天津天后宫进行了近 30 年来最大规模的修缮。

5. 2009 年 9 月 30 日，以妈祖立德、行善、大爱精神为核心的"妈祖信俗"被联合国教科文组织审议通过列入《世界人类非物质文化遗产名录》。是中国第一个信俗类世界文化遗产，标志着妈祖文化正式成为全人类的共同文化遗产，成为全球华人文化认同的标志。

6. 2009 年 9 月 28 日，《京杭大运河》特种邮票（共 6 枚）发行，天津天后宫及天津海河为其中一枚。

7. 2008 年 6 月 14 日，妈祖祭典（天津皇会）被列入国家级非物质文化遗产名录。

8. 2007 年 5 月，古文化街旅游景区被评为全国唯一商业街式 5A 级国家旅游景区。

9. 2005 年 8 月 31 日，天津天后宫古建筑群被天津市人民政府列为天津市特殊保护级历史风貌建筑。

10. 2001 年 4 月 19 日，中国·天津妈祖文化旅游节由南开区人民政府发起创办，并被天津市人民政府列为市级重点文化旅游节庆活动，每两年举办一届，已成为弘扬民族文化，传承妈祖文化，展示天津城市形象的大型文化旅游盛会。

11. 自 20 世纪 90 年代始，天津天后宫恢复了三大民间祭典活动，即农历腊月二十三的春祭大典、三月二十三的天后诞辰庆典、九月初九的秋祭大典。为中华优秀民俗文化的传承与保护营造了良好的文化空间。

12. 1986 年 1 月，天津天后宫经重新复建，与新落成的古文化街（原宫南宫北大街）一同对外开放，成为"津门故里"中一颗璀璨的明珠。

13. 1950 年，建立了国办天后宫小学。

14. 20 世纪 40 年代，天津天后宫成立了天津特别市无极武术研究社。

15. 1936 年，时任天津市市长肖振瀛批准举办天津天后宫皇会，为振兴当时萧条的社会经济起到了促进作用。

16. 1925 年，天津天后宫建立了天后宫小学。

17. 清光绪三十二年十一月二十九日

（1907年1月31日），天津天后宫成立了第一个慈善教育机构——天津民立第一初等商业学堂。

18. 清代中期至民国年间，天津天后宫拴娃娃习俗风靡全国，由此形成天津地区特有的求子习俗，并衍生出洗娃娃庄这一特殊行业。

19. 清代嘉庆七年（1802），嘉庆皇帝敕封天津天后宫天后娘娘"天上圣母无极元君"封号，并御赐"天津天后宫天上圣母之宝印"，这是全世界妈祖宫庙中唯一的皇帝御赐印章。

20. 清代乾隆年间（1736—1795），乾隆皇帝曾多次下江南并在天津驻跸，在一次路过海河三岔河口时，看到被绿荫掩映的天津天后宫香烟袅袅，钟磬声声，即兴赋诗："沽水曲曲树重重，普天雨露沐皇风。宫观楼阁人不见，但闻天声满舟中。"这是迄今唯一的皇帝赞美妈祖宫庙的诗篇。

21. 明代永乐二年十一月二十一日（1404年12月23日），朱棣皇帝颁旨在这个"天子渡津"之地设卫筑城，天津卫作为城市的概念就此形成并发展起来。因其晚于天津天后宫的建立，故民间素有"先有天后宫，后有天津卫"之说。

22. 元代泰定三年（1326），泰定皇帝下令在海河三岔河口重新敕建天津天后宫，使其成为备受朝廷青睐的皇家庙宇。

23. 元代至元十八年至三十一年间（1281—1294），天津天后宫庙前形成了天津最早的集市——宫前集，并形成以天后宫为中心的宫南宫北大街。

24. 元代至元十八年至三十一年，天津天后宫始建。成宗皇帝曾派国子监祭酒张翥为特使来此祭拜，并留下了"晓日三岔口，连樯集万艘。普天均雨露，大海静波涛。入庙灵风肃，焚香瑞气高。使臣三奠毕，喜色满宫袍"的著名诗句。

25. 宋代宣和五年（1123），徽宗皇帝因感应天后娘娘护佑路云迪等使臣出使高丽平安归来，遂敕封天后娘娘为"顺济夫人"，使天后（妈祖）信仰第一次从民间走向官方，得到朝廷的认可。

26. 宋雍熙四年（987）九月初九，天后娘娘在福建莆田湄洲岛羽化升仙。成为深受民众崇奉的海神。

27. 宋建隆元年（960）三月二十三，天后娘娘出生在福建莆田一个林姓仕宦之家，因自其出生至满月不闻啼哭，故起名为"林默"。

（王利文）

分布于津地中心城区以外的妈祖宫庙一瞥

随着天津天后宫的复建，津地妈祖文化得到了广泛的传承和普及，城市中心城区以外的几座妈祖宫庙也乘势而上，不仅恢复了原有的庙宇，还通过举办传统文化活动传承具有地域特色的妈祖文化。

中八车天后宫，俗称娘娘庙，位于滨海新区胡家园街中八车村，东距塘沽八九千米，南距海河2千米。据世代口头传承，清末民初娘娘庙建成，当时，散落在方圆二三十千米内的人家，随着人烟渐浓，形成了自然村落。最早形成的当属中八车村，距今已有160多年的历史。娘娘庙不仅成为中八车村的祈福之地，周围十里八乡的人们都到此顶礼膜拜，祈求娘娘赐福护佑。该庙于1966年渐废。2006年，中八车村一带村民创办"滨海慈居金泰顺乡村文化中心"。在此基础上，于2012年，在距离娘娘庙原址1.5千米的地方，易地复建"中八车天后宫"，成为"滨海慈居"的重要组成部分。"滨海慈居"占地7000平方米，现有46间房，由东、中、西三座院落组成。中八车天后宫的天后娘娘是从天津天后宫分灵而来，是为数不多的村办妈祖宫庙之一。

北塘娘娘宫及娘娘圣驾修建于明朝宣德年间。北塘渔民信奉

⊙ 中八车天后宫供奉的天后娘娘（尚洁摄）

⊙ 北塘娘娘宫的微缩模型（尚洁摄）　　⊙ 老袁庄老姆庙山门（尚洁摄）

妈祖娘娘由来已久，每逢重要的日子，北塘和周边的民众就到位于北塘渔港的妈祖娘娘宫，祈福一年的好收成，祈福全家平安健康。1966年，北塘娘娘宫及娘娘圣驾遭到破坏。1995年底，北塘个体渔民协会会长周宝树等人组织各渔船和地方信众自筹资金10万元，并带领北塘老艺人和热心此项工作的老渔民前往河北省景忠山考察，仿造景忠山娘娘圣驾的形制自制模型，于1996年4月开始制作，采用台湾柚木精心雕琢，于1996年底制作完成。从此，恢复了"出大娘娘会"的活动。

2004年，在受邀参加天津天后宫妈祖诞辰纪念活动时，北塘的老艺人被天津天后宫雍容华贵的宝辇、恢宏的场面和广大信众的巨大热情所感染，并受到启迪。他们吸取了天津天后宫娘娘轿辇和台湾妈祖娘娘轿辇的精华，在渔民协会的带领下，又自筹资金6万元，制作了方便出巡的宝辇一驾，供奉给妈祖娘娘。2014年，娘娘圣驾出巡后，被请到刚刚落成的倓虚讲寺内。倓虚讲寺位于北塘古镇内，建筑面积为3252平方米，是中国北方地区唯一一座以纪念倓虚法师为主旨的佛教道场，倓虚讲寺内的妈祖殿就是专门为北塘妈祖娘娘而设。从此，北塘妈祖娘娘的驾辇终于有了固定的居所。

东丽区的老姆庙坐落于东丽区无瑕街新袁庄道3号。距海河北岸200米，旧称海神庙，又称观音庙、老母奶奶庙。占地14600多平方米（包括今庙东老袁庄小学在内）。庙内主供海神娘娘，是出海渔民祭祀神明、祈求平安的场所。

相传老姆庙始建于明朝，具体始建年月无考，是渔民为出海祭神、祈求平安所建，是天津古代漕运的重要史迹之一。因被河水冲毁，康熙四十年（1701）重建，正殿中檩有"康熙四十年二月十四吉日……吏部候选州同知刘志敏等重建，山主袁文桀、庄主郭士达叩献"字样，证明了该庙重建的准确日期。民国二十六年（1937）再修葺山墙，重饰塑像。正殿山墙两壁上均刻有"中华民国念六岁次丁丑二月念八日重建"朱红印鉴。20世纪50年代，偏殿及山门塑像已毁。到1966年，只剩下一堵山墙和两株200余年的枣树作它的"物证"。

据当地民间传说，明末清初时期，一位福建刘姓商人雇了几条大船来天津贩运货物，海上突刮大风，商人跪倒在船头祈求老姆娘娘并许愿，如保佑这一船人、货平安脱险，便在靠岸处修一座庙。说来也巧，不久海上便风平浪静了，商人一行平安靠岸，到了无瑕街老袁庄。他找到当地乡绅，提出要买地修庙，当地乡绅被他的真诚打动，就送给了他一块闲地，商人便在此修建了老姆庙。当地人叫它海神庙。

1977年，天津市文化局文物处在庙内发掘出土明永乐年制青花人物碗一件、龙泉哥窑瓷碗一件，现存天津市博物馆。1987年第二次全国文物普查时，仅存正殿三间，门窗已无，仅有正殿壁画依稀可见。1989年，正殿亦全毁。1992年，东丽区人民政府公布其为区级"文物保护单位"。

1993年10月，由东丽区人民政府和村民集资修复，竣工后定名为"老姆庙"。现占地1100平方米，建筑面积为850平方米，庙前广场面积3000平方米。庙内有正殿和两个偏殿，外观典雅秀丽。2006年12月27日被天津市政府批准为"天津市历史风貌建筑"。

（龚孝义）

曾被遗忘的两座娘娘庙

2019年，在对天津市东丽区妈祖文化的考察中发现，除了老袁庄的老姆庙外，还有位于苏庄子和大宋庄的两座娘娘庙。这两座娘娘庙与老姆庙供奉的神明大体相似，只是体量有所不同。那么，这两座娘娘庙以及老姆庙到底是否属于妈祖宫庙？地方史料中没有明确的记载，民间口传记忆中则说法颇多。通常对于妈祖宫庙的认定，是看这座庙宇的主祀神是否妈祖娘娘，而上述三座庙宇的主祀神都不是妈祖娘娘。因此，还需进一步论证。

那为什么又把它们包容进来？原因有二：一是其主殿名为"天后圣母殿"；二是庙宇管理者自认是妈祖。现将田野调查资料实录如下，便于今后进一步探究。

一、苏庄子老庙暨新庙宝辇圣会

苏庄子老庙，也称二奶奶庙，始建于清道光十一年（1831），民国二十八年（1939）被大水冲毁，民国二十九

⊙ 苏庄子宝辇（尚洁摄）

年（1940）由当时苏庄子宝辇圣会的会头张玉镇组织操办重新募建。当时建有主殿和东西耳房，后又在东西两侧各盖房六间，总占地面积1200平方米。亦是苏庄子宝辇圣会的辇房和茶棚。

苏庄子老庙曾一度改建为小学。复归苏庄子宝辇圣会后仍保留了娘娘殿。至2008年12月，苏庄子全村整体撤村搬迁至无瑕街春霞里社区后，由无瑕街春霞里居委会管辖。2010年，苏庄子老庙得到修复，总占地面积600平方米，庙前东南方即是海河。新建的天后圣母殿面阔三间，殿内迎面正中供奉云霄娘娘，左右供奉海神天后娘娘和送子娘娘；左侧祀关帝和财神；右侧祀柳仙、白奶奶、白爷爷牌位。此庙主神之位虽不是海神天后娘娘，但殿的名称为"天后圣母殿"。

苏庄子新庙位于津塘公路十号桥以北，建于2008年12月。建筑面积156平方米，是一座通高7.2米的仿古楼宇。建筑整体被划分为左右两部分。

⊙ 大宋庄娘娘庙（尚洁摄）

左侧主殿为"天后圣母殿",高6米,殿内正中安置宝辇一座,宝辇上供奉天后圣母;右侧为三层,作为苏庄子宝辇圣会的会所和日常管理所用场所。新庙前还设有1412.46平方米的广场。

二、大宋庄娘娘庙

大宋庄娘娘庙始建于明朝末年,坐落于大宋庄村子的最前面。据说袁世凯任直隶总督时,曾利用庙内前殿建立了小学,但庙宇的大殿和后殿仍然具备庙宇功能。1950年,庙宇被拆,改建为大宋庄小学。2009年,经无瑕街政府同意,大宋庄娘娘庙得到复建,当时该村村民和周边十里八乡的民众都积极踊跃捐款,庙宇被拆一个甲子(60年)后再次建成。

复建后的大宋庄娘娘庙占地3500平方米,建筑面积为2000平方米,青砖,黄琉璃瓦。建筑格局包括幡杆、山门、前殿、正殿、观音殿和两侧配殿。庙内供奉天后圣母、泰山娘娘、天道娘娘、痘疹娘娘、眼光娘娘、送子娘娘、观音菩萨、普贤菩萨、文殊菩萨、龙王、小神爷、护法神、柳仙、药王、财神、窦二哥。庙外设有广场,并建有柳仙亭,亭内设石碑,镌刻2013年所作碑文《迁柳记》。庙内还存有建庙时曾在大殿檩条上发现的明熹宗天启年的"天启通宝"铜钱两枚、清代房契一份和脊兽一件。

据当地民间口传,大宋庄娘娘庙供奉的天后娘娘还被认为是云霄娘娘。

(尚洁)

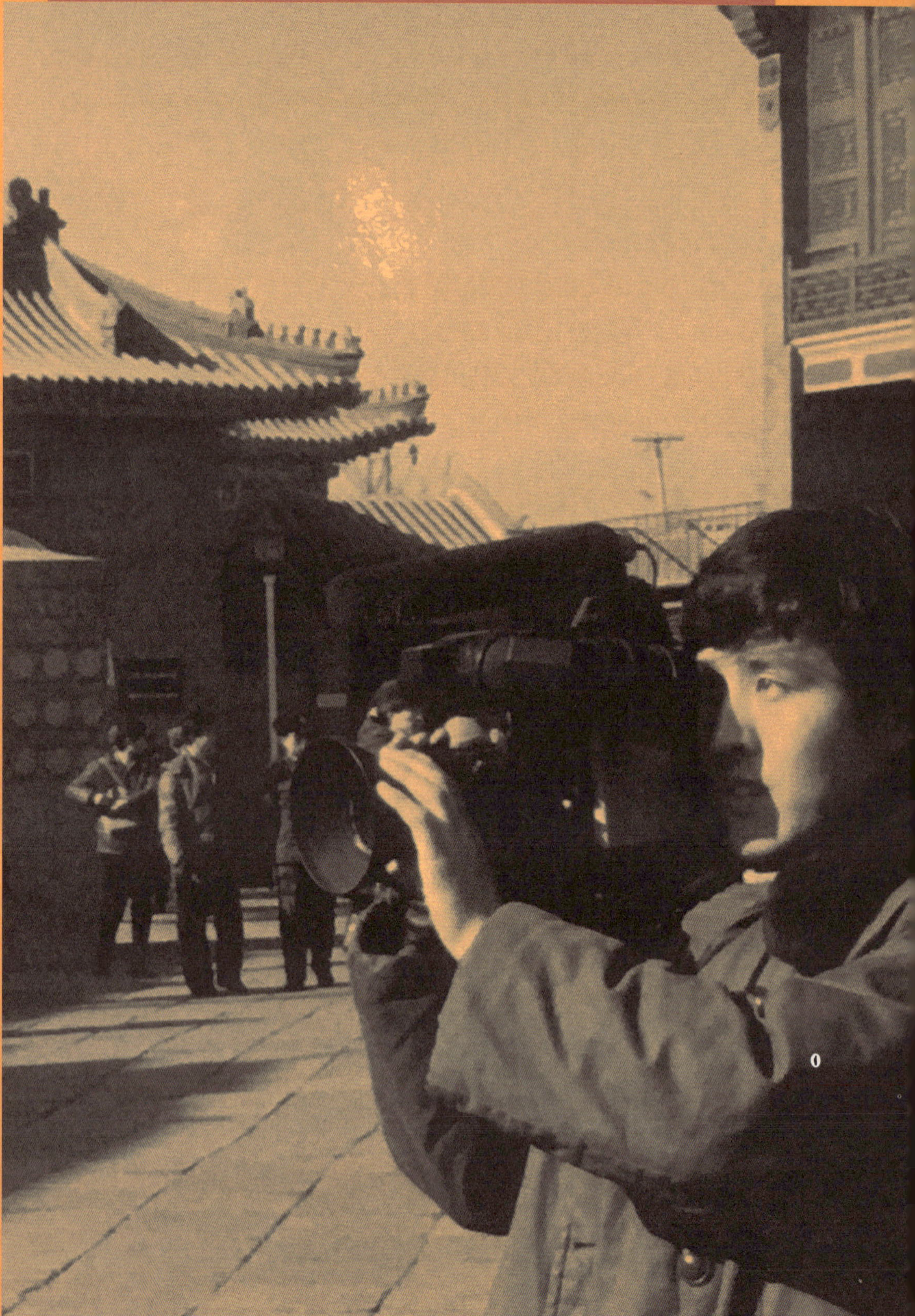

伍

亲历者说

口述史亦称口碑史学,即以搜集和使用口头史料来研究历史的一种方法。

津卫妈祖文化的复兴凝聚着一代又一代人的辛勤耕耘和不懈努力,有激情,有奉献,有感怀。在今天看来最容易不过的事,而在过往的时代却要付出很多很多……

我与妈祖的故事

一、听妈妈讲娃娃大哥的故事

我是喝海河水长大的天津人，从小听长辈们讲天津的故事。

最早不知道妈祖，只知道娘娘宫"拴娃娃"。听妈妈说，早年间，老天津人婚后为求早生贵子，会到娘娘宫里烧香求子，天津人叫"拴娃娃"。她们供上点心、水果等供品，烧上香，留下香火钱，许下自己的心愿，然后趁道士们不注意，赶紧从香案上"偷"一个小泥娃娃揣入怀中，算作她们的"儿子"，然后定期还要去庙里换大一些的娃娃，就真像小孩长个儿似的。喜得贵子后，还要去娘娘宫还愿。拴来的泥娃娃便是"大哥"，新生婴儿则排行老二。"哥哥"会保护弟弟们的平安。于是，娃娃大哥就成了家庭成员。家里的真大哥就成了"二哥"。天津人见面互称"二哥"的典故，也是源于此说。

二、天后娘娘座下的海眼

老天津卫都把妈祖唤作"老娘娘"。"娘娘宫"是天津人对天后宫的俗称。老娘娘在天津人的心中地位极高，尤其是"老娘娘坐海眼"之说，旧时在天津卫几乎无人不晓。

关于"海眼"，津门从古至今流传着种种传说。在诸多民间传说中，有一个最主要的、近乎众口一词的说法是：这个老娘娘不能动，只要一动，"海眼"就要往外冒水，天津卫就要被淹没。

当年娘娘宫有位叫张修培的道士，他的儿子叫张家驹。据张家驹先生回忆，20世纪20年代初，他每次进到娘娘神龛内，就能听到酷似海浪的声响。俯身贴耳于娘娘神像，则会听得更清晰、真切。张家驹先生的亲闻亲历更为"老娘娘坐海眼"带来几分神秘。

对于这种说法，我也早有耳闻，从小就想：天后娘娘是不是坐海眼？神像座下的水声到底是怎么回事？万一有人动了老娘娘，天津真会发大水吗？

美丽的传说带来美好的想象。神秘、神圣的天后宫从小就住进了我的心里。

三、结识大冯

1983年，我从中国传媒大学（原北京广播学院）电视系电视新闻专业毕业，成为天津电视台第一个科班出身的摄影记者，担任新闻部重大时政和文化新闻报道工作。

当时，我结识了冯骥才、蒋子龙等作家，并与他们成了忘年交。

大冯作为一位擅长描写近代天津民俗风情的作家，从幼时便对天津老城、天后宫及其中的人生百态和民俗表演兴致浓厚。天津人古道热肠，急公好义的地方性格在他脑海中留下难以磨灭的印象，因此，才有了《神鞭》《三寸金莲》《俗世奇人》这些文化小说的问世。而所有这一切都成为他后来的文化保护行动的动力和基础。

当时，大冯总是一有时间就会给我讲皇会。

他说，那本来是妈祖文化中的一种出巡仪式。妈祖是宋元时期的海神，后来衍变成了地方守护神；她是百姓创造的，而百姓又将各种美好的愿望、期许寄托在她身上。自元代妈祖信仰传入天津地区以来，在当地得到了长足发展，妈祖由最初的海神转变为天津城市的全能保护神。

自元代始，海河为漕船南粮北运、沿运河直达北京的必经之地。元代至元年间在海河西岸小直沽兴建的天妃庙，初建时主要功能是企求航海安全，是历代的海祭中心，也是古代船工海员娱乐聚会的场所，后来发展成百姓求福祈顺之所，并以此形成天津最早的居民聚落点。

元代张翥在《代祀天妃庙次直沽作》中写道："晓日三岔口，连樯集万艘，普天均雨露，大海静波涛。入庙灵风肃，焚香瑞气高。使臣三奠毕，喜色满宫袍。"在张翥的笔下，"万艘"漕船与妈祖的"灵风"、商贸的"瑞气"紧密联系在一起。

　　清康熙二十三年（1684），康熙帝封天妃为天后，天妃宫改称天后宫。因为是皇帝下令建造，所以山门匾额上刻有"敕建天后宫"字样。

　　明清两代"漕运"不断，对海神的崇奉不衰。天后宫前的一片空旷地带逐渐形成了"宫前集"，成为一个百物云集、熙熙攘攘的场所。庙前逐渐形成了街道，建起大大小小的店铺。宫南宫北大街就是这样出现的。可以说，天后宫一带是天津城市形成和发展的摇篮。因此，民间素有"先有娘娘宫，后有天津卫"的说法。

　　在与天津本土文化融合的过程中，天津皇会成为天津妈祖信俗中最具代表性的一部分，是天津独有的社会文化现象，深具天津地方文化韵味。

　　大冯说："不可思议的是，在津门举行皇会例行的七八天里，竟然举城若狂，万人空巷，香船云集于海河。""中国的大城市何处还有这样壮观的民俗？"

　　为何称"皇会"呢？是因为乾隆皇帝下江南时曾途经天津，船泊三岔河口。适逢妈祖诞辰，民间百会全城大巡游。看到鹤龄、捷兽等老会表演时，皇上龙颜大悦，御赐金项圈、黄马褂等物，百姓以此为荣，从此便有了"皇会"的美称。皇会原为旧时天津民间纪念妈祖诞辰而举办的祭祀庆祝活动，由于受到了清代皇帝的封赏，声名远扬，历史上曾被称为是中国北方唯一的"神话盛事"。

　　大冯还特别提到了国家博物馆收藏的《天津天后宫行会图》是清代画家描绘皇会景象的工笔重彩画。它在清代市井风情画中独树一帜，堪与北宋的《清明上河图》相媲美，是一部关于天津皇会的风俗画卷，真实记录了清末天津妈祖信俗的亮丽风采，是研究中国北方妈祖信俗的重要实物。

　　后来，我又在大冯的小说《神鞭》中，读到了有关天津皇会生动细腻的描绘："天津卫地起是靠渔盐漕运发的家，行船出海，遇上黑风白浪，就得指望海神娘娘保佑了。所以就借着海神娘娘诞辰吉日，百戏云集，万人空巷，烧香祝寿，讨娘娘高兴。还要把娘娘的塑像从东门外的天后宫里请出来，黄轿抬，华辇推，各会随驾表演逞技，城里城外浩浩荡荡绕几天，拿娘娘的威严，压一压邪魔妖怪……"

然而，社会更迭、时风嬗变，这种全城巡游式的以民间崇拜为主题的皇会亦渐渐远去。历史上最后两次皇会分别是 1924 年和 1936 年。

因为大冯，妈祖在我心中不再只是一种民间信仰，更成为一种活态文化。当然，也有了一个遗憾，遗憾从未见过天津皇会的盛况，甚至没有去过天后宫。

四、跟着大冯初探天后宫

1984 年的一天，大冯突然对我说："家森，带上摄像机，咱们去抢救拍摄一批老的古建筑。"

当时，冯骥才已经开始投入文化遗产的抢救与保护工作。我们先去抢救拍摄了吕祖堂、文庙。吕祖堂原是永丰屯的祠堂，始建于明朝宣德八年（1433），清朝康熙年间改为供奉吕祖的道观，并定名为吕祖堂，香火很旺。当年在天津卫是颇有影响的道教圣地。当我们走进吕祖堂时，建筑早已破败不堪，只剩一位老道士。他跟我们说起义和团来到天津时，曾经在吕祖堂设立过"总坛口"。

之后，我和大冯来到了宫南宫北大街。当时，街道破破烂烂，沿街的一些小店，有的合营他迁，有的变为工厂车间，大部分变成临街住户。走到天后宫，我看到山门上挂着的御赐匾额，上面"敕建天后宫"的字迹已经模糊。天后宫门前，高大的幡杆也危朽不堪，顶上的金桃早已失去了色彩。

我带着儿时的记忆和美好的想象，平生第一次走进了天后宫，却被眼前的一幕惊呆了。

没想到，我心中神圣又神秘的天后宫早已成了大杂院，正殿、配殿都是住家，"有 72 家房客"。道光年间的青石板上，拍着煤饼子。雕梁画栋的窗户上捅出了拔火罐。明代修建的张仙阁是天后宫的重要组成部分，是中国北方最早的过街楼式建筑，由于年久失修，二楼屋顶已经长出了碗口粗的树。

这样的景象让我不胜唏嘘。如何才能让天后宫重焕光彩呢？

大冯开始奔走疾呼，我也在天津电视台连续播发了有关天后宫的报道，引起了社会强烈的关注。

五、重修津门故里，发现千秋带

1985年，天津市政府决定对文庙、天后宫、广东会馆、吕祖堂四处文物古迹进行修复，同时将宫南大街、宫北大街重新整修成古文化街。

1985年3月，宫南宫北大街及天后宫、文庙、广东会馆一带的20多处工厂、企业、商业网点和近700户居民全部搬迁。

1985年5月17日下午，古文化街修复工程在细雨蒙蒙中开工。

宫南宫北大街原来就有一些建筑是清代遗存。建古文化街有一个原则，就是移植天津市内原有的仿清小式民居建筑上的砖雕、木刻花饰，模仿清式建筑风格，装点沿街门面，使古文化街充满古风和独特的天津味。

天津市房管局总工程师章世清带领设计人员跑遍天津老城，查看祠堂、庙宇和居民四合院，终于从几十所经过多年拆改的旧建筑中，发现了不少清代至民国时期建筑的精华。最典型的是红桥区南运河畔饮食公司办公的地方，这里原是民国初年建起的粮食交易市场"万春斗店"，当时还有北房十间，青灰磨砖墙面、单檐歇山屋顶，其前廊、红柱、绿椽、砖雕、木刻、格窗、花饰，全都完好无损。施工人员把"万春斗店"的建筑整体搬到了古文化街，布于天后宫两旁的街面上。

仓敖街的一个大四合院套着七个小院，不仅建筑形式有可模仿之处，更可贵的是它较完整地保留下了花梨木门窗和100多件精致砖雕。而砖上所刻的亭台楼阁、山水人物、花鸟走兽实属少见，有的可能是"刻砖刘"的作品。这处四合院的一些细节也移到了古文化街上。建古文化街共用磨砖150万块，还用了大量木雕和砖雕。

伍——亲历者说

迁走住户后，天后宫的修复开始紧锣密鼓地进行。

天津市第一修建工程公司油工队承担了修复古建彩画任务。彩画人员在整理天后宫大殿天花板时，在几百块被熏黑的天花板中发现了三块"千秋带"，分别记录了清顺治十七年、乾隆四十五年、同治五年对天后宫修缮的情况。乾隆四十五年的"千秋带"上还有许多名匠的名字。这些"千秋带"给彩画设计人员提供了修复天花板原始图案的线索，使天后宫得以修旧如旧、重焕新生。

当时，天后宫内没有娘娘塑像。为了给天后娘娘再造金身，泥人张彩塑工作室的傅长圣找到老照片，又到外省考察了几位天后娘娘塑像，才有了现在我们看到的这尊。

天后宫许多文物虽散失民间，但其中也有不少"失而复得"。比如，曾作为贮藏御赐经卷之所的皇经堂，其上的石额原来嵌在墙上，后来墙壁倒塌，房主将石额妥善保存，历经30多年完好无损。再如，原鼓楼上直径近两米的大鼓虽被损坏，但"鼓帮"被保存下来，为复建后的重修提供了借鉴。

天后宫前面的两根大幡杆，剥去多年的陈皮旧迹后，发现一根是楠木，另一根是黄松。两根幡杆都是用整料做成，一根高26米，另一根高25米，稍矮的幡杆原来上部折断过，后锯下一截又接到了一起。

宫前街原来的过街戏楼早已破损不堪，拆除殆尽。新建的戏楼高12米、宽10米、进深11.5米，绿色琉璃瓦剪边的屋顶十四条脊、七面坡顶，檐牙高啄、钩心斗角。比老戏楼高大得多，装饰也更复杂。

1986年1月1日，古文化街开业，天后宫也同时对外开放。

修复后的古文化街以天后宫为中心，全长687米，宽7米。沿街两侧是高低错落的仿清式民间小式古建筑，重现了"一条街，百家店"的盛景，云集了杨柳青画店、泥人张彩塑室、萃文斋、华宝斋、积墨山庄、文丰纸店、芥园、毕升阁、春在堂……

○ 1989 年拍摄《津门十景》时留影（左四：冯骥才；左一：李家森）

六、《津门十景》奇遇记

1989 年 5 月 1 日，《今晚报》发起"津门十景"评选活动，古文化街定名为"故里寻踪"并以高票入选。评选揭晓后，我担任总导演，着手拍摄制作电视片《津门十景》。作为天津电视台第一个科班出身的摄影记者，我想用影像记录下天津这座城市的美景、它的性格、它的文脉、它的历史浮沉和它的日新月异。

拍摄有条不紊地进行着。然而，当我拍摄天后宫时，一件"神奇"的事情发生了。

拍摄天后宫的第一天结束后，我带着素材回到台里。按照惯例，我要带领摄制组回看当天的拍摄素材。天后宫的前殿、正殿、凤尾殿、藏经阁、钟鼓楼等建筑，拍摄效果都很好，我的团队欢欣鼓舞。就在此时，正殿内部的画面却令我们所有人大吃一惊。"一切都是实的，只有娘娘的塑像虚了！"我有点不敢相信自己的眼睛。倒回去再看，的确是虚的。

⊙ 1989年在天后宫宫前广场拍摄《津门十景》

我心想:"有可能是后焦跑了。但是那也应该画面全虚啊。明天重拍吧。"

第二天,我带着疑惑再去天后宫,反复检查、确认对焦后,重新拍摄正殿娘娘塑像。"这回肯定万无一失了。"我想。

不料,回来再看,还是虚的。我心中大惑不解。

第三天,摄制组早早地来到天后宫。晨光熹微中,我一个人走进正殿,恭敬而真诚地向妈祖说:"娘娘,我们摄制组是来弘扬您的精神,传承中华文化的。若有不敬,请您谅解。"

然后,我取出摄像机,再次拍摄了妈祖娘娘的塑像。

回到台里检查素材,不知是心诚所至,还是巧合,结果令我非常惊喜。清晰的妈祖塑像庄严肃穆,却又在华贵神圣中带着慈悲和秀慧,给人以一种强大的心灵震撼。

这组镜头为《津门十景》完美封镜。

这部专题片由冯骥才撰稿、范曾题字、鲍元恺作曲、赵忠祥解说,创作阵容堪称豪华。

《津门十景》制作完成后,在天津电视台首播,后又在中央电视台播映,反响热烈,被誉为"爱国主义教育的好教材"。

七、与妈祖结缘 30 年

《津门十景》之后，我与天后宫的历任馆长成为挚友，展开了长达 30 年的合作。我们共同挖掘妈祖广博深刻、丰富灿烂的文化内涵，展示中国北方妈祖文化风韵，记录妈祖与天津的历史、文化、民俗，乃至音乐、舞蹈、工艺美术等方面的融合与演进。制作了一系列富有人文情怀和精神内涵的电视作品。

在这一过程中，我对于妈祖的理解也越来越深。"红学泰斗"、文化学者周汝昌先生在接受我们的纪录片《妈祖情缘》采访时的观点，尤其令我记忆深刻。

"我们天津的天后宫里有个特殊形式，分五个娘娘。这五个娘娘实际不是五位，而是由天后宫老娘娘衍生出来的五个化身。第一，家里的人想念在外冒着生命危险行船的人，需要精神支柱，因此心目中有一个天后娘娘。第二，生儿育女关系到中华民族的延续，娘娘庙里拴娃娃是为了传宗接代。第三，生儿养女，生产是一大难关，性命攸关。第四，小孩生下来，辛辛苦苦抚养到几岁，如果生了痘疹，一下子就完了，当时没有办法治。第五，旧时妇女需要负责全家老小春夏秋冬的衣服，一针一线，在绿豆大的油灯下缝到三更天。那么，她的眼睛一旦发生问题，就简直不得了。因此，你看看，子孙娘娘、胎产娘娘、痘疹娘娘、眼光娘娘，从哪儿来的？从人民的生活中来的。人们需要寻求这么一位由人而化为神圣的、关怀国计民生、人民苦乐安全的天后。"周老强调，妈祖不是迷信，而是一种精神、一种文化，是维系宗族关系的重要纽带，传递着民间信仰中那些朴素的情感。

妈祖，传说为渔家女子，是中国具有最高威望的海神，在中国随处可见妈祖分灵庙。中国沿海许多著名港口城市的开发史几乎都与妈祖庙息息相关。台湾四面环海，护佑航海安全的妈祖成了台湾第一大信仰，在台湾有 500 多座妈祖分灵庙，百万余名信众。在已知的记载中，澎湖天后宫是台湾第一座妈祖分灵庙。台湾的北港朝天宫则与福建的湄洲妈祖庙、天津天后宫，并称

"世界三大妈祖庙"。

妈祖也是全球华人圈的普遍信仰。华人下南洋的历史可以追溯到汉武帝时期，到郑和七下西洋时，船上一定会供奉妈祖的神像。在英国、法国、意大利、比利时、美国……背井离乡的海外华人往往聚集一起建立会馆，妈祖庙大多和会馆是一体的，除了供奉神明，还承担了许多社会功能，共同的乡音和信仰让海外华人们聚在一起、相互扶持，这是海外华人社会的基础，而妈祖正是他们的精神纽带。

有感于此，我决心再拍一部大型纪录片，以记录妈祖文化的延续和传承，展现妈祖文化的丰富内涵和现实意义。

2007年，电视纪录片《妈祖》在天津开机。我带领摄制组遍访大陆重要沿海城市的妈祖庙，包括北方妈祖文化传播中心天津天后宫、妈祖文化的发源地福建莆田妈祖祖庙等，还赴台拍摄台湾岛著名的妈祖庙，包括台湾北港朝天宫、大甲镇澜宫、澎湖天后宫、台南大天后宫、新港奉天宫、南方澳南天宫、台北松山慈佑宫等。此外，摄制组还寻访了郑和七下西洋的出发地——江苏太仓浏河天妃宫、浦江妈祖文化的代表上海天妃宫，以及香港天后古庙、澳门妈祖文化村等富有特色文化底蕴的妈祖庙。

天津天后宫作为世界三大妈祖庙之一，在全球信众中赫赫有名。我们所到之处，都受到极其热情的接待。尤其在台湾拍摄时，我与台湾北港朝天宫的主委曾蔡美佐、大甲镇澜宫的副主委郑铭坤结下了深厚的情谊。我深深感受到海峡两岸血浓于水、血脉相连。"我是中国人，我信仰妈祖。"众多台湾民众不约而同地说着这句话。两岸三通前，台湾的一些妈祖信众曾乘坐20艘渔船，从宜兰出发，直航抵达福建湄洲妈祖祖庙谒祖进香，并迎请300多尊妈祖神像回台奉祀。当时这一举动轰动两岸，被称为"两岸不通，妈祖先行"。妈祖连接起的认同感始终是海峡两岸的情感桥梁、文化纽带。

经过两年半的精心制作，三集电视纪录片《妈祖》于2009年11月在天津电视台播出。大雪纷飞的天津天后宫给人强烈的视觉震撼；有着600多年历史的澎湖天后宫的古朴之风更是首次由大陆电视媒体拍摄并展现在全球观众面前。一个个鲜活的故事、一个个生动的人物，加之由妈祖文化专家尚洁老师精心撰写的解说词，全景展现了妈祖文化的独特魅力。它正超越时间与空间，成为中华文化中的宝贵财富，历千年而愈兴。

八、"妈祖泉"的故事

有关天后娘娘的想象总是充满奇幻、色彩斑斓，也流传最广。

2011年10月，出席第七次"陈江会"的海基会董事长江丙坤一行，在海峡两岸关系协会会长陈云林等的陪同下，到天津天后宫参观游览。

当时，我特地派出记者采访，记录下了一段故事。

江丙坤参观时好奇地问，台湾的妈祖信众中流传着天津天后娘娘神像座下有海眼，是不是确有其事呢？天后宫的工作人员介绍说，20世纪90年代，人们对娘娘宝座底下的"海眼"进行测定，发现这"海眼"其实是个泉眼。

奇幻传说终于有了答案。

江丙坤饮用了"妈祖泉"的泉水，并与陈云林一道鸣钟，为两岸共祈平安，并愿两岸同胞早日团圆。

九、皇会盛景再现

冯骥才曾说，1936年之后，皇会就成为天津"一个遥远而美丽的文化的梦"。

这个曾延续数百年的盛景，难道只是过往的历史？

自从大冯给我描述过天津皇会之后，这个问题就一直萦绕在我心中。

没想到，1988年，停办了52年的皇会，以"民间花会"的名称重新登上天津民俗文化博览周的舞台。可惜，规模较小。

带着这个遗憾，时间进入了21世纪。

2001年，天津这座古老而又焕发着青春活力的城市，恢复了皇会的名称，举办了首届中国天津妈祖文化旅游节，迄今已有九届。尤其是 2004 年，恰逢天津设卫建城 600 年，皇会规模宏大、盛况空前。我当时任天津广播电视台滨海频道总监，派出直播车，进行多机位现场直播。

开幕式当天，来自 16 个国家和地区的数万名信众齐聚天津。来自台湾北港朝天宫、台湾大甲镇澜宫、香港天妃宫、澳门妈祖庙、金门妈祖庙、福建湄洲妈祖庙等 12 个妈祖宫庙的同仁，在天津天后宫戏楼前的海河亲水平台举行了海内外各地妈祖圣像安座大典，并将各自带来的水、土汇入四海安澜瓶和坤泽四方鼎，象征着中华民族同祖同宗、同根同源。

"津沽盛事妈祖情"大型文艺演出与花会踩街活动同步举行，幡幢林立、会档骈比、百戏杂陈、鼓乐喧天，将天津城的包容质朴、天津人的豁达开朗展现得淋漓尽致。

盛景再现，我激动不已。

民间文化的坚韧与活力注入了时代精神，正走向更广阔深远的世界。

此时，随着悠扬的钟鼓声，数千羽信鸽和无数只气球飞上蓝天。正在海河亲水平台指挥拍摄的我，抬眼望去，6 只巨大的雄鹰正盘旋而过，振翅九霄。

金秋的天津，城市上空怎么会有雄鹰出现呢？我惊奇并疑惑。

或许，有关天后娘娘的一切，总是充满奇幻，色彩斑斓吧！

不管怎样，从那一刻起，我知道，我与妈祖的故事还将继续。

（李家森）

我为天后圣母制作銮驾

人生七十古来稀。七十载光阴留下了许多值得怀念的记忆。

我出生在海河畔的狮子林大街,记得六七岁时,经常和胡同里的小伙伴们一起到娘娘宫玩。那时,我们都还不敢进前殿,害怕里面供奉的四大金刚。听说只有家里大人领着进宫,才不会被神收了去。除了老娘娘外,我印象最深的是正殿的左边是一位站着的挑水哥哥,挑着一对水筲。宫内后面的侧殿里摆着好多兵器,当时娘娘宫里有练武术的。

说来也巧,人生的缘分似乎是注定的。1986年,我从河北省航运局海运处正式调到了位于娘娘宫的天津市民俗博物馆工作。那时古文化街刚开街,街内店铺林立,街上人山人海,娘娘宫每天要接待万余名游客和香客,香火很旺。

第二年春天,我就接到制作天后宫正殿銮驾的任务。

天后圣母的銮驾传说是清代皇帝敕封的,共18件,雕刻精美,不仅是天后圣母驾前仪仗执事,亦是中国古代皇权的象征。

制作銮驾也许就是我和娘娘的情缘。我从小就喜欢干木工活儿。后来上山下乡去了农村。1975年,我被选调到海兴县农机修造厂当上了模型工,制作铸件的模型,那时还只是个学徒工。没想到十多年后,这一身好手艺竟没有白学。

为了制作好銮驾,我们决定先到相关部门学习考察,借鉴一些经验。在当时的馆长王克信的带领下,我们一行参观了山东烟台博物馆,那里展示的锡制古代銮驾令人震撼,一种亲近感油然而生。我们一致认为,这套銮驾非常符合我们之前的想象。但由于当时馆内资金所限,所以决定制成木雕。

根据拍摄的照片和速写,我们首先确定了设计制作图,然后开始动手制作。当时馆里没有电动工具,完全靠简单的工具手工制作。我把斧子磨得很

⊙ 天津天后宫大殿天后圣母圣像两侧的銮驾

快,又从在家具五厂工作的表哥那里借了十来件雕刻工具。据我的表哥说,这些雕刻工具是家具五厂的八级锻工黄发师傅专用的,他退休后就送给了我的表哥。

制作銮驾的过程是艰苦的。那时我30多岁,力气大,有闯劲儿,也有手艺,无论遇到什么困难都不怕,一心只想把銮驾做好。

我在图书馆查阅了中国历史上关于銮驾图案的资料,又在古籍书店买了几本关于古代"龙"图案的书籍,还走访了当年天后宫的道士张老道。从制作"方天戟"开始,一件一件地依次按照尺寸制作。由于这套銮驾较大,所以用的都是大的整块木料。靠一锯一斧,用尽全力地破料、切割。不管天气冷热,满脑子就是銮驾銮驾。

经过半年多的努力,十来件銮驾已具雏形。虽说都比较顺利,但有一个小插曲,也算是一个不大不小的困难。銮驾中有两件蟠龙棍,上面的龙是立体的,整条龙的身子要盘在龙棍上。当时馆领导考虑制作周期,怕我做不出来，就请了河北省武邑县（雕刻之乡）的师傅来完成。两个多月后，当他们把两件蟠龙棍送来时，大家发现这两条龙的尾巴少盘了半圈。没有办法，只能付了一些工料费将这两根不合格的蟠龙棍退了回去。

在这种情况下，馆领导决定这两件蟠龙棍还是由我来做。开始，我还有点不敢接，后来一想自己这么多件都做了，何不全做出来。我也担心别人做的手法和我的不一样，影响整体效果，因此就下决心无论难度多大也要做出来。

我先把从家具五厂运回来的大圆木墩搬了来，把龙的图案画好，磨好了斧子就开始砍制了，仅这两条龙身就砍了一个半月。

经过一年的艰苦制作，18件銮驾全部雕刻完成。按照銮驾的原形，每件的托件部分还要雕出花纹。为了保持雕刻纹样不变形、不损坏，我找到制铜工艺师傅，把托件上的花纹用铜板制作好后镶在上面。镶嵌珠宝是最后一道工序，虽说是仿真的珠宝，但其效果却令人真假难辨。

经过组装、打磨、油漆、镶杆等一系列工序，威武、气派的18件銮驾被置在了摆架上。在娘娘诞辰纪念日前摆在了正殿娘娘圣像前两侧。这一年恰逢娘娘升神一千年，因此銮驾的制成也具有了更深层的特别意义。

回想当时自己的心情，除了激动和喜悦，还有一种感恩和祈愿，这是我一生中最值得骄傲的一件功德之事。

除此，我还用自己的这身手艺为天后宫雕刻了许多匾额，如正殿的"天后圣母"，台北朝天宫赠送的、由中国书协主席刘炳森书写的大抱柱匾，凤尾殿、元辰殿的抱柱匾，以及藏经阁、启圣祠的匾额等。因此，我还被评为当年文化局系统的劳动模范。

时光荏苒，虽然退休多年，但每每看到这些自己亲手制作的物件，都有一种难以割舍的情怀和爱恋，也为我此生能够有这样的作品而倍感自豪和骄傲。

（戴东涛）

天津民俗文化博览周：一个不能忘却的文化品牌

1988年5月1日至8日，经天津市人民政府批准，南开区人民政府以天津市民俗博物馆（天津天后宫）古文化街为主办地，策划举办了系列化、多角度展现南开和天津文化特色的综合性大型活动"天津民俗文化博览周"。

正是参与策划和组织这项大型民俗文化活动，使我不仅结识了民俗学泰斗钟敬文先生和文化大家冯骥才先生、乌丙安先生等众多专家学者，拓宽了视野，而且确立了自己学术研究的方向。我对"皇会"的研究就是从这个时候开始的。

记得第一次拜访钟敬文先生是和时任南开区群众文化工作办公室（南开区文化局的前身）主任米新华一同去的。钟老的家就在北京师范大学一座专家楼里，房子并不宽绰，书房兼客厅挤挤插插的，到处都是书，只留下能容一个人过去的小通道，一不小心，两边的书本和杂物就会被带下来。当时，我的内心就升腾出一种深深的敬意。钟老得知我们的来意，非常高兴，也非常支持我们举办"天津民俗文化博览周"，给我们提出了很多好的建议。他还兴奋地说："天津市是一个具有民俗文化特色的城市，南开区又是天津民俗的根，你们能够举办这样大规模的活动，实在是有远见卓识，很值得赞赏。"

回津后，我又和米新华主任拜访了冯骥才先生。同样，我们倍受鼓舞，收获满满。

接下来就是起草方案，策划，筹备，攻破了一个又一个难题。最后"天津民俗文化博览周"以南开区群众文化工作办公室的名义发起，与天津市文化局、天津市旅游局、天津市侨办、天津市开发区、天津市民俗协会、今晚报社、天津电视台联合举办。以"展现古代民俗，纷呈近代风情"为主旨，强化地域文化特色，增强民众的地域自豪感，促进天津城市的发展建设。

5月1日，在天津天后宫宫前广场举行的开幕式上，京津两地的学者、领导，以及外宾来到了会场。周汝昌、乌丙安、刘锡诚、冯骥才、史树青、马三立、溥佐等8位文化名人和相关领导共同剪彩。

天津民俗文化博览周活动期间，7大类48项活动递次展开，有民间花会，民间曲艺，民族民间文艺演出，民俗陈列展览，民间体育表演，民俗集体婚礼，民俗学讲演、交流、征文活动，民间名优特小吃展销等。活动覆盖面涉及天津市的文化、体育、园林、旅游场所30余处，演职人员达2400余人，京津著名的影、视、歌、曲名角登台献艺。特别是内容安排上，凸显"津味"，有为天津百姓喜闻乐见的几十道民间老会表演、风筝比赛、花毽表演、武术擂台赛、海河龙舟表演等；有京、评、梆、曲艺的演出；有大型服装表演队在服装街、古文化街别开生面的走街表演；有反映天津历史文化发展、天津民间艺术的展览、陈列及民俗学的讲演和研讨活动；等等。至今我还记得民俗学专家乌丙安讲演时与大家互动的火爆场面。此外，还安排了适合不同年龄结构的群众性文娱活动，动静结合，雅俗共赏。

首届天津民俗文化博览周是改革开放以来首次大规模地发掘和弘扬天津地域特色文化、社会各界参与社会大文化的一次有益尝试，得到人民群众的积极参与和肯定。自1988年开始至1996年，已成功举办五届。之后因多种因素而退出历史舞台，令人惋惜。

弘扬民族文化、凝聚乡土情感、宣传社会主义核心价值、促进城市文明进步、彰显健康向上的民俗文化，都不能丢掉我们的优秀传统文化。而文化品牌的形成也不是一朝一夕能够一蹴而就的，经典不能忘却。

（尚洁）

用心血哺育的民俗文化之花
——天津市民俗博物馆文物征集的那些事

1986年1月1日，修缮一新的天津天后宫对外开放，与此同时，坐落于宫内的天津市民俗博物馆也正式与观众见面，这是天津文化界的大事件，标志着天津妈祖文化和民俗文化的发展进入了一个新的历史阶段。

天津市民俗博物馆是国内最早建立的民俗类专业博物馆，具有里程碑的意义，当时国内的民俗研究还方兴未艾，天津市民俗博物馆的建立对民俗文化研究的迅速兴起起到了推动作用。由于建馆筹备的时间比较仓促，馆藏的民俗文物极度匮乏，直接影响了陈列展览的水平，同时也制约了博物馆的发展，我们几个青年人怀着对博物馆事业高度的责任心和使命感，开启了艰辛的民俗文物征集之旅。

搞文物征集首先要具备文物鉴定的知识和经验，除了恶补书本上的知识，我们还拜顾道馨等几位民俗学专家为师，经常登门请教，获益匪浅。

当时征集民俗文物主要有三个渠道，一是从天津市文物公司购买，二是从有收藏爱好的个人手中征集，三、最主要的还是从市场上大海捞针。20世纪80年代中期，天津还没有形成专业的文物市场，只有一个坐落于南开区天宝路的旧物市场，也就是俗称的"鬼市"。后来该市场逐步扩大，整条西市大街都被其占用。市场上出售的旧物五花八门、应有尽有，大到家具桌椅，小到生活用品，不一而足。早年间，有些人出售的物品来路不明，故他们大多在夜间交易，到了天明的时候，交易便大都结束了，因此有了"鬼市"的称呼，后来，这种现象基本不存在了。

20世纪90年代，天宝路旧物市场被取缔，在和平区的沈阳道又诞生了专业性更强的文物市场，其中大部分摊主都是从天宝路旧物市场迁移过来的。

天津市民俗博物馆目前馆藏的几千件民俗文物，大部分都是从天宝路旧

⊙ 天津市民俗博物馆《印象天津卫》展览（一）（尚立新摄）

物市场和沈阳道文物市场征集来的。为了能够征集到品相好的物件，我们在相当长的一段时间内几乎放弃了公休日。整天骑着自行车到文物市场去转悠、搜寻，不避酷暑严寒，风雨无阻。我们经历过满载而归的喜悦，也品尝过空手而归的落寞。有时为了一件藏品要跟物主到家里去取，往返几十里路。有时要跑好几趟才能成交。当时的那份坚守和执着，至今想来仍然感慨不已。而且当时都是用自行车载着征集到的文物藏品回馆。现在想想，既不专业，又挺可笑。但这背后确是满满的无奈，大凡创业阶段，没有更好的条件，要想干成事，都得如此。

经过几年的努力，天津市民俗博物馆的馆藏日渐丰富，许多当时非常不起眼的藏品，现在看来都非常稀有而珍贵。例如，我们征集的一套清代红狮子狗图案的瓷器，就十分难得。这套瓷器是最具有天津地方特色的嫁妆瓷器，几乎是新房必备的摆设，包括掸瓶、帽筒、粉盒、糖食罐等十几件瓷器。我们用了几年的时间一件件地找寻，终于配齐了一整套，为后来推出的"婚

⊙ 天津市民俗博物馆《印象天津卫》展览（二）（尚立新摄）

俗复原陈列"打下了坚实的基础。另外，我们征集到的天津"八大家"之天成号韩家（大粮商和养海船户）嫁女时的陪嫁"奁簿"也非常珍贵，簿面为大红素丝，烫金板宣笺，上书"奁簿"字样。奁簿外有一硬套，也为大红素丝面料，烫金板宣笺，书有"鸳鸯福寿"四字，十分讲究。其中开列喜具共312种，约1000余件物品，名目描述详略得当，一目了然，如"金质如意成对""珍珠胸花成朵""浙缎绣花礼服成套""品蓝华丝葛元狐皮袄成对""花条纹绮霞缎夹袄褶裙成套""湖色罗帐成顶""妃色缎大红绉纱被成对""四喜纹银花插成座""景泰蓝碗成对""五彩堆花挂屏全堂"等。在奁簿最后还书有吉语对联"富贵吉祥如意，满堂福寿长春"。其妆奁的数量和质量是旧时富商大户的典型，反映了旧时天津富商大户奢华的生活状态。再有我们征集的民俗用具瓷枕，有人物型、猫型及书本型的，大小不一，形状各异，当时也不值钱，人们也不太稀罕，但现在看来就珍贵无比了；民间祭祖用的家庙，精致程度令人叹为观止。最值得一提的是我们征集的"华氏宗谱"和

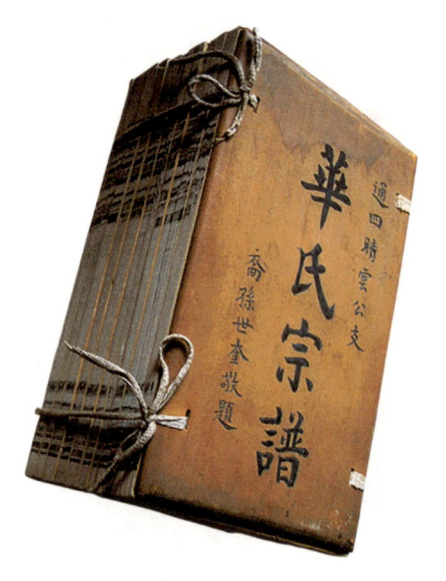

○《华氏宗谱》（武延增摄）

"天津天后宫天上圣母之宝印"，当时这两件藏品分别被两位市民所珍藏，我们得到信息后，做了大量的工作，经过不懈的努力，最后终于将这两件民俗文物收为馆藏。"华氏宗谱"详细记述了华氏家族的传承脉络，对我们研究宗族文化有十分重要的意义。铜质方形的"天津天后宫天上圣母之宝印"为清代嘉庆皇帝所赐，是妈祖文化的重要文物，目前已成为名副其实的镇馆之宝。当年所征集的许多珍贵藏品后来被天津文物局的专家核定为国家二级或三级文物，为博物馆的发展打下了坚实的基础。

2014年，当我们制作《印象天津卫》大型展览时，当年征集到的那些物件真正成了宝。几乎所有的文物藏品都被派上了用场，陶瓷铜玉、服饰佩饰……大到清代的救火用具"水机子"，小到养蛐蛐的"蛐蛐罐"，将天津地域民俗展现得色彩斑斓、丰富迷人。天津卫之"印象"达到了极致。

时光如梭，时至今日，天津市民俗博物馆馆藏文物显示出越来越高的价值，在研究、展示地方民俗文化领域中的作用越来越凸显。这其中包含着一代又一代博物馆人所做的努力和奉献。

（王利文）

曾经红极一时的《天津卫》杂志

1989年，天津市民俗博物馆（天津天后宫）创办了馆刊《天津卫》杂志。在当时这不仅是天津市民俗博物馆（天津天后宫）自身的第一本学术刊物，也是整个天津地域以民间民俗为主要内容的，涵盖面广，影响力、辐射力最大的一本文化刊物。

天津卫是明永乐二年十一月二十一日（1404年12月23日）朱棣下旨所设。"卫"本是明朝初年在京师和军事要害之处设立的一种军事建制，主要职能是军事防卫。在天津这个位居水陆要冲的漕运重镇设卫、筑城，拱卫京师，可见意义重大。半个多月后的1405年1月又增设了天津左卫，其后又设了天津右卫，统称"三卫"。"天津卫"这个称号便由此而来，流传至今，并成为天津的代名词。天津市民俗博物馆（天津天后宫），这个与天津地域历史文化有着千丝万缕密切关联的地方用"天津卫"作为其馆刊之名，是再贴切不过了。

巧妇难为无米之炊。在筹办过程中，很多难以想象的困难扑面而来。经费、稿源、市场是我们遇到的最大难题。特别是资金的筹措和刊物的销售渠道，使得我们这些从来不懂市场的文化人一下子改变了自己的许多工作模式、方法。为了自己倾心的杂志，下决心一切都要试一试，都要闯一闯。

庆幸的是，我们得到了来自社会各界有识之士的鼎力相助，石坚、方放、梁斌、孙犁、乌丙安、冯骥才、张紫晨、顾道馨、蒋子龙、冯育楠、林希等老领导和文化名家都给予大力支持，帮助论证，题词、题画祝贺，48家企事业单位亦发文祝贺，支持办刊。时任南开区服务公司党委书记于长生不仅给予资金上的大力支持，还帮助销售。在我们共同的努力下，经区委宣传部和区物价局等部门协调帮助，当年南开区内的旅馆住宿费在原有基础上提高了一元钱，凡来此住宿的旅客均免费赠送一册《天津卫》杂志。而当时的天津铁路分局在每个车站的候车厅的书刊架上都摆放着《天津卫》杂志。这些都扩大了《天津卫》杂志的知名度和影响力。

1989年12月1日,《天津卫》杂志创刊号终于出版,3个印张,48页,印数3万册。可以说是首战告捷。

1990年4月1日,《天津卫》第2期出版后,得到了冯骥才先生的高度评价:"天津人谈天津卫,未饮沽酒情已醉;天津人办天津卫,过客看罢心相随。"

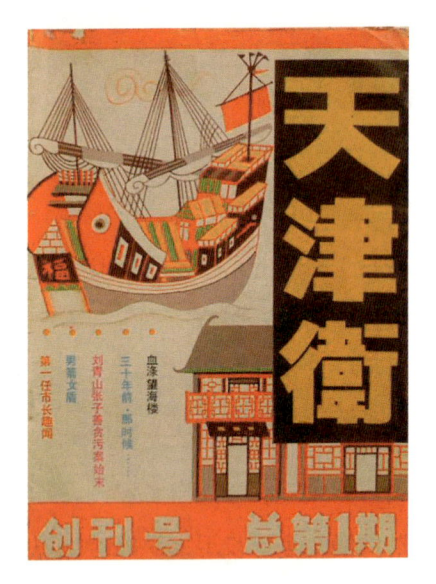

⊙《天津卫》创刊号

至1999年,《天津卫》杂志不定期出版了9期。2005年,与中共天津市委党校联合办刊,又不定期出版了两期。

特别值得称道的是2012年,在相关企业的协助下,还为第六届中国·天津妈祖文化旅游节出版了一期专刊。

《天津卫》杂志从内容到设计都体现了浓郁的民俗文化气息。基本栏目为《津沽风情》《名人轶事》《故事与传说》《津味小说》,向世人展示天津这片沃土上的山山水水、人文风物。同时开辟《外埠风情》《域外风情》两个栏目,打开窗口,兼容并蓄,融合南北东西,广纳中外古今。其图文并茂、雅俗共赏、寓教于乐的形式,令人喜闻乐见。

令人惋惜的是,因人员变动、资金及发行等诸多因素,《天津卫》被迫停刊。

时过境迁,每每忆起,都有一种莫名的惆怅。

(王利文)

藏经阁：一个文化交流的重要阵地

藏经阁是天津天后宫古建筑群的重要组成部分，处于整个建筑群的中后部，位于正殿以西，面对凤尾殿。始建于明成化十九年（1483），原是一个砖木结构的二层楼阁，面阔 5 间，青瓦硬山顶。民国十二年（1923），因其破败而重修。为纪念此次重修，分别于民国十三年（1924）和十四年（1925）在藏经阁楼下的南北山墙上镶嵌两块《重修天后宫后楼碑记》壁碑。重修后的藏经阁由砖木结构改为钢筋水泥结构，砖地改为水泥地，但藏经阁样式依旧。楼上仍供奉泰山娘娘，楼下供奉举办皇会时天后娘娘出巡散福所乘坐的宝辇。藏经阁前台基两侧立有两座高大的石狮，凸显出整体建筑的恢宏和庄严。

1985 年天津天后宫复建时，藏经阁亦得以重建，并作为天津市民俗博物馆的陈列展厅，不断推出天津历史民俗展览和海内外不同专题的展览。

宫馆并存的天津市民俗博物馆是中国最早建立的，以研究和展示天津地域民俗文化、收藏和保护具有天津地方特色的民俗文物为宗旨的专业博物馆。1986 年元旦，天津市人民政府在天津天后宫宫前广场举行了隆重的古文化街开业仪式。时任天津市市长李瑞环作了重要讲话。仪式结束后，市长李瑞环第一个走进天津市民俗博物馆，成为该馆正式开馆后的第一位观众。该馆还是当时古文化街上唯一的由南开区人民政府主管的事业单位。

藏经阁展厅的展览都是临时性主题展览，展览的内容丰富多彩，信息量大，普及性广，灵活性强。涵盖了海内外各博物馆的收藏展览、民间个人收藏展览、书画等艺术作品展览及相关专题性展览。

我和尚洁、蔡长奎等都曾经担任过当时的陈列部负责人。为了举办吸引人、影响大、社会效益和经济效益好的展览，我们绞尽脑汁，充分发挥各自的优势和特长，利用同学、朋友等各种社会关系邀请他们共同举办联展。那

⊙ 1985年修复后的天津天后宫藏经阁

时候，每年都会举办三四个较有影响的展览，如《中国历史博物馆藏天津天后宫皇会行会图展》《中国革命博物馆藏品展》《中国友谊博物馆外交礼品展》《中国剪纸艺术展》《人体油画展》《承德外八庙密宗欢喜佛展》《贺兰山岩画展》《新疆文物暨古尸展》《承德避暑山庄八旗文物展》《陕西民俗文物展》《山西民俗文物展》《生育科普知识展》《非洲民俗展》《天津民俗画展》《中国民俗摄影展》《天津民间收藏展》等，都曾轰动一时，深受观众的喜爱和好评。

　　我们还利用藏经阁这个展厅举办各类文化沙龙、笔会。方纪、李鹤年、孙其峰、赵松涛、余明善、吴然、霍春阳等天津的许多书画名家都曾在此挥毫泼墨，并举办展览。

我们还采取走出去的方式，将本馆的专题展览带到其他地区的文博场馆展出。小雁塔西安民俗博物馆、敦煌民俗博物馆、承德避暑山庄博物馆、湄洲妈祖祖庙等地都留下了我们的足迹。

我们还曾尝试过承包展览，调动了整个部门成员的积极性，走在了改革开放的前列……

回首往事，感慨万千。在那一段激情燃烧的岁月里，我们不仅奉献了自己最美好的青春年华，也以视野开阔、内容新颖、展品丰富的展览，扮亮了藏经阁，使其成为海内外文化交流的重要平台。

2010年，在藏经阁制作了《天津妈祖文化展览》，作为天津天后宫固定的陈列展览。因场地的原因，临时性的专题展览就此告别了这个曾经风生水起的舞台。

（王利文）

钟声鹤鸣：献给 21 世纪的礼物

1999 年 10 月 5 日是天津天后宫钟楼的铜钟重新铸造的开工大喜之日。历时 29 个日日夜夜，攻克了一个又一个难以想象的难关，终于在 11 月 24 日铸造成功，为庆祝 21 世纪的到来及澳门回归祖国献上了一份厚礼。

天津天后宫始建于元代，历经明、清、民国，直至 20 世纪五六十年代，钟楼的大钟应该是经历了几度修葺、重铸。对于这一点，虽然没有详细的历史文献考证，但关于钟楼建筑修缮的记载可以提供佐证。截止到天津天后宫改作他用时，这口大钟的去向已无人知晓，以至于在 1985 年重新修复时，不得不暂时借用了天津市历史博物馆藏的一口 65 厘米高的老铁钟聊补空缺。

随着 21 世纪的临近，用一种什么方式去迎接这个历史性的时刻？我们想到了"钟"。

"钟"，是古代祭祀或宴飨时用的乐器，古属八音之一——金，大约源于商代，是由铙发展而来。佛教传入中国后，钟又逐渐成为寺院中不可缺少的法器。

钟和鼎一样，也是统治阶级王权的象征。"钟鸣鼎食"即权势地位的标志。钟还是人们心目中崇高、公正、贤明的华夏文明的象征。屈原曾有"黄钟毁弃，瓦釜雷鸣"的著名诗句，就是这种象征的反映。历代所铸的钟大多数为铜铸，亦有少量铁铸。

天津天后宫是妈祖文化的重要载体，是天津地域民俗文化的发祥地，这里的"钟"，其内涵除了传统的意义外，更多的则是体现妈祖"立德、行善、大爱"的核心价值。

秉承着这个宗旨，我们设计的钟通高 1.66 米，最大口径 1.06 米，重约 1.068 吨。钟最上端的钟吊（即"蒲牢"）用黄铜铸造。采用清代皇家朝钟的造型风格，由两条形态铿锵有力的腾龙相互交织盘缠，龙骨突出，肌肉生动，每条龙的前双爪牢牢抓住钟体顶部，形成神龙抓钟之势。钟角造型上小下大，曲线修长，过渡自然。钟体四面分别铸有"敕建天后宫"字样。八块分割区分上下两层，内雕66只神态各异之仙鹤，造型飘逸，颇有道骨仙风，朵朵白云飘浮其间。钟体下部为海水江崖造型，并配以传统八卦图样，清心朗目，独具创意。

"鹤"，作为这口钟的核心图案，具有深厚的民俗寓意。鹤，因其羽色素朴纯洁，体态飘逸雅致，鸣声超凡不俗，在古代神话和民间传说中被誉为"仙"，成为象征高雅、长寿的灵物。在历代文人诗词和中国画中，鹤常被文学家、艺术家作为重要题材而称颂。《诗经》中亦有"鹤鸣于九皋，声闻于野"的精彩描述。鹤，象征着吉祥，因此这口钟也被誉为"吉祥大钟"。

为了铸好天津天后宫的这口大钟，我们和天津东方工艺品铸造研究所的专业技术人员组成了技术研讨小组，查阅了大量的中国古代铸钟资料，走访了苏州寒山寺、杭州灵隐寺、北京大钟寺等著名寺庙，尤其是对清永乐大钟进行了调查和考证。最后确定了天津天后宫大钟的铸钟材料的青铜配比、内腔形制和壁厚变化规律、音响效果"三腔共鸣"的声学转换方式，以及外观形制的民间信俗艺术风格。

由于当时铸造厂的铸炉较小（500千克/炉），不能满足1.5吨的铜水熔化要求，铸造专家罗宝琪先生采用了古代群炉铸造技术，设计了三个500千克的铜熔炉同时熔化，用导水槽导入铸口，圆满地完成铸造要求、实现音质效果。

在铸造过程中，根据古代文献记载，先铸钟钮（即吊环、双头龙形），铸成后，预埋在大钟型腔的顶部，在大钟浇铸中，用高温铜水将其科学地包铸（即中国古代铸造技术的一种特殊方法），做到似一体而非一体。这样做的目的是，防止经常受到敲击的大钟因钟体与钟钮之间壁厚不均产生的应力过于集中而断裂，以保证大钟数百年不裂。

天津天后宫的大钟铸成后纹饰清晰，音响浑厚，发音时长为2—5分钟，钟体分三个音区，近钟音响为 18 分贝，其音响水平为古今上乘。

说到铸造这口吉祥大钟，还发生了一件奇事。记得那是大钟浇铸前，我们对铸模上 66 只以飞翔状均匀地布满钟身的仙鹤进行最后的清点。大家数了一遍又一遍，66 只体态飘逸的仙鹤，一只也不少。于是开炉、点火、浇铸。

大钟成功铸成后，带着胜利的喜悦，我们将它运到了天津天后宫。同事们纷纷涌到钟前，观赏着，品评着，陶醉着。人们忽然发现不对呀！钟身上的 66 只仙鹤，怎么少了一只？数来数去，就是 65 只！那一只哪儿去了？我们心里纠结起来，一种深深的遗憾涌上心头。

1999 年 12 月 31 日晚，天津天后宫宫内宫外聚集了 3 万余人，连周围街面商铺的屋顶上都站满了人。大家祈盼的激动心情如潮水一般，"10、9、8、7、6、5、4、3、2、1！"共同呼喊着倒计时。12 点整，天津天后宫敲响了迎接 21 世纪的千年钟声！也就在这时，我们仿佛在钟声里听到了鹤鸣之音，是那么悦耳。哦！我们恍然大悟！这不就是那只仙鹤吗？再静下心来细细聆听，繁星闪烁的夜空中，仿佛有一只仙鹤在空中鸣叫飞翔。它穿越着时空，伴随着妈祖娘娘的灵光福佑着我们！

也许，这永远是一个难解之谜。但是，我们释然了。

（王利文）

⊙ 天津天后宫的吉祥大钟

新编京剧《妈祖》记忆

2004年，天津京剧院新编了京剧《妈祖》。该剧由国家一级编剧马金星、刘益民根据海内外广为流传的妈祖故事创编而成，融合了本土人文内涵，力求在不失传统韵味的基础上进行创新。该剧同年3月开始排练，7月在天津正式与观众见面，广受好评。

全剧表现的是被渔民奉为海神娘娘的林默娘扶危济困、医病救难、舍身为民的炽烈情怀和渔民们对她发自内心的感念和敬仰。摆渡女受观音菩萨之命投胎下凡，拯救人间受苦百姓。她勤学不倦，苦学济世本领。瘟疫肆虐，为了救治乡亲们，林默娘不顾个人安危上山采药，惩治瘟魔，解除乡民疾苦；妖魔作怪，制造海难，她焚屋引航，拯溺救伤。她留恋人间，滴血铭志不返天庭，最后以身溺海，化灯救亲人。

这出新戏是由天津京剧院实验团的青年演员演出完成的，在排新戏、推新人的同时弘扬了妈祖文化和民族精神。在第四届中国京剧艺术节上，《妈祖》一剧荣获了优秀剧目奖、优秀编剧、优秀表演、优秀音乐、优秀舞美等五个单项奖。

所有的领导和观众都感觉实验团排练的这个戏很精彩，但是大家不了解，不知道的是这出戏的成功也是所有演员用汗水、泪水、苦水、血水所创下的成功，排练的过程演员克服了很多困难。

台上一分钟，台下十年功。这就不用多说了。而在《妈祖》排练的过程中，演员不仅要在舞台上演出，还要充当搬运工的角色。因为这个戏的布景、道具很大，还都是真材实料，如果仅靠舞美人员去完成道具的更换工作也不是不可能，但是那样会影响到演员上下场的演出。所以很多演员从舞台上表演结束下场后顾不得休息，便与舞美人员赶快将所需道具摆放好。搬运道具、布景的不仅有群众演员，还包括黄奇峰、王嘉庆、窦骞等很多重要角色的演

⊙ 京剧《妈祖》剧照

员。有的演员搬道具被砸伤,可是马上就要上场,而且还有很繁重的武打和舞蹈动作,只能忍痛把全部的动作完成。这是我们作为演员的艺德,我们要为观众负责,要为艺术负责。有的演员疼得把自己的下嘴唇都咬破了,但是亮相的时候还是保持着良好的精气神,因为我们爱我们的京剧。

还有一些技术处理,要求大家熟悉每一个小环节。比如,在台词"紫荆花开了"之后,我们的道具假山上要开很多花,每一朵花都有一个小机关,一个演员要负责几个机关,但是这时都要同时打开,需要大家注意力集中,做到心齐、手齐,按完机关还要马上回到舞台上做舞蹈动作,很是赶落,但是大家为了艺术,愿意付出,从不叫苦。妈祖立德、行善、大爱的精神在京剧《妈祖》的戏内戏外都得到完美的体现。这样的事例太多太多了。

《妈祖》这个戏的演出以浓郁的妈祖情打动了每一位观众。我们团的演员无论是主演、配演、哪怕是很普通的群众角色的唱念做打,可以说个个功底扎实,身手不凡。该戏以精湛的艺术、浓郁的特色、无穷的魅力打动了所有的专家和观众,大家无不被海神娘娘扶危济困、医病救难、舍身为民的炽热情怀所感染,被天津京剧院青年演员们精彩细腻的表演所折服,每场演出剧场内都充满着浓浓的妈祖情。一些观众说,《妈祖》剧情跌宕起伏,场面浩大,扣人心弦,不仅让我们看到了一台精美的好戏,还把一个可敬、可亲的妈祖形象展现给了我们。

《妈祖》以神话的形式演绎了真、善、美的故事。新人、新戏,天津京剧院实验团的演员们为观众奉献了一出精彩的新编精品剧目。以京剧的形式将妈祖所闪烁的中华民族传统美德的光辉,化作民族精神的永恒。

(魏以刚)

知识链接 ›››

京剧《妈祖》演职员表

总监制:刘益民　孙集人

监制:周德仁　江大维

编剧:刘益民　马金星

导演:谢平安

音乐总监、音乐设计:李凤阁

唱腔设计:高一鸣　陈建忠

音乐设计:汤振刚

舞美设计:王卫中

灯光设计:周正平

服装设计:吕荣贵　侯莹

造型设计:李建荣

舞蹈设计:张正秋

副导演、武打设计:郭秉新

舞台监督:张寿和　张家瑞

场记:马载道

林默娘——王艳饰

王妈妈——吕洋饰

观音菩萨——姜亦珊饰

赤脚大仙——王嘉庆饰

炳乾——黄齐峰饰

小妮——闫虹羽饰

林惟悫——赵华饰

林夫人——李宏饰

接生婆——邵海龙饰

山妖——王俊鹏饰

风妖——窦骞饰

海怪——司鸣饰

指挥:李凤阁

司鼓:丁胜

操琴:汤振刚

朗诵:李启厚

领唱:郭欣然　李珊珊　施昊

天后宫修缮二三事

"先有娘娘宫，后有天津卫"是天津人常说的一句老话，通过对比的方式告诉人们天后宫历史悠久。

记得在我上小学的时候，为了给我的一篇作文提供素材，父亲一边跟我解释着这句老话，一边骑车把我带到了天后宫的大门外。那时候，天后宫还没有被腾退，印象里就像我奶奶家的大杂院一样，根本看不出原始的建筑格局。当时失望的心情，我直到现在还记忆犹新。

1985年重修天后宫的时候，我正在上高一，从报纸上得知娘娘宫旧貌换新颜。后来上大学的时候了解到，主持重修工程设计的是天津大学建筑系的杨道明教授，也是日后我的硕士研究生导师。《天津古代建筑》中天后宫的建筑图纸都是出自杨老师之手。2012年在重新油漆彩画大殿的过程中，发现了当年重修时的千秋带，上面就有杨老师的名字。

我和天后宫发生业务上的关系是在2008年。当时天津大学建筑设计研究院承担大殿屋面修缮的文物保护工程设计，我受邀主持此项工作。当时，只做了一个简单的概算。可能是因为条件不成熟，大殿屋面的修缮工程当年没有动工。直到2009年10月，根据民国年间拍摄的大殿照片资料、实际测绘和现场查勘，我很快编制出了较为细致的修缮设计方案，提交文物专家论证会讨论。我特意提出了"屋面各条曲线须严格按照测绘图中给定的坐标，由外轮廓向内部材料、构造逐层反推"的施工技术要求，得到了专家的一致同意。11月，我在横店参观时，跟同行的刘大可先生提到了我对文物保护工程中应严格控制屋面曲线问题的想法，也得到了刘先生的认同。施工经验极其丰富的刘先生还向我提出了开工前在屋面上现场制作各种曲线足尺模板的建议。回津后，我立即把刘先生的建议向相关部门做了通报。现在看来，明确提出严格控制复原屋面曲线的要求和措施，至少在天津市的文物保护工程中是一个创举，可以在很大程度上纠正施工过程中容易发生的"经验主义错误"。

2011年10月，尚洁副局长通过段德融副馆长约我见面，共同探讨天后宫整体修缮的问题。我记得是一个傍晚，在夕阳的沐浴下，我们三人在天后宫内比比画画，畅叙着各自的感怀，还有那些有待完善的细节，我特意向他们汇报了我对天后宫建筑空间上的感受。

目前天后宫的格局虽已日臻完备，但是在宫观建筑应有的氛围上还有所缺失，一是从宫门到藏经阁只有一进院落，进门后宫内建筑一览无余，对于古建筑群来讲缺乏层次感，对于宫观建筑来讲缺乏神秘感；二是灵官殿两侧的碑廊园林气息较重，与宫观建筑的个性不符。因此，我提出在钟、鼓楼与关帝殿、财神殿之间添建围墙，把南北两侧的碑廊与中轴线上的建筑隔离开，让碑廊与围墙之间各形成一个哑巴院，从而使中轴线上的信俗空间与碑廊的园林空间互不干扰。此外，在灵官殿两山添建看面墙及角门，将现在的一进院落划分为两进，增加一个空间层次，也更符合宫观建筑的格局。提议虽得到了首肯，但说实话，这个提议只是出于我对古建筑组群常见空间格局的感受，并没有文物复原所需要的确凿依据，是否能够实现心里真的没底。

随后，我开始查找资料。文史爱好者"耶律寒烟"给我提供了一些老照片，从照片中可以看到灵官殿两山原来确有看面墙和角门的线索。尤其令我兴奋的是，"天津老城"提供的一张出自《天津宗教资料选辑（第一辑）·天后宫》的图纸，明确地标示着灵官殿（图中称"中殿"）两侧的看面墙和角门。依据有了，2012年2月，复原设计方案全部完成。专家讨论通过，并得到了天津市文物局的批复。然而遗憾的是，因为工期的关系，这个方案没能在那一年的修缮中实施。但是，我们毕竟为历史和未来留下了这个值得探究的空间和时间。

（张威）

具有历史意义的修缮
——我为天后宫设计汉白玉栏板小记

2012年,在天津的天后宫发生了一件大事——整体动工修缮。

作为天津天后宫的特聘理事,当天津天后宫管委会的尚洁主任找到我,希望我作为艺术顾问参与其中时,我倍感荣耀,又深感使命重大。

我从小生长在老城厢,对天津天后宫有着深刻的印象。因此这次具有历史意义的修缮对我触动很大,特别是有幸参与整体设计中的一部分,让我与天津天后宫有了更多的链接。具体到每一处每一点的修缮,以及一些合理的改动,都要全面考虑。俗话说,土木工程不可擅动。这么大的工程牵一线而动全身,不仅要整体布局,做到整体风格一致,还要斟酌细节。

主殿前原有的月台已经坑坑洼洼、残破不堪,带着历史的沧桑感。这次整修既要保持古朴的风貌,还要在修缮中提高天津天后宫的格局。对于加不加建汉白玉栏板,一开始大家意见有分歧,因为天津天后宫原来的基础上是没有的,但考虑到天后宫是皇家寺庙的格局以及它的历史地位,同时为了顺应时代的发展,觉得加建栏板更能凸显其尊贵的气度,于是大家的意见慢慢趋于赞同。

我参与的是设计工作。妈祖文化在东南亚,在中国沿海,是海员和渔民共同信奉的神祇,航海者启航前祭妈祖、祈求保佑,已经成了千百年来的一种习惯。因此在设计中"海"就成了重要的因素。我找来各种海的设计图案,从中筛选,最后认为皇家的海水江崖纹能突出高贵的格局。海水江崖纹是一种传统的纹样,寓意福山寿海,海水象征大江大河,海水纹中耸立的岩石象征江山,也有一统江山、万世升平、江山永固的寓意。大江、大河、大海,就是妈祖娘娘庇护的水域。用这种图案可以说是较为贴切的,几稿之后,确定了方案,但这只是针对栏板护板的设计。镂空栏板的设计和柱头的设计又

⊙ 2012年修缮后的天津天后宫汉白玉栏板

　　进行了多次修改。莲花能体现妈祖女性的清丽形象，因此柱头的莲花设计和镂空中间的花瓶设计都一一产生了。我根据月台的面积，反复丈量数据，因为要考虑原先基石的利用和凸显，使最后的效果既能体现皇家的富贵，又能体现天津天后宫的历史积淀，所以丈量的数据一定要精确，大小高矮的分割一定要合乎比例，不能显得傻大笨粗，也不能显得孱弱纤细。台阶的阶数也在考虑的范围之内。

　　设计定案之后，我和负责雕刻的厂家进行了详细的沟通。为了节省时间和成本，要先做一个样板，等待的过程令人焦虑，担心达不到预想的效果。接到样板运来的通知后，我急迫的心情是可想而知的。看到样板之后，发现和自己预想的还是有些距离，如有的线条太硬，有的地方显得过于单薄，这些都和整体设计有出入。经领导和专家们研究论证后，又让厂家进行了修改。这次大修，几十年不遇，因此要认真再认真，不能有半点马虎，反复和厂家沟通细节和质量，务求精致完美。我的不厌其烦也得到了厂家的大力配合。第二次的样板就有了很大进步。于是要求厂家严格按照第二次的样板制作。

这时，整个天津天后宫的修缮工作正在如火如荼地进行，殿宇的描金彩绘异彩纷呈。到处都是忙忙碌碌的工匠，每一个工匠都在非常认真地做着自己应该做的事情。

等待，等待，再等待，终于做好的栏板运来了，重要的工作开始了。这些栏板能不能按照预想的效果用榫卯的结构对接起来，有没有偏差？又让我们紧张了起来。工程一步一步地进行，虽然碰到了一些问题，但都在大家研究后解决了。整体装好后，又进行了局部的处理和修改，几经反复，才逐渐达到了原先预想的效果。

2012年9月，第六届中国·天津妈祖文化旅游节在即，天津天后宫修葺告竣，迎接八方来客。在鼓乐奏鸣中，焕然一新的天后宫庄严肃穆、高雅华贵。前来参加盛典的各方朋友无不为眼前气势非凡的天后宫赞叹，这次历史性的修缮告慰了天津的父老乡亲。能参与其中，我视为一生的荣耀。

（华绍栋）

张仙阁鉴定及加固工程方案设计有感

我与天津天后宫张仙阁的历史渊源应该说有十几年了。记得2000年前后我第一次接触张仙阁，当时由于旁边的"泥人张"店铺拆除重建，导致张仙阁下部承重墙体出现不均匀沉降和歪闪，张仙阁出现很大的安全隐患，于是我作为技术人员负责张仙阁的鉴定和加固改造工程的方案设计。由于当时的技术水平、工程条件及工程预算等所限，对于加固张仙阁多是采取一种临时性的保护措施，并没有做到永久性的加固保护。当时由于这个工程留下了很多的遗憾和不足，我便梦想如果有机会再修张仙阁，我一定要好好地研究一下，做出一个精品来。十几年过去了，机会终于来了。

2013年，天津天后宫管委会（天津市民俗博物馆）请我中心对天津天后宫张仙阁（过街楼阁）主体结构现状再次进行安全鉴定，并准备对张仙阁重新进行全面的加固维修。

张仙阁坐落于古文化街，始建于清末，沿革至今历经几次修缮，现为砖木混合结构过街楼阁式古建筑、国家级重点文物保护单位。建筑坐北朝南，平面呈矩形，为硬山前后出檐双脊双坡顶房屋。建筑物下层为两侧山墙承重的过街门洞，上层面阔三间，明间面阔4.1米，次间面阔1.38米，通面阔为7.22米；进深两间，分别为3.52米和4.58米，通进深为8.86米。楼阁总高度约12.0米，下层过街门洞南侧净高5.15米，北侧净高5.08米，过街门洞处南、北两侧路面高约差0.43米。上层楼阁楼面为现浇钢筋混凝土梁、板结构，楼阁屋面为木举架梁、木檩、木椽、木望板、掺灰泥苫背、青筒瓦屋面。1985年兴建古文化街时曾对该建筑进行全面整修及油漆粉刷。天津市房屋鉴定勘测设计院曾分别于2000年和2004年对该建筑进行安全鉴定，同时针对建筑物存在的结构变形和损坏现状提出加固修缮意见。2001年4月由蓟县域名建筑有限公司对该建筑进行了加固修缮设计及施工。

⊙ 天津天后宫张仙阁修缮效果图（张威供图）

　　带着对历史负责的科学态度，我们开始了鉴定工作。

　　首先在这次鉴定工作中，我们首先进行了更加全面和深入细致的测量、检测和损伤检查，彻底查清了建筑物的各种问题和分布规律，为后续的加固提供了重要依据。

　　经过鉴定，该建筑建于清朝末年，保存至今历经几次加固修缮，建筑主体存在不同程度的自然损坏及结构损坏现象，同时存在建筑材料强度偏低的建造缺陷，建筑物的结构整体性及结构抗震能力均较差。该建筑上层楼阁的地面楼板、钢筋混凝土梁均存在西高东低的倾斜现象；墙体最大倾斜值已超出砌体结构墙体不适于继续承载的侧向位移限定值；屋顶木檩最大挠度值均已超出檩条系统挠度残损点的评定限值。最终判断应立即对建筑物主体结构采取有效的加固修缮措施，以确保建筑物的主体结构安全和古文化街过街通道的通行安全。

有了鉴定结果，接下来就是着手加固方案了，怎样加固才能在遵循最小干预、可识别、可逆性等文物保护原则的同时，既保证结构安全又做到美观漂亮，这是非常考验结构工程师和建筑师功力的，需要双方的完美配合和共同努力。考虑该建筑的现状，常规的加固维修手段，如钢筋网抹灰、混凝土板墙和混凝土框架等均不太适用，解决不了建筑物存在的多种问题，并且难以满足文物保护的主要原则和意图。因此，这些方法在设计过程中被我们一一否掉。我们没有放弃，充分利用十几年来积累的工程经验，又查阅了国内外大量的文物建筑保护的成功案例，经过与建筑师的数次交流和思想碰撞，最终提出了一种大胆可行的保护维修思路，就是运用现代清水混凝土结构加固原砌体结构，与建筑师共同确定合理美观的布局方式，制作一个钢筋混凝土空间网格结构把过街楼整体托住，彻底解决张仙阁"门"式结构（俗称猴顶灯）的不利受力状态，并极大地提高了其承载和抗震能力。

在整个施工过程中，针对工期紧、预算有限的情况，我们又对材料选用、工艺工法等想了很多办法，虽然仍有一些遗憾，但基本达到了预期的设计目标。同时，为了更好地体现对文物的尊重和展示，我们决定对加固结构采用外敷玻璃幕墙罩的处理方式，既彰显了对文物保护的重视，又达到了很好的视觉效果，成为古文化街景区的一大亮点。

由于形式特殊、构件截面尺寸小、需特殊制模、施工难度大等原因，最终混凝土表面效果还不够理想，也是一种小小的遗憾。有时我在想，如何在控制成本的情况下改进工艺，像做工艺品一样去做结构，和文物保护结合，并且把它完美地展示出来，这将是未来我们需要去思考和实践的。期待着这一目标的实现。

（江春）

天后宫内的古董市集

　　天津天后宫（天津市民俗博物馆）不仅是海内外信众和游客朝圣、游览的胜地，亦是古文化街的中心，这里在 20 世纪 90 年代时曾经有一个闻名海内外的古董市集。

　　天后宫古董市集位于山门内南侧。当时天津的古玩业还处于百废待兴的阶段。除去西市大街、养鱼池大街一带的"鬼市"，还没有一处场所能正常进行古董交易。因此，天后宫古董市集可以说是改革开放后天津的第一个古董市集。

　　天后宫古董市集占地约 200 平方米，为了方便人们前来交易和浏览，同时不影响入宫的人群，便把山门左侧的便门打开，使古文化街的游客可直接进入古董市集。

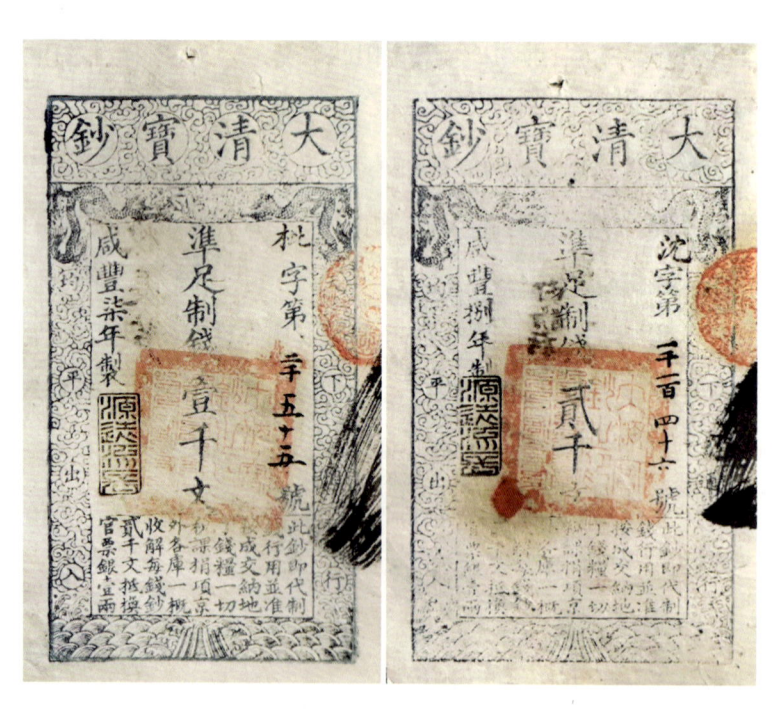

⊙ 当年在古董市集淘得的《大清宝钞》（孙林瑞收藏）

消息传得很快，吸引了市内众多的商家、收藏者和爱好者。市内一些在委托行门口交易古董旧物的，在南马路硬木门市部门口摆摊儿的，在合江路卖旧货的，在西门里委托店门口买卖手表、怀表的……很快都来到了天后宫的这个古董市集。

因为天后宫每天都会有来自海内外的客人，特别是海外华人和台湾同胞，他们不仅钟爱中华传统文化，而且看到过去时代的器物，会被勾起许多对家乡、对祖国的难忘回忆，有很深厚的家国情怀。而天后宫古董市集的经营者们也秉承妈祖立德、行善、大爱精神，以诚信为本，热情接待和服务，耐心讲解并普及文物知识。记得杨克贵大爷是当时年纪相对较大的古董商，他术业有专攻，专业经营陶器。中国不同文化阶段的陶器，杨大爷的摊位应有尽有，生意异常地好。有一次天后宫里来了一个台湾妈祖文化访问团，活动之余台湾客人一行来到古董市集，看到杨大爷摊上的一个陶器之后异常兴奋，一次便购买近40万元的古董，这一次交易激发了在这个市集上经营古董的所有人，大家都积极地备货，每天都会把摊位摆得井井有条，陶器、瓷器、铜器、玉器、字画、古籍，琳琅满目，经营得更加有模有样了。这个小小的古董市集越办越红火，为天津人早期的收藏立项提供了很大的帮助，也为天津市收藏热的兴起起到了良好的促进作用。

那个时代人们工作更多的是"三班倒"，天后宫古董市集从开始便形成周六、周日整天开放，周一至周五下午开放，以此确保大家都能够天天守约开档经营。在这里摆摊儿的和在这里买货的市民中涌现出许多在全国收藏界知名的人物，这些人一度成为天津收藏界的半壁江山。

天后宫是天津城市发展的历史见证，天后宫古董市集同样见证着天津卫一个行业的历史。

（孙林瑞）

斗转星移 再现辉煌
——记 2013 年皇会盛况

这是一个值得纪念的历史时刻，2013 年 5 月 2 日（农历三月二十三），是天后诞辰 1053 周年，也是国家级非物质文化遗产天津皇会自民国二十五年（1936）以来，第一次完全徒步从天后宫到鼓楼地区行进展示，再现当年皇会盛况的重要时段。

为了全面展示具有天津地域特色的妈祖文化，展现国家级非物质文化遗产天津皇会的风采，让更多的民众感受天后娘娘出巡散福的文化魅力和民俗情怀，传播文明，分享福祉，天津天后宫管委会大胆地提出，此次天后诞辰庆典活动中天后出巡散福、皇会展示要完全步行到鼓楼地区的设想。方案提出后着实引起了不小的争议，焦点是安全问题。这么大的场面，这么庞大的队伍，如何保障游人、观众、信众及演职人员的安全？沿线的交通问题怎么解决？这些问题都实实在在地摆在面前，无法回避。一时间成为各相关部门热议的话题，他们站在不同的角度提出了各自的不同意见和建议。在南开区人民政府召开的纪念天后诞辰庆典活动协调会上，这个方案就被否决了。

怎么办？作为当时天津天后宫管委会的负责人，我感到非常纠结，但没有灰心。带着志在必得的信念，我首先征得相关领导的认可，召开了天津天后宫理事会和中层干部会，形成共识，成立了筹备工作领导小组，按

⊙ 妈祖诞辰祭典现场（安盛崑摄）

照筹备工作的内容进行了细致的分工。然后与区相关部门进行深入细致的协调对接,阐述此次活动的意义、我们的保障措施、活动预案等,一次又一次不厌其烦地做宣传、讲解、说服工作。功夫不负有心人,我们的执着和努力终于没有白费。公安南开分局的左林局长率先表示支持,责成王军黎副局长亲自负责并跟随出巡队伍现场指挥。消防、交警南开支队及南马路大队的领导也给予鼎力支持。之后,我们积极推进。由区政府办公室牵头又一次召开了安全保障协调会议,召集公安分局、交警支队、消防支队、区执法局、环卫局、园林委、卫生局、鼓楼街办事处、信访办公室等职能部门,就做好活

⊙ 天津天后宫举办纪念天后诞辰 1053 周年祭祀大典（安盛崑摄）

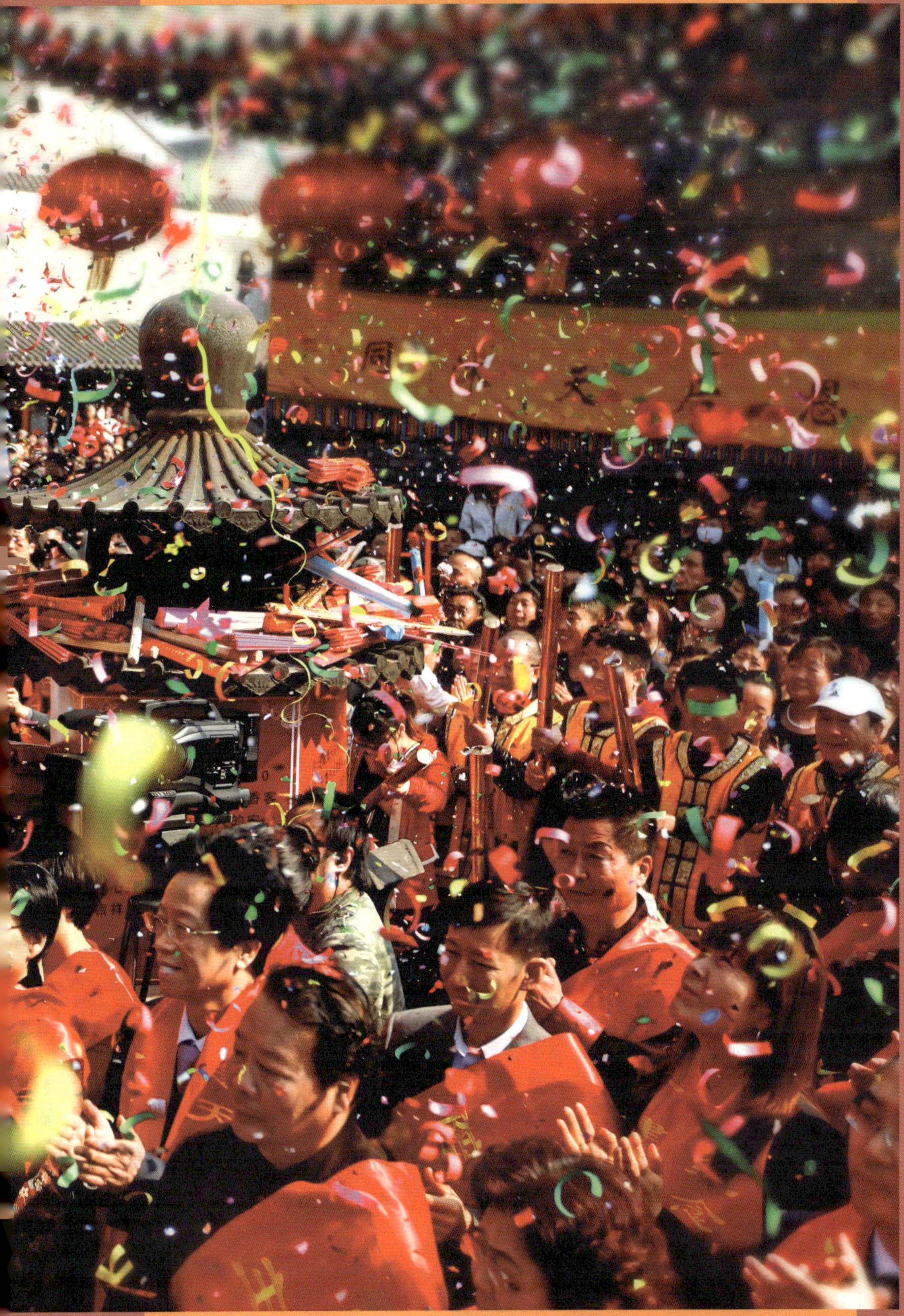

动的安保及相关保障工作进行了广泛的研讨和细致的责任分工，天津天后宫管委会将宫内活动现场和出巡线路安保工作应急预案，其中包括祭拜现场点位图、出巡散福线路图、鞭炮燃放点位图、出巡拦轿点位图等具体方案进行了详细的汇报和讲解。区领导又提出了具体工作要求，大家对此次皇会行会庆典活动达成高度共识。

　　在解决了出巡的安全保障问题后，我们就投入紧张的具体筹备工作中，并聘请天津市人民艺术剧院国家一级美术师王立新进行花车的设计。从开道的锣鼓车、千里眼、顺风耳两个大将军车、旗罗伞扇仪仗执事车到天后娘娘华辇车和眼光娘娘、癍疹娘娘、送生娘娘、子孙娘娘四位娘娘的宝辇车等都进行了整体的设计制作。将海水江崖、祥云、如意等传统吉祥纹饰有机融合，以金、红、蓝、黄等色调为基准，使每座花车各具风采，呈现出华美大气、典雅精致、金碧辉煌的亮丽景象。同时邀请了20道参演的老会队伍，并根据职责进行了设摆、行进表演、接驾、迎驾等具体分工。

⊙ 天后娘娘出巡散福（安盛崑摄）

伍——亲历者说

⊙ 上 / 2015年天后诞辰庆典开幕式现场（武延增摄）
⊙ 中 / 2015年的皇会行会（安盛崑摄）
⊙ 下 / 鼓楼的接驾活动（左：张宝山；中：尚洁；右：臧秀云）（桂慕梅摄）

出巡当日，真可谓气势磅礴，雍容华贵，光彩夺目。在一辆辆彩车后面是争奇斗艳、各具特色的狮子、法鼓、挎鼓、秧歌、高跷、飞镲、飞叉、舞花、哨角、小车、旱船等民间老会队伍进行表演，整个皇会队伍浩浩荡荡，色彩斑斓。活动当天吸引了古文化街和鼓楼区十万余人前来参与，场面十分火爆，人们摩肩接踵，万人空巷。

此次皇会的行进路线为：出天后宫—古文化街—宫北大街—东马路——北城街—鼓楼北街口—鼓楼北街—鼓楼南街—广东会馆—鼓楼广场举行祭拜仪式—城厢中路—鼓楼东街—城厢东路—东马路—水阁大街—宫南大街—回天后宫。

特别值得一提的是，沿线的广大民众给予热情的支持和响应，令我们感动不已。当皇会队伍行进到古文化街北口，拐向东马路，再拐进北城街这段路时，行进的车辆、行人主动停下来，自觉听从交警的指挥，让我们的队伍依次顺利通过。此时，无论是公共汽车还是小轿车上的人们都纷纷探出头来，手举相机争相拍下这珍贵的历史时刻，成为非常壮观的场面。这种景观真是千载难逢，激动人心。

之后，我们到鼓楼地区后，同样得到了热烈的欢迎。以鼓楼商会会长、天津天后宫理事会会长张宝山为代表的接驾队伍声势浩大，安排周到，不仅在鼓楼广场成功地举办了接驾祭祀仪式，还将鼓楼商会成员出资制作的糖果供品分享给广大信众和游客，大家的普遍赞许和拥戴也使天后娘娘出巡散福和皇会表演高潮迭起、深入人心。

此次皇会的成功展示凝结着所有参与者的心血和汗水，体现着一种担当、奉献和用心。非物质文化遗产的保护、传承和弘扬，是一个功在当代，利在千秋的历史责任和公益事业，重在实践。只有活态传承好，才能对得起历史赋予的使命，对得起子孙后代。

（尚洁）

伍——亲历者说

纪念天后诞辰1053周年

◎天津天后宫举办纪念天后诞辰1053周年庆典——天后出巡散福（安盛崑摄）

妈祖祭典唱颂歌

2008年，天津天后宫妈祖祭典（天津皇会）入选第二批国家级非物质文化遗产名录，成为中华妈祖文化的重要组成部分。天津天后宫妈祖祭典的基本程序是：擂鼓鸣号，主祭人、陪祭人就位，盥洗上香，跪拜叩首，诵读祭文，焚祭文，敬献供品，送神等，比湄洲妈祖祖庙的妈祖祭典简洁，时间也较短。

天津的妈祖祭典一般安排在皇会之前，或是妈祖节的开幕式之前，重头戏在后面，因此这种简洁是有道理的，也体现了天津妈祖文化的特色。自古以来妈祖祭典的核心程序就是跪拜、上香、读祭文和敬献贡品，与其他任何祭典没有什么区别。祭拜之后的皇会是万民狂欢的时刻，会的内容和形式各地大同小异，何况天津皇会已经让盐商占去了一半的风采，妈祖的特色有所淡化。祭典中只有祭文的内容还可以体现妈祖的特点。一般来说，祭文是由历代官方拟定的，各时代的祭文都强调当时的褒扬要点，与民间的诉求未必一致，加之祭文都讲究文采，不免艰涩难懂，一般百姓不知所云。

妈祖祭典作为文化遗产其程序与内容是如何传承下来的，今后如何延续下去，很值得我们思考，即便是湄洲妈祖祖庙的祭祀大典也是在探索中恢复的。天津天后宫妈祖祭典的生命力，首先在于如何更多地体现妈祖文化的特色，使其区别于其他类型的祭典活动，其次是如何更多地体现出天津特色，有特色才有生命力。历史上的妈祖祭典有各种规模和级别，其形式也在不断发展。创新其传统形式，充实其当代内涵，是延续妈祖祭典的途径。

现在已经有学者指出，湄洲妈祖祖庙的妈祖祭典对音乐挖掘得不够（许叶蓁《湄洲妈祖祭典仪式音乐研究综述》，《佳木斯教育学院学报》2011年第8期），增加妈祖颂歌的环节是解决上述问题的方式之一。现存成熟的宗教仪式都有伴唱环节，如基督教的圣咏、佛教的诵经等，这是增加传播信息量、营造气氛的有效手段。妈祖祭典算不上是宗教仪式，但是可以借鉴宗教的形式，承载健康的文化内涵，这对宣扬妈祖祭典的正面形象十分有益。中国的民间信仰比较庞杂，有强烈的世俗化倾向，妈祖信仰也不例外。我们今天弘扬妈祖文化，是因为妈祖具有有求必应、闻声救难、扬善惩恶、驱凶化吉等优秀品质，妈祖信仰承载了民间大仁大爱、知恩图报、和谐平安的人生追求。挖掘和弘扬妈祖文化中的积极内涵，也需要用成文的经典诠释妈祖精神。创作妈祖颂歌就是用文学和音乐的形式升华妈祖精神，不但会丰富祭典仪式的文化内涵，而且是日常宣传妈祖文化的好形式，为民众日常祭拜提供一种新的载体。通过颂歌宣扬妈祖信仰中有益的理念，弘扬妈祖精神，发挥妈祖信仰的正能量。

经与时任天津天后宫管理委员会主任、天津市民俗博物馆馆长尚洁研究策划，天津都市礼仪合唱团邀请几位文化艺术工作者组成词曲创作组，尝试创作了《妈祖祭》。以张志、陈克、赵耀双组成的创作组首先考察研究了沿海各地的所有祭典，发现不是缺少音乐形式，就是内容格调不够高。经过对历史文献的广泛搜集，系统梳理了历代祭文等褒扬文字和妈祖的传说故事，确定妈祖颂歌的创作目标应当是内容健康向上、高雅又容易普及，采用经文样式，以海洋文化为历史背景，热情颂扬妈祖形象，高度概括妈祖精神，体现天津特色。创作重点是前三番，集中诠释和颂扬妈祖精神，适合在祭拜仪式上演唱。以后不断延伸颂文，供市民日常祭拜时吟诵。

第一番妈祖降生：

自古华夏竞远航，劈波斩浪涉大洋，万民企盼神佑护，南海观音降湄乡。红光猎猎穿堂室，苍穹隆隆送玉娘，林默虽有天意助，朝夕不语当自强。独具仙性善习武，玄微秘法著文章，皇钦圣世昭天地，江河湖海齐敬仰。

第一番歌词采用七言句，便于叙事。从海洋文化切入，中国有着悠久的海洋文化史，在长期艰苦的海洋实践中产生了对海神的期盼，为妈祖的诞生建立一个理性的背景。

⊙ 春祭大典中的诵唱班（安盛崑摄）

第二番妈祖圣迹：

云游岛屿间，乘席渡汪洋，二八神龙女，解难保四方。福祸知征兆，凶险化吉祥，出海指迷途，耕耘识天象。行医救黎民，恩德惠家乡。圣世美名扬，漕运过北疆，护城大业兴，传家儿满堂。十里庙街远，百道皇会长，千家敬妈祖，万户拜娘娘。世世祭天后，代代传高香。

第二番歌词采用五言句，接近经文。前半段概括妈祖的经典事迹，后半段讲妈祖对天津的影响和天津人民对妈祖的认可和欢迎。这一番是天津妈祖信仰的核心内容。

第三番妈祖颂：

普渡慈航！千年赐福，万民传唱，山河肃然，天地敬仰。笃生列祖，积庆重光，有德如愿，天后娘娘。与天合一，乾坤垂象，景云丽色，壁日精扬。瀚海明灯，普渡慈航，祈盼万物，如意吉祥。

第三番采用四言句，适合颂歌的体裁。选择华丽颂扬的词句，把妈祖精神升华为经典，有助于在现场演唱时把情绪推向高潮。

作曲家张志和雷立新在曲调设计上，以天津北塘渔歌、闽南小调和"欢乐颂"为依据，努力使旋律风格体现出古今同音、雅俗共赏、中西合璧的特点，使颂歌体裁既有传统规制又有时代气息，同时能够展示妈祖的亲和力。

创作组为祭典的现场演唱专门设计了演出服装。最初曾考虑过湄洲女的方案，因为过于自然主义且不适合北方气候而放弃了。最终采用典雅大方、有饰物的对襟长衫，用渐变的海蓝色强调海洋文化。实际效果是，在祭典现场以红黄服装为主的色调中，蓝色显得格外清新沉静。经过指挥张贺华的精心排练，合唱队在2012年第七届中国·天津妈祖文化旅游节上公开试唱，取得了较好效果。之后，连续三年直到2015年，每年天津天后宫举办妈祖祭典都会邀请我们，《妈祖祭》成为祭祀活动不可缺少的内容。

创造妈祖文化精品是一件功德无量的事，《妈祖祭》是填补妈祖祭拜程序空白的有益尝试。天津妈祖祭典应当有天津气派，对文化遗产的创新继承，是天津这样的大城市应当做出的贡献。

（陈克）

知识链接 >>>

妈祖祭
（一）

1=F 4/4

$$
\begin{array}{l}
5\ \ 5\ \ \underline{6\,5}\ \ 5\ |\ 5\cdot\ \underline{3}\ \ 3\ -\ |\ \underline{6\,1}\ \underline{6\,1}\ 2\ |\ \underline{3\,5}\ \ 2\ -\ -\ -\ |\\
3\ \ 3\ \ \underline{4\,3}\ \ 3\ |\ 3\cdot\ \underline{1}\ \ 1\ -\ |\ \underline{6\,6}\ \underline{6\,6}\ \ |\ \underline{1\,2}\ \ 5\ -\ -\ -\ |
\end{array}
$$

自 古 华 夏 竞 远 航， 劈 风 斩 浪 涉 大 洋。
（哼）红 光 猎 猎 穿 堂 室， 苍 穹 隆 隆 送 玉 娘。

$$
\begin{array}{l}
5\ \ 5\ \ \underline{6\,1}\ 5\ |\ 3\cdot\ \underline{2\,3}\ \ |\ \underline{6\,1}\underline{6\,3}\ 2\ |\ 6\ \ 5\ -\ |\\
3\ \ 3\ \ \underline{4\,3}\ 3\ |\ 6\cdot\ \underline{7\,6}\ \ |\ \underline{6\,6}\underline{6\,6}\ 6\ |\ 5\ \ -\ |
\end{array}
$$

万 民 乞 盼 神 佑 护， 南 海 观 音 降 湄 乡。
林 默 虽 有 天 意 助， 朝 夕 不 语 当 自 强。

$$
\begin{array}{l}
\underline{6\,1}\underline{6\,3}\ 2\ |\ \underline{2\,3}\ 1\ -\ -\ -\ :|\ 5\ 5\ \underline{6\,5}\ 5\ |\ 1\ \underline{1\,6}\ 5\ -\ |\\
\underline{6\,6}\underline{6\,6}\ 5\ |\ \underline{5\,6}\ 1\ -\ -\ -\ |\ 3\ 3\ \underline{4\,3}\ 3\ |\ 6\ \underline{6\,1}\ 2\ -\ |
\end{array}
$$

南 海 观 音 降 湄 方。 独 具 仙 性 善 习 武。
（合）朝 夕 不 语 当 自 强。

$$
\begin{array}{l}
5\ 5\ \underline{5\,6}\ 1\ |\ \underline{3\,5}\ 2\ -\ -\ |\ 5\ 5\ \underline{6\,1}\ 5\ |\ 3\cdot\ \underline{5\,6}\ |\\
3\ 3\ \underline{3\,2}\ 5\ |\ \underline{6\,1}\ 5\ -\ |\ 3\ 3\ \underline{4\,3}\ 3\ |\ 7\cdot\ \underline{2\,1}\ |
\end{array}
$$

玄 微 秘 法 著 文 章， 皇 钦 圣 世 昭 天 地。

$$
\begin{array}{l}
\underline{6\,5}\ \underline{6\,1}\ 2\ \ 6\ |\ 1\ -\ -\ |\ 2\ -\ 6\ -\ |\ \frac{2}{4}\ 6\ -\ |\\
\underline{4\,3}\ \underline{4\,6}\ 5\ \ 4\ |\ 3\ -\ -\ |\ 6\ -\ 4\ -\ |\ \frac{2}{4}\ 4\ -\ |
\end{array}
$$

江 河 湖 海 齐 敬 仰。 齐 敬

$$
\begin{array}{l}
\frac{4}{4}\ 1\ -\ -\ -\ |\ 1\ 0\ 0\ 0\ \|\\
\frac{4}{4}\ 5\ -\ -\ -\ |\ 5\ 0\ 0\ 0\ \|
\end{array}
$$

仰。

1=♭B 4/4

深情，叙事地

$$
(6\ \dot{3}\ \dot{2}\ 1\ 7\ 6\ -\ |\ 6\ \dot{1}\ \underline{2\,3}\underline{1}\ 2\ |
$$

$$
2\ 2\ \underline{6\,1}\underline{6\,1}\ 2\cdot\ \underline{3}\ |\ \underline{1}\ \underline{2\,3}\ \underline{2\,1}\ 6\ |
$$

（男）云 游 岛 屿 间， 乘 席 渡 旺 洋
（女）圣 世 美 名 扬， 漕 运 过 北 疆

$$
2\ 6\ \underline{1\,2}\underline{3}\ 2\ -\ |\ 7\ 7\ \underline{6\,7}\underline{5\,3}\ 3\ |
$$

（女）福 祸 知 征 兆， 凶 险 化 吉 祥。
（男）十 里 庙 街 远， 百 道 皇 会 长。

$$
\begin{array}{l}
5\ 5\ \underline{3\,2}\underline{1\,2}\ 3\ -\ |\ 5\ 5\ \underline{3\,2}\underline{3\,1}\ |\\
3\ 3\ \underline{5\,6}\ 1\ -\ |\ 1\ 1\ 5\ 3\ |
\end{array}
$$

行 医 救 黎 民。 思 德 惠 家
世 世 祭 天 后。 代 代 传 高

$$
\begin{array}{l}
5\ 5\ \underline{3\,2}\underline{1\,2}\ 3\ -\ |\ 5\ 5\ \underline{3\,2}\underline{3\,1}\ |\\
3\ 3\ \underline{5\,6}\ 1\ -\ |\ 1\ 1\ 5\ 3\ |
\end{array}
$$

福 祸 知 征 兆， 凶 险 化 吉
十 里 庙 街 远， 百 道 皇 会

$$
\begin{array}{l}
2\ 3\ \underline{5}\ \underline{1}\ \underline{2}\ \underline{1}\ 6\ |\\
7\ 7\ 6\ 5\ 6\ 3\ |
\end{array}
$$

（合）行 医 救 黎 民
（合）世 世 祭 天 后

278

妈祖祭
（三）

让妈祖文化走进校园，皇会有了接班人
——组建儿童舞花会、哨角会表演团队纪实

妈祖文化是中华民族传统文化中的重要内容，如何传承弘扬，让当代民众去全面认识、理解和接受，达到文化认同和文化自觉，这是摆在我们面前的重要时代命题。

我研究妈祖文化多年，特别是对皇会情有独钟。在皇会被成功列入国家级非物质文化遗产代表作名录后，我就开始不断地思考关于它的活态传承问题。在我近30年的田野调查中，各道老会表演队伍的传承问题一直让我纠结，许多老会都因为后继无人而逐渐消亡，退出了历史舞台。"人老艺亡""人死艺亡"几乎成为定式。2012年底，我考虑到天津天后宫大的土木修缮工程基本完成，可以说必备的硬件设施相对完善，应该在软件上，特别是有针对性的问题研究上要有所建树，于是，皇会的活态传承问题便被提到议事日程上来。

我首先想到旧时皇会中曾经有一道会叫"舞花会"，都是七八岁的孩童参加的表演队伍。这道会在当年出皇会时十分惹眼，天真烂漫的孩童们手持鲜花，在钹、铙、镲等打击乐的伴奏下进行舞花表演，然后再边舞花边随着唢呐等乐器伴奏高唱《万花歌》。他们稚气可掬，令人喜爱。这道会的特别之处包含两层寓意：一是劝人修善，讲人生在世吃亏是福，吃亏才能得好，才能长寿。只有长寿才能看到四季不同的花开花谢；二是以花象征天花，祈求天后娘娘保佑孩童出天花顺利。就此而言，这道会属于民俗中的还愿会，参加表演的孩童大多曾经得过天花、痘疹等疾病，在天后娘娘的福佑下得以康复，是家长在娘娘宫许愿后所做的愿心功德。后来此会因各种原因而消亡。此外，旧时皇会中还有一种吹会，现在基本失传。后来在中国·天津妈祖文化旅游节时曾经有来自台湾的哨角会进行表演，与皇会中的吹会有相似之处，

其阵容和气势亦成为当时的一大亮点。受此启发，我考虑让孩子们来表演一定更有特色。当时我想，如果这两道会能让现在的孩子们参与，将妈祖立德、行善、大爱的精神与社会主义核心价值观紧密结合起来，就是对优秀传统文化的普及和弘扬。

一定要恢复这两道会！带着这个愿望，我先找到了曾在天津市少年宫担任副主任、天津市儿童文学研究会常务副会长的王建环同志，希望能利用她的资源优势，帮助我将皇会的表演艺术传承下来。正巧她正在做着天津市网上家长学校，并担任常务副校长，她非常支持我的想法，可谓一拍即合。于是从2013年起，在王建环同志的带领下，正式成立了由天津市网上家长学校、天津市河北区中心小学师生共同组成的儿童舞花会、哨角会两个表演队，并作为国学文化传承的一个项目正式实施。

他们首先组建了创编团队，特聘国家一级编导、天津市群众艺术馆研究馆员于双印，原河西区少年宫培训部主任、资深舞蹈教师贾淳，青年教师高洪彦，河北区中心小学副校长刘英作为艺术指导共同参与节目的创编。创作团队深入挖掘历史资料，结合当时的历史史实，按照尽力保留历史原貌、探索创新视觉理念的原则，以民俗音乐为基础，创作了符合节目要求的舞蹈造型、舞蹈动作、服装造型、背景音乐等相关素材，目前表演队已形成按不同仪式内容，不同时间、季节，来选择对应的不同节目造型和服装造型。

⊙ 小学生哨角会（安盛崑摄）　　⊙ 由小学生组成的儿童舞花会（安盛崑摄）

在演出队的组建上也是煞费苦心。创编团队结合历史资料和民间传说，确定演出队的年龄结构集中在8—10岁，最终确定天津市河北区中心小学为参演学校。校领导集中教师、学生、家委会等多方力量，按照统一、大气、优雅的要求，对在校学生统一进行排练，择优而选，最终组成以二三年级优秀学生组成的儿童舞花会演出队和以五六年级学生组成的哨角会演出队。网校专门聘请了民俗专家、天津特级语文教师郜彬如老师，为中心小学的全体师生和学生家长教授天津民俗文化和妈祖文化的公益课程，讲妈祖传说故事，组织观看《妈祖》电视剧，对妈祖爱国爱家、敬老爱幼、扶危济困、见义勇为等中华传统美德进行宣传和介绍，让广大参与者了解妈祖本人和妈祖文化的内涵。同时在网上对妈祖文化的相关内容进行展示和传播，形成线上线下有效互动。中心小学还确定了将学校舞花会、哨角会作为校本课程，成为所有学生在校必须完成的课程。

2013年是演出队第一次精彩亮相，在纪念天后诞辰1053周年庆典活动中，随天后娘娘出巡散福，从古文化街一直步行至鼓楼商业街，引起了很大轰动，孩子们艳丽的服饰和精彩的表演博得沿线广大民众热烈的欢迎。围观的老百姓主动帮助维持秩序，护佑孩子们行进表演。孩子们成为整个表演队伍中一道亮丽独特的风景。在这么长的行进表演路途中，烈日炎炎，没有一个孩子叫苦叫累，没有一个孩子掉队。孩子们通过参加这种公益活动，受到了深刻的传统文化教育，不仅增强了集体主义精神和团队合作意识，也锻炼了吃苦耐劳的意志和体能。自此，在天后宫春祭大典、秋祭大典及之后举办的中国·天津市妈祖文化旅游节中，儿童舞花会、哨角会都作为仪仗队参加表演。观之，无不感到一种清新，一种活力，一种感慨，一种欣慰。活态传承优秀传统文化的确应从娃娃抓起，走进校园，此举不失为一个好的方法和模式。

（尚洁）

"泥人张"为妈祖塑像

妈祖不仅是海内外中华儿女的民间信俗，更是天津百姓心中仰慕的三津福主，亦是与泥人张几代人的创作有着深厚情缘的和平女神。

清朝末年，第二代"泥人张"——张玉亭先生就曾受时任天津知府大人的邀请和委托，在妈祖寿诞之际捏塑了一尊妈祖像。当时，"泥人张"父子——张明山和张玉亭的名字，可谓无人不知、无人不晓。他们的泥塑作品不仅开创了中国古典雕塑的创作先河，更是深受社会大众的喜爱与欢迎，作品影响远至海外，一件难求。西太后慈禧70岁寿诞时，内务府大臣庆宽就曾为求一组张明山先生的作品进献而差点"跑断腿"。徐悲鸿先生也曾为能求得张玉亭先生的一件作品而多次登门拜访。但是，历代泥人张在"塑神"之事上，却从不推辞，经常为天津的寺庙等修缮、创作神像。因此天津民间也流传着"天津神像皆出自张家之手"的赞誉。

当年张玉亭先生为了作品能将妈祖娘娘恩德浩荡、普施人间、救苦救难、造福百姓、赐予幸福安宁的慈悲形象生动刻画呈现，反复推敲修改，最终创作了一组共三个人物的作品。其中，妈祖娘娘端坐于凳、俯瞰人间，神情庄严肃穆，将妈祖娘娘时刻心系民间百姓生活、庇佑百姓的慈悲形象生动地呈现于世人面前。身后两个执扇的小仙女，动作俏皮可爱、神情古灵精怪，也更加衬托出妈祖娘娘庄重、慈悲的形象。在作品的设色上，张玉亭先生更是大胆地使用了红、绿、蓝等比较鲜艳的颜色进行绘制，但是最终完成的作品却让人眼前一亮，因为彩绘后的作品不但丝毫没有俗艳之气，反而将妈祖娘娘慈悲的形象庄重典雅的呈现于世人眼前，十分大气。后该组作品历经百年沧桑，辗转多位藏家之手，部分已经遗失、损坏，现收藏于天津泥人张美术馆。

大概是"泥人张"与妈祖娘娘之间不解的缘分，2014年我作为第六代"泥人张"，受天津天后宫的邀请，为天津天后宫复刻20尊妈祖塑像，用于天津和台湾的两岸妈祖文化交流活动。接到这个委托后,我没有丝毫的犹豫,便全身心地投入作品的创作之中。这次的创作不仅仅是创作一件两岸人民心中敬仰的海神像作品这么简单,它还是两岸民间文化交流的纽带与桥梁。所以,这件作品的创作是神圣且严肃的。经过反复的思考,我心中坚定了一个信念,那就是要将第二代泥人张——张玉亭先生创作的经典之作《妈祖像》复刻出来,弥补世人没有机会见到这件传世佳作完整样子的遗憾。

但想来容易,做起来却很难。100多年前的作品原貌,世人没见过,连我也没有见过。这尊妈祖像在损坏前是什么样子?妈祖娘娘手中遗失的护手板又是什么样子?在清末,泥人张的作品由于彩绘颜料使用的都是矿物质颜料,在自然的存放环境中会出现氧化、褪色等现象,那这件作品原本的颜色又是什么样的?

一时间,我的心中出现了太多太多的问号。经过反复的思考,我决定先不急于泥塑作品的创作,先去图书馆查阅资料,深入研究妈祖文化,之后又在网上搜索整理了关于妈祖文化研究的文献数十篇、资料图片几十张,引经据典,才确认了心中最接近于原作妈祖娘娘手中护手板的器形、服装彩绘的纹饰及其他作品细节。在真实地还原经典作品之余,还要保证妈祖文化的正确传播。因此,我在确认作品的造型后,并没有开始作品的捏塑创作,而是先绘制了手稿,在和天津及福建等地一些专门研究妈祖文化的专家、学者进行了深入的探讨后又进行了修改,才最终确认了创作的手稿。

手稿确认后,便是泥塑的捏制与彩绘。原本这是我驾轻就熟的环节,但为了能将传世之作经典地复刻于世人眼前,我再次认真翻阅、研习了家族史料,并前往故宫、天津博物馆等地去参观收藏在那里的张玉亭先生的作品,对其进行仔细的观察和深入的体会,感受张玉亭先生作品中人物的捏塑手法及彩绘的笔触细节等。经过深入的研究及反复的推敲,一个多月后,这组作品终于完成了捏塑、晾干、烧制、修复、打磨、彩绘等十余项环节,与世人见面。就在所有人都对眼前的这件妈祖像肃然起敬、对我称赞不已之时,我

伍——亲历者说

○ 第二代"泥人张"——张玉亭所塑天后娘娘

又再一次推翻了自己的作品，我说："颜色不对。"我之前是按照馆藏的这件作品的颜色进行调色彩绘的，但是这件作品历经百年风吹日晒，颜色早已和当时创作出来时不同。其实在调色的时候，我已经考虑到了这一点，但是我还是觉得不太满意，颜色和原作还是不同。特别是在我的字典里就没有"差不多"这种概念，何况是塑神像这种庄严之事，更没有凑合之说。所以，我再次深入研究、考辨，考虑到当时泥塑彩绘的颜料和书画采用的是同一种，又与很多书画大家进行探讨，翻阅了很多书画的相关史料，研究颜料的成分配比，力求真实还原，最终确认了彩绘的配色。凭借着这种"不将就"的匠人精神，我将这组妈祖像经典地呈现于世人面前。

当这批承载着"泥人张"世家六代匠人200年间对于妈祖文化尊崇之意的妈祖像漂洋过海，到达几千千米之外、海峡对岸的中国台湾时，深深地触动了大家的内心。大家对这个百年御匠世家精湛的泥塑技艺频频点赞的同时，也感受到了"泥人张"家族背后深厚的文化底蕴及世家精神。呈现在世人眼前的不仅是一尊展现恩德浩荡、造福百姓的妈祖娘娘慈悲形象的惊世之作，更是两岸血脉相连、同根同源的家国情怀，是对妈祖文化的承载与弘扬。

在圆满完成了此次为妈祖塑像后，我感到莫大的欣慰和荣耀。可以说，这一次的创作过程是自己精神上的一次升华，是自己对妈祖立德、行善、大爱精神的一次践行和体验。

（张宇）

伍——亲历者说

知识链接 >>>

剪纸艺术中的妈祖

天津市河东区非物质文化遗产代表作项目郝记剪刻纸花第三代传承人尚君，于2019年创作了具有天津妈祖形象特色的剪纸作品。作品高1.2米，宽0.65米，选用颜色鲜艳且颜色脱落慢的双面红纸作为主要材料，采用刻版剪纸技法刻制。该作品曾跨越台湾海峡，作为天津妈祖省亲代表团赠与台湾妈祖宫庙的礼物，为海峡两岸的妈祖文化交流做出了贡献。

郝记剪刻纸花由郝玉林于清光绪十一年（1885）在静海大丰堆创始，清末曾为清宫内务府进贡过鞋花剪纸。1914年迁至估衣街，创建了独具北方剪刻纸花特色的"郝记鞋花店"。1950年，第二代传承人郝万秀（郝玉林侄女、尚君的姥姥），经窦家花轿铺老板介绍，在大直沽天妃灵慈宫前设摊位，为沿海地区妈祖神庙预制供奉，并为当地百姓制作纸花，受到追捧。

⊙ 尚君剪纸作品《妈祖娘娘》

一个可以留住乡愁的地方
——《印象天津卫》展览的设计制作

我有幸参与了扩建后的天津市民俗博物馆（天津天后宫）《印象天津卫》展览的设计、制作、布展工作，在当时不到60天的时间内（还包括装修），要完成上述任务，可想而知，是何等艰难！简直就是创造了一个神话！

接到任务后，特别是得知这个展览是作为民俗文化博览园的一部分，是市委市政府互比互看的项目时，着实感觉到了压力。我们首先组成了创作团队，由时任南开区文化和旅游局副局长尚洁（当时兼任天津市民俗博物馆馆长）领衔，我和天津人民艺术剧院国家一级美术师王立新、天津市民俗博物馆的汲朝怡、安盛崑、宋哲等作为成员。我们即刻投入紧张的筹备工作中。测量现场，确定主题，挑选文物，联系制作展柜，复制场景、道具，撰写展陈大纲，绘制设计图……没有明显的工作分工界限，大家你帮我，我帮你，只知道几点上班，从来不知道几点下班，夜里两三点常常正是我们干得热火朝天的时刻。

还有那些幕后英雄，徐延荪、张宇、王大奇、何志华、郭锡鸣、周荣斌、赵靖、陈克、李家璘、岳宏……他们或无偿提供展品或给以智力支持，我们动用了一切可以利用的个人资源。

整个《印象天津卫》的展览面积为500平方米，通过岁时节日、衣着服饰、商业贸易、居住民俗、人生礼仪、游艺竞技、民间社会组织、民间信仰、津门遗珍等方面，展示了海河儿女的优良传统生活样式。旨在宣传天津优良的民俗文化，反映天津人民淳朴、善良、热情的民俗民风，使游客了解天津民俗、认识天津历史和现状，提倡和弘扬优良民俗，特别是对青年一代进行爱祖国、爱乡土的教育。

曲径通幽的展陈线路一改直线、对称、均衡的传统设计思路，大量采用曲线、分散、不均的元素，使人耳目一新。其中，年俗、婚俗、商俗等场景

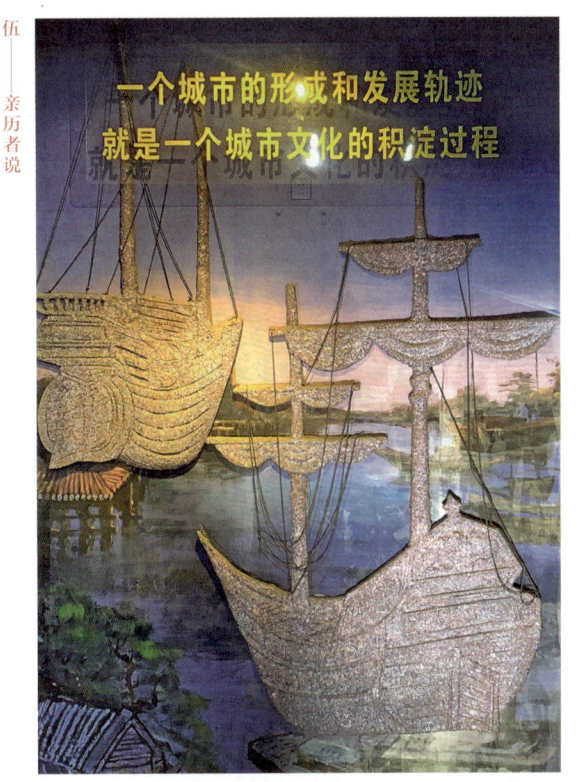

一个城市的形成和发展轨迹就是一个城市文化的积淀过程

⊙ 天津市民俗博物馆《印象天津卫》展览（一）
　（尚立新摄）

设计是展览的主要特点。动静兼顾的展示手段是新的亮点，既有静态的文物展品，又使用了较多的动态展示手段，如展示地域特色浓厚的天津方言电子翻书等，具有较强的视觉效果。

首先看到的是一个以楼道、楼梯为载体的场景设计，营造桥梁和码头的氛围。墙壁上的水彩画与半浮雕船模形式集中反映天津的海河、漕运、码头及沿河标志性的建筑，将人们带入天津卫由"水"发祥的大文化氛围。

之后，入口处复原了天津鼓楼城门效果，两侧展壁配有一组天津鼓楼老照片及天津老城城砖实物，这是将走进天津老城、走进天津民间生活的提示。

整个展览分为八大版块。

第一版块"岁时节日"。通过天津地区主要岁时节日图表、相关绘画作品以及实物、场景，展现了天津民间丰富灿烂的民俗生活。特别是将"天津卫过大年"的年俗文化展示，不仅营造了"家"里喜庆热烈的火爆场面，同时也将丰富的年节饮食习俗、贴饰习俗、民间信仰习俗等一一展示介绍，凸显了天津地域文化深厚的内涵。

第二版块"衣着服饰"。通过馆藏各类五光十色、做工精致的服饰藏品及反映服饰文化的老照片，以夸张的熨斗、衣架模型作为衬托，展示了天津民间服饰民俗鲜明的地方特色。

⊙ 天津市民俗博物馆《印象天津卫》展览（二）（尚立新摄）

　　第三版块"商业贸易"。通过馆藏各类商业民俗藏品、老照片及复原的老药铺等，展示了古代人类最初的商业活动和城市社会活动，表现天津民俗特色、市井风情等。

　　第四版块"居住民俗"。利用曲线形的展线，在通道中心依原老城东门里141号华家大院的样式，仿建传统民居四合院门楼。通过天津民居样式及建筑结构布局图、老照片等，对砖雕等藏品进行立体化展示。巧妙地利用建筑本身的结构，因地制宜，制作了"老水铺"和"咖啡厅"的复原场景，体现了天津文化中西合璧的特质，达到了意想不到的效果。

第五版块"人生礼仪"。通过精美的红木雕刻的婚床、新娘嫁衣、结婚证、娃娃大哥、奁簿、杨柳青年画等实物，集中体现了天津纷繁复杂、多姿多彩的传统人生礼仪、社会民俗文化等。特别是制作的巨型蜡扦模型，增加了展览的视觉冲击力。

第六版块"民间社会组织与民间信仰民俗"。通过清代天津民间水会水机子、《天津天后宫皇会行会图》、天津民间表演老会出会道具等实物和老照片等，展现了天津人急公好义、热心公益的高尚品行以及妈祖文化对于天津城市形成、发展的重要影响。

第七版块"馆藏老物件"。通过馆藏各类精品文物，展示了天津民间生活的多样性。每一件老物件都可以折射出历史的印记，唤起尘封的记忆，令人寻觅到浓浓的乡情、乡愁、乡恋。

第八版块"津门遗珍与民间游艺"。通过大量的实物、照片，从戏曲、曲艺、手工艺制作、老游戏等不同的侧面，展示了天津为百姓所喜闻乐见的民间艺术和游戏竞技活动。同时，展示了独具特色的天津市非物质文化遗产代表性作品。

最好玩儿的是我们制作的电子书，里面设计制作了200条用浓重的天津方言播出的俏皮话、歇后语。夸张的漫画、熟悉的场景、亲切的乡音，触动着人们内心的思念、畅想与怀恋。

这个展览，之所以说它成功，是因为看到有太多的人在这里流连忘返，看了一遍又一遍，举家几代人晚辈听着长辈讲小时候的故事，一张张沧桑的、稚嫩的脸庞露出赞叹、满足、兴奋、激动、好奇……

（王利文）

邮戳上的天后
——《天津天后宫纪念天后诞辰 1055 周年》
邮资纪念封和个性化邮票成功发行纪实

  邮戳是邮局盖在实寄过的邮件包裹等上的各类戳记，包括普通邮戳、纪念邮戳、宣传邮戳等。邮戳上日期凝固下的那一时刻已成历史。因此，收集邮戳对集邮爱好者来说，已成为必不可少的一项内容。

  2015 年 5 月 11 日（农历三月二十三），天津天后宫管理委员会和天津市集邮公司联合发行了《天津天后宫纪念天后诞辰 1055 周年》邮资纪念封和个性化邮票，"天后诞辰 1055 周年"这个日子被永远固定在了纪念邮戳上。

  其实，做这个项目的动因是一个偶然的机会。2015 年 3 月 6 日即农历乙未年正月十六，当日下午 3 时，举行《弘扬民俗文化 建设美丽津南》——千年古镇葛沽邮资明信片首发活动。应邀参加这次活动的津南区和天津市邮政公司的主要领导及本市著名文化学者罗澍伟、谭汝为、尚洁等专家到场，与中国邮政集团公司邮票印制局设计室副主任、著名邮票设计师方军及《千年古镇葛沽》邮资明信片的设计者董雷一同参加现场签售，大批集藏爱好者和市民早已排起长队。

  参加这次活动的专家学者都被眼前的场景所感染。当时尚洁主任就和我商议，5 月 11 日是天后诞辰 1055 周年纪念日，届时天津天后宫也将举行重大的纪念活动，如能发行纪念天后诞辰的邮品并邀请相关专家学者参加首发活动，不但能够增加活动亮点，而且可以弘扬妈祖文化，给热爱妈祖文化的人们留下一个美好的记忆。这个想法得到大家的一致赞同。方军副主任还盛情邀请专家们到邮票印制局考察，感受集邮文化的魅力。

  说做就做。一个阳春三月的日子，笔者陪同尚洁主任一行来到了中国邮政集团公司邮票印制局，即原北京邮票厂，这是中国印刷行业中设备最好、人员素质最高、管理最严格的邮票印刷厂。邮票属于国家发行的有价证券，纸张、油墨、防伪技术、印刷设备等软硬件要求很高。该厂担负着印刷人民币的任务，是国家印刷护照、证券的指定厂家。在方军副主任的陪同下，我们一行按印刷工序一个车间一个车间地参观考察，了解邮票从设计到印刷的每一个环节。特别是走到雕刻制版车间时，大家尤为感兴趣，雕刻师们手持刀具在钢版上一刀一刀地精雕细刻着，联想到《关公》小型张邮票，一个美好的想法逐渐形成——为天津天后宫发行一枚雕刻版的天后邮资图（至今全国尚未发行过雕刻版的邮资图），用邮资图宣传妈祖文化、扩大天津天后宫的影响，为建设美丽天津留下一笔遗产！遗憾的是后来因为相关领导工作调动，这个美妙的设想只好暂时搁置了。

  2015年天津天后宫举行庆祝天后诞辰庆典，除了一系列正常的仪式和活动外，发行一套纪念天后诞辰的邮品、用邮戳记录天后1055周年生日将成为新的亮点。策划方案由我和天津天后宫管理委员会的安盛崑负责。我参阅了大量的历史资料，结合纪念封、个性化邮票和纪念邮戳的意义特点，提出了印制《天津天后宫纪念天后诞辰1055周年》纪念邮折的方案。这套纪念邮折为三折，外加封套。折内有邮资纪念封一枚，该封采用鼓楼邮资图，代表着天津，邮资图下方为纪念邮戳，邮戳上主标题是"天津天后宫纪念天后诞辰1055周年"，图像为石雕《天后圣母》，地点是"中国天津"，时间是"2015.5.11"，署名"天津天后宫"，纪念封主标题同邮戳，主标题下方为《天后圣母》及天津天后宫山门图，纪念封背面为中英文对照的天后文字介绍；八枚版个性化邮票一版，主票采用"一帆风顺"图案，与天后传说相辅相成，副票采用国家博物馆珍藏的《皇会图》（局部），边饰为《天后圣母》及"皇会行会图"潜网；纪念章一枚，纪念章为天津天后宫供奉的天后圣像。纪念邮折主色调为中国红，是根据民间传说的天后娘娘林默经常盘坐于彩云雾霭之间或朱衣飞翔于海上，常示梦显圣、救人急难的故事而来，邮折上的图案有天后圣像等，文字有天津天后宫简介和宫中的匾额诗词。由

⊙ 天津天后宫妈祖诞辰纪念邮品

  方军副主任亲自操刀设计。方军副主任曾到过福建湄洲妈祖庙和台湾北港朝天宫，为福建湄洲妈祖庙设计过多套集邮品，对妈祖文化相当熟悉。他设计的邮票和邮品多次获国际大奖，其名望和设计水平在中国堪称一流。为了经得起历史的检验，印上去的元素和诗词都查考有据，疑难问题还请教了罗澍伟先生。在印制方面，采用了多项特殊工艺，凸显了庄重大气的设计风格。这套存世的邮折限量 1055 套，且编号发行，具有很高的收藏价值和升值空间。

  终于等到这一天。2015 年 5 月 11 日上午 9 时，《天津天后宫纪念天后

诞辰 1055 周年》邮资纪念封和个性化邮票在天津天后宫首发。罗澍伟、谭汝为、方军、尚洁、陈克等专家为广大集藏爱好者签名留念。当日，天气阴沉，眼看一场大雨就要来临，正当大家担心之际，尚洁主任开玩笑说："没事，有娘娘保佑着呢。"轻轻一句话，化解了大家的紧张。待整个活动圆满结束不久，大雨倾盆而下。大家相视而笑："果然有娘娘保佑。"

（宋少波）

在娘娘身边成长的日子

我是奶奶一手带大，懵懂的年岁，就听老人说过我和姐姐都是奶奶在庙里（今天后宫）"求"来的，因为奶奶已有两个孙子的缘故，所以我和姐姐的降临得到了家里人的无比宠爱。这也算是我与天后娘娘初识的不解之缘……

大学毕业后，我获得了一个千载难逢的来天后宫工作的机缘。初来乍到，一切都是那么新鲜，恢宏的建筑、古朴的殿阁、氤氲的氛围，都使我对要面临的工作产生了浓烈的好奇心。"半张桌子（当时借用同事的办公桌）、一本书"，办公条件是艰苦的，内容也是枯燥乏味的。当时馆里的接待任务少，难有锻炼的机会。但也正是在这段平淡的时期，我积蓄了知识的力量。我时常会跟在馆长、老师的后面，聆听天后宫的前世今生，也算是偷偷学艺。同时私下我也喜欢请教一些曾在老城里居住的年长者，倾听老天津卫的故事。从他们的身上，我获得了书本上没有的奇趣杂谈，往往令我兴奋不已。我渐渐地爱上了见义勇为、扶危济困、无私奉献，具有高尚情操的渔家女子——林默娘，为其感动，被其感染。我也渐渐地"上了文化的道儿"，一头栽进了"文化"的"门"，成了一位真正的"文化青年"。

自 2007 年 10 月入馆到 2012 年 8 月，是我接触妈祖文化和民俗文化并积蓄知识的储备期。初出茅庐的我并非一名合格的讲解员，非专业出身又从未受过专业的培训，无经验又未死记硬背过讲解词。但是对"娘娘"的崇拜和对妈祖文化的热爱促使我吸收了更多、更杂、更具本土特色的妈祖文化知识。2012 年底，"娘娘宫"正式成为我人生第一次讲解工作的舞台。第一次接待来宾的我内心忐忑不安，不知自己所学的知识是否可以应对来访者的需求，自己的讲解水平是否可以得到来访者的肯定。从这次开始，日积月累，我从一名讲解员逐渐成了一个团队的带头人，上至"70 后"、下至"90 后"，妈祖情缘将来自四面八方的我们紧紧地拴在了一起。那段时光是美好的，我们一边继承着老同志的优良传统，一边发挥着年轻人创新的精神，时刻都充满了激情、充满了力量，努力成为妈祖文化的"明日之星"。

日复一日，在讲解方面，我针对不同的游客制定不同的讲解词和讲解方案，逐渐形成了自己的一套工作风格。比如，面对老年团队，我会将步伐放慢、语速放缓，讲解的内容更加偏向于旧时民间习俗信仰和老天津卫人的生活起居，让他们可以通过我的讲解，追寻儿时的记忆，内心得到喜悦和安慰；对待青少年团队，我更加注重于文化的教育与传承，用最简单易懂的语言讲出天津卫最具代表性的民风民情，让他们了解诞生于明永乐二年十一月二十一日（1404年12月23日）的天津——这座历经600多年沧桑岁月的故乡、历史上唯一有确切文献记载自己生日的城市，是怎样孕育了一方水土一方人；针对国内的外地游客，会更加注重天津年俗、婚俗的讲解；针对不同地区的妈祖庙，会侧重于天津天后宫、天津妈祖文化的传播区别于世界其他宫庙的不同之处；针对外国友人，会用通俗易懂的语言去为他们讲述妈祖文化与中国传统文化的相容相合。记得曾经有一位外国友人调侃式地问我："你们都是皇家人，穿着黄马褂当工服？"（当时我们的工作服是一件中式风格绣有姓名的黄色马夹。）我笑了笑，回答道："我们穿的不是黄马褂，我们穿的是'文化'。"

第一次走出娘娘宫去参加区县比赛获成功，坚定了我的信心，成为我进步的源泉。就这样，在妈祖"立德、行善、大爱"的影响下，我得到了历练与成长。工作之余，每每和领导、同事谈起梦想，我都会说："无论我走到哪里，我都是天津的孩子，也是天后的孩子；无论我带领什么样的团队，都只是一名努力传播文化的使者。我会用'立足小窗口，服务大舞台'的信念，坚定不移地走下去。"

我因"求子"的习俗而生，又因所做"拴娃娃"等民俗讲解而多次获奖。2012年寒冬，那次讲解的经历令我永远难忘。

津卫妈祖

○ 百年前曾经被拴走的娃娃大哥又被家人送回到天津天后宫（右一：张晓丹）

记得那是我第一次站在全市的舞台上，也是天津广播电视台全程直播的比赛，那时在场边即将上台的我，内心羞怯而紧张，望着大礼堂下密密麻麻的评委和观众，我努力找寻着熟悉的身影，脑中却一片空白。但奇妙的是，当我手握着"娃娃大哥"（讲解道具）准备上台的那一刻，我望着娃娃大哥的脸，仿佛他在微笑着鼓励我说："不要害怕，相信自己！"恍然间，我好似得到了一种莫名的力量与信心，紧张的手不再抖了，内心也平静了许多。伴随着妈祖颂歌我缓缓步入了舞台，用亦庄亦谐的讲解语言生动地讲述着天后宫娃娃大哥的故事，言语间不禁流露出对天津这座城市赤诚的热爱，并以贯口的形式伴随着视频（提前制作好的PPT）中天后宫的吉祥钟声，出色地完成了此次的讲解任务。还记得当时我被评委留在赛场上，回答即兴的后续提问，在回答的同时我还大胆地介绍了随我而来参赛的团队。因为精彩的讲解内容和独特的讲解风格，我获得了讲解道路上第一个市级奖项。这场比赛令我难忘不是因为获奖的结果，而是因为获奖的过程。若没有各级领导的信任与鼓励，没有游客服务中心团队队员的付出与配合，没有娃娃大哥在临上场前的肯定与支持，就没有一次次勇于站在舞台上讲述妈祖故事的我。因此，无论是哪一种情愫，作为妈祖文化的受益者和仰慕者，我都更有责任和义务去将这一独具天津民间信仰特色的文化传承下去。

世界上，一切勇气和智慧无不源于"爱"，而且因"爱"而越加强大，只有"爱"才可以让我们兴奋不已并坚持不懈地走下去。我爱心目中的榜样"林默娘"，我爱我的故乡，我爱妈祖文化。天津天后宫包藏着一代又一代前辈们付出的心血与汗水，无论我在哪里，无论我从事着什么，我都会"守住初心"，继续当好传承文化的宣传兵，宣传天津妈祖信俗、弘扬妈祖文化。13年的妈祖情缘让我在讲解的道路上破茧成蝶，给我带来了许多的感动与感恩。一路走来，每项荣誉的背后都装藏着一段与妈祖的情缘和大家的关爱。

许多人都说，这个"80后"女孩讲活了600多年的津沽事。她把一项项失传的民俗记忆又重新拉回到了大众的面前。其实不然，与其说是我传播了"天津这些事儿"，不如说是天津文化、妈祖文化成就了我。不论过去、现在还是未来，我都不忘初心，努力做最美的文化传播者，把天津与妈祖的故事讲给更多的人听！

（张晓丹）

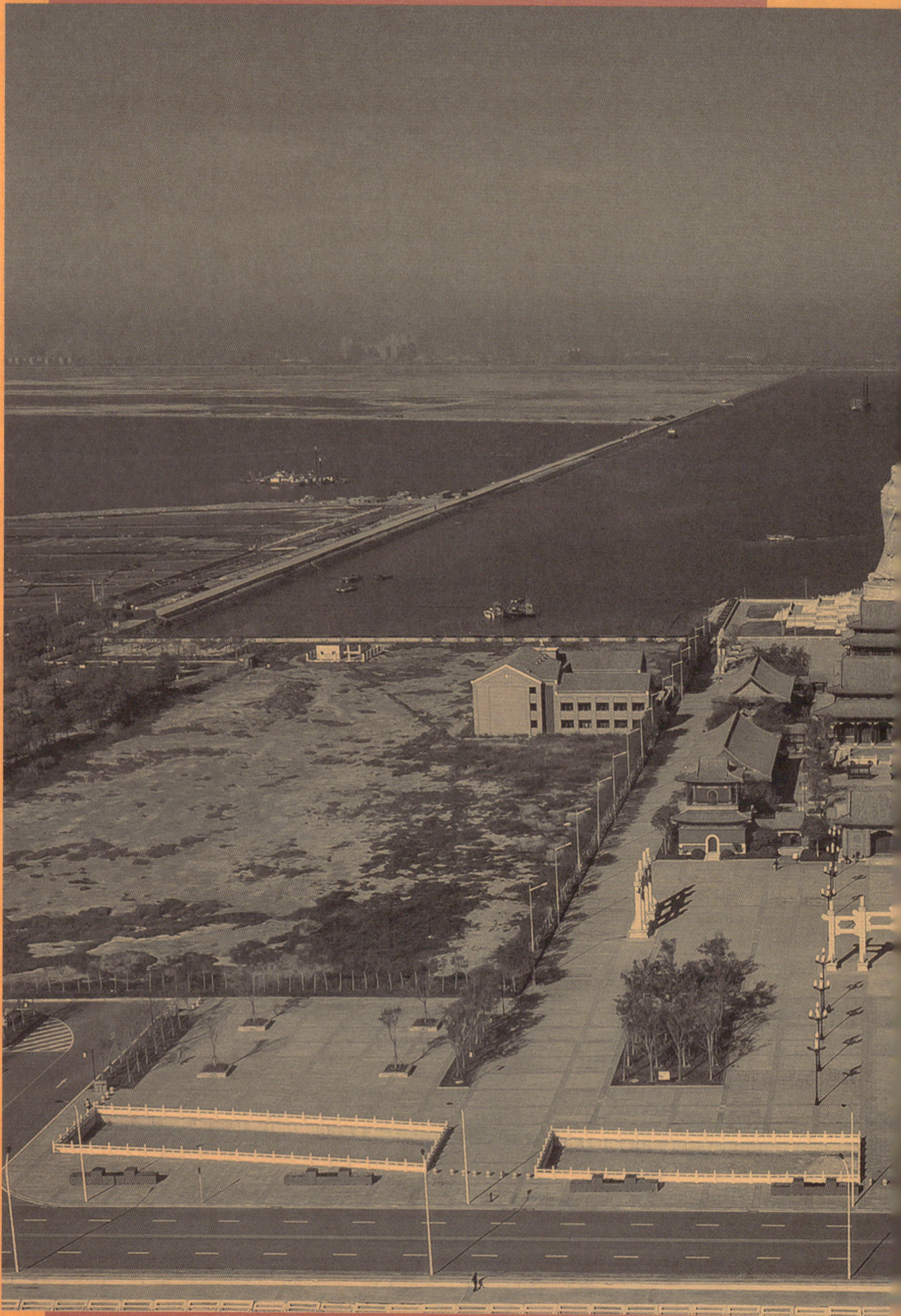

陆 妈祖文化研究与海内外交流

妈祖文化研究是促进妈祖文化保护、传承和弘扬，提升妈祖文化内涵和价值的助推器。妈祖文化研究成果不仅是天津城市历史文化的重要组成部分，也是海内外交流的桥梁和纽带。而多层面的海内外妈祖文化交流亦是强化民族认同、让世界了解天津、让天津走向世界的重要手段。

天津地区妈祖文化的学术研究是从元代建立妈祖庙宇后开始的。从历史记载的方志、诗词歌赋、文史资料以及绘画、影像、民间文学作品，到当代的各类专题研究、展览、戏曲及影视等，展现了妈祖文化研究成果的广博、宽泛和与时俱进。

妈祖文化论坛回顾

妈祖文化论坛是随着中国·天津妈祖文化旅游节的举办而形成的。在历届妈祖文化旅游节中，最亮丽的一道风景就是妈祖文化论坛，大批海内外知名专家学者，携研究成果齐聚论坛，进行研讨、交流，不仅为天津妈祖文化旅游节留下了重要的硕果，同时也大大推动了妈祖文化研究在天津的发展。

2001年4月20日上午，首届妈祖文化论坛在位于东马路的百惠饭店报告厅召开。论坛以"妈祖文化与城市形成与发展"为主题，海内外200余位专家学者参会，提交学术论文50余篇。《红楼梦》研究专家、中国艺术研究院研究员周汝昌，时任中国文联副主席、中国民间文艺家协会主席、天津市文联主席冯骥才做了精彩的主题发言。时任天津市政协副主席、台盟天津市委主委蔡世彦、南开区的相关领导、法人财团台湾北港朝天宫董事长曾蔡美佐女士分别致辞。

时年83岁高龄的周汝昌先生不仅莅临了首届妈祖文化论坛，还为《妈祖文化论文集》题写了书名，并亲自撰文《妈祖文化与天津城市发展的关系》，对天津的妈祖文化研究提出了殷切希望："我们应该有个专门的天后文化学会，分组研究，做出成果，积极宣传，使全世界知道天津天后宫的重要意义……这如果对天津的发展建设不起积极作用，我是不相信的。"正如周先生所希望的，天津妈祖文化促进会、天津天后文化传播交流中心等民间团体随之诞生，并在推动天津妈祖文化的发展中起了重要的作用。

冯骥才先生也对论坛的举办和论文的结集出版给予了高度的评价。他说："这次活动又把妈祖文化研讨会列为一项重要内容，邀请来全国著名的文化学者与民俗专家，对妈祖文化深入探讨，这个做法是颇有见识的。学术研讨可以深化认识，清晰理念，同时也是深层次的弘扬。现在，妈祖文化旅游节组委会进而将研讨会的论文整理成集，这本高质量的妈祖文化的论文集无疑是此次文化节的一个重要硕果。唯有站在这个成果上,我们才能不断推进对这一文化遗产的开掘,以使传统文明在现代文明社会开花结果。"冯骥才先生对以后的几届论坛始终给予高度的关注和支持,使得无论是论坛本身还是论文集一直处于妈祖文化研究领域的高端水平。

中国艺术研究院研究员王树村,中国民俗学会名誉理事长、辽宁大学教授乌丙安,中国民俗学会理事长、中国社会科学院研究员刘魁立,国际亚细亚民俗学会会长、中央民族大学教授陶立璠,中央民族大学教授邢莉,福建省莆田市文化局研究员蒋维锬,福建省湄洲祖庙秘书长周金琰,天津天后宫管理委员会副主任尚洁,以及台湾北港朝天宫总干事吴祥、台湾空中大学教授蔡相辉、香港妈祖儿等亦在研讨会上做了精彩的发言。

来自台湾、福建、新疆、浙江、山东、辽宁、陕西、山西、甘肃、北京、天津的200余名专家学者围绕着"妈祖文化与城市形成与发展"这一主题,从不同地域、不同角度进行了研讨。这些研究成果对于研究城市发展史、弘扬妈祖文化、净化人的心灵、促进社会的文明与进步,都有重要的现实意义。此次论坛首次将妈祖文化研究与城市的形成和发展结合起来,可谓视角独特、意义重大,引起了学术界的重视。天津天后宫还特别推出了《天津天后宫与天津城市的形成和发展》展览,为论坛的成功举办营造了很好的氛围。

首届妈祖文化论坛举办之后,天津妈祖文化研究进入了一个新时代,可以说,这次论坛是天津妈祖文化研究领域的一个里程碑,并从而奠定了天津成为中国北方妈祖文化研究中心的地位的基础。妈祖文化研究的新成果不断涌现,在妈祖文化研究领域形成了一个百花齐放、百家争鸣的良好局面。

第二届妈祖文化论坛于2004年9月26日在天津市政协俱乐部举行。天津市政协副主席、台盟天津市委主委蔡世彦、法人财团台湾北港朝天宫名誉董事长曾蔡美佐、南开区主要领导分别致辞。来自澳大利亚、日本、新加坡、泰国和中国的200余位专家学者参加了会议,收到论文34篇。各国专家就"妈祖文化与现代文明"这一主题展开了积极的探讨,对妈祖文化进行深入认识和研究。该届论坛注重历史和现实相结合的研究,关注妈祖文化跨地域传播的议题,尤其重视妈祖文化对于当代生活的意义的探讨。与会者认为,妈祖文化在新的社会条件下不断发展,其内涵更加丰富、更具有时代性。著名专家学者、中国民俗学会名誉理事长、辽宁大学教授乌丙安,中国民俗学会理事长、中国社会科学院研究员刘魁立,国际亚细亚民俗学会会长、中央民族大学教授陶立璠,福建省莆田市文化局研究员蒋维锬,福建省湄洲祖庙秘书长周金琰,天津文史馆馆员张仲,天津社会科学院研究员罗澍伟,天津理工大学教授李正中,天津市老城博物馆馆长尚洁,台盟天津市委会文化学院院长刘金山,以及台湾空中大学教授蔡相辉、台湾北港朝天宫总干事吴祥等在研讨会上做了精彩的发言。此次论坛出现了不少新的研究成果,体现了该领域与时俱进的特点。这些研究成果提高了该届妈祖文化旅游节的文化品位,进一步扩大了天津妈祖文化的世界影响,巩固了天津妈祖北方中心的地位。

  第三届妈祖文化论坛于 2006 年 9 月 21 日上午在天津宾馆召开。时任全国政协副主席、台盟中央主席张克辉,中国文联副主席、天津大学冯骥才文

⊙ 第三届妈祖文化学术论坛(武延增摄)

化艺术研究院教授冯骥才等特意发来了贺信、贺电。时任天津市政协副主席、台盟天津市委主委蔡世彦等领导做了热情洋溢的致辞。来自美国、日本、新加坡等国家以及中国香港、澳门、台湾和北京、上海、福建、山东、浙江、山西、陕西、广东、广西等地区的400余位专家学者就"妈祖文化与遗产保护""妈祖文化与民间信仰""妈祖文化与文献考证""妈祖文化与城市发展""妈祖文化与田野采风"五个专题进行了热烈的研讨。中国民俗学会名誉理事长、辽宁大学教授乌丙安,国际亚细亚民俗学会会长、中央民族大学教授陶立璠,福建省莆田市文化局研究员蒋维锬,深圳市南山天后博物馆馆长龙辉,天津市社会科学院研究员罗澍伟,台湾妈祖文化专家罗海贤及日本名古屋大学博士后牛承彪等分别做了主题讲演。59篇学术论文被编入《中华妈祖文化学术论坛》,由天津百花文艺出版社出版。

第四届妈祖文化论坛于2008年10月4日上午在会宾园宾馆召开。来自美国、新西兰、新加坡、日本、马来西亚等16个国家以及中国香港、澳门、台湾和北京、福建、上海、广东、山东、浙江、江西、贵州、河南、河北等地区的宫庙代表1600余人聚集妈祖论坛,交流妈祖文化的最新研究成果。天津台湾同胞联谊会会长蔡世彦等领导致辞。中国民俗学会名誉理事长、辽宁大学教授乌丙安,中国民俗学会理事长、中国社会科学院研究员刘魁立和台湾南亚科技大学副校长、妈祖文化资源创意产业研究中心主任蔡泰山等做了主题演讲。本届学术会议还在交流互动上进行了改革和创新。在主题演讲之后安排了三组、共九人的访谈和解答提问环节,国际亚细亚民俗学会会长、中央民族大学教授陶立璠,中华妈祖文化交流协会常务副秘书长周金

琰、中国民俗学会秘书长、中国社会科学院研究员叶涛，福建省霞浦妈祖文化联谊会研究员林国敏，天津社会科学院研究员罗澍伟，台盟天津市委会文化学院院长刘金山，天津社会科学院研究员张利民，天津市艺术史学会会长刘恒岳，天津市南开区文化和旅游局副局长、研究馆员尚洁等就自身学术研究主题进行了简单的论述，并就主持人和与会学者的提问进行了解答。这种互动式的研讨方式不仅活跃了学术论坛的气氛，同时也使学术交流更加贴近时代、贴近民众，更具有现实指导意义。本届妈祖文化论坛共收到学术论文44篇，从不同的角度讨论了妈祖文化的深刻内涵、保护意义以及在社会生活中的影响等。这些优秀论文被收入《中华妈祖文化学术论坛》，由天津百花文艺出版社出版。

第五届妈祖文化论坛于2010年9月27日下午在天津大礼堂国际厅举行。论坛主题为"当代社会妈祖文化弘扬与发展"。海内外专家学者、妈祖宫庙代表、天津市区领导以及媒体记者等170余人参加了会议。时任中国文联副主席、天津大学冯骥才文学艺术研究院教授冯骥才，国际亚细亚民俗学会会长、中央民族大学教授陶立璠，天津社会科学院研究员张春生做了主题演讲。中华妈祖文化交流协会常务副秘书长周金琰、陕西西安民俗博物馆馆长孔正一、山东聊城大学教授张宪昌、台湾南亚科技大学副校长、妈祖文化资源创意产业研究中心主任蔡泰山，台湾海西工作室主持人、教授林正修，天津市社会科学院研究员罗澍伟、研究员张利民，天津博物馆党委书记、研究员陈克，天津市图书馆研究员康军等九人，分为三组，分别发表了独到的学术见解，并就主持人和与会学者提出的问题一一进行了答疑互动。天津人民广播电台节目主持人黄浦兰女士主持了这一环节，并取得了很好的效果。与会专家学者纷纷建言献策，发表精彩演讲，就妈祖文化遗产与现代文明进步展开了积极探讨，揭示了妈祖文化在当代的丰富内涵。这些研究成果提高了第五届中国·天津妈祖文化旅游节的品位，对促进妈祖文化的发展起到了重要的推动作用。中国·天津妈祖文化旅游节组委会还汇集历届中国·天津妈祖文

○ 冯骥才先生在第五届妈祖文化论坛上做主题演讲（武延增摄）

化旅游节·妈祖文化论坛成果编辑出版了《圣迹与霞光》一书，作为本届妈祖节礼品赠送给来宾。

第六届中国·天津妈祖文化旅游节在策划时，因没有安排妈祖文化论坛，故第六届妈祖文化论坛没有举办，成为遗憾。

第七届妈祖文化论坛于2014年9月26日上午在天津礼堂一号厅举办。本届论坛以"弘扬妈祖精神　共话美丽天津·中国梦"为主题，两岸专家学者就妈祖文化的现代意义、天后信仰与地方社会秩序的建构、妈祖文化的时代性、民俗文化创新等课题展开研讨交流，从理论的高度传承和弘扬妈祖文化。

第八届妈祖文化论坛以"天津皇会"为主题，于2016年9月10日在天津大礼堂举行。

第九届妈祖文化论坛于2018年9月28日在汇高花园酒店会议厅举办。本届论坛以"世界遗产与妈祖文化"为主题，共收到海内外专家学者提交的

⊙ 中央民族大学教授陶立璠在第九届妈祖文化论坛
　上做主题演讲（尚立新摄）

论文36篇。第九届中国·天津妈祖文化旅游节组委会负责人、中华妈祖文化交流协会主要领导分别在论坛上致辞。南开区文化和旅游局局长马文清做主题报告。国际亚细亚民俗学会会长、中国民间非物质文化遗产保护委员会委员、中央民族大学教授陶立璠做主题演讲。之后，论坛采取访谈式，分三组，每组三人，中华妈祖交流协会常务副秘书长、研究员周金琰，台湾中坜南亚技术学院教授谢胜义，天津社会科学院研究员、天津市文史研究馆馆员罗澍伟，天津师范大学国际教育交流学院教授谭汝为，中国民俗学会常务理事、河北省民俗学会会长、研究员袁学俊，广东省博物馆副馆长、研究馆员肖海明，华东师范大学社会发展学院民俗学研究所博士后游红霞，山东工艺美术学院文学院院长、副教授徐磊，天津市泥人张美术馆馆长、第六代泥人张传人张宇共九位专家学者发表了相关学术观点。

　　伴随着中国·天津妈祖文化旅游节而诞生的妈祖文化论坛，既是天津学术界的盛事，更是中华妈祖文化研究领域的盛事。这些研究成果无论是深度和广度，还是妈祖文化的内涵与外延都让人耳目一新。专家们从历史学、民俗学、人类学，以及遗产保护、城市发展、民间信俗、对台交流等各方面探讨了与妈祖文化的关系，既有田野采风的成果，又有理论研究的提升。许多研究成果对当今社会文化的传承和发展都有积极的推动作用，其影响是巨大的，极大地推动了妈祖文化的研究和发展。这仅仅是个开始，妈祖文化研究方兴未艾。

（王利文）

值得称道的田野调查与治学之风
——采风杂谈

  天津市民俗博物馆（天津天后宫）刚开馆时，由于其成员大部分是从文化系统的各部门调来的，加之当时民俗学和妈祖文化这两个学术领域都还处于刚刚复兴或起步的阶段，对于大部分人来说都是比较陌生的，因而整体上专业水平还不是很高。

  为了补好这方面的短板，当时的天津市民俗博物馆非常重视学术研究和采风活动。采取走出去、请进来的方式，参加并组织全国性的学术交流活动。鼓励青年学者走出去参加全国各地的学术采风、田野调查和研讨活动，与许多知名专家学者、文化名人建立起良好的交流关系。包括著名国家级专家钟敬文、周汝昌、史树青、张紫晨、乌丙安、冯骥才、陶立璠、冯育楠、顾道馨、李世瑜、张仲等。其中周汝昌先生就先后九次、钟敬文先生先后四次来津参加各类活动。此外，还曾经聘请了时任天津市历史博物馆的副研究馆员顾道馨先生每周来馆一次，主要围绕妈祖文化与天津城市的形成和发展以及衍生出的各类民俗事象进行专业辅导。特别是这些专家还亲自带领我们深入到田野、到基层、到人民中去，搜集第一手采风资料……这些都使我深受启迪，受益匪浅，因此，也使我奠定了良好的治学态度与治学理念。

  印象最深的是参与"大运河故道""环渤海地区妈祖文化传播地域""海河流域渔民婚俗"及"皇会"等课题田野调查工作。

  众所周知，元明清时期，漕运十分发达，其中涉及政治、经济、文化、交通、民俗等诸多领域。但因年代久远，这方面的实物资料十分缺乏，文献涉及的民俗细节少之又少。1988年、1994年，顾道馨先生带领我和王利文、王长兴等，先后两次沿运河故道进行考察，访问了沧州、德州、临清、济宁、微山、淮安、扬州、无锡、嘉兴、杭州等十多个地区的百余位船工、养船户及相关专家学者，搜集了200余件漕运实物资料，并分别在天津市民俗博物馆、天津市历史博物馆建立漕运专题陈列室，为全国的漕运民俗研究提供了重要平台。记得那时，为了实地拍摄微山的一个运河故道边的龙王庙，我和王长兴骑着借来的"二八"加重自行车，在蜿蜒崎岖的乡间驱车二三十千米。回来时，腿都不会迈步了。现在想起来都觉得当时怎么可能？

"环渤海地区妈祖文化传播地域"的调查，是与青岛、烟台、长岛、宁波等地的相关妈祖宫庙联合组成采风团共同完成的。最后形成的田野调查对环渤海地区妈祖文化的传承脉络、衍生的民俗事象进行了科学的梳理和记录，同时结合比较研究的方法进行了分析解读，是首次对环渤海地区妈祖文化研究做出的科学分析和系统田野采风。之后，受中国民俗学会"渔岛民俗研讨会"邀请，我又进行了"海河流域渔民婚俗"的调查。当时不仅深入北塘一带的渔村，到渔民家中"同吃、同住、同劳动"，还随海河上的打渔人家在三岔河口一带漂泊了近半个多月，搜集到许多珍贵的历史文化信息和现场资料，至今仍为当年所做的抢救性的调研工作而自豪。

下力气最大、耗时最长且一发不可收拾的是对"皇会"的田野调查。当一个神秘浪漫而又凝重庄严的皇会映现在我的面前，当亲身感受到那些老会的会头和表演者对皇会的热情、虔敬和他们滔滔不绝的话语中流露出的渴望时，我的内心受到了强烈的震撼。我对自己说，我要记录下来。于是，无论是胡同、里巷、会窝子（老会会所），还是村头、田边、大队部，都是我获得知识的课堂。那些纯朴的传承人，那些曾经经历过皇会的耄耋长者，常常会把我当作救星和难得的倾诉对象，好像我能帮他们把那些濒临失传的技艺拯救下来，能实现这件寄托了他们几代人渴望的事情一样，甚至大开原本不让女子触碰等一些戒律。面对他们那份沉甸甸的期待，那份信任，那份朴素得不能再朴素的情感，我会感动得几天几夜不能寐。我突然觉得我是有责任的，我责无旁贷。因此，1999年在完成了中国俗文化丛书之一《天津皇会》的出版后，我仍然不能停歇下来。

我会坚守这个信念，还得益于冯骥才先生的鼓励和教诲，特别是在2006年《皇会》一书的编写过程中，冯先生不仅在编写、设计、印刷等细微之处给予鼎力支持，还拨冗亲自作序，令我感动不已。"一份遗产后面应该有几个学者……学者对于遗产的意义，是从精神文化层面把握它、挖掘它、弘扬它，不让它在市场时代失却了它独有的精神本质……"我谨记冯先生严谨的治学态度和殷切的期望，将扎实的田野调查和文献佐证作为自己学术研究的基础，在主编《中国民俗大系·天津民俗》《天津通志·民俗志》《天津市志·妈祖文化志》《中华妈祖文化志·天津卷》及相关论文的写作中，我始终恪守这个原则。

　　平心而论，如果没有良好的学术氛围，没有专家、导师的引领，没有第一手厚重的田野调查采风资料以及理论知识的不断补充，是不可能取得今天的成就的。

　　感恩那个时代的所有……

（尚洁）

乡情所系天后宫

家住鼓楼北,童眼看世界、少年长知识,都融入了关于老城内外的记忆。胡同口的混元盒高跷、宫南宫北娘娘宫……文化的启蒙有时并不在课桌前。一方水土养一方人,天津卫这块宝地对天津人的惠赠,不是只有河海两鲜。生活在这一片大地上的人们,一代又一代在接受津沽文化滋养的同时,也做出了回报,这便是风尚习俗的传承、地域文化的接续,这便是所谓的"乡音乡愁",所谓的"桑梓情怀"。老城、鼓楼,还有与海河并行的那条故里老街、老街上的天后宫,成为天津人乡情所系,乃至过大年时熙熙攘攘,元宵节时摩肩接踵,缘由均在于此。

改革开放以来,具有天津特色的地域文化受到广泛重视。宫南宫北规划为古文化街,人文景观名胜地,游人常如织。天后宫作为民俗博物馆,人们体验津门古俗、为生活祈福的地方。2001年天津市政府举办了"中国·天津妈祖文化旅游节"(简称"妈祖节"),三年后又办了第二届,以后每两年一届。妈祖节在国内外产生了巨大影响,彰显着天津城市的软实力。妈祖节期间的妈祖文化论坛,探讨妈祖文化的当代解读,海内外学者济济一堂,交流切磋,也沿袭为传统,成了品牌,推动着妈祖文化研究的发展。由此,我们不仅可以说中国北方最具影响力的妈祖庙在天津,还可以讲天津已成为妈祖文化研究与成果展示的学术重镇。

许多年来,在传统文化研究领域的学步和跋涉中,妈祖信仰习俗一直是我瞩目的领域。2004年第二届妈祖节征集论文,我以《妈祖传说与中国井文化》应征。文中提出,以传统井文化为参照,有助于解读"窥井得符"、"娘娘坐海眼"、妈祖井泉等传说。从这种解读中,可以看到妈祖文化强于包容的特点。探讨天津城市发展与妈祖文化的关系,避不开寻根这个角度,也避不开发展这个层面——这一层面所凸显的,正是妈祖文化强于包容的特点。两年后的第三届妈祖节再续"强于包容"话题，我写了论文《"敕建"包容了"淫祀"——试论从祀天后宫的民间俗神》。2008年第四届妈祖节，我写了《"水，阴次之，则曰妃"——从封号看妈祖信仰的产生与演进》，援引清代学者赵翼的话："水为阴类，其像维女。地媪配天则曰后；水，阴次之，则曰妃。天妃之名，即谓水神之本号。"梳理历代封建王朝对妈祖的封号，阐述将妈祖纳入国家正统的神祇祭祀系统，元代所依据的神格等级概念，以及清朝对这一概念的突破。第五届妈祖节，我提交论文《〈天妃娘妈传〉塑造水神形象——兼论这部明代小说中鳄与猴的符号意义》。2012年第六届妈祖节，我提交了论文《漕运、海神与一座城市的兴起——天津历史发展视野里的妈祖文化》，我把它作为一部书稿的一节，先期呈给了妈祖文化论坛。以上论文，妈祖节过后，曾分别拿到中国民俗学会年会上进行交流。两年一届的妈祖节督促我不断地给自己出题目，开拓选题面，进行新求索。如今回头看，真要感谢妈祖节。

　　是的，应该感谢中国·天津妈祖文化旅游节。这盛事，一届又一届，带着我们不断经历天津携手海内外，一并进行城市的风俗重温、文化回顾和体验之旅。妈祖节邀请相关专家学者前来，其中不少是相识的师友，津门相聚，论坛聆听，对于我来说也是一件惬意的事情。我还留意为所供职的《今晚报》副刊组稿。2008年6月国务院批准公布第一批国家级非物质文化遗产扩展项目名录，由天津市民俗博物馆申报的"妈祖祭典（天津皇会）"榜上有名。这一年的妈祖节期间，我就此为《今晚报》约稿，请民俗学家、国家非遗保护专家委员会副主任乌丙安先生撰文《国家级非物质文化遗产天津皇会实施保护的关键》，文中论及皇会成为国家级非遗项目后的传承保护问题。

　　多年来，《今晚报》副刊的地域文化征文颇有影响。副刊与南开区相关部门联手做过"老城旧事""从崇化学会到崇化中学""水阁医院108年"三次征文。

　　一直希望有机会集中地成规模地做一做妈祖文化这篇大文章。2012年，为迎接第六届天津妈祖文化旅游节，中国·天津妈祖文化旅游节组委会与《今晚报》副刊部合作，共同举办"妈祖文化与天津"征文活动。征文在社会上引起热烈反响，来稿踊跃，择优刊出文章近60篇，稿件的刊登一直持续至第六届中国·天津妈祖文化旅游节圆满落幕。征文活动结束后编了文集。

这次征文活动中，95岁高龄的著名学者、乡贤周汝昌先生应约来稿，是病榻上口述的《礼敬天后宫》一文。周先生所撰长联"裁霞曳绣，辇凤翳鸾，士女总倾城，竞香影六街，万盏明灯迎五驾；箫簪凌波，唧龙画鹢，神灵长静海，敷恬风九域，千艘楼橹会三津"，挂于天后宫正殿抱柱。周先生在一次公祭场合倡议公职人员、专家学者列队鞠躬敬礼，表示对妈祖圣贤的感念。这一提议被采纳，并被循为常例。周先生的文章中写道，海河是天津的母亲河，妈祖是天津的母亲神。

此次征文活动刊发的稿件选题多样，有历史源流的考索探讨，有津沽相关民俗的搜集记录，一些文章反映了妈祖文化研究，包括天津皇会研究的新成果，如学者罗文华对于"袜子胡同"实为"娃子胡同"的考证，可见"拴娃娃"习俗对往昔生活的影响。天后宫大殿壁画的绘制，妈祖文化题材油画、戏曲、诗歌创作的新收获，在征文集中也有所体现。2014年9月，第七届中国·天津妈祖文化旅游节举办之际，经《今晚报》副刊部同志的努力，《妈祖文化与天津》征文集印出，向中国·天津妈祖文化旅游节献上一份厚礼。

（吴裕成）

破冰之旅与《妈祖情缘》一书的创作

应财团法人台湾北港朝天宫董事长蔡永常先生之邀，我有幸于2003年2月16日至25日参加了时任中共南开区委常委、常务副区长韩宏范为团长的天津市第一个妈祖文化交流访问团，进行了为期十天的赴台交流访问。

由于自己一直在天津天后宫工作，固然对妈祖文化并不陌生。然而，当我第一次亲临台湾，置身于那浓烈的妈祖情缘中考察这种文化现象时，所受到的心灵震撼仍是十分强烈。我深切地体会到这一传承千年的华夏文明所具有的强大的民族凝聚力与民族认同感；更体会到在妈祖身上所体现出的扶危救困、济世救人、除恶扬善、爱国爱家、舍生取义等崇高的人文精神能传颂千百年，并成为广大民众所追求的理想人格模式的渊源。

在台湾的十天，我们的行程是充实而紧张的。我们拜访了北港朝天宫、花莲港天宫、台北慈诚宫等十余座妈祖宫庙，在日常管理、重大节庆活动、经济创收途径等方面学到了很多值得借鉴的经验和方法，在加快天津天后宫的发展、进一步满足天津民众的需求方面得到了诸多有益的启迪。这次交流也加深了津台两地妈祖宫庙之间的友好情谊，为今后两地的长期友好协作和交流奠定了良好的基础。我们还通过对阿里山、日月潭、太鲁阁、垦丁等地的考察，对其旅游设施的配备、旅游景区的环境保护和服务工作进行了深入了解，对今后南开区文化旅游基地的建设、旅游资源的开发利用及可持续发展战略，特别是文物历史遗迹的有效保护和合理利用等方面的工作有了更加理性的思考。此外，我们还与台湾耐斯企业以及来自传媒业、食品工业的诸多企业界人士进行了会晤和商谈，为吸纳台商投资、拓宽融资渠道做了良好的铺垫。

在台期间，我们始终被台湾同胞那种淳朴真挚的亲情、友情和热情所包围，这份浓浓的情始终感动着我们，也使我们深深地感悟到海峡两岸民众那血浓于水的民族认同感和归属感。

  这次宝岛之行，感受着那里历史悠久的名胜古迹、旖旎秀丽的自然风光，感受着兄弟般的深情厚谊，感受着中华文化根基与脉络的传承和发展……我经历了一生中的难忘之旅。

  萌生写作《妈祖情缘》访台手记，不过是一个偶然的机会。我们回津后，时任天津市台办宣传处处长的马明同志来天津天后宫商量有关拍摄妈祖文化专题片的事宜。闲谈中，我告诉他我写了一篇题为《妈祖情缘》的小文，主要谈了自己访问台湾后的一些感受。马明处长看了以后颇感兴趣，他要我将文章发表在市台办主办的"津台之桥"网站上，我欣然同意。两天后，我在网上就看到了自己的这篇文章和随文发的一张实景照片。文章和图片将我拉回了在台湾的十个日日夜夜，勾起了对祖国宝岛和那些兄弟、朋友的思念之情，同时也激发出把这短暂十天中所发生的、值得记忆的事情记录下来、写作成稿的冲动。我结识的第一位台湾人、北港朝天宫的总干事吴祥，阿里山的"阿庆嫂"，雕塑千里眼顺风耳的雕塑艺术家苏国亮兄弟，台北慈诚宫，台北故宫博物院，台北中山纪念馆，香港之夜等都被记录下来。于是，访台手记便一篇一篇地发表在"津台之桥"的网站上。每完成一篇，便有一种一吐为快的愉悦、兴奋之感涌上心头。时过境迁，但在台湾期间的情景仍历历在目，仿佛就在昨天。当18篇文章陆续发表后，得到了各级领导和广大读者的不断好评。在市、区各级领导的鼎力支持下，又以《妈祖情缘》为书名，得到出版发行。这是第一本以妈祖文化为纽带、采用游记的形式记录两岸民间文化交流的作品。以致之后很长一段时间内，都被市、区台办作为两岸文化交流的材料而广为传播。2006年，此书再版，得到了更广泛的传播。

（尚洁）

同谒妈祖天后　共叙两岸亲情
——天津天后宫盟亲团赴台演出纪实

为做好 2006 年 9 月举办的第三届中国·天津妈祖文化旅游节的宣传推介工作，增进大陆与台湾两地妈祖文化交流，应台湾北港朝天宫的邀请，中国·天津妈祖文化旅游节组委会责成天津天后宫组团赴台，参加由北港朝天宫发起主办的"2006·国际分灵妈祖谒祖大典"活动。在隆重盛大的开幕式上，具有浓郁天津地方特色的高跷《八仙庆寿》、杠箱依次亮相，受到台湾同胞的热烈欢迎，演员技艺高超，观众掌声雷动，北港朝天宫宫前广场成为欢乐的海洋，演出大获成功。

盟亲表演团一行 25 人，于 2006 年 4 月 22 日启程，经香港转机，当日下午 5∶30 到达台湾高雄机场。北港朝天宫副董事长蔡辅雄先生亲自接站，老友相见，格外亲切。天津天后宫与北港朝天宫有着近十几年的友好交往。东道主为每一位队员准备了红色坎肩，大家在印有"热烈欢迎天津天后宫盟亲团"字样的横幅前合影留念。台湾各大媒体跟踪采访，亲切的乡音、友好的寒暄，使得一路奔波而来的演出团成员有种回到家的感觉。

此次国际分灵妈祖大会盟亲活动吸引了包括南非开普敦朝天宫、日本天后宫、美国纽约应天宫、美国加州朝天宫等在内的众多国际宫庙参加，大陆赴台盟亲的还有青岛天后宫、长岛显灵宫、上海天妃宫、庐山天后宫、锦州天后宫，加上台湾本岛的十几座宫庙代表，共几千名信众不分地区、不分国籍、不分肤色，会聚宝岛台湾，共襄妈祖文化国际盛举。

北港朝天宫的董事会对活动做了精心安排，除筹备大典活动外，还组织兄弟宫庙代表游览宝岛台湾名胜，拜访著名宫庙。日月潭的秀丽风光、阿里山的青翠仙境都给大家留下深刻而美好的印象。台湾妈祖宫庙之多、信众之广早有耳闻，大有三步一宫、五步一庙之势。在台湾期间，我们特意拜访了高雄朝后宫、台南大天后宫、南投市慈善宫、南鲲鯓代天宫等，是妈祖情缘将大家聚集到一起，畅叙同胞友情。

4月30日上午9时整，国际分灵妈祖谒亲大典正式开始，九顶妈祖圣轿依次排列，台湾独有的民俗表演团沿街展示，旗锣伞扇好不热闹，南非开普敦宫庙的八位黑人轿夫格外引人注目，身着日式和服的日本宫庙方阵韵味独特，天津天后宫圣轿簇拥着八位大仙（《八仙庆寿》演员）出场，更是受到观众的欢迎。北港朝天宫门前大道民风浓郁，敬香的信众有序地前行，哨角冲天，锣鼓齐鸣，整个大典仪式庄重凝练，场面恢宏。

天津盟亲表演团的高跷《八仙庆寿》登场亮相，台湾同胞自始至终报以热烈的掌声。杠箱表演等绝技绝活儿令台湾观众拍手叫绝。演员多次谢幕，赢得观众一阵又一阵的欢呼声。台湾东森电视台直播了大典盛况。

演出成功的喜悦使队员们个个倍受鼓舞。北港朝天宫的全体董事一再表示感谢。祝酒会上，董事长蔡永常感慨万千："天津天后宫盟亲演出团为北港朝天宫增添了光彩。"

5月3日，天津天后宫盟亲团满载荣誉，踏上归程，由台北机场转道香港安全到达北京。台湾同胞的亲情、友情、热情，始终温暖着每一位队员的心。

（穆霖）

一场别开生面的妈祖文化知识竞赛

2006年初，中华妈祖文化交流协会组织了世界性的"中华妈祖文化知识竞赛"活动。这个由中华妈祖文化交流协会主办的"中华妈祖文化知识竞赛"活动，前期由世界各个地区分别举行选拔赛、选拔出代表队后，前往天津参加总决赛。

在举行选拔赛的前夕，时任全国政协副主席张克辉特地发来贺信，贺信中肯定了中华妈祖文化交流协会开展的妈祖文化知识竞赛，称赞这次活动是弘扬妈祖文化的重大举措。

9月19日，适逢天津举行第三届中国·天津妈祖文化旅游节之际，由全国政协副主席张克辉担任顾问，中华妈祖文化交流协会主办，南开区人民政府协办的"海河大道杯——首届中华妈祖文化知识竞赛"在天津开赛。

中华妈祖文化交流协会常务副会长林国良主持了开赛仪式。他说天津是一座具有600多年历史的文化名城，900多万勤劳智慧的天津人民是妈祖忠实的敬仰者。天津传统上就有两位母亲，一位是天津的母亲河"海河"，一位是护佑天津儿女幸福的天后娘娘妈祖。妈祖已然成为天津人民生活的心灵原乡，更是成为天津人民日常生活的重要组成部分。

南开区的主要领导在开赛仪式上致辞，指出"大赛规格高、参赛范围广、选手水平高"是本届知识竞赛的三大特点，选手们会集津城，一定能够赛出水平、赛出风采，必将对弘扬妈祖文化精神、增进各地妈祖文化的友好交流做出贡献。同时强调"世界妈祖同一人，天下信众共一家"，愿世界各地妈祖界同仁携手共进，"用妈祖文化弘扬妈祖精神，用妈祖精神传播妈祖文化"，共同努力，把妈祖文化这一中华民族的优秀传统文化传承四海，弘扬光大。

大赛开始的这天，海内外各地选拔的优秀团队汇聚天津参加决赛。参加这次决赛的队伍有湄洲妈祖祖庙代表队、天津赛区代表队、福建赛区代表队、

陆——妈祖文化研究与海内外交流

⊙ 天津"海河大道杯——首届中华妈祖文化知识竞赛"（武延增摄）

广东赛区代表队、山东赛区代表队、江西赛区代表队、台湾赛区代表队、新西兰赛区代表队等八个代表队，共24位选手。

9月19日19：30大赛正式开始，主要分为两个阶段：第一阶段为开赛仪式、宣布比赛规则和抽取比赛的顺序；第二阶段为竞赛时间。竞赛的题目有100多个，内容涉及文化、政治、经济、军事等领域，包括妈祖生前的传说故事、妈祖从人到神的嬗变、历代皇帝进行的30多次褒封等一系列问题。

经过千年的演绎形成的中华民族特有的妈祖文化，尤其是妈祖"立德、行善、大爱"的精神，成为全人类的共同财富，符合人类和平发展的最终诉求，得到人们的推崇。

总决赛开始后，各代表队的选手对主持人所提出的问题进行了富有激情的回答，评委们对答题情况做了客观公正的评判和精彩的点评，观众对答题和评判报以热烈的掌声，整个竞赛处于紧张而有序的氛围中。在经过必答题、共答题、竞猜题、选分题、抢答题五个环节的角逐后，广东代表队荣获一等奖，山东代表队、江苏代表队获得二等奖，台湾等五个代表队获得三等奖。

"海河大道杯——首届中华妈祖文化知识竞赛"的评委由国际亚细亚民俗学会会长、中央民族大学教授陶立璠，福建省政协委员、妈祖文化研究学者郑世雄，妈祖文化研究学者卢金城，《中华妈祖》杂志社副社长杨步青，天津天后宫管委会副主任尚洁，中华妈祖文化交流协会副秘书长、台湾妈祖文化研究学者董振雄，妈祖文化研究学者黄国华组成。

这次知识竞赛在海内外引起广泛的关注和影响，很多媒体做了相关的报道。

中国台湾网指出"海河大道杯——首届中华妈祖文化知识竞赛"具有重要意义，有利于借助新的文化载体丰富妈祖文化内涵，有利于聚合海内外妈祖信众加深对妈祖文化的研究，有利于加强参赛地区之间的沟通交流，建立以妈祖文化为纽带的全方位的合作与发展。

新华社、人民网、《中华妈祖》杂志等进行了相关报道，指出本次活动旨在通过知识竞赛这一方式加大妈祖文化的宣传力度和建设力度，进一步挖掘妈祖文化的内涵和外延，普及宣传妈祖文化知识，让更多的人感受妈祖文化的独特魅力，让妈祖文化走向世界、服务世界。海内外各界人士高度赞扬这次知识竞赛活动，称之为"千年头一回"。国家非物质文化遗产保护工作专家委员会副主任、中国民俗学会名誉理事长乌丙安教授说，以知识竞赛这一新的方式传播妈祖文化，具有直观性、娱乐性，是广大群众喜闻乐见的有效传播途径，这有利于聚合海内外妈祖信众加深对妈祖文化的研究，有利于加强参赛地区之间的沟通交流，构建以妈祖文化为纽带的全方位的交流与合作机制。

在颁奖仪式上，时任天津市政协副主席蔡世彦参加了仪式，并为获奖代表队颁奖。

（周金琰）

零的突破
——记天津妈祖第一次走出天津巡安台湾

2013年9月8日至23日,为期16天的天津天后宫参访团赴台湾各宫庙参访。这是迄今为止天津天后宫赴外埠参访的规模最大、人数最多、活动时间跨度最长、影响最为广泛的一次文化交流活动。

此次活动由台湾北港朝天宫主办、湄洲妈祖祖庙和天津天后宫协办,以"妈祖心 香火情"为主题,以"2013年世界妈祖会北港"为活动内容,既是两岸前所未有的一次深度妈祖文化交流,又是规模空前的一次妈祖文化盛会。其中,来自湄洲妈祖祖庙、天津天后宫、台湾北港朝天宫世界三大妈祖庙的妈祖圣像及世界各地的4000余尊妈祖圣像齐聚台湾,成为海内外妈祖文化交流的一件盛事。

9月7日,交流团一行百余人护驾妈祖圣像从天津飞至福州平潭。第一次与娘娘这样近距离地同乘飞机,让我感受到旅途的神圣、奇妙和美好⋯⋯

次日清晨,我们簇拥着娘娘,携轿辇等仪仗执事乘船,穿越台湾海峡直抵台湾台中港。在茫茫的海域上,看波涛汹涌、浪花飞升、海天一色,真切地感受到妈祖文化的博大精深和那种令人震

⊙ 2013年台湾土库顺天宫为两岸会香活动制作的招贴画(谢俊煌摄)

津卫妈祖

⊙ 上 / 在台中港举行接驾大典（武延增摄）

⊙ 中 / 2013年两岸妈祖会香活动（左二：吕琰；左三：尚洁；左四：朱树江；左五：孔令哲）（武延增摄）

⊙ 下 / 2013年两岸妈祖会香活动（左：巩凤琴；中：关玉兰；右：靳秀云）（武延增摄）

撼的、无以言表的神圣力量。

在一片震耳欲聋的锣鼓声、欢呼声中，代表团登岸出港，即刻便受到台湾同胞的热烈欢迎，信众和新闻记者蜂拥而至，拜谒天津妈祖、进行采访拍照、表达欢迎之情，场面十分感人。当日在台中港码头广场举行了万人祈福活动，天津妈祖与福建湄洲妈祖、北港妈祖高高地安座在祭拜台上，朝拜、表演的队伍络绎不绝，祈福活动持续了8个小时。之后进行的绕境巡安，穿越台中市区，行程4.7千米，活动持续到次日凌晨2点。幡旗摇曳、灯火通明、人声鼎沸，恍如天上人间。

在接下来四天时间的妈祖绕境巡安活动中，我们徒步穿越台中、彰化、斗六、西螺、北港等地区，行程数百公里。每天散福巡安活动达18个小时左右，烈日炎炎，风餐路饮，披星戴月，徒步行走，真正感受到了民族认同、文化认同的强大感召力和凝聚力。

因为津地娘娘的造像、轿辇、仪仗等与台湾等其他地区有所不同，天津参访团成为整个绕境巡安散福活动中最为耀眼的一支队伍。受到了台湾同胞最高级别的礼遇，沿街欢迎天津妈祖的条幅、招贴画比比皆是，天津天后宫所展示的天津地域特色的妈祖文化人人追捧，散福队伍经过的街道也是万人空巷、摩肩接踵，台湾同胞对天津妈祖顶礼膜拜，非常虔诚。12日，妈祖绕境巡安散福活动结束后，在北港朝天宫举行了隆重的妈祖圣像安座仪式。当看到被台湾同胞亲切地称为"天津妈"的娘娘安座在殿堂之上，台湾的信众黑压压跪拜一片，祈福声一波又一波，参访团的成员们都激动万分，眼泪就像泉涌，感慨万千。

在北港举办的盛大"万神祈福大团圆"活动中，华夏子孙共祭妈祖、同沐恩泽。湄洲妈祖祖庙、天津天后宫、北港朝天宫的妈祖圣像供奉在主祭拜台上，显示了天津妈祖文化的国际地位。同时，4643尊圣像齐聚一地也被载入了吉尼斯世界纪录。

16日，参访团大部分成员返津，部分成员继续参加"2013世界妈祖会

津卫妈祖

⊙ 上 / 2013 年天津天后宫赴台湾参加会香活动（武延增摄）
⊙ 中 / 2013 年天津天后娘娘巡安台湾北港（武延增摄）
⊙ 上 / 2013 年天津天后宫妈祖圣驾台湾北港朝天宫（武延增摄）

○ 2013年天津天后宫与台湾斗六妈祖宫结缘（武延增摄）

北港"祭祀大典和中秋之夜大型中秋晚会。天津河北梆子剧院国家一级演员赵靖与台湾当地演员同台演唱了精彩的河北梆子和京剧唱段，赢得了台湾同胞的热烈欢迎，为天津争得了荣誉。

24日，赴台湾巡安散福的天津天后宫妈祖圣像顺利返回津门，天津天后宫举行了隆重热烈的迎驾回銮安座仪式。古文化街狮舞欢腾、天津天后宫庄严肃穆，再次展现了妈祖文化的特有魅力。活动期间，天津电视台、《天津日报》、《今晚报》、《每日新报》、《天津工人报》、天津天后宫官方网站、中华妈祖网，以及福建、台湾等地的多家媒体都图文并茂地将整个活动，特别是天津天后宫在台湾受到热情欢迎的盛况及天津天后宫妈祖的风采及时详尽地展现给了广大民众。不仅拓展了妈祖文化交流，还将中华民族文化的内涵进一步延伸了，融合了海峡两岸同根同源、水乳交融的深厚情感。

此次妈祖文化交流访台活动取得了丰硕的成果，不仅扩大了天津的知名度和影响力，而且通过对妈祖文化进行深层次的广泛交流，实现了妈祖文化研究领域上的跨越。既是天津市与台湾研究、交流妈祖文化的一次新尝试，更是妈祖文化研究领域的一个里程碑。

作为主祭人，这一次的经历令我终生难忘。

（尚洁）

《天津市志·妈祖文化志》：首部地域妈祖文化志

由天津市地方志办公室主修，天津天后文化传播交流中心承修的《天津市志·妈祖文化志》于 2019 年 9 月出版，是中国首部记载有关地域妈祖文化的特色专业志书。

2012 年，天津市地方志办公室将妈祖文化纳入《天津市志》二轮编修规划中，自此《天津市志·妈祖文化志》编修工作正式启动。由冯骥才任名誉主编，乌丙安、陶立璠、李家璘等任顾问，由尚洁任主编，天津市文博界、民俗界及妈祖文化界的专家学者十几人组成编辑部，承担编纂工作。

一、编修《天津市志·妈祖文化志》是文化自信的表现

坚定文化自信，首先对自身文化的独特性要有信心。一个国家一个民族的文化原本就具有不同的特质和特征，这种特质和特征决定了这个民族的特有文化品格与文化情怀。如果认为自身文化没有独特性，那么就不可能有文化自信。值得自信的文化应该具有广泛、持久的影响力。

妈祖信俗肇始于宋朝，经过宋元明清的发展，至今已有 1000 多年的历史。不仅在中国沿海地区传承，亦随着华人足迹传播到世界各地，成为联系世界华人民族精神的重要内容之一。以妈祖信俗为核心，形成了以宫庙、建筑、雕刻、文献等有形文化，以及神话、传说、故事、祭典、民俗、艺术等无形文化为基本内容的民间文化。在广泛传播过程中形成、积累起来的各种形式的妈祖文化遗产是中华民族优秀传统文化的重要内容之一，并蕴含着丰富的人文价值。

天津的妈祖宫庙在元代由朝廷敕建后，妈祖信俗在天津扎下根，除了崇拜妈祖护海佑民的神功，还发展出独具地方特色的内容，与当地风土民情相结合发展形成特色鲜明的天津天后娘娘信俗。

⊙ 民俗学家乌丙安（左）、陶立璠（右）来津
参加《天津市志·妈祖文化志》复审（刘杰摄）

《天津市志·妈祖文化志》的整体框架包括凡例、综述、大事记及历史渊源、妈祖宫庙、妈祖信俗、皇会、中国·天津妈祖旅游文化节、文物遗存、艺文、人物、编后记等篇章，记述了自元代至2015年天津妈祖文化的溯源及发展历程、妈祖宫庙的建立与变化、妈祖信俗的种类及表现方式。本志对天津妈祖文化进行了全面的记载，极大地发挥了地方志特有的功能，将妈祖信俗全面展现给社会，为后人留下了一笔丰厚的历史文化遗产。

二、编修《天津市志·妈祖文化志》是地方志工作者的历史使命

2014年2月25日，习近平总书记在参观首都博物馆时强调"要在展览的同时高度重视修史修志，让文物说话、把历史智慧告诉人们，激发我们的民族自豪感和自信心，坚定全体人民振兴中华、实现中国梦的信心和决心"。为地方志编修工作指明了方向，明确了地方志编修工作的重大意义。带着这种责无旁贷的历史使命感，我们对天津地域的妈祖文化进行了深入的、全方位的辑录。

津卫妈祖

《天津市志·妈祖文化志》侧重于以下三个方面的记述：

一是妈祖文化的内涵。妈祖短暂的一生虽未留下什么著作，也谈不上有什么思想体系，但她热爱劳动、热爱人民、见义勇为、扶危济困、无私奉献的高尚情操体现了中华民族的传统美德，并形成一股巨大的精神力量。人们按大众的愿望和理想，进一步把她塑造成为一位慈悲博爱、护国庇民、可敬可亲的女神，其目的仍是教化子孙后代和弘扬民族精神。《天津市志·妈祖文化志》第一篇《历史渊源》中对此有全面系统的记述。

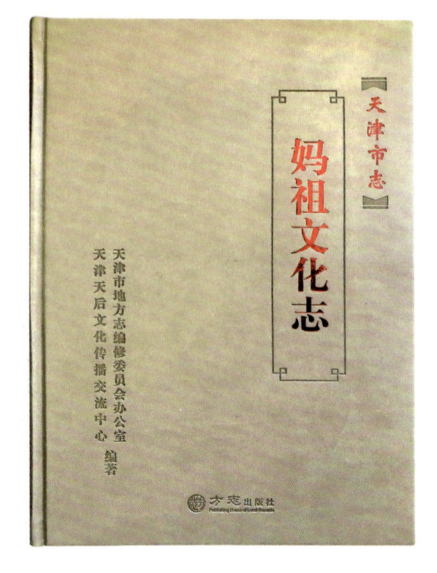

⊙《天津市志·妈祖文化志》

二是妈祖文化在科学技术史上的独特地位。古代有一种航海习俗：在新船下水出航时，必须同时制作一只模型供奉在妈祖庙内，这样妈祖就会时刻关心此船的安全，所以许多妈祖庙内便留下了大量的古代船模。天津各妈祖庙中供奉的神像都是极为珍贵的艺术品。从庙宇结构造型到各类雕刻构件，都是天津极为珍贵的古代建筑艺术的精品。此外，各妈祖庙还保存着一些特殊的科技文物，如天津天后宫所存的灭火"水机"是迄今发现的最早的机械消防器材之一。《天津市志·妈祖文化志》第二篇《妈祖宫庙》中对此有全面系统的记述。

三是妈祖文化的外延。妈祖文化涉及经济、政治、艺文、军事、外交、文学、艺术、教育、科技、宗教、民俗、移民等领域的许多课题，内容丰富，史料价值很高。今天，已经进入信息时代，科学技术的发展、人们文化思想素质的提高，使人们能够以科学的眼光去看待许多自然现象和社会情况。现在，人们对天后的信仰已远远超出了消灾祈福的意义，寻根问祖、眷恋祖国的民族感情占据了主导地位。身处异国他乡的妈祖信仰者渴望祖国繁荣富强，能成为他们强大的靠山。他们赋予了妈祖信仰深刻的民族向心性和民族认同感的内涵，坚定地践行着祖国的文化传统。《天津市志·妈祖文化志》第八篇《人物》中有全面系统的记述。

"文以载道"，古代的方志常常蕴含着尊士、崇德、向善、忠义、孝亲等传统价值观，《天津市志·妈祖文化志》在发挥这一独具特色的文化资源的价值方面，有着不可替代的作用。习近平总书记提出的"创造性转化""创新性发展"是指导传承发展中华优秀传统文化的重要方针。地方志工作者要坚持贯彻这一方针，担当起不断赋予方志新的时代内涵和现代表达形式的任务，使方志文化基因与当代文化相适应、与现代社会相协调，更好地弘扬民族精神和时代精神。

（张月光）

知识链接 ››› 《天津市志·妈祖文化志》
天津市地方志编修委员会办公室、天津天后文化传播交流中心编著
方志出版社出版

名誉主编　冯骥才

主　　编　尚洁

副 主 编　桂慕梅

编　　辑（以姓氏笔画为序）
　　　　　王利文　冯宽　安盛崑　吕琰　任占中
　　　　　宋春兰　张晓丹　周金琰　龚孝义

摄　　影（以姓氏笔画为序）
　　　　　王晓岩　安盛崑　武延增　尚立新　尚洁
　　　　　周丽妃　周金琰　桂慕梅　龚孝义　董季群

《天津市志·妈祖文化志》目录

凡例

综述

大事记

第一篇　历史渊源
    第一章　妈祖文化的源流
    第二章　元代漕运与妈祖文化传入天津
    第三章　明清时期的天津社会
    第四章　民国时期的天津社会

第二篇　妈祖宫庙
    第一章　大直沽的天妃宫
    第二章　小直沽的天妃宫
    第三章　津南区的葛沽天后宫
    第四章　滨海新区的妈祖宫庙
    第五章　东丽区的老姆庙
    第六章　天津域内其他的妈祖宫庙

第三篇　妈祖信俗
    第一章　妈祖祭典溯源
    第二章　天津的妈祖祭典
    第三章　多元崇拜的天津妈祖宫庙
    第四章　妈祖信俗与天津地域民俗

津卫妈祖

第四篇　皇会
　　第一章　皇会的历史溯源
　　第二章　皇会的盛况
　　第三章　皇会会种内容及形式
　　第四章　流风遗韵——传承与散佚

第五篇　中国·天津妈祖文化旅游节
　　第一章　中国·天津妈祖文化旅游节的创办
　　第二章　历届中国·天津妈祖文化旅游节的盛况

第六篇　文物遗存
　　第一章　文物古建筑
　　第二章　中国国家博物馆典藏《天津天后宫行会图》

第七篇　艺文
　　第一章　诗词歌赋
　　第二章　民间文学与方言歇后语
　　第三章　民间曲艺
　　第四章　碑记、楹联、匾额
　　第五章　相关历史文献及当代妈祖文化研究成果

第八篇　人物
　　第一章　妈祖文化公益志愿者
　　第二章　妈祖文化研究者

编后记

台湾妈祖在天津

津卫妈祖

走进天津天后宫北侧配殿,满眼的金碧辉煌,鎏金的神龛和供案雕龙刻凤,精致至极。从一派闽南风情的装饰及神的造像和站立两侧的千里眼、顺风耳两位大将军的神态造型,就知道这里供奉的是来自远方的天后娘娘。

的确,这里供奉的正是来自祖国的宝岛台湾的天后娘娘。有北港妈、大甲妈、花莲妈、台南妈等十多位,每一尊娘娘都代表着来自台湾不同地区的不同庙宇。

"妈""妈祖""妈祖婆"等都是台湾信众对天后娘娘的昵称,源于娘娘的祖籍福建地区对其的爱称——"娘妈"。天津的天后宫怎么会供奉台湾的妈祖?为什么这些台湾妈祖不远千里落户天津?为什么这些妈祖的造像有金面、粉面和黑面之分?

原来这是中华妈祖文化中的典型民俗事象。尤其在台湾民间,很讲究进香和割火。进香是指信众迎请神明前往外地庙宇参拜,是地位平等之神的香火交融,分享灵气,强化关系,是神与神之间、人与人之间的联谊活动。在

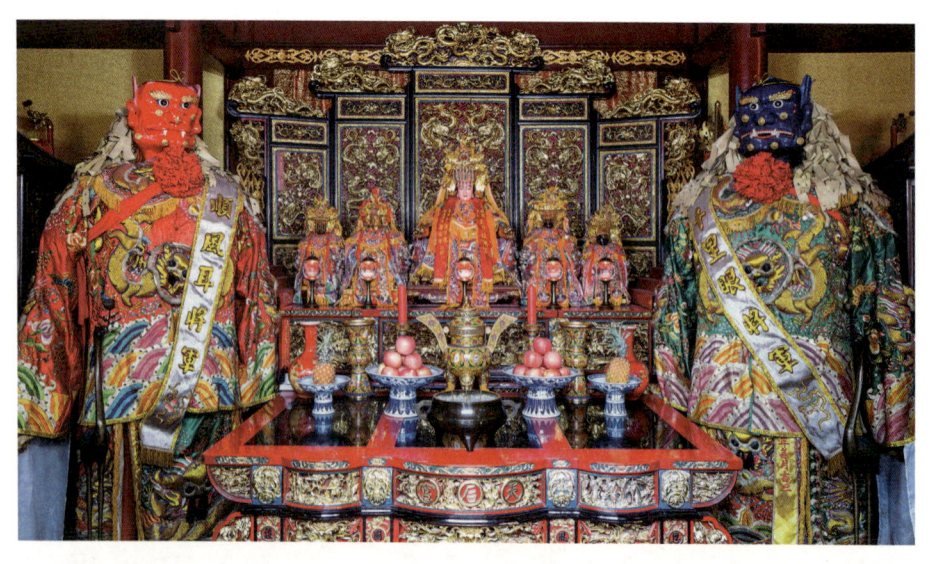

⊙ 天津天后宫台湾殿供奉的来自台湾妈祖宫庙的妈祖(尚立新摄)

陆——妈祖文化研究与海内外交流

⊙ 上／台湾南方澳南天宫与天津天后宫结缘（武延增摄）
⊙ 下／台湾北港朝天宫与天津天后宫结缘（武延增摄）

台湾地区，进香的信众还基于还愿、赎罪、祈福平安等愿望，借由长途跋涉、劳累身心来答谢神恩、洗涤罪恶或祈福消灾。"割火"则是指分灵的神明定期回到神庙祈求香火，借以更新神力，强化灵性，即分身进谒本尊、加强神威的一种仪式。至于妈祖的造像，完全按福建地区进行塑造。而面部的颜色不同亦是源于民间传说，即金面妈祖是其升天成神的形象；粉面妈祖是其在民间与信众亲密接触的形象。黑面妈祖一说是因其常常在海上救苦救难，被海风所吹；另一说则是因其灵验甚多，深受信奉，常年被香火所熏。台湾的妈祖大都是从福建妈祖祖庙等地区分灵的，因此进香和割火的仪式更是不可缺少的。

⊙ 天津天后宫与台湾北港朝天宫结缘纪念碑（尚立新摄）

世界妈祖同一人，天下妈祖是一家。千里情缘妈祖牵，天津天后宫与台湾地区妈祖宫庙的友谊情深意厚，无论是从宫内供奉的台湾地区各宫庙的妈祖圣像，悬挂在正殿的一块块匾额，蕴藏在院中的妈祖泉，还是每年犹如手足团聚的频繁交流互访，或是书信中字里行间的相互问候、祝福……无不在彰显、呵护、珍爱和发展着这种深深的情缘。

我们为此而感动，为此而自豪，为此而欣慰。我们又一次感受到中华传统文化的博大精深和植根于民间的民俗传承情缘，同时也深刻地体会到两岸血脉相连、同根同源的骨肉亲情。

（王利文）

津卫妈祖

陆——妈祖文化研究与海内外交流

滨海妈祖文化园建立始末

  滨海新区位于天津东部沿海地区、环渤海经济圈的中心地带，是天津市下辖的副省级区、国家级新区和国家综合配套改革试验区，是国务院批准的第一个国家综合改革创新区。1994年3月，天津市决定在天津经济技术开发区、天津港保税区的基础上，"用十年左右的时间，基本建成滨海新区"。从2005年开始，滨海新区被写入《中华人民共和国国民经济和社会发展第十一个五年规划纲要（2006—2010年》，纳入国家发展战略，成为国家重点支持开发开放的国家级新区。

  2013年9月26日，天津市召开"深化滨海新区管理体制改革动员大会"，撤销了塘沽、汉沽、大港三个区的工委和管委会，由中共滨海新区区委、区

⊙ 滨海妈祖园俯瞰图（王金亮供图）

人民政府统一领导各个街镇的工作，这意味着塘沽、汉沽、大港作为区县一级的叫法和行政区的地名从此消失。

作为海峡两岸妈祖文化交流合作的成果，滨海妈祖文化园是在2011年开始筹建的。它位于天津滨海新区的中新天津生态城，地处滨海旅游区南部填海区域的北堤路与东堤路交汇处，总占地39000平方米，总建筑面积4033平方米，三面环海，景色优美。其所在地块全部由填海造陆而成。整个园区建有妈祖平台、妈祖阁、东西配殿、东西厢房等建筑群。

最令人震撼的是园区内所建的目前全世界最高的石雕妈祖圣像及可同时容纳千人以上祭典活动的文化广场。妈祖圣像高42.3米，共计使用858块石料，石头总重1200吨，建设石材每块重量在2吨以上，最重的为圣像脸部的石料，达到28吨。圣像于2012年9月28日落成。

作为津台两地交流合作的重要成果之一，滨海妈祖文化园项目缘于2009年7月29日举办的第二届津台投资合作洽谈会。其间当时的天津汉沽区与台湾省台中大甲镇澜宫签署了滨海妈祖文化园合作项目，投资及建设工程由力高集团（香港）有限公司承办，并于2011年6月11日奠基。按照规划，除了建立妈祖圣像、妈祖庙外，还将建妈祖阆苑、禅居会馆、津台文化会展中心、文化艺术中心、民艺大街、商贸大楼和台湾美食广场等。

2012年9月28日，滨海新区迎来了第六届中国·天津妈祖文化旅游节和圣像开光大典，来自海内外的妈祖信众2000余人参加了仪式，盛况空前。2016年9月11日，滨海妈祖文化园在中新天津生态城举行揭牌仪式，正式开园。

如今，滨海妈祖文化园已成为滨海新区最重要的人文景观之一。以妈祖圣像及妈祖文化园为民间信仰文化和旅游资源新地标，滨海新区正逐步成为环渤海地区区域旅游目的地。

（龚孝义）

天涯共此时
——赴台湾演出有感

2013年9月，作为天津天后宫理事会的常务理事，我第一次随天津天后宫管理委员会组织的妈祖文化交流参访团赴台湾参加以"妈祖心 香火情"为主题的活动。同时，作为国家一级专业演员，我又是第一次被台湾北港朝天宫邀请参加"2013世界妈祖会北港"大型中秋晚会，演出河北梆子。为此，我感到非常荣幸，为能成为天津乃至大陆首位穿越台湾海峡在台湾演出河北梆子的演员而自豪。同时，也为自己能够成为以妈祖文化这个主题进行海峡两岸民间文化交流的使者并进行演出而骄傲。当然，这还是我平生首次到台湾，感触颇深。

记得那是2013年夏天，我和天津天后宫管理委员会尚洁主任及其他理事们共同接待了台湾北港朝天宫董事长蔡咏锝先生，并一起商议关于参加"2013世界妈祖会北港"活动的事宜。在会上，蔡咏锝先生特别对我提出邀请，希望我能够在中秋之夜晚会上演唱河北梆子。我欣然接受，并表示一定代表我们大陆宫庙、代表我们天津市演唱好。就这样我很幸运地成为代表团的成员之一，参加这一次难忘的妈祖文化交流活动。

9月7日，我们交流团一行百余人如约护佑妈祖圣像从天津飞至福州平潭。因为去之前我们对台湾北港朝天宫的安排没有完全掌握，只安排了祭祀活动组的成员参加绕境，其他成员参加考察活动，所以在妈祖绕境巡游这个环节上明显人力不足。为了确保圆满完成此次交流活动，带队的领导便给我们几个小组长开了个会，对考察交流活动临时做了调整。增加祭祀组的力量参加妈祖绕境巡游活动，其他大部分人员参加考察活动。本来我是参加考察活动那一组的，考虑到留守的祭祀活动组只有尚洁一个女同志，所以我主动放弃考察，要求留下了来协助妈祖绕境活动，并义无反顾地迅速投入工作中。

○ 国家一级演员赵靖代表天津天后宫在北港中秋之夜晚会上演唱河北梆子（武延增摄）

准备工作是紧张而忙碌的。在接下来四天时间的妈祖绕境活动中，我们徒步穿越台中、彰化、斗六、西螺、北港等地区，行程数百公里。每天妈祖散福巡游活动达18个小时左右。我们身上的衣服湿了干，干了湿。被沿途燃放的迎驾鞭炮弄得是满身满脸黑灰。几乎每天都是半夜才能回到宾馆，最多只能睡两三个小时。最后到达北港朝天宫的那个晚上，我们一夜都没有合眼，但是一点都不觉得苦和累。虽然去台湾之前，我曾经憧憬着要好好看一看那里的美好景致。阿里山、日月潭、垦丁……都是我们儿时在书本上了解到的名胜古迹。但是这一次我全部放弃了，并且一点儿也不后悔，全身心地投入整个绕境巡游活动中，我感到非常难得和幸福。

9月16日，因工作时间的要求，参访团的大部分成员返津，我和部分成员留下来继续参加"2013世界妈祖会北港"的祭祀大典活动。在大型的中秋之夜晚会上，我与台湾演员同台，演唱了河北梆子《大登殿》选段"金牌调来银牌宣"和《龙江颂》选段"望北京更使我增添力量"，赢得了台湾同胞的热烈欢迎。

为了能更好地展现中华民族传统文化的独特魅力，展现天津国际大都市的风采，展现大陆与台湾血浓于水的骨肉亲情，我不仅在演出曲目上做了精心的准备，而且在演出服装上也是煞费苦心。

　　因为这是河北梆子首次登上台湾的舞台，且是首次以妈祖文化为交流主题进行演出，所以，我十分珍惜这次机会，珍惜这个舞台。虽然自己参加过无数次义演，但是此次的义演不同于以往，我深感意义深远、使命艰巨。我想一定要让台湾同胞更多地了解我们对中华民族传统艺术的传承和弘扬。所以我选择了一个传统曲目和一个现代曲目。可以说，《大登殿》选段"金牌调来银牌宣"和《龙江颂》选段"望北京更使我增添力量"均是河北梆子的经典唱段，极具代表性，既细腻委婉又高亢激越，在大陆可谓脍炙人口，但我也担心台湾同胞听不懂，影响演出效果。

　　出乎我的意料，我在演唱之前有一句"接旨"的道白，话音未落就赢得了满堂彩。在整个演出过程中，我始终被台下观众的热情所包围，欢呼声、掌声持续不断，感动得我热泪盈眶。演唱结束后，场面仍然热烈火爆，久久停不下来，我反复谢幕，才结束我的演出。当看到天后宫的其他理事时，大家也是激动不已，我们拥抱在一起，大家兴奋地说："你太给咱天津天后宫和大陆宫庙增光啦！"这时，我心里一块石头才落了地。说真的我当时觉得我的选择是正确的，因为在整场演出中，几乎所有节目都是相当现代的歌舞，所以当主持人和我商量演出服装时，我虽然带去三套演出服，其中有非常时尚的，但最终还是选择了传统的中式大红色绣花旗袍，没想到其效果更好。

　　晚会结束后，很多观众热情地向我招手致意，有的一直跟着我不停地问这问那，称赞我的演唱。一连几天都会遇到这样的情形，我也沉浸在与台湾同胞的浓浓情意中，深深地感到中华民族优秀传统文化是那么富有魅力和凝聚力，两岸同胞的妈祖情缘就是民族的情缘。

（赵靖）

那些妈祖人

一、护送妈祖娘娘的人有太多

这是我第一次到福州，第一次到平潭，第一次到台湾。

九月的平潭有点闷热，但不知道为什么，我没有以往伏天的烦躁，在开往台中的船上竟然第一次没有晕船……我想是"娘娘"保佑吧，这是天津妈祖娘娘第一次踏上宝岛巡安。

坐过很多次大大小小的船，也去过很多大大小小的城市，但一下船，还是觉得眼睛不知该看向哪里，人太多了，到处都是大大小小的队伍。这些队伍既相同又不同，相同的是都穿着带有娘娘（我们天津尊称妈祖为天后娘娘）神像的衣服，不同的是衣服印着不同宫庙及台湾财团法人机构的名称。接着，我就被挤进一条长长的好像长城一样看不到头的队伍里去了。

台中港好像比平潭更闷热一些，但始终没有人撩衣卷袖，各种队伍的交错穿梭看起来实在有些拥挤，但总是感觉挤而不乱，每种相同服装的人都根据手机上的共享位置聚集在一处，无论是挪，还是走，都不分开。哈！我突然看到了几个穿草裙的非洲土著小伙，舞着唱着，那如同原始狩猎的动作和声音充满了野性的魔力，令人至今不忘……

九月的台湾充满了让人感觉闷而不烦的暖。

二、"这些事很多人争着来做的"

宝岛的天气真是像两岸一家亲的感觉一样，热气拥抱得你越来越紧了，到了下午，感觉气温升腾了三五度，到傍晚持续飙升，除了人和热之外就是热和人了。长长的妈祖跨境巡安队伍浩浩荡荡、蔚为壮观，沿途叩拜天津妈祖娘娘的台湾信众十分虔诚，令人感动，只能手里不断地变换着随身的能够记录这一切的家伙什，手机没电了，用相机；相机满了，用iPad，唯恐错过了哪个珍贵的镜头。如果我有绘画天赋的话，当时我很可能就地写生了……

这次与天津妈祖娘娘同行的还有来自世界各地的4643尊妈祖神像，一起从台中港起驾，途经台中、彰化、云林三县市十几个乡镇，最后抵达北港朝天宫祈福，共历时四天四夜，行程约200千米。全程步行，天气又非常热，衣服湿了干、干了又湿，裤子粘在了腿上。沿途的毛巾生意却十分红火。队伍绵延有5千米长，各户店家的门随着这条祈福的长龙昼夜开放。漫天的星光与烟火交相辉映，照亮了一条又一条街道。夜空下，鞭炮的烟雾好像化作神话里的七彩祥云，随之托送而来的是妈祖的大爱、天涯共此时的心。

⊙ 台湾北港朝天宫的志愿者（左）与吕琰（右）

有张照片是我到台湾后第一张主动与别人拍的合照，小姐姐站在队伍最前列，为天津天后宫护旗，后来才知道她是北港朝天宫请来的义工。引起我注意的是她穿的厚厚的队服，比我的T袖至少厚两倍。

我问她为什么队服那么厚，她说："这样显得更庄严和隆重一些。"

"那你不热吗？"看着她两颊浸透的湿发我紧跟着补了一句。

"热啊，昨天彩排已经中暑了，但这些事很多人争着来做的。"

锣鼓喧天，鞭炮齐鸣，瞬间淹没了我们的声音，我买了一瓶水硬塞给她，然后继续跟着她一起走。

旅途奔波跋涉，因天气炎热又脱水，然而我却隐约中觉得自己有了一种力量。

三、护佑妈祖也被妈祖护佑的人们

忘记徒步了多少个小时，反正是从天亮到天黑，再到午夜……淳朴的民风让我们没有了初登宝岛的陌生。

信众此起彼伏地叩拜，不少人争相钻到妈祖銮轿底下，祈求庇佑吉祥多福。店铺里不时有婆婆抱着矿泉水出来给我们免费喝；小朋友们也不睡觉，跑出来不知道是看烟火还是看这些人。一个孩子把西瓜塞到了我的嘴里，酷暑疲惫中，这份甘甜一直甜到了我的心里，我俯身抱了抱这个小天使表示感谢。每一个团队最前面的都是宫庙的旗手，两米高的大旗不仅重，还会随风飘舞难以在手中把握。大旗挥舞，队伍起步；大旗不动，原地稍息，就在这起起停停的队伍里，年轻人争着替年长的执举大旗。一段闽南语的歌曲一直回响在路上，虽然听不懂是什么意思，但节奏和曲调中的意蕴让所有人都跟着哼唱起来。每个人都有节奏地挥舞着各自手中的小旗，表情圆融，目光带爱。我抢了一个空档，争取到了宝岛上第二次合影的机会，就是跟开音乐车的司机老大哥合影，因为他的伴随让我重新感受到了音乐与灵魂同路。

四、妈祖人天下同心

男的、女的、老的、少的，俊男、靓女、阿公、阿婆，看到天津妈祖的华辇，有的飞快挪开自家商柜做拜位，举家跪叩；有的拿出成箱的粽子面包塞到我们的推车上；有的店铺老板娘贴心地告诉我们可以去她家的厕所。我们忙着与热情的台湾同胞问候，拥抱，拍照，并留下从津城带来的小纪念品。各路媒体记者一路小跑着做现场采访……现在回想起来，这次盛大的两岸民俗文化交流活动让人难忘的不仅是盛大壮观的场面，更多的是其带来的两岸更加直观的人文了解与互动，是其传递的大爱无疆的善心善举理念，以及台湾与大陆同根同源、惺惺相惜的血脉情感。借此鼓舞，为纪念这次活动，我们专门成立了天后文化传播交流中心，旨在更广泛地发展两岸妈祖文化交流，更深层次地挖掘世界各国妈祖文化的内涵共识，不仅要在横向领域做好包括民俗、艺术、旅游、文创及建筑的多元化开发，更要纵向地不断认知妈祖立德、行善、大爱带来的影响力，并大力发扬与传承，就像编撰《天津市志·妈祖文化志》一样，把"那些妈祖人""那些妈祖事""那些妈祖庙"推广到海峡两岸以及世界各地有妈祖信仰的地方。

借用此次"妈祖心　香火情"两岸会香活动倡议者、北港朝天宫董事长蔡咏锝先生的一句话来抒发我此次赴台的内心感受："让妈祖真正成为世界和平女神。"

（吕琰）

让传统民俗融入现代生活
——"当代社会中的传统生活国际学术研讨会"及《天津皇会文化展》

2013年10月13日，恰逢重阳，秋雨潇潇，落叶孤寂。

但在天津大学冯骥才文学艺术研究院内却高朋满座，人声鼎沸，并没有因为突如其来的冷雨浇灭洋溢在每个人脸上的激动和兴奋。

在冯骥才先生的发起和倡导下，集全院之力、历经半年时间的组织与筹备后，"当代社会中的传统生活国际学术研讨会"和《天津皇会文化展》如期举办。活动由中国民间文艺家协会、天津大学冯骥才文学艺术研究院主办，天津天后宫管理委员会、韩美林艺术基金会和天津市冯骥才民间文化基金会共同协办。

"我对皇会有独特的情结，"冯骥才先生每每涉及皇会的话题，总会将这句话挂在嘴边。冯先生虽然祖籍宁波，但却是在天津长大生活，地地道道的"天津通"。他曾多次说道："天津是一个自码头发展起来的城市，人们性格强亮好胜却又热情义气，崇尚市井的英雄主义和民间精英是这块土地上特有的文化属性。而皇会中人们所表现出来的对老门口上'花会'的慷慨，对'绝活儿'的追捧，对'执事儿'的不吝，对'老例儿'的珍视，都无疑是对天津地域集体文化性格最好的诠释。"

受冯先生的影响，我们这些因在天津求学并将此作为第二故乡的"异乡人"对天津传统文化和皇会也建立了浓厚的兴趣。2011年，经学院牵头，成功申报了国家社会科学基金艺术学项目"现代社会转型期天津皇会的研究"，学院师生自此展开了为期四年的、对天津皇会和20余道花会百年历史传承与嬗变的考察与研究。

在此过程中，学院师生与天津的各道老会建立了深刻的情感与信任，其

⊙ 天津大学冯骥才文学艺术研究院举办的
《天津皇会文化展》（一）（王晓岩摄）

中有技艺高超、"上角儿"的会员，也有"不上角儿"、却对本会历史如数家珍的"会虫子"；有经历过近代皇会繁荣与低谷时期的几十年的老会员，也有作为未来希望的新入会的年轻会员。这其中既有所获得的辉煌荣耀，也有着不愿提及的伤痕，既有繁盛时的肯定，也有沉寂时的落寞……处于时代转型期，作为生发于农耕文明的天津皇会，所面临的处境无疑更加严峻。现代社会和传统生活该如何融合，这个问题不但在叩问着当代学者，也成为老会人急切探寻的答案。采访情到深处时，他们会说"嘿，好汉不提当年勇，不说也罢"。转头，却还是会把埋藏在心里的那些话有滋有味地讲出来，一道道老会仿佛活了起来。冯先生常说，作为有责任的学者，应该把书桌搬进

⊙ 天津大学冯骥才文学艺术研究院举办的
　《天津皇会文化展》（二）（王晓岩摄）

田野。而我们是把书桌搬进了会所，与老会的人一起笑一起悲，自己仿佛也成了会里人。通过一次次深入交谈，逐渐把他们深藏在心底的、无形的、不确定的"文化遗存"，通过口述的方式转变成了文字的、确定的、有依据的科学档案。当厚厚的书稿摆在他们面前时，他们感慨道："没想到我们会还有这么多故事。"所以，当他们得知学院要举办《天津皇会文化展》时便鼎力支持，硬是把会里传承了几百年、视若珍宝的仪仗执事一件不落地搬进学院。这或许就是冯骥才先生所倡导的要通过"文化自信"提高"文化自觉"的体现吧。

　　经过冯骥才先生反复考量，最终决定从三个方面进行布展，以还原一个全方位、立体化的皇会。挂甲寺庆音法鼓銮驾老会历史悠久，成立于雍正九年（1731），因明崇祯后妃娘娘所赐"半副銮驾"而得名。銮驾由日月龙凤扇，九曲黄罗伞，轮、螺、伞、盖、金瓜、斧、朝天蹬、花、罐、鱼、长、蝠、元、扇、庆、茹、艾、方、软对、硬对、高照等器物组成一堂，声势壮观。冯骥才先生在解释将此道老会作为展出对象的原因时曾言："天津人'好面儿'，这不但表现在衣食住行上，也表现在做人做事的自我约束上，天津人讲分寸、懂规矩、通礼仪、知善恶，这既是其修养的体现，也是传统道德观念的长久沉淀。"正因如此，虽历经300余年，但在一代代老会人的悉心呵护下，"半副銮驾"依然保存完好、气势恢宏。如果说挂甲寺庆音法鼓銮驾老会所彰显的是皇会文化的丰厚与辉煌，那么与之形成鲜明对比的则是一个小展厅内的"黑色空间"，这个空间展示了天津历史上的一道名会——中

⊙ 冯骥才（右二）及中日韩非物质文化遗产保护论坛的民俗专家参观天津天后宫时与"节节高"民间表演艺人交谈（武延增摄）

营后同乐高跷老会的历史遗存。老会的拿手活儿"拉骆驼"曾是天津妇孺皆知的绝技，然而时至今日，老会却因种种原因会亡艺绝、后继无人，仅存遗物。精美的服装道具、讲究的印章会帖，无一不彰显着老会曾经的辉煌。冯先生说："设置此展厅的作用是为了敲响警钟，如果我们不重视活态的传统生活本身，皇会的未来就会陷入如此绝境。"此外，还有一个展区所设置的是围绕皇会的缘起——妈祖信仰与天后宫所展开的实物展。其中，包含大量与皇会文化相关的历史文献、照片、报纸、年画和珍贵文物。

此次会议吸引了来自美、英、韩、日等国，以及中国大陆和台湾地区的40余名教授和学者，当代著名的文化学者韩美林先生向冯骥才民间文化基金会·民间保护天津皇会基金捐款50万元，以资助那些历史悠久的濒危"老会"。开幕式上，韩先生满怀深情地说："我对民间艺术汲取的太多、索取的太多，贡献的却很少……我会继续支持皇会。"

时至今日，皇会依然是一个民间自娱自乐的纯文化活动，会里的人由自己的性情发挥着对艺术的理解与才能，将活态的遗存融入现代生活。然而，我们还需要清醒地意识到，皇会依然面临困境，其赖以生存的养分正在枯竭。冯骥才先生以皇会为切入点的深刻思考，相信不仅是因为皇会曾创造过"万人空巷"的狂欢盛景，更深层次的含义是皇会作为具有独特地域性、艺术性、活态性与原生性的典范文化遗产个案，在"非遗"后时代与当代生活的调适与思考。

时光荏苒，活动已过去七余年光景，每每忆起，仍然历历在目。此处借用冯骥才先生会上的一句话："传统不仅代表过去，更应代表未来。"希望皇会可在当代社会中寻得其生存之源、传承之路，大放异彩，重现昔日的美好盛况。

（蒲娇）

新媒体时代的天津妈祖文化传播

天津妈祖文化是天津城市文化发轫的根源。天津这座城市从直沽寨、海津镇到自明代沿用至今的"天津",其名字无一不和水紧密相关。九河下梢的驳船渡口承载了五方杂处的人文文化,而在天津这座城市生活着的各色人们都有一个共同的信仰——老娘娘。

一、妈祖文化,构建天津人的心灵归属

在漕运时期,作为首都的渡口,天津承担着南方重要物资供给运输的功能。那时,南方的船工从江南到天津往返大约要半年的时间。一路风雨兼程,惊涛骇浪,危险无处不在。因此南方的船工在登船起航前都要到当地的妈祖庙去拜谒海神妈祖,佑保他们一路上顺利平安,而到达天津后,他们下船的第一件事情就是到三岔河口的天津天后宫拜谢妈祖娘娘的福佑,于是就形成了"不拜妈祖不上船,下船先要拜妈祖"的规矩,而妈祖信仰就这样从南方随着一条条漕船传到了天津。

随着时代的发展,漕运逐渐消失,妈祖文化业已在天津根深蒂固。周汝昌老先生曾讲,天津人有两位母亲,一位是海河,另一位就是妈祖老娘娘。天津人把自己生活的一切美好愿望都寄托在了这位慈祥的老娘娘身上。妈祖也逐渐从一位海神演变为百姓心中的全能神。跳墙、拴娃娃等习俗就证明了这一点。

如今,改革开放已 40 余年。西方文化与中国的传统文化交织并存,人们的文化信仰呈现出多元化的发展态势。妈祖文化作为天津宝贵的非物质文化遗产,在传承上也面临着新的问题。一些年轻人对妈祖文化知之甚少,老年人对妈祖文化也只是停留在信奉的层面上,还增添了许多迷信色彩。如何弘扬妈祖文化、传承国家级非物质文化遗产、转变大众的陈旧观念,这成了

作为中国北方妈祖文化研究中心的天津天后宫面临的问题。

二、官方网站，构建天津天后宫权威网络发布平台

2012年，天津天后宫进行了大规模的提升改造工程，全面恢复天津天后宫具有元代溯源性建筑风貌，美轮美奂，实现了具有历史意义的提升。

为了全面提升天津天后宫的形象，加强天津民俗、天津妈祖文化信俗的传播，有着近700年历史的天津天后宫首次有了自己的网络名片——天津天后宫官方网站。网站在2013年天后诞辰时隆重上线，不到一个月的时间，访问量就突破了万次，除了来自国内26个省份的访客，还有来自日本、美国、新加坡等14个国家的访客，远远超过了其他宫庙官网的热度，在百度搜索，在没有进行任何SEO（即搜索引擎优化）的情况下，首页排在了第一位！可谓成绩骄人！

一时间，国内妈祖领域著名的中华妈祖网、天下妈祖网也纷纷效仿天津天后宫的网站搭建模式及版块构建，个别网站甚至直接将天津天后宫的网站整体地嫁接到了自己的网页上。

天津天后宫官方网站共设置了八大版块："网上祭拜""新闻中心""众神杂居天后宫""天后文化研究""天后宫与天津卫""妈祖节""纪念品""服务中心"。其中特别值得一提的是"网上祭拜"和"服务中心"两个版块。"网上祭拜"版块的开设源于一段故事。2011年除夕，一位从新加坡专程到天津天后宫拜谒妈祖的信众说："我是在老娘娘的福佑下长大的孩子，生活、事业十分顺利。我来到天津不为了别的，就是为了拜拜老娘娘，给娘娘磕几个头，明天我就回新加坡，这是我每个新年必不可少的仪式。"话虽然不多，但的确感动了我们每个妈祖人。为此，我们将天津妈祖的形象做到了网站上，无论与天津妈祖相隔多远，只要登录网站、在线祭拜，就可以祈福，为广大信众搭建了心的归属。"服务中心"版块的构建是为了给广大信众提供更好的沟通平台。信众可以在线留言，天后宫的工作人员会在24小时之

内详尽地解答问题，为信众提供了更好的祈福服务。

天后宫官网不仅体现出服务性，还体现出妈祖学术和知识的权威性。许多民俗专家、天津社科院研究员、天津广播电视台的《话说天津卫》栏目及众多媒体都将从官网上查询信息作为获取天津妈祖知识的权威来源。在妈祖文化知识的普及上，"众神杂居天后宫"版块则对天津天后宫的神祇一一进行了讲解，信众纷纷赞叹：接地气！民俗味道十足！

天津天后宫官方网站的开通，从学术权威性、知识普及性、信众服务性等方面进一步彰显了天津天后宫作为天津民俗文化发祥地、北方妈祖文化研究中心、世界三大妈祖庙之一的地位，对妈祖文化及天津地域民俗的传承和弘扬起到了十分重要的作用。

三、"两微"新媒体，打造妈祖宫庙互动娱乐体验

如果说官方网站的建立确立了天津天后宫的网络身份，那么微信公众平台、官方微博的开设则进一步使天后宫的受众年轻化。

新媒体是基于移动端及时推送的新的传播形式，据当年的权威统计，20—35岁的人群中，每天要打开微信16次，每隔46分钟就会刷新一次微博。天津天后宫在2013年下半年，开通了新浪官方微博；2014年1月，建立了微信公众平台。近700年的天后宫在新时代全面拥抱新媒体。

天后宫微博的定位是信息发布，侧重于权威性；微信的定位则是加强与受众之间的互动体验，着重于娱乐性。基于这两个定位，天津天后宫的网络建设形成了以官网为全面传播、微博为权威发布、微信为互动体验的全方位传播模式。

借助于"两微"，天后宫着力培养粉丝，在传统民俗节日、妈祖节日发布民俗知识和活动报道，在春节和妈祖诞辰活动中多次开展了基于新媒体的娱乐活动。

尤其是春节期间，大家到天后宫就是为了祈福新年平安顺利，拜拜太岁、

沾沾娘娘的福气。在深入洞察人群诉求后，我们开展了线上与线下相结合的多种互动活动。"寻宝天后宫"，即在馆内寻找五张福贴拍照并分享到自己的微信或微博上，就可换取供果一份。此活动连续做了三季，参与人数众多，并吸引了天津的自媒体大号的关注和转发，将活动的声量进一步放大。

"幸运大转盘""幸福刮刮卡""快乐砸金蛋"等一系列活动为"线上抽大奖，线下领礼物"，不仅开展了互动娱乐体验，也将人群引流到馆内，实现了社会效益和经济效益的双丰收。

妈祖文化的弘扬与传承离不开富媒体的传播及受众的认同，需要针对不同年龄、学历的人群，制定不同的媒体策略、选择不同的媒介方式进行弘扬与传播，天津天后宫做出了积极的探索与尝试，收到了良好的效果。

那一年，我们享受到挑战自我、探索未知的艰辛和愉悦。当然，更有那难以忘怀的记忆。

（安盛崑）

妈祖文化视频资料的海内外采拍与传播

2009年，妈祖信俗被联合国教科文组织列入《人类非物质文化遗产代表作名录》。国家"十三五规划"中也提出在推进"一带一路"建设中"要发挥妈祖文化等民间文化的积极作用"。这些都表明妈祖信俗对于构建人类命运共同体的重要价值。拓展非遗文化的校园传承，让更多的师生们了解妈祖文化的博大精深，成为我们的行动目标。

从2016年开始，天津市多媒体教育技术研究会理事中的5所高校老师们与各学科的学生们用4年的时间，先后走访了海内外17个国家和地区及沿海城市，开展妈祖文化视频资料采拍活动，先后拜访了妈祖信俗传承人、妈祖文化研究专家和学者29人，采拍了39座妈祖宫庙影像资料，举办了7次校园《妈祖信俗》非遗文化讲座，积极参与了非遗文化传承项目。我作为亲历者，对天津妈祖文化传承与交流、妈祖文化海内外传承的广泛性感触颇深。

2015年12月，我们曾随天津天后宫妈祖文化交流团赴台湾参加活动。志愿承担了活动的采拍工作，为了拍摄妈祖宫庙的全景视频资料，带上了大疆无人机。台湾管理员因安全规定扣留了我们的大疆无人机。我和同行负责拍摄的老师也被带到了有关部门进行审查。我和当地的有关人员介绍了天津天后宫的情况，讲述了在台湾拍摄五座妈祖宫庙的计划，立即获准通过，不仅归还了大疆无人机，还为我们特别推荐了大甲镇澜宫。后来的拍摄很顺利，古老的妈祖宫庙各具特色、历史传承清晰，处处感受到一脉相承的妈祖信俗在台湾深入人心。

2016年6月，我们师生三人参加美国斯坦福大学的慕课学术会后，利用紧张有限的三天时间，先后拜访了旧金山的朝圣宫和天后宫庙以及洛杉矶华埠天后宫。虽然是第一次赴美，但为行动方便，每人只带了一个随身的小箱子，不需要托运，可以节省时间。在洛杉矶的天津留学生志愿者开车到机场接我们，问要不要去其他地方转一下，我们说直接拜访天后宫。

在与旧金山、洛杉矶的三座妈祖宫庙的志愿者的交流中发现，他们都不了解天津有天后宫，而且还是世界著名的三大妈祖庙之一。我们拿出手机给他们播放了天津天后宫举办妈祖诞辰活动的视频，他们很认真地看，不停地问这问那，表示有机会一定到天津参加活动与交流。我们也体验到新媒体在妈祖信俗的交流中发挥的重要作用，这也更坚定了我们采拍妈祖文化视频资料的做法与信心。

在旧金山朝圣宫我们发现，来拜妈祖的多是老人。志愿者介绍说："老人们几乎每天都来朝圣宫拜妈祖，就像回到了中国的家乡。遇到事情也愿意来求助妈祖，说说心里话。"

我们赶到洛杉矶华埠天后宫时，管委会的秘书长周末休息，当知道我们来访后，即刻开车到天后宫给我们介绍情况。他深情地介绍说，来华埠天后宫拜妈祖的有十多个国家的移民，墨西哥人更是妈祖信俗的忠实信众。面对来自不同国家的移民，他们很需要关于中国妈祖信俗的不同语言的翻译介绍资料。85岁的原理事长在谈到年少时的景象时，按捺不住内心的激动，现场给我们唱起了小时候在上海校园学唱的抗日歌曲。他对妈祖文化传承的坚守，让我们亲眼见证了海外华人的家国情怀。当管委会秘书长知道我们在洛杉矶只有半天的时间，而且转天就要回国时，他坚持开自己的车带着我们转了40分钟的主要街景。夜幕降临，带着浓浓的同胞之情，我们依依惜别。

2016年7月，刚从马来西亚留学回津的小魏同学，在实习中志愿参与妈祖信俗视频资料的采拍工作。她告诉我们，在马来西亚留学四年，不知道妈祖信俗，没有去过妈祖宫庙，再次返回马来西亚后参与采拍，了解了妈祖文化的悠久历史。她联系了当地的朋友们，请他们帮忙开车接送我们，使我们顺利地完成了吉隆坡和马六甲六座妈祖宫庙的采访与拍摄。

在拜访吉隆坡乐圣岭天后宫时，一对青年人正举办结婚典礼仪式，让我们知道了当地华人与妈祖信众的家人们都是在这里完成注册结婚。我们也向新娘新郎赠送了小礼物，诚邀他们与年轻的小伙伴们来看看天津天后宫。一群年轻人在天后宫中拉手围圈，享受着妈祖保佑的幸福快乐。这一刻，我们又一次体会到了妈祖文化传承发展的根深叶茂。

2017年，我们将采拍的妈祖文化视频资料制作了《缘起妈祖》纪录片，从拍摄、制作、解说、歌曲创作到演唱伴奏，全部由师生们自己原创完成，他们已完全沉浸在妈祖文化传承与新媒体融合研发情景中。我们被邀请参加了湄洲举办的第二届国际妈祖文化论坛并做主旨发言介绍海外交流情况，相关学术论文获奖，部分内容被《福建日报》刊登，还被推荐入选2017年天津市文化产业发展重点扶植项目。

2018年，《缘起妈祖》纪录片获天津市滨海国际微电影节最佳纪录片奖，并取得了著作权版权证书。我们还组织部分师生与天津天后宫的部分理事，利用暑假拜访了天津友好城市墨尔本天后宫，参加了澳大利亚第一届妈祖文化国际论坛，展映的纪录片得到广泛好评。

2019年，我们策划的"秀山堂里话非遗"项目，将《妈祖信俗》作为选修课，共32个学时。聘请尚洁、张晓丹等妈祖文化专家录制课程。这一项目得到了社会各界的广泛关注和相关专家学者的鼎力支持，并被纳入天津市重点出版扶植项目。

我们还自筹经费，连续参与了多国多地区的妈祖文化传承活动，采拍记录了妈祖文化传承过程中的视频影像，每到一处都介绍宣传了天津妈祖文化的丰富内容，受到了各地的好评。新媒体技术在妈祖文化的传递中显现了重要的作用。我们以传承与交流为主旨，在内容上追求真实性、丰富性，更在视频资料上体现出新媒体与妈祖文化传承的融合。从文化积淀和民族血脉中去探求和彰显对妈祖文化的认同，特别是运用新媒体技术传播好妈祖文化，是助推妈祖文化研究与传承的最佳方式。

（崔欣）

"一带一路"的文化经典：《天津天后宫行会图》

"一带一路"是"丝绸之路经济带"和"21世纪海上丝绸之路"的简称。"一带一路"发展建设是新时代国家发展的重要战略。旨在借用历史文化符号，高举和平发展的旗帜，积极发展与沿线国家的经济合作伙伴关系，共同打造政治互信、经济融合、文化包容的利益共同体、命运共同体、责任共同体。

发挥妈祖文化等民间文化的作用是国家"一带一路"战略目标的重要组成部分，在国家"十三五规划"中有明确的阐述。

作为出版人，我首先想到要以多语种出版物来弘扬妈祖文化，传播中华文明，推广世界文化遗产。当我找到妈祖文化专家、研究馆员尚洁老师和时任天津外国语大学电子音像出版社陈伟社长共同商议时，三人一拍即合。尚洁老师将研究了近30年的《天津天后宫行会图》呈现在我们面前，我当即决定，就报这个选题！接下来我们对《天津天后宫行会图》的题记校注和图说编著进行了完善，然后翻译、报国家出版基金。

功夫不负有心人，在我们的共同努力下，《天津天后宫行会图》汉英对照、汉日对照两个版本成功获得国家出版基金项目。

接下来我们按照分工，尚洁编著、陈伟负责英文翻译、陈万会负责日文翻译，我作为特邀责任编辑和策划人对这个项目进行精雕细磨。

《天津天后宫行会图》是中华妈祖文化的珍贵典籍，亦是天津地域民俗文化的实景记录。其题记内容浩瀚，

⊙《天津天后宫行会图》

包罗万象，可谓是一部具有历史学、民俗学和人类社会学价值的田野调查巨著。因此我们试图从直观视角对题记和绘画进行通俗解读。首先按照民俗学的学科研究程式，对《天津天后宫行会图》题记用字不进行强制性的规范，基本保留了原文的异体字、错别字，并在字后以"【】"符号内正确文字校注、释文。以保存文献固有的历史原貌。对未能识别和残缺的字，以"□"符号标注。如：婷【婆】、衚衕【胡同】等；二是《天津天后宫行会图》的题记采用了浓重的天津方言、里巷琐语，虽有的已不再为今人所用，但题记的校注、释文仍基本保留了其乡音俚调之字，使之朗读起来更具天津本土音韵和俗语寓意。如：当差（音 dāng chāi）——患痘疹；混是（音 hēng sì）——可能是；吃中客——吃饭等；三是在《天津天后宫行会图》同一幅图的绘画和题记中对所描绘和记录的同一道老会、圣会的名称表述存在不统一的地方，有时称"老会"，有时又称"圣会"。校注、释文保留了原有的表述，未做统一；四是《天津天后宫行会图》所涉及的皇会，是中华妈祖文化中的典型民俗事象。本书保持了其题记中民俗文化的专业分类和专业术语，如：玩艺会、幡仗等；五是《天津天后宫行会图》的题记中所涉及的津域地名，均为清代时期的名称，有的沿袭至今，有的已经消亡，有的则更为它名。本书在考证相关天津地名史料的基础上，基本保留了题记中清代原始地名称谓。

　　《天津天后宫行会图》的编撰也得到了各位专家的鼎力支持，国家非物质文化遗产专家委员会主任、天津大学冯骥才教授亲自题写了书名；国家非物质文化遗产专家委员会委员、中央民族大学陶立璠教授亲自作序；最后，在天津教育出版社黄沛社长的支持下，于2020年9月出版。

　　在国家"一带一路"倡议的影响下，我们坚信，《天津天后宫行会图》——这个妈祖文化的代表性品牌还会被翻译为更多的不同语种，在实现中华民族伟大复兴的中国梦中发挥更大的作用。

（耿学明）

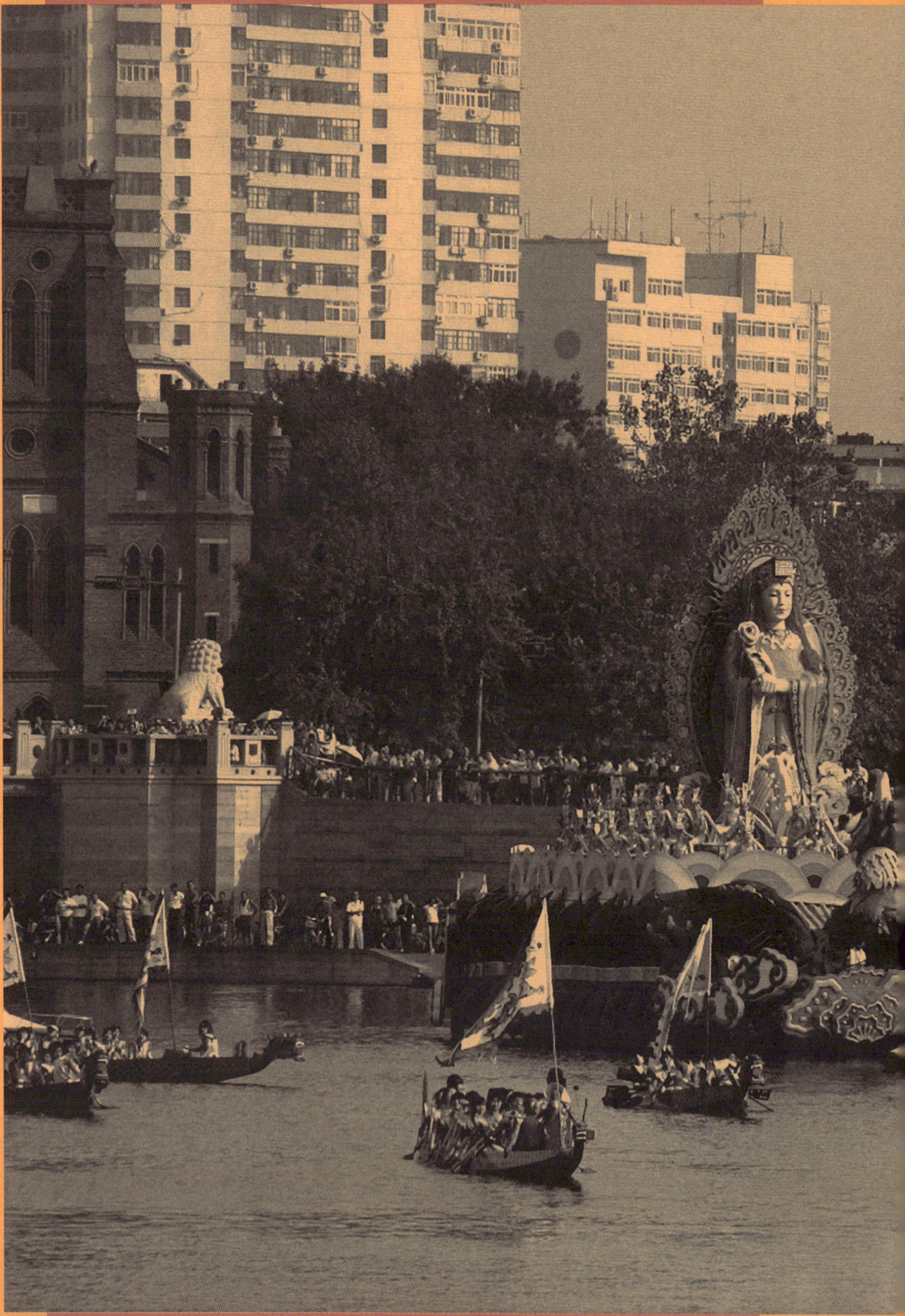

柒 妈祖文化旅游节

环顾宇内,妈祖信俗绵延千年,覆盖几十个国家和地区,信众超过三亿。以弘扬妈祖文化为要义的各种节会活动林林总总、难以计数,但最早以妈祖文化旅游节统而挈之,当属妈祖信俗源头的福建莆田、以妈祖得名的澳门和北方的妈祖圣地天津。

中国·天津妈祖文化旅游节于2001年创办,2004年举办第二届,之后每两年举办一届,截至2020年已连续举办十届。其规格之高、规模之巨、影响之广、延续时间之长,为海内外所罕见。现已成为天津民间文化的重要舞台和文化旅游产业的代表性品牌。

民间文化的名品牌
——妈祖文化旅游节

在一次南开区领导与天津民俗专家学者春节团拜会上,冯骥才先生说了这样一句话:"文化也需要养生。"我感同身受。

南开区是天津城市历史文化的"丹田"。利用春节团拜这个平台,将专家学者团聚在一起,就是要气沉"丹田"。一个国家、一个城市要有文气,要有文化氛围,否则何谈软实力。文化也要养生,我们在消耗、使用文化资源的同时,也应该为文化补充营养。应该把财富转化为精神、化为美、化为文化。

流传千年的妈祖文化是中华文化的宝贵遗产,是华夏文明的重要内容。妈祖,这位富于传奇色彩的宋代女子,以其博爱的胸怀、善良的美德和宝贵的生命,体现了华夏民族舍生取义、追求道德完善的美好愿望。天津天后宫坐落在南开区这片沃土上,"先有娘娘宫,后有天津卫"。多年来,南开区深入挖掘妈祖文化这一宝贵资源并将其融入当今社会的主旋律,由南开区倡议发起的中国·天津妈祖文化旅游节现已成为南开乃至天津的文化品牌。

我本人亲历了从首届到第六届妈祖节的组织实施工作。

2000年4月受福建省政府的邀请,南开区与天津市旅游局组团赴福建莆田湄洲妈祖祖庙,参加"闽、台、澳、津——妈祖缘"妈祖1040周年诞辰庆典纪念活动,同时也是福建省国际妈祖文化旅游节活动。我和时任天津市旅游局副局长陈忠新带队出席活动。我们还带着南开民间艺术团一同前往,并在庆典上表演了杠箱、中幡等民间艺术,受到海内外广大妈祖信众的欢迎。整个妈祖祭典活动形式新颖、规模宏大,吸引了海内外众多宾客。受此启发,回来后我便向区主要领导汇报并提出了举办天津妈祖文化旅游节的建议。同时请时任天津天后宫管理委员会副主任尚洁和南开文化宫副主任穆霖策划起草并完成了妈祖节总体方案的第一稿。之后又联合市旅游局何焕臻处长、区

柒——妈祖文化旅游节

⊙ 上 / 第二届中国·天津妈祖文化旅游节中的华盖宝伞方阵（武延增摄）
⊙ 中 / 第二届中国·天津妈祖文化旅游节中来自台湾大甲镇澜宫的哨角队（武延增摄）
⊙ 下 / 第二届中国·天津妈祖文化旅游节中的护驾会（聂元龙摄）

文化局龚孝义科长等人,多方征求意见,完善方案。经南开区委、区政府研究并报天津市人民政府同意,决定2001年4月举办首届"中国·天津妈祖文化旅游节",以后两年举办一次。由于"非典"缘故,第二届妈祖节延迟到2004年才举办。2006年、2008年、2010年、2012年相继举办了第三、四、五、六届。这几届也都是我亲历亲为的。

历届妈祖节的主要活动程式基本一样,只是具体内容和主题有所不同,包括开幕式及大型文艺表演、妈祖文化论坛、皇会踩街、经贸洽谈、旅游观光等活动。每一届妈祖节大家都集思广益、群策群力,力求体现天津地域妈祖文化的独特风韵。

第一届妈祖节,我和时任南开区人民政府常务副区长许景胜一起担纲。开幕式是妈祖节的重头戏,我们调集了穆霖、尚洁、孔令哲等专业人员组成策划团队。经过反复讨论、研究、策划,确定了"四水合一"的主题。在开幕式上,台湾北港朝天宫法人财团董事长曾蔡美佐、澳门妈祖阁住持机修大师、福建湄洲妈祖祖庙董事长林金榜、天津天后宫管委会主任蔡长奎,将日月潭、濠江、闽江、海河四地之水一起汇入象征着"四海安澜"的大瓶,以此展现和凝聚海内外同胞的妈

⊙ 海内外妈祖宫庙代表在海河放生锦鲤

柒——妈祖文化旅游节

⊙ 全国政协副主席、台盟中央主席张克辉（左二）、天津市市长戴相龙（左一）接见来津参加妈祖文化活动的台湾宫庙代表

祖情结和民族情感。此后从第二届至第六届的妈祖文化旅游节，依托"祈福大典"这一独具民俗个性的环节，推出不同的主题和形式，如第二届的"众土汇聚情相牵"；第三届的"锦鲤放生归自然"；第四届的"六和福缘共祝愿"；第五届的"圣像安座贺盛典"；第六届的"五谷丰登报平安"等，用不同的民俗形式表现民间对妈祖的信仰与敬重，已成为每一届盛大开幕式的"画龙点睛"之笔。现在回想起来，那"四海安澜瓶的光彩夺目、巨型彩凤呈现的吉祥、安座大典盛况的凝重、坤泽四方鼎的大气显耀、六和福缘的情聚于此、锦鲤放生的河海相连、五谷丰登昭示的天下太平"等一系列隆重场景仍然历历在目，令我激动不已。无形中使得"祈福大典"成为宫庙间互动联谊的典范，成为广大妈祖信众共同祈福国泰民安、共享世界和平的精神载体。"祈福大典"也是历届开幕式值得炫耀的情感支点。

妈祖节音乐作品《妈祖天后》的创作也是值得称道的。由南开文化宫的音乐干部岳志刚创作谱曲，天津著名词人万卯义先生作词。这一作品从第二届起一直沿用至今，成为妈祖节的专题组曲音乐。其气势恢宏、情感细腻，为妈祖节活动增色添神儿。南开区少年宫美术老师杨克家先生精心设计的会徽栩栩如生，成为妈祖节的象征。

津卫妈祖

⊙ 2006年，台湾九天战鼓参加第三届中国·天津妈祖文化旅游节（武延增摄）

○ 海内外妈祖宫庙代表参观《妈祖文化书画摄影展》（武延增摄）

　　从 2001 年至 2012 年的十三年间，在连续举办的共六届中国·天津妈祖文化旅游节中，曾多次专程邀请全国政协副主席张克辉、林文漪出席开幕式。时任天津市主要领导李盛霖市长、戴相龙市长及相关市领导等都曾莅临妈祖节开幕式，或致辞或参与民间互动。时任中国国民党主席连战先生还为第三届妈祖节特意书写了条幅祝贺。这些都提升了妈祖节的规格和影响力。各大主流媒体及一些海外媒体都争相报道。

　　为了宣传和推介妈祖节，我们坚持走出去加强与各地妈祖文化的交流，宣传天津、宣传南开、扩大影响。2003 年，我率第一支妈祖文化交流访问团出访台湾，在有限的十天时间内，拜访了北港朝天宫、花莲天后宫等十几座妈祖宫庙，走访了台湾享有盛誉的多个企业，接受了台湾颇有影响力的多家媒体社团的采访。我们每到一处都受到台湾同胞的热烈欢迎，也为台湾同胞的亲情、热情、友情所深深感动。民俗专家尚洁女士随团访台，将所见所闻编撰成《妈祖情缘》一书，并作为天津市对台文化交流和历届妈祖节的礼品，赠送给来宾和客人。2005 年 12 月，我们还组团赴新加坡、马来西亚、菲律宾等国家，走访了天福宫、兴安天后宫、雪隆天后宫等一些宫庙。2006年6月又赴台湾大甲镇澜宫等宫庙进行交流。所到之处，我们介绍天津、宣传南开，受到各界朋友的热捧。各大媒体也对我们的出访活动做了详细热情的跟踪报道。

　　天津妈祖节之所以能坚持举办，并成为北方妈祖文化的一面旗帜，"走出去"的做法不失为成功之举。每届妈祖节光台湾客人就达千人以上。第二届妈祖节，仅参加开幕式的台湾客人就多达1200人，乘数架包机来津参加活动。

　　妈祖节以天津市人民政府的名义主办，南开区会同天津市旅游局、文化局、台湾事务办公室、侨务办公室及主要媒体等承办，并成立了组委会，工作人员以南开区为主。第一届组委会办公地点选在了南开区人民政府后院的临建小二楼内。那时还是"BB机"时代。简陋的条件丝毫没有影响大家的积极性。第二届转战海河边的"聚真楼"，极大地方便了工作人员现场考察、调度和指挥。之后第五届、第六届又移师鼓楼旅游超市天津妈祖文化促进会办公地点。分管副市长担任组委会主任，市政府副秘书长和南开区等承办单位负责同志任副主任。下设办公室、接待部、宣传部、活动部、旅游观光部、招商引资部等。每次举办妈祖节，筹备工作都要经过两至三个月，组委会的同志们夜以继日地辛勤工作，是妈祖情结让同志们心往一处想、劲儿往一处使。

　　中共南开区委、区政府对举办好妈祖文化旅游节高度重视，并投入财力、物力、人力支持妈祖节的举办。我有幸主持了前几届的组委会工作，既接受了组织协调工作的考验，也感受到了活动成功后的快乐与欣慰。我也把对妈祖文化的那份情、对南开的那份爱，凝结于字里行间。

　　中国·天津妈祖文化旅游节已成为天津和南开一张亮丽的文化名片。我祝愿她越办越好。

（韩宏范）

乘势而上：举办妈祖文化旅游节的时机把握

2000年初，福建省以莆田湄洲妈祖祖庙纪念妈祖诞辰1040周年祭典为契机，联合闽台澳津四地策划举办福建省国际妈祖文化旅游节。福建省旅游局邀请天津市旅游局作为联办单位组团参加。就是否参会等事宜，时任天津市旅游局局长周文鹉专程到南开区与区领导及相关部门进行沟通商谈。深入探讨后大家认为，到福建参加妈祖祭典及文化旅游节活动将会加大对天津市的宣传，广泛传播天津市、南开区的文化旅游形象。并且通过加强闽台澳津四地的合作交流，也将促进天津区域经济的发展。故此决定南开区与天津市旅游局共同组成天津代表团一起参会。由天津市旅游局、中共南开区委和天津天后宫有关人员及南开区文化宫的民间艺术团成员组成。天津市旅游局负责联络协调、新闻发布会会务等工作；天津天后宫负责"天津天后宫摄影展览"制作与展出；南开文化宫负责民间艺术团八仙庆寿高跷、五虎杠箱、北狮、小车会等花会节目表演及宣传和推介活动。

福建省国际妈祖文化旅游节于2000年4月26日至5月6日举办。时任天津市旅游局副局长陈忠新，中共南开区委常委、宣传部长韩宏范，南开区文化局副局长曾爱萍等，作为天津代表团成员前往福建省莆田市参会。

4月29日上午9点，由福建省旅游局、莆田市人民政府主办，澳门特区旅游局和天津市旅游局联办的国际妈祖文化旅游节在湄洲岛隆重开幕。开幕式上，天津市南开民间艺术团献上高跷、杠箱等节目，赢得了全场喝彩。

天津代表团在此期间不仅赢得了荣誉，还广交了朋友，同时拟定异地联手举办中国·天津妈祖文化旅游节的意向。

2000年5月10日，代表团向天津市主要领导呈报了《赴闽参加妈祖文化旅游节情况的报告》。其中总结了福建妈祖文化旅游节"规格高、规模大，地方特色明显；政府主办、市场运作；弘扬妈祖亲情，促进旅游经济"等三个特点。代表团在报告中提出，综观福建举办的本届妈祖文化旅游节，天津文化旅游业需要借鉴、学习的地方很多，如何将"南有湄洲妈祖庙，北有天津天后宫"的影响做大、做实，则是天津人要深思和勇于实践的课题。

2000年11月中旬，南开区和天津市旅游局在策划2001年工作计划时，提出要举办中国·天津妈祖文化旅游节的动议。由时任天津天后宫管理委员会副主任、天津市民俗博物馆副馆长尚洁和南开人民文化宫副主任穆霖等首先策划起草了天津举办中国·天津妈祖文化旅游节的活动方案。11月30日，天津市旅游局在研看南开区报送的中国·天津妈祖文化旅游节活动方案初稿后，提出进一步补充修改完善的意见。南开区策划人员参考了福建省国际妈祖文化旅游节的有关做法，增加了四地联办、邀请国家领导人等政务方面的内容。随后南开区人民政府与天津市旅游局相关领导和工作人员共同研究修订中国·天津妈祖文化旅游节的方案。其间时任南开区人民政府主要领导还专门向时任天津市人民政府分管副市长进行了工作汇报，并将尚洁所著《天津皇会》一书作为举办中国·天津妈祖文化旅游节的历史依据呈报给市领导。其间，台盟天津市委会等部门撰写了政协提案。在相关单位和工作人员的努力工作下，举办中国·天津妈祖文化旅游节的方案顺利地报送到市政府，成为2001年工作规划的一项重要内容并被纳入天津市人民政府2001年重点工作。

正是借助旅游文化发展的契机，首届中国·天津妈祖文化旅游节由南开区人民政府、天津市旅游局会同天津市文化局、天津市台湾事务办公室、天津市侨务工作办公室等部门发起，经中共天津市委、市人民政府批准，于2001年首次举办。同时确立了天津举办中国·天津妈祖文化旅游节的指导思想，即弘扬妈祖文化，推动海峡两岸友好往来与合作，促进旅游经济的发展，扩大天津国际大都市的影响。

中国·天津妈祖文化旅游节，一开始就定位于以妈祖文化为主题，以民俗活动、旅游观光、两岸交流为支撑，以提升城市形象、扩大对外开放为目的。这是 21 世纪妈祖文化新的开端，具有里程碑的意义。中国·天津妈祖文化旅游节的举办突出了天津的地方特色，体现出规格高、规模大、创意新、影响广的特点。

  为办好首届中国·天津妈祖文化旅游节，专门成立了由南开区人民政府、天津市旅游办公室、天津市文化局组成的组委会。天津市政局投资 21 万元翻修了古文化街东口 1190 平方米的停车场。市园林局投资 30 万元修建了仿古建筑风格的天后码头。南开区文化局整修了天津天后宫：翻修大殿地面、牌楼、门楼、神龛等，粉刷修缮了张仙阁。南开区市容委对宫前广场、八角楼及古文化街、张自忠路、水阁大街、东马路、通北路、通南路等的沿街建筑物进行了维修和立面清洗，更新了店铺装饰和灯光设置。南开区环卫局翻修了古文化街周边六座公厕，设置了四座移动公厕。南开区市政局翻修了天津天后宫南侧的袜子胡同路面。南开区综合执法大队和鼓楼街办事处对古文化街地区进行了大规模清整，整顿了周边环境和秩序。在各相关部门的通力合作下，举办中国·天津妈祖文化旅游节必备的各方面配套设施都达到了节庆活动的要求，为成功举办中国·天津妈祖文化旅游节奠定了良好的基础。由此拉开了天津举办妈祖文化旅游节的历史大幕。

（龚孝义）

天时、地利、人和：妈祖节的过去和未来

中国·天津妈祖文化旅游节自 2001 年创办，2004 年以后改为两年一届，逢双数年举办，至今走过了 20 个年头。以天津市人民政府名义主办、多个部门共同承办的这项妈祖文化节庆活动，其规格之高、规模之巨、影响之广、延续时间之长，为海内外所罕见。天津妈祖文化旅游节何以长盛不衰、越办越火，呈现如此强大的生命力？它给这座城市带来了什么，未来发展又当如何？作为天津妈祖节的过来人，从亲历首届妈祖节的策划运作到参与之后数届妈祖节方案的论证研讨，感慨系之，引发诸多回望与思考。

天津妈祖节的缘起，应该说是天津历史文化的老家底和城市发展新需求相契合的产物，"先有娘娘宫，后有天津卫"。可以说，妈祖文化是根，妈祖节是在这个根基上长出的大树。妈祖文化是天津城市形成发展的重要根脉，是天津渔盐、漕运、畿辅三大文化基因聚合凝成的人文结晶，是天津这座"五方杂处"的移民城市斯民百姓世代相安相守的精神寄托，是津沽大地秉持民族性、民间性、民俗性，又教化民心、民气、民风的神圣灵光，是古往今来高扬中华传统美德和人类普世价值观的道德召唤。在新的历史条件下，妈祖文化又融入时代精神，释放出强大的社会正能量。当时代跨入 21 世纪的门槛，中国进入全面建设小康社会的新阶段，天津改革开放和城市建设迈上新台阶，旅游大潮相伴而来，旅游业成为国民经济新的增长点。以天津天后宫为中心的古文化街成为津门旅游热点，南开区把打造民俗旅游基地确定为重要发展目标。随着海峡两岸双向旅游闸门的开放，以妈祖文化为主题的互访交流迅速升温。2000 年伊始，天津主动与福建、澳门、香港、台湾等地通过旅游和宫庙两个渠道展开互动交流，共商联手举办两岸四地妈祖文化旅游活动大计。在此背景下，首届中国·天津妈祖文化旅游节由南开区政府、天津市旅游局会同天津市文化局、台湾事务办公室、侨务办公室等部门发起，经中共

柒——妈祖文化旅游节

⊙ 上 / 第四届中国·天津妈祖文化旅游节中的
王府文化展演（武延增摄）

⊙ 下 / 第四届中国·天津妈祖文化旅游节中的
重阁表演（武延增摄）

373

⊙ 第五届中国·天津妈祖文化旅游节中的中幡表演（武延增摄）

天津市委、市人民政府批准，于2001年成功举办。

中国·天津妈祖文化旅游节一开始就定位于以妈祖文化为主题，以民俗活动、旅游观光、两岸交流为支撑，以提升城市形象、扩大对外开放为目的。妈祖文化旅游节的创办标志着妈祖文化从传统的庙堂文化、坊间文化、民俗文化向都市文化、社会文化、现代文化转型；从民俗信仰的自在状态向政府正向引导、社会广泛参与的自为状态转型；从妈祖祭祀庆典向城市品牌活动转型。也可以说这是21世纪妈祖新文化的开端。

在妈祖节举办的数年实践过程中，妈祖节与城市现代化共同成长。常办常新的妈祖节为城市增加了绚丽的光彩，日新月异的城市建设又为妈祖节提供了更加广阔的舞台。历经20载，天津妈祖节的创意更加丰富，模式更趋成熟，特色愈发鲜明。其核心内容可归纳为"三式""三会""三海"。

"三式"是指在三岔河口天后宫举行的盛大开幕式、隆重的信众祭拜仪式和各地宫庙结缘续缘纪念仪式。首届妈祖节创意的两岸四地"四水合一""圣

柒——妈祖文化旅游节

水合流"纪念仪式至今传为美谈。

"三会"是指皇会、妈祖文化研讨会和各种类型的旅游商贸洽谈会。而皇会的复原展示是天津妈祖节的重头戏和最大特色。这项发源于民间的酬神娱乐活动，汇聚了上百道民间技艺，后演化为表演大游行，又因受到清代皇家嘉奖，升格为"皇会"。其场面之宏大、銮驾之堂皇、仪仗之威严、表演之俗艳、技艺之精湛、气氛之火爆，堪称经典的中国风、地道的天津味，足可与国外著名的狂欢节相媲美。据考，最后一届是1936年，"为谋繁荣市面，复兴工商"，由天津商会发起，呈报当时天津市政府"如例举行"，筹委会主席由政府官员担任，财政、社会、公安部门协同办理，并给予了来津货物免税、火车票半价等优惠政策，也着实收到了官助商繁、稳定时局的效果。皇会这一根深蒂固、源远流长的国家级非遗瑰宝，随着妈祖节的举办获得新生，并赋予了新意，成为天津妈祖节一大招牌。

⊙ 第六届中国·天津妈祖文化旅游节开幕式现场（武延增摄）

⊙ 第七届中国·天津妈祖文化旅游节嘉年华（武延增摄）

⊙ 第八届中国·天津妈祖文化旅游节中的北塘娘娘驾辇
（武延增摄）

"三海"是指海河巡游、滨海胜景、海峡互通。这是天津妈祖节的三大新亮点、新招牌。海河是妈祖护佑的母亲河，妈祖是海河迎来的圣母。海河是"双母"呈祥、天人合一、古今交汇的津门首胜。昔日皇会一开，来津商船遍插"天后宫进香"黄旗，海河沿岸帆樯林立，可泊船之处，无隙可寻。今日海河旧貌换新颜，功能已然转换，成为城市景观之河、旅游观光之河、文化体验之河。"沽水流霞"不再是传说，而是夜游海河的真实写照，成为中外游客为之惊叹的津门旅游王牌项目。举办有妈祖节庆色彩的海河巡游、河灯竞放、烟花水舞是天津妈祖节的又一突出特色。新增加的滨海胜景是指在滨海旅游区内兴建的天津妈祖文化园。面海而立的妈祖圣像全高42.3米，为当时世界妈祖圣像之最。由此，天津妈祖文化资源配置实现了由河到海的跨越。而海峡两岸的互通联动则一直是天津妈祖节创办以来的重要支撑，台湾宫庙和信众是历届天津妈祖节海外来宾的主体力量。

此外，我们也期待天津原创的妈祖舞乐、戏剧重整旗鼓、精彩亮相，更期待着异彩纷呈的妈祖情景表演秀能够在不远的将来闪亮登场。天津妈祖文化旅游节会朝着精品化、特色化、市场化、品牌化的方向越办越好。

在梳理妈祖节的发展思路和过程时，不难发现独具天津特色的妈祖节既植根妈祖文化，又向旅游商贸领域延伸，在海河两岸绽放了文化、旅游、商贸融合发展的津门奇葩；既依托南开老城厢，又顺河而下向河东、津南、塘沽、汉沽延伸，促成了从中心城区到滨海新区全市民俗文化旅游资源的大整合；既立足天津，又向世界各地延伸，成为"世界妈祖同一人，天下信众是一家"的连接纽带和交流的桥梁；既以节造势，又向妈祖文化的长远建设延伸，催生了天津妈祖文化各民间团体的成立。妈祖和妈祖节切实提振了天津作为北方妈祖文化中心城市的地位和影响。

（何焕臻）

"中国·天津妈祖文化旅游节"标识解读

中国·天津妈祖文化旅游节是具有全球影响力的妈祖文化盛会,作为重大节庆活动,标识被视为传递节庆品牌综合信息的媒介,是其品牌效应和对外宣传的重要形象代言。标识创意的成功与否,直接影响到活动整体的影响力、感召力和震撼力,更会直接影响到活动现场以及衍生出的各种节庆文化产品的整体效果。

记得2001年春节刚过,筹备举办中国·天津妈祖文化旅游节的工作就被提上了议事日程,而设计中国·天津妈祖文化旅游节标识自然而然就成为一个首要任务。经过组委会研究,这个重任最终交给了当时南开区少年宫教师,精通书法、篆刻与绘画的杨克家同志。

以妈祖文化为主题的大型文化旅游活动,当时在天津还没有搞过。因而在着手标识设计的初始,便与组委会的其他同志一起就标识内容的创意反复磋商、深入研究、广泛征求意见。最好综合大家的意见,提出了标识要突出天津的漕运文化、浓缩和体现北方妈祖文化的特点这个指导思想;同时提出标识的表达要简洁有力、寓意深刻,既有强烈的视觉冲击力,又便于记忆和理解。

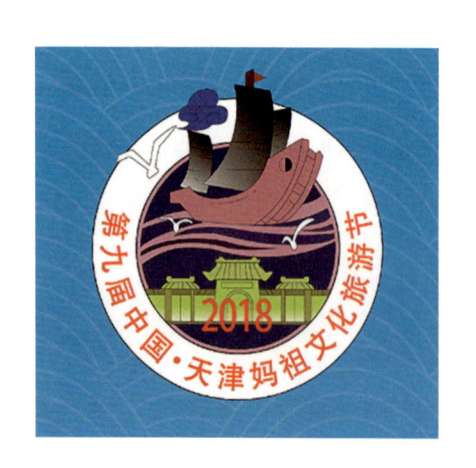

本着通俗易懂、简单明了的原则,最终形成了标识的创意方案:将河水、船、天津天后宫等元素浓缩到标识中。整个标识分内、外两个圆圈。内圈中心是水,水的上方为帆船,水的下方为天津天后宫正门图像,

⊙ 中国·天津妈祖文化旅游节标识

中心左上方点缀有祥云和海鸥。内外圈之间的圆环下部写着"中国·天津妈祖文化旅游节"的字样。在天后宫正门图像下面标出年份"2001"。着色方面贴近自然，水为深蓝色，船为浅土黄色，帆为浅灰色，天津天后宫正门为浅黄色与白色相间，天空点缀淡蓝色的祥云，海鸥为白色，主题文字为正红色，年份为浅红色渐变，内外圈线为传统民俗棕色。

经过一番精心的策划、设计后，整体标识呈现出简洁有力、寓意深刻、中心突出、层次分明、色调合理等特点，不失为一幅绝佳的艺术标识作品。经多方征求意见，获得了大家的一致好评，市区领导也给予了充分肯定。已经连续使用了十届、21年之久。

如今，这枚标识已随着中国·天津妈祖文化旅游节举办的各类妈祖文化活动的邀请函、现场示意图、海报、画册、各种证件、专题片以及现场照片等被传播到了世界各地。

（王利文）

首届妈祖节开幕式盛况回顾

静下心来，回顾往事，也是一种享受。

当年首届中国·天津妈祖文化旅游节以取得圆满成功而告一段落。在那风风火火的岁月里，我和同事们为了这个成功四处奔波，绞尽脑汁思考着，精心组织和策划，力求精益求精。

粗算一下，全力投入办节大概用了不足两个月的时间。2001年2月23日，南开区文化和旅游局召开了总动员会。会后我和时任副局长曾爱平、天津市民俗博物馆副馆长尚洁等一行即刻赶赴石家庄赵县，考察范庄"龙牌会"。24日即农历二月初二"龙抬头"吉日。印象最深的是那时的范庄是土路，冰雪融化的路面泥泞湿滑，我们两脚都成了泥坨子，尚洁穿的那双橘黄色的新靴子也是面目全非，让她心疼得不行。从这一天起，我们开始集中筹备妈祖节了。其实，最早动手起草方案（第一稿）是2000年11月16日。那时按照领导要求，我和尚洁共同商讨草拟了一份策划方案，当时还称之为"天后节"。时间最能说明一切。

自从进入政府小二楼里办公就没休息过，一鼓作气直至活动结束。抽调来的同事都各具特点，大家在一起不为名、不图利，一心扑在工作中，集思广议，进言献策，互相捧场，互相协作。工作氛围十分融洽，对此我很欣慰。

有人说，办个活动开幕式如果成功了，将是整个活动百分之五十的成功。实话讲，我们活动组织部在那段日子里，承受着这百分之五十的重担。记得天津市文化局张志副局长2月13日来到南开，他亦认为开幕式占整体活动百分之五十的比重。节目没有，两手空空，场地不清（当时尚未确定表演场地），没有先例（从未办过这类的节目）。我们冷静思考，决定从抓节目开始，以津京冀三地为区域界定，走出去寻访节目源。

记得那天是个大雪纷飞的日子。站在窗前，凝视雪景，久违的大雪令人

⊙ 开幕式上的舞狮表演（武延增摄）

心旷神怡。大概也是这大雪助兴，我脑子里不断地涌现出妈祖节开幕式虚拟的盛况，9条巨龙腾飞，18头雄狮跳跃，36面盘鼓擂响，45位少女红灯祈福，72枚彩礼花施放，81面特制彩旗飘扬，以9的倍数在构想着天后盛典的隆重场面。的确，那一刻我入戏了、兴奋了，当时就设想在天津天后宫的前广场办此盛会。因为，妈祖节不能离开天后宫。

同事们的情绪也被我感染了，龚孝义边打字边参加讨论，又拿来小黑板，比比画画，海河岸边、天后码头、妈祖塑像、二泉茶社、民俗灯光景观、河面游灯、主会场的设定、皇会踩街路线等，一桩桩、一幕幕、一字字、一句句跃然纸上。

节目选择至关重要，它关系到开幕式及踩街的艺术水准和档次。非常庆幸的是，我们首先选定了北京顺义"九龙舞"。色彩各异的九条龙同台，这是稀奇少见的。况且中国民俗传说中，龙是中华民族的象征，龙生九子、九九归一的含义中有天下大同、祖国大同之意。天津为九河下梢,九龙腾舞预示着津门各项事业飞黄腾达。和会头王玉玺是多年老友,1992年"南开杯"全国民间广场艺术邀请赛时结识,关系甚好。1993年又同去延安参加在那里举办的新秧歌理论研讨会。此次合作非常理想。我们在节目调度上一拍即合。九龙中突出一条金龙为主要领导点睛所用。

徐水狮子闻名遐迩,且与南开民间艺术团多次同台演出。钱志强提议调这道会。我和同事们商量,三五头狮子没劲,司空见惯的狮子舞,只有以多取胜,再加上高难动作,那样的画面才吸引人。果然,经钱志强联系,徐水有12头狮子能同台表演,我们闻之很是兴奋。为此,我们二次进军石家庄(徐水距其不远)。

正值风沙迷漫,沙尘暴虐。一路上我们的视野中是一片尘沙飞扬。快到中午时,突然车胎爆裂,不得已停在了高速公路边。几个人七手八脚地抢修着,那情景不像是几个文化人在干什么,而是一伙机修工人在干活。最终还是在路边的一个修车站修好车,继续前进,那会儿已是下午两点多了。徐水南北里村太难寻找了,几经周折才进了村儿。好在他们有节目光盘,在一户老乡家借人家的VCD机"审"的节目。之后商谈有关事宜,节目的编选、人数、经费等,一锤定音,我们即刻返程,已是下午五点了,还要赶700多里地呀。

徐水狮子名不虚传,12头雄师一字排开,点头亮相,腾、跃、跳、转很是壮观,三狮滚球惊险奇特,梅花桩跳跃腾起自如平稳,给开幕式增色许多。

南开的《八仙庆寿》是北方的又是天津的一道特色花会,高难动作一环连一环,尽显"八仙"神功。

开幕式的点题之作是由天津歌舞剧院演出的舞剧《红灯祈福》。起初决定由歌舞剧院节庆期间在天津大礼堂上演整场《妈祖》舞剧,开幕式现场则由我们自己编排一个少女红灯舞蹈,后因故全剧上演搁浅,改由剧院来排演浓缩了的《妈祖》舞剧片段,名为《红灯祈福》。我们和编导座谈,先期听音乐磁带，传达开幕式的创作主旨，增加妈祖散福情节等。一切设计编排、构思互相沟通。后期又挤出时间去团里审看排练情况，加上串场朗诵，增强观众对剧情的理解，制作道具和"散福"用品。短短十几分钟的舞蹈着实耗费了我们许多心血。只因为该舞蹈是开幕式攒底节目，来不得半点松懈，能否达到高潮全靠这一招儿了。

开幕式设计时间为60分钟，在这短暂的时段中，有四档节目演出，有"四水合一""首龙点睛"等重要情节，有音乐切换、鞭炮、钟声、放飞信鸽、气球，献条幅、升幡旗、施放礼花等24个环节贯穿其中，情节真可谓环环相扣。

这60分钟倾注了大家的心血，集中了集体的智慧。我们还分别拿出了《开幕式总体方案》《四水合一方案》《点睛方案》《结尾高潮方案》《音控方案》等，"一总七分"八个方案，每一处细节都认真思考、精心策划、一丝不苟。

为了60分钟，我们从寒风刺骨、冰天雪地的二月开始，一直准备到春暖花开、暖阳怡人的四月。我们挑选节目的行程达4000多千米。包括皇会

⊙ 第一届中国·天津妈祖文化旅游节开幕式升幡旗（武延增摄）

踩街节目在内共选中 22 个节目，来自津京冀地区的演员达 1500 多人。

音响控制完美无缺是这次开幕式成功的重要保证之一。音响师用最短、最快的时间熟悉掌握开幕式整体程序。由时任全国政协副主席张克辉宣布开幕，而其身高、声音大小、就座位置等我们一概不知，我们有充分的预案，也正是由于准备充分，才得以顺利完成了这一环节。

主要领导为首龙点睛，为达到艺术效果，我们特意选择了一段专门为点睛而备的音乐，在点睛人抬手落笔之时，及时切换成龙舞表演音乐，闻乐起舞的九条巨龙奔腾着，现场画面甚是好看。

点睛音乐威风八面、龙舞音乐催人奋进，两者巧妙的切换达到了预想的效果。

"四水合一"仪式是整个开幕式中的感情点。当主持人宣布"下面将进行四水合一仪式"时，一曲琵琶独奏曲《湄洲潮音》响起，轻盈委婉、沁人心脾。这样的音乐背景也为主持人的讲解增添了感情色彩。随着这涓涓流水般音乐的展开，四地代表将各自带来的水融入特制的大瓶中，此情此景感人至深，给到会的观众留下难以忘怀的美好印象。

而当主办单位领导向四地代表赠送纪念锦旗时，我们又及时收回琵琶曲，换成广东音乐《喜洋洋》。这一切一换，把现场的氛围营造得十分得体。

⊙ "四水合一"四海安澜瓶（武延增摄）

柒——妈祖文化旅游节

⊙ 开幕式现场报道（武延增摄）

真的还要感谢南开区政府办公室的那些幕后英雄们，从表演场地确定、看台搭建、环境布置美化、开幕式效果操作等，与我们反复洽谈磋商。先是由我们以讲大课的方式介绍开幕式盛况，分解每一个环节，确定人选和掌握时机，经过磨合演练，最后达到最佳效果。可以说没有他们兢兢业业的奉献精神、服从指挥的品德，很难有如此成功的场面。

时任全国政协副主席张克辉宣布"开幕"，紧随其后的是九响钟声，这是由无线电话筒特意扩音的震撼人心的钟声，是这次开幕式的特色之一。三响钟声之后，主持人朗诵："钟声响起，这钟声从远古传来……"随着钟声，幡旗手徐徐升起幡旗，下一个动作便是放飞信鸽、氢气球，待第七响钟声时，点燃鞭炮，现场锣鼓鸣奏，把"开幕"二字烘托得隆重热烈，循序渐进并推向高潮。我们对鞭炮燃放时间都做了精心设计，限时20秒。

结尾部分是开幕式最后的高潮，场上专业歌舞演员翩翩起舞，红灯引路，

385

祭拜妈祖,《红灯祈福》等章节逐步展开,林默娘被托举这一情节是个"总令子",九龙登场,12头狮子献条幅,锣鼓演奏,60枚彩礼花分层次施放,红灯少女把吉祥礼物撒向观众、撒向人间。刹那间400平方米的表演区内沸腾了。雨帘般的礼花垂落着,9条巨龙翻腾着,12头雄狮跳跃着,场面之壮观令人心旷神怡,令人兴奋不已,令人感慨万千……

南开区领导和我握手,大声说着:"成功啦,应该喝酒!"又一位领导走过来对我说:"时间正好,丝毫不差,太棒了!"整整一个小时,60分钟!这是让我们为之骄傲的60分钟、让我们兴奋的60分钟,更是让我们感到自信的60分钟。在一次总结会场上,领导首肯了开幕式的成功,并称之为占整个妈祖节百分之八十的成功。

落笔至此,我仿佛又回到了4月19日,那激动人心的时刻。

皇会踩街是妈祖节的重要特色之一。因为2000年福建莆田湄洲岛妈祖祖庙办节时是以隆重的祭典仪式为主要内容的,所以"南有祭典,北有皇会"成为妈祖文化界内的一种较为时尚的说法。

据载,天津自1936年最后一次出皇会至2001年已有近65年的历史。为重现津门这一盛事,我们组织人力专门思考当代皇会阵容、踩街方案及相关事宜,津南葛沽天后宝辇最终没能出会是最大的遗憾。但回过头来思考,这大概是为今后再办妈祖节留下的可贵的伏笔。专家学者及有识之士对皇会踩街褒贬不一,我们却认为事出有因,能踩上天津繁华的大街已是难能可贵的了。

踩街路线图是由赵振民和我首先现场勘察绘制的,此草图设计后的转天,天津市旅游办公室召集有关人员开会时就用上了。特别是公安部门尤其欣赏此图,他们的安全控制方案全部依靠这张图。后来的组委会效果图也以此图为蓝本。被大家昵称为"老孙"的孙建民和王瑞馥电脑绘制功不可没。

自金汤桥沿张自忠路到狮子林桥,沿海河东路到金汤桥,环行路线全长1500多米,这是几经商讨确定的踩街路线。最初设计中,有八匹骏马、八位武士持八面"凤旗"开道，五驾"娘娘辇"，一架灯亭和一道少年竹马会，紧随其后的有童子高跷、杠箱、法鼓、飞叉、狮子等十几道津门老会，浩浩荡荡达千人之众。

后来因故变更了。部队的马不好调，改成36名武士的旗海方阵，九条龙加盟，很可惜的是葛沽的宝辇未能参加，让"老天津卫"和一些专家学者们大失所望。

妈祖节开幕式当天下午，在广东会馆举办了戏曲曲艺欣赏会，招待台湾等地客人。之后的两天（即4月20日、21日）每天上午安排了花会表演供民众欣赏。20日全天在百惠饭店举办的妈祖理论研讨会也很成功。由天津市旅游办公室牵头的海河水面活动吸引了很多游客驻足观看。4月16日（天后诞辰1041周年当天）"天后宫与天津城市发展"展览已开幕。

至此由活动组织部承担的七大系列活动获得圆满成功，我们经受了考验和锻炼。4月30日，南开区委、区政府在红都大酒楼召开了妈祖节总结会。

如果展开叙述，有讲不完的故事。在我身边工作的同志各具风采。历史将永远不会忘记他（她）们……

（穆霖）

"妈祖巡海"祥云来

2001年,在首届中国·天津妈祖文化旅游节开幕式上,我曾和南开区的专家团队设计了一个"四水合一"的情节,即港澳台和天津市代表各自将家乡带来的水注入海河,寓意同根同源、源远流长。给海内外同胞留下了强烈的印象。

第三届中国·天津妈祖文化旅游节,组委会又邀请我担任开幕式总策划,我一边在天津天后宫前前后后地打量,一边回顾着有关妈祖的传说……

妈祖信仰传入天津后,很快由单司航海之职迅速发展为多功能的神灵,并作为城市的保护神加以崇拜。民间视天后为万能之神,这种信仰对天津政治、经济、文化、民风民俗都产生了巨大影响。所以中国·天津妈祖文化旅游节的开幕式不能只是简单地再现敬香拜神,而是要选择妈祖传说中最具社会影响力的情节作为主体,然后将血浓于水、国泰民安、风调雨顺、四海一家等专题融入其中,才能体现文化层面的升华。

天津皇会鼎盛时期是在清代乾隆时期至清末。各地来津货物无论水陆,一律免税。买家卖家纷纷来津,我发现那时候河上比岸上更显天津之集散中心功能。"香船之赴庙烧香者,不远数百里而来,由御河起,沿至北河海河,帆樯林立。如芥园、湾子、茶店口、院门口、三岔河口,所有可以泊船之处,几于无隙可寻。河面黄旗飞舞空中,俱写'天后进香'字样,红颜白鬓,迷漫于途。数日之内,庙旁各店铺所卖货物,亦利市三倍云。"经过反复的筛选,我

还是钟情于妈祖"海上出巡,散福万民"这个设计。

三天后,我在组委会上提出一个大胆的创意,把舞台搬到海河上,以"妈祖巡海"为主题,把四个单元的表演分别放在四条大型龙船甲板上,依次经过观众区。之所以这样设计,一是妈祖文化的展示应以弘扬妈祖为主体,不应等同于一般民间演出活动;二是妈祖是中国海洋文化的图腾,在水上再现妈祖故事更具视觉冲击力、更易引起心灵的共鸣;三是克服了天后宫宫前广场场地狭小的局限性,让海河两岸群众都可以参与盛会、同庆同乐。

开幕式那天,海河两岸人头攒动,海内外广大民众兴致勃勃地欣赏着披上盛装的津门母亲河。沿岸河面上摆放的荷花婀娜多姿,犹如在水上铺设了一条莲花之路。沿岸悬挂的巨型彩旗气球,似舞动的流苏华盖随河风荡漾。观礼台自码头层层叠起,来自海内外的观光嘉宾居高临下,一览海河美景。码头前的迎宾少女扮成凌波仙子在芙蓉丛中翩翩起舞,顿时有一种水天一色、人入画中的境地。

具有强烈中国风格的庆典大乐水上表演开始了。首先由特邀的中国划水队以精湛的技巧表现了"鲤鱼跳龙门""九龙迎天后",接着载有港澳台津四地贵宾代表的仪仗船为妈祖鸣锣开道、保驾护航。

⊙ 第三届中国·天津妈祖文化旅游节开幕式现场(武延增摄)

津卫妈祖

⊙ 第三届中国·天津妈祖文化旅游节天后娘娘巡安海河（武延增摄）

　　振奋人心的时刻来了！一条彤红的龙船驶过来，只见船头矗立着一座硕大的妈祖雕像，妈祖神态安详慈善，目视前方、炯炯有神。行至观礼台时，佛光高照、金箔飘洒、颂歌铿锵，妈祖神像缓缓转向主会场，全场观众肃然起敬、纷纷朝拜。令人匪夷所思的是，妈祖神像上空突然呈现出五彩祥云，时卷时舒，神奇的景象令人叹为观止。一时间海河两岸唏嘘如潮，交头接耳啧啧称奇。尤其是在场的900多位台湾客人竟然全都五体投地，祈祷不已……

　　事后，戴相龙市长好奇地问我，这五彩祥云你们是怎么搞的？我说，确实不是我们搞的，大概是盛世天意吧！

（张志）

我为妈祖写音乐　妈祖精神励我行
——中国·天津妈祖文化旅游节开幕式主题歌
暨系列音乐创作随笔

用音乐为妈祖娘娘做点事，是我心存已久的夙愿。

2003年初冬之日，恰逢妈祖祖庙娘娘新殿落成大典之际，我有幸踏上了妈祖娘娘的故乡——福建省湄洲岛，这个令我心仪已久的地方，也开启了我为妈祖娘娘创作音乐的采风之门。

初冬的湄洲岛吹拂的风还是暖暖的，岛上花草树木依然是红绿相伴、色彩绚丽。而此时比自然景色更吸引我的则是眼前为筹备妈祖娘娘新殿落成大典而忙碌着的湄洲岛人民（准确地说，还有来自世界各地的妈祖信众），因为明天就是让世人瞩目的妈祖新殿落成大典开幕！依山傍海、坐落在半山腰上的高达20多米的巨型石雕妈祖神像，被工作人员用红绸全部覆盖，只待落成大典开幕时，才会露出真容。正由此，高耸的妈祖神像仿佛多了一层神秘的面纱。广场上正在进行着落成大典开幕式文艺演出的最后走台（带妆走台），参加演出的演员阵容庞大，除了主要演员由福建省歌舞剧院演员担任外，其他全部由湄洲岛各行各业的职工代表及中小学学生担任。听说大型群舞的排练工作早在三个月前就已经开始，随着大典开幕式的到来，全岛各单位及中小学全部停工停课一周，全力以赴确保庆典活动的圆满成功。只此一举，足可见湄洲岛人民对妈祖娘娘的崇敬、虔诚之情！一整天的游走、访问，不知不觉已是夕阳西下之时。此时的湄洲岛在落日余晖的映射下，和白天的喧闹形成了很大的反差，显现出了一种静谧的美……

当晚回到驻地，和同行的朋友们交谈一天的所见所闻。对我这个初登湄洲岛的人来说，一切都是新鲜、陌生的，也由此，交谈的兴奋点很多……夜已深了，同行的朋友们纷纷进入梦乡，我却久久不能入睡。妈祖——这个既熟悉又陌生的形象，在我眼前仿佛愈来愈清晰、愈来愈高大了。这种认知度的飞跃，为我下一步创作妈祖主题音乐打下了坚实的基础。

翌日清晨，刚刚朦胧入睡的我，被室外嘈杂的声音惊醒。我下地推开窗户，一股略带咸味的海风吹进室内，顿觉心旷神怡，几乎一夜未眠的疲惫也被一扫而光。今天是湄洲岛妈祖石雕圣像落成大典的日子！来自世界各地的虔诚的信众一清早就纷纷涌向落成大典会场，生怕错过一睹新殿落成开幕式这个精彩时刻的机会。我和同行的朋友们在这种氛围的感染下，简单地洗漱了一下，顾不上吃早餐，也早早地到了主会场，静候那激动人心的时刻的到来！

上午9时整，随着大会主持人一声令下，覆盖在妈祖神像上的红绸有节奏地徐徐落下。刹那间，全场的空气仿佛凝固了。容纳几千名宾朋信众的主会场竟然鸦雀无声！几秒钟的静默！随后便是欢呼声一片！刹那间的凝固、静默，是人们被刚刚露出真身的妈祖神像的美给惊呆了！妈祖的美是庄重的美、典雅的美、大气的美，是透着人间大爱的美！我通过望远镜仔细凝视着妈祖神像，这绝不是一般的石刻雕像，这尊神像是集全世界妈祖信众对妈祖崇敬、景仰、怀念的艺术珍品！妈祖面部神态是凝重平静的，但透过她平视远方大海的眼神，完全可以相信她是在搜寻需要保护的人们，继续恪守着救苦救难海上女神的神圣职责！不知不觉中，我的眼睛湿润了。我折服了！我顿悟了！我心里默默祷念着：大美，妈祖！这个令人崇敬的海上保护神！

接下来的祈福大典，程序严谨、特色突出，彰显出家乡人民对妈祖的崇拜、怀念之情。第三部分的大型文艺表演，表现了从妈祖出生直到海上殉难的经历，采用写实与浪漫主义相结合的创作手法。音乐旋律与舞蹈语汇具有鲜明的闽南特色，给人留下了很强的视听冲击。

短短三天的湄洲岛之行即将画上句号。离岛前的晚上，朦胧的月色下，我一人漫步在海边的沙滩上。这里的海沙是银白色的、细细的、软软的。此时此刻踩在上面，竟有些令人陶醉的感觉。我一边欣赏着美丽的海岛夜景，一边梳理回味着三天来的所见所闻，感受之深、收获之大是前所未有的！妈祖,一个美丽而崇高的名字,一位平凡而伟大的女性。正是她,以有血有肉的身躯,诠释了为人处世的尽善尽美;以 28 岁的青春年华,点燃了人间不可向迩的辉煌。尽管她的生命是那样短促,她灿烂地交出自己,悄然隐逝,可她那充满爱心的纯真之魂却化作亘古不灭的璀璨灵光,逾越泱泱海波,遍照迢迢异国,五洲同惠,四海共泽!再见了,湄洲岛!再见了勤劳、质朴、善良的湄洲人民!我会用音乐在妈祖文化的又一重镇——天津,向世人传播妈祖文化,继承妈祖精神!让妈祖精神不断延续、不断发扬光大!

  2004 年 8 月,我接到第二届中国·天津妈祖文化旅游节组委会的通知,让我到组委会办公处(海河边上的聚真楼)报到。并明确由我为该届妈祖文化旅游节创作一组音乐,包括开始曲(静场音乐)、背景音乐、主题歌(此时距妈祖节开幕仅剩一个半月)。接到任务后,我既紧张又兴奋。紧张的是,这么大的活动,又有来自海内外的众多宾朋、信众,万一音乐写不好,岂不是贻笑大方?兴奋的是,多年的音乐创作积累,特别是去年冬天的湄洲岛音乐采风之行,使自己对妈祖娘娘、妈祖文化有了进一步的理解与认识,这次总算有了完成自己夙愿、用音乐为妈祖娘娘做事的机会了。我经过认真思考,决定先写主题歌。这么做的理由是,一来主题歌具有画龙点睛的作用,主题歌写好了,可以说是完成了这次音乐创作的半壁江山,甚至还要多;二来主题歌要有歌词,歌词的风格决定音乐的风格,所以要提前下手;三来主题歌的风格又直接影响着开始曲及背景音乐的风格,否则会出现音乐首尾风格不统一的情况。在做出这个决定后,我又想到几个问题:一是这么大的活动、这么大的场面,一定要用合唱的形式来完成,独唱或其他演唱形式压不住阵脚;二是创作一定要用中国民族调式来写,不用西洋大小调,目的只有一个,突出民族性;三是淡化合唱的和声,只在合唱的后半部分铺点和声,目的也是把持住风格!以上想法成熟后,首先要确定歌词由谁来写,这是主题歌成功与否的关键。时间紧、任务重,经过短暂的思考,我决定请市著名词作家万卯义先生执笔创作。请万卯义先生创作的理由是:万先生知识渊博、积累丰厚，创作这类题材的歌词作品应该游刃有余；我和万先生合作多年，彼此熟悉创作的路子，他写的歌词我上手快。主意已定，我立刻给万先生打电话，把这次请他创作的原委向他一一讲清，并把主题歌的凝重、平和基调及采用合唱形式等也一并告知。电话中的万先生沉思片刻，便爽快地应允下来，并告诉我，一周后把歌词传过来！多年的合作，我和万先生是亦师亦友的关系，我深信他的为人，万先生不会食言！歌词创作交给万先生，我便开始查阅资料，提前做好案头工作。首先是音乐元素的撷选上，必须要先明确妈祖信仰的本质，是属于儒道佛三家兼而有之，还是如何？因为道教、佛教的音乐是有区别的，我生怕在音乐创作中闹出笑话。经查证，《正统道藏》所收《太上老君说天妃救苦灵验经》中称：妈祖为斗中妙行玉女所化，受太上老君之命降生人间、救民疾苦。明代由皇帝钦定妈祖为道教神。然而，在请教冯骥才、张仲、尚洁等专家后，又有了新的进一步的认识。那就是在民间传承中，特别是从人类学、社会学和民俗学的角度考证，妈祖又属于民间民俗信仰，是儒释道文化的一种升华。这个问题明确后，我开始查阅佛道及民间民俗音乐的相关资料。忙碌中，一周很快过去了。万先生准时在约定的时间内把第一稿歌词传给我，一首大气、凝重、平和的、名为《妈祖·天后》的歌词展现在我的面前！反复看了几遍后，我由衷地赞叹万先生的创作功力。偌大题材的作品，先生仅用八句歌词便概括、凝炼而成。我爱不释手地反复吟诵，渐渐地脑海中展现出歌词中的画面："天水相连，沧海横流，船行万里谁护救？劈风斩浪排忧愁，救难扶危有天后！风调雨顺，妈祖保佑，海神，娘娘，妈祖天后！"这时奇迹出现了！随着脑海中画面的出现，旋律亦奔流涌出。不知是这段时间的操劳感动了娘娘，娘娘在暗中助我，还是这段时间的积累在关键时刻发挥了作用？这个过程前后不过半个小时左右。我紧张兴奋得要命，用微微发抖的手握住笔把涌出的旋律记在纸上。我一边小声哼唱一边记录音符，个别音稍加调整后，便成就了最后定稿的这首《妈祖·天后》！

第二天早上的组委会工作例会，我把这首从脑海里涌出来的主题歌小声唱给在场的领导和同志们听。当即得到大家的好评！一致认为这首主题歌歌词言简意赅，旋律流畅、质朴、好听，可以进入音乐制作。同时大家也提出了歌词中的"风调雨顺，妈祖保佑"这句歌词是否可以改成"风调雨顺，天长地久"。经与万先生磋商，先生欣然同意。这么快主题歌就完成了，并得到领导及各方的首肯，我感到欣慰。但我无暇去体味个中的愉悦，马上又投入另两首作品的创作中，此时离第二届妈祖节开幕式还有28天！写到这里，我很想说上一句：特别感谢组委会办公处——聚真楼，这个给了我灵感的宝地，这届开幕式的音乐作品全部在聚真楼完成！因为主题歌已经完成，其余两首作品相对好写了，只需在风格上把持住。开始曲我用半天就完成了，背景音乐是为四只巨型充气彩凤升天所用，为了使音乐与画面更吻合、更贴切，我设计了几套方案。最后采用了以最具中国民族特色的大鼓鼓击开始的这套方案：大鼓的节奏由慢渐快，由弱渐强，经过几个加入临时变化音的音型过渡，把合唱队的哼鸣声引入。这十几小节的哼鸣旋律是带有怀念的旋律，也是带有淡淡惆怅的旋律。这首作品写出后，我首先请在聚真楼现场的同事们听，请他们提意见。我的同事们听后说："构思巧妙，旋律意境好，有很好的画面感！"得到同事们的认可，我心里就有底了，下一步是音乐制作环节了。在这个环节上，我得到了我的好朋友，天津歌舞剧院作曲家、指挥家袁伟先生的大力支持，他看完我的作品，马上说："这是好作品！是能传世的作品！"合唱队是袁伟帮我请的（由天津歌舞剧院、天津广播艺术团的演员共同组成），录音棚是袁伟帮我联系的。录音前我向袁伟表述了合唱的声音最好是接近自然声才好，也就是我的这首作品要的声音是没经过训练的那种声音，这种声音最符合作品意境，也最接地气！袁伟马上理解了我的意图，他向合唱队讲解作品时，直白地说："这个作品演唱时不用太讲究发声位置、方法，不要拿腔拿调，平铺直叙最好。"合唱队的艺术家们一时很难接受这种唱法，经过几次试唱、调整，很快也就适应了。由于作品没有大的起伏，比较流畅上口，所以录音进行得比较顺利。当晚电视台14号录音棚指针指向22:30时，全部合唱录制完毕，剩下的就是我和录音师们连夜进入后期的合成、制作。时间在不知不觉中已跨入了新的一天，当最后一轨音乐合成后，已是凌晨2:30了，时间定格在2004年9月10日！我拿着录制完成的音乐盘，一个人骑着自行车在回家的路上。虽然经过近9个小时的连续工作，竟没有丝毫倦意，相反倒觉得很兴奋。经过近一个月的努力，总算完成了组委会交给我的任务！录制完的音乐我感觉不错，是我要的妈祖音乐！我相信这组音乐会给第二届妈祖节添光加彩！

　　上午8时，我把凌晨录制完的光盘送到组委会，请领导和同事们审听。当三首作品播放完后，区领导当即表态："音乐写得好！音乐成功了，我们的活动也就成功了一半！"而后的开幕式及当晚亲水平台的焰火晚会上，这组音乐都起到了突出主题、烘托气氛、营造氛围的积极作用。这组音乐成功了！音乐受到了海内外宾朋、信众的喜欢。开幕式结束的当天，台湾、澳门的妈祖宫庙负责人就找到天津天后宫的负责人，向我转达要购买这组音乐的愿望。我不假思索、婉言谢绝了他们的美意。因为我是天津人，我是南开人，我写的音乐是专为天津妈祖文化活动服务的。作品有地域性，也有地方性。我虽然是作者，但我无权私自出售这些作品，我请求他们的谅解与理解！时至今日，仍经常有各地妈祖宫庙打来电话，索求音乐，我亦一一谢绝。

　　在以后的第四届妈祖节活动中，我又与另一位词作家朱胜民合作，创作了《河海相依妈祖缘》《四方同心》等音乐作品，同样受到海内外宾朋的喜爱，给天津品牌的妈祖文化旅游节增加了光彩！

　　能为妈祖写音乐，无疑是对我人生的历练，也是升华，更是激励。妈祖精神将教化、影响我的人生！妈祖——我景仰的和平女神！

（岳志刚）

妈祖·天后

万卯义 词
岳志刚 曲

1=G 4/4
凝重、舒缓地

(5. 6. 1. 2. | 5 - - - | 1. 3 2 3 2 3 5 - |

1. 2 3 5 3 2 3 - | 1. 3 2 3 2 3 6 - | 2. 1 6 5 6 5 5 6 5 2 3)

5. 6 1 2 1 6 5 | 5 5 3 2 1 2 - | 2. 3 5 5 2 3 2 1 | 2. 1 6 5 6 5 - |
天 水 相 连，沧 海 横 流， 船 行 万 里 谁 护 救？ 谁 护 救？

5. 6 1 2. 1 6 | 2. 3 1 2 1 6 - | 6 1 2 3 2. 1 6 | 3. 5 6 5 6 5 - |
劈 风 斩 浪 排 忧 愁， 救 难 扶 危 有 天 后。

5 5 6. 3 5 - | 6 5 5 1 2 - | 2 3 5 0 2 3 7 0 | 2. 5 6 1 2 - |
风 调 雨 顺 天 长 地 久， 海 神 娘 娘 妈 祖 天 后！
1 1 1. 6 5 - | 1. 1 1 6 5 - | 0 0 0 0 | 2. 5 6 1 5 - |

5 5 6. 3 5 - | 6 5 5 1 2 - | 2 3 5 0 2 3 7 0 | 2. 1 6 5 6 5 - |
平 安 吉 祥 天 长 地 久， 海 神 娘 娘 妈 祖 天 后！
1 1 1. 6 5 - | 1. 1 1 6 5 - | 0 0 0 0 | 2. 1 6 5 6 5 - |

"妈祖之光"焰火晚会

梵音绕宫门,海河东流水。自 2004 年第二届和 2006 年第三届中国·天津妈祖文化旅游节闭幕到现在,时光流逝已经十余个春秋了,但这两届妈祖节盛会中的点睛之笔——海河岸边焰火晚会的燃放盛况,仍然时常在我的眼前浮现,海河亲水平台及两岸汇聚着的参加妈祖节的八方宾客,还有上万天津市民,共同见证了自 2004 年海河景观提升改造后这灿烂夜景下焰火怒放的盛景,记录下了那两个难以忘怀的"妈祖之光"节日之夜。

2004 年 9 月 25 日,当金秋的海河夜晚降临之时,参加中国·天津妈祖文化旅游节的港澳台同胞及海外华人、华侨,各地嘉宾陆续到达古文化街亲水平台,欣赏海河景观提升改造后的夜景。此时由狮子林桥至金汤桥海河两岸,聚集了上万市民在等候"妈祖之光"焰火晚会的到来。时针指向 20∶00,时任中共南开区委副书记、区长佘清文按下了焰火晚会启动按钮,一束夜明珠由亲水平台飞向海河对岸,万众瞩目的 24 个红色火字"热烈祝贺第二届中国·天津妈祖文化旅游节焰火晚会开幕"与海河流水交相辉映,紧接着 150 米宽的瀑布点燃,犹如祁连瑞雪飘飘洒洒,恰似九天银河飞落人间。此时海河河面漂浮的几十个荷花造型,喷射出的焰火与沿岸烟花编织出交叉的立体图案,金色的线条与海河流水相互映照,水天一色、霞光万道。随后,以"海河风情"为主题的礼花相继展现:玉龙出海、绿染翠竹、红河天女、绿满轮菊、彩色花球、银雨彩环等,勾画出 600 多年前九河下梢天津卫由运河、海河形成的"晓日三岔口连樯集万艘"兴盛时,渔船将妈祖信俗传到天津,并开启了天津设卫筑城的序幕,至今在天津还流传着"先有娘娘宫,后有天津卫"的民谚。

金秋的津城繁花似锦,波光灯影海河景,名桥架起迎嘉宾。特色礼花映照下的夜晚,渲染着金秋的收获。"春花怒放、春意盎然、夏日朦胧、荷塘月色、金秋棕桐、冬梦北国、红梅傲雪、焰火升腾、赤橙黄绿青蓝紫、津门之夜"等 20 多个品种的烟花相继登场，焰火晚会历时 50 分钟，以妈祖情缘连接起天津与港澳台同胞、海外华人华侨以及各地嘉宾的妈祖文化交流纽带。在参加妈祖节的港澳台同胞，海外华人华侨、嘉宾以及 10 余万名市民的恋恋不舍中，烟火晚会落下了帷幕。

2006 年 9 月 20 日当晚，在火树银花的衬托下，海河两岸夜景吸引了参加第三届中国·天津妈祖文化旅游节的嘉宾。这场焰火晚会更加突出妈祖主题，在亲水平台对面竖立起了由 LED 灯制作的妈祖圣像，还有两边各长百米的彩灯巨龙和海河两岸挂起的红灯笼。在亲水平台对面，高 6 米的妈祖节会徽和两侧的中国结格外赏心悦目。当晚 20:30 焰火晚会开始，焰火晚会分为"世纪之光""海河风情""四季之花""美好明天"四个部分。第一组"世纪之光"首先点亮海河两岸的夜空，"之"字形烟花、三叉烟花、扇形烟花在空中竞相绽放，呈现出绚丽多姿、水天一色的动人景象。第二组"海河风情"，飞流直下的银色瀑布荡起层层云雾，在海河水面留下美丽的倒影。第三组"四季之花"，多彩的焰火营造出"春之美景""夏之火红""秋之神韵""冬之魅力"四季神韵，寓意天津的勃勃生机。沿岸上下 100 枝巨型花树喷吐出的银色火花与滔滔的河水波光映衬，如雪舞梅花、玉叶怡风，从天而降的瀑布银河与夜幕中绽放的礼花成就了一幅江山如此多娇的壮丽画卷。焰火晚会的最后一组烟花"美好明天"由"幸运光环""霓虹彩绣""金甲银扇""金波斜射""银波万里"组成，金波银浪化作锦绣花雨洒向大地，祝福同祖、同宗、同根、同源的炎黄子孙携手奔向美好的明天！会聚在海河岸边的 10 余万名市民及中外来宾陶醉在沽水流霞的迷人夜色中……

"天花无数月中开、凤箫声动、玉壶光转、一夜鱼龙舞"等焰火晚会的作品给天津的母亲河、来自海内外的嘉宾以及天津的众老乡亲留下了令人难忘的记忆。

（续红泉）

399

为有妈祖情切切，不辞愿做寂寥人
——记第三届妈祖文化旅游节一二事

说起我的妈祖情缘，自诩真挚深切且绵绵长远，暂不说孩提时代在老人的牵领下，年年春节前去娘娘宫买花、买炮仗时，进山门被四大金刚塑像吓得畏缩不前的窘态，也不论少年时期与同学在宫内捉迷藏、嬉戏玩耍，就说20世纪70年代参加工作后，在街道负责居委会工作，最初的办公地点就在今天津天后宫大殿内天后圣母塑像的青石座基旁。不是对天后的不敬，在那个特殊的年代，居委会把办公室设在大殿这样的地方不是什么新鲜事，客观上对建筑主体还起到了保护作用。这些放下不讲，1985年重修天后宫，自己正好在当时的东北角街道办事处工作，负责居民的动迁，为了解决住在宫内的70多户居民的搬迁问题，随着区长到市里争取房源，协调解决在整修中的问题，一起酝酿如何把天津天后宫建成天津市民俗博物馆等，足足干了两年多的时间。

俱往矣，这些事早已随着岁月流逝似流星闪过，心中的妈祖情结还是筹办第三届中国·天津妈祖文化旅游节那些难忘的日子。

2006年恰逢我在南开区政府办公室工作，有幸从始至终参加了第三届中国·天津妈祖文化旅游节的各项工作。这届妈祖节可称得上是迄今为止所举办的历届妈祖节中特点比较突出的一届。从规模、来宾数量、活动内容以及开幕式演出等很多方面都给人留下了深刻的记忆和许多值得回味的地方。特别是那届妈祖节为了突出妈祖文化因水而生、依水而兴的文化渊源，彰显天津城市传统文化的独特魅力与海河现代化综合改造的成果，组委会精心组织策划了有创意、有突破、有特色，近万人参加的大型开幕式海河水上演出活动，演出以海河水面为载体，以不同造型、不同寓意的彩船为舞台，形成一条亮丽的水上风景，开创了我市大型活动在水面演出的先河。

一、"众里寻他千百度"

按照妈祖节组委会的分工，成立了"一室九部"负责各方面工作，办公室由南开区组成，承担组织协调、后勤保障等日常工作，因此搭建主席台、观礼台的任务自然落在我们肩上。一般来讲，搭个台子算不得什么大事，按照现在的技术条件，简直就是毛毛雨，但是特殊的情况给我们出了一道又一道难题，现在说起来就像讲故事。由于演出是在水面上进行，所以主席台和观礼台要建在海河岸边的亲水平台上，在制定方案时，相关管理部门提出可否把台的位置向后移到路面上，因为亲水平台是木地板结构，要搭建可以容纳150个座位的主席台和近千人的观礼台，这样承重量的安全问题必须放在首位。因此我们在实地进行了勘测，当时正值盛夏，骄阳似火，新建成的广场一点荫凉地儿也没有，游人稀少。为了掌握第一手材料，我们几个人连同施工单位负责人登梯爬高，着实练了一把。结果登高一望发现，如果把台建在路面上，必须把台的高度提到5米以上才能保证俯瞰水面的效果，平地起5米高台，而且地上没根，旱地拔葱，安全性根本得不到保证。同时在路面上施工就必须断绝交通，试想在海河西路断交10天，对社会和人们出行的影响简直太大了，显然不行，这个提议被否定了。

组委会再次研究，有关部门又提出，要在平台上施工，需要拆除所有的木板并增加工字钢支撑，这等于拆了平台重建啊，耗时、耗工、费钱，显然不是什么高招，提议立即被否决。可是这招不行就等于进了死胡同，到底怎么办。领导提出："科学，我们要相信科学，到底行不行用数据说话，施工单位对搭建观礼台的各种数据进行测算，然后与亲水平台的建设数据进行比对后再做决定。"但是数据在那儿了，施工数据好办，原始数据呢，原以为可以信手拈来，一找才发现，哪儿也没有。组委会要求大海捞针也必须找到。于是我和办公室同志冒着酷暑从海河办找到水利局，从水利局找到建委，从建委找到承包方，再从承包方找到施工队，来来回回足足折腾了十来天，到最后我们都有些茫然了，不会吧，这么大工程怎么会连这点设计施工材料都没有呢。正所谓"众里寻他千百度，蓦然回首，那人却在灯火阑珊处"。好在干办公室的人嘴勤、腿勤，经过多方查找最后确定根子在施工单位。

"苦主"找到了，把大家高兴得不得了，苦中取乐，"赶快给娘娘烧炷香吧"。但是一接触，问题又来了，虽然人家提出搭台没问题，采取一定措施，安全也没问题，但是搭台施工以及进行活动可能会对原有建筑设施出现损坏的问题，必须缴纳几十万的保证金才行。按理说这个要求不过分，但是虽说搞这种大型活动要花钱，可资金紧张根本拿不出这么多经费呀。好在市里的领导出面，没有要押金，由组委会出具担保书，"出现损坏问题必须照价赔偿"，算是给了领导"面子"。人家给了面子，我们也不能自己打自己脸呀。于是我们会同对方一起，对各种设施安全情况进行了全面检查，以防责任不清。

终于在开幕式前一天，台子建起来了，我们对会场连夜进行了布置，一直干到凌晨两点多，本想可以睡一会，但是天不亮警卫和安检部门人员就到了现场，又陪着这些同志对台前幕后的所有设施一一进行检查，一切都完毕了，我也瘫坐在台阶上。这时天已大亮，各个岗位的同志陆续上岗了，仔细把会场再看一遍，忽然吓出一身冷汗，水，安排摆在台上的矿泉水呢？怎么一瓶也不见？正想问一问，电话响了，仓库在警戒线外，送水的被截在了警戒线外进不来，赶快把疲惫的步伐换成一溜小跑，迎着送水的方向跑去。

现在说起来都是小事，然而万丈高楼平地起，没有这点点滴滴的小事，辉煌从何而来呢？

二、"不辞愿做寂寥人"

从留下的影像资料看到，那届的妈祖节盛况空前，海河两岸人潮如涌，甚是壮观。作为负责后勤保证的人来说，记忆最深的远不止这些，脑海里时常萦绕的是另外的场景。

由于这届妈祖节规模较大，来宾较多，车辆停放成了大问题。近了没有，远了不行，最后看中一片拆迁空地，可是现场一看不行，残墙断壁、遍地瓦砾、坑洼不平，但是除了这儿再也找不出其他地方了。万般无奈，揣着"死马当作活马医"的侥幸，一大早就找来了南开区市政局的领导，人家问清了情况后问我："什么意思吧？""什么意思，没意思，想把这当临时停车场。""不就是把地铲平了吗？没问题！交给我们！"一听这话我喜出望外，不由地跟了一句："明天早上就得用。"听完我的话，局长老兄无奈地笑了："你这是考验我们市政人呐，就这么办了。"如果说南开人有什么值得炫耀的地方的话，后来的一幕让我着实感动了一把。盛夏里，傍晚的太阳依然火辣，忙里偷闲去现场看了看，现场路边，局长大哥坐着马扎，头戴草帽，手捧一个特大号水杯，目不转睛地看着几辆铲车绕来绕去地施工。见我们一行过来，立即起身说："马上就平完，一会再来车压一压，我们连夜干，保证明天不误事。"事情就这样简单，这样的事儿举不胜举。比如，现场需要高压电，需从文化街上拉电线到亲水平台，高压线不能在地面上走线，必须架高，还不能影响踩街表演，那些旌旗高幡，一根线也要架起来。房建公司的经理像架子工一样亲自带着员工搭脚手架。宾客盈门，厕所得保证够用，环卫局长亲自指挥职工安置移动厕所。就说前边说过的，开幕式现场摆的那些矿泉水吧，由于现场人太多，车辆无法通过，后勤工作人员硬是肩扛手提地把几十箱矿泉水搬到了现场。

妈祖节光鲜的舞台上不见他们的身影，夺目的流光溢彩没有他们的踪迹，甚至对于花了多少钱、是否需要给予补贴，他们都是众口一词："南开自己的事，不仅弘扬妈祖精神，也是在宣传咱们南开，奉献了！"

"一切都是瞬息，一切都将过去，而那过去了的，就会成为亲切的回忆。"所有这些难道只是为了回忆吗？祈愿为了弘扬妈祖精神的人们好运，祈愿为了南开美丽幸福的建设者、奉献者们好运。

（贺艳生）

水与火的交融

常言道"水火不容",但如果超越一般自然的概念,也有水火相容(融)的个例。我参与的中国·天津妈祖文化旅游节就是对于"水火相容(融)"的最好诠释。

妈祖信俗作为世界文化遗产,在海内外影响深远。进香等民俗祈福方式是妈祖庆典活动中的重要内容之一,因而消防的安全保障便自然而然成为与其相伴的工作任务。

我曾是一名消防战士,负责文化场馆的消防监督管理工作。适逢举办中国·天津妈祖文化旅游节,我便代表当时的天津消防南开支队参与到组委会的筹备工作中,深层次地体验了津门妈祖文化的庄严恢宏和独特魅力。

其实,在我儿时,就曾接触到妈祖文化,只是那时只懵懂地听大人说起过"老娘娘"这个称谓。那时,我家住在大红桥,邻居家有个叫二岭的男孩子,擅长拉二胡,是我的发小。我和小伙伴一到他家,就好奇地去看炕上坐着的一个泥娃娃,二岭管"他"叫"大哥"。那时候我们不明白,明明二岭是家里的老大,为什么却叫"二岭"?大哥到底在哪里?有时候就问他的母亲,邻居都称她"朱奶奶",朱奶奶会告诉我们:"大哥不就在炕上坐着了嘛!"我仍然不太懂。因为好奇,所以老是想去看那个泥娃娃。记得有一次淘气,居然把"大哥"给摔到地上了,招来了朱奶奶的一通责骂和追打。至今记忆犹新。现在想起来,当时的确是该打,那可是妈祖老娘娘赐予人家的大儿子啊!

斗转星移,我又因为工作的关系接触到了天津卫的这位"老娘娘",并且知晓了小时候听到的那个老娘娘和今天的妈祖就是同一个人。能够参与到以弘扬妈祖文化、传承中华文明为主旨的大型节庆活动,深感使命艰巨,责任重大。说实在的,作为国际性的中国·天津妈祖文化旅游节,在海河亲水平台这个开放性的场馆举办开幕式，有很多需要克服的安全防范问题。我们本着因地制宜，创造性开展工作的思路，克服现有基础条件的局限，对开幕式现场、皇会踩街路线等区域，反复查巡，加强人力和防火器具的安排，严防死守，确保平安、圆满。

⊙ 消防官兵通宵值守开幕式现场

当然，也有意料之外的事情。记得一次意外的小插曲，至今还是让我后怕。在天津天后宫南侧的袜子胡同，距天后宫的后门有100米左右，一个50多岁的男同志在点火生煤球炉子，炉子旁边的小房堆满了劈柴等杂物，他把拔火罐放在炉子上就进屋干别的事情了。炉子上迸出来的火星子点燃了小房里的杂物。不一会儿，就冒出浓烟。当时我们正在文化街与袜子胡同的交叉口，职业的警觉让我们当机立断，不容迟缓地拎起灭火器飞跑过去，迅速地将火扑灭，没有酿成火患。这一次，提示了我们不仅巡查的范围扩大了，而且工作更加细化了。

以后每两年一届的中国·天津妈祖文化旅游节，我都有幸参与，并能够圆满完成任务，直到退伍。可以说，我对妈祖文化的认知也从最初单纯的执行保卫任务，而逐渐上升到对"立德、行善、大爱"的妈祖精神的尊敬和敬畏。坚定文化自信，讲好中国故事，不能脱离开中华优秀的传统文化。

（刘健）

歌唱妈祖
——《大海的女儿》演出记忆

千百年来，妈祖一直默默践行着自由、文明、包容、和谐、正义、大爱，她既是广大航海者的希望、信心、勇气和精神的依托，同时也是广大民众心灵中的美好和福音。

我非常敬仰妈祖，感佩她的伟大和博爱，也常去妈祖庙祭拜。常常有一种愿心，我们应该像妈祖一样用一颗慈善的心把爱传递给全人类，给予身边的人包容和理解，去帮助那些需要帮助的人。

2008年10月3日上午，这是让我一生难忘的时刻。我有幸参加了在海河亲水平台举行的第四届中国·天津妈祖文化旅游节的盛大开幕式。在"盛德齐天——妈祖颂"的节目版块中，我演唱了一首歌颂妈祖的曲目《大海的女儿》，受到了与会嘉宾的热烈欢迎。

记得接到天津歌舞剧院的演出通知，要我演唱一首歌颂妈祖的歌曲后，我想时间紧迫，如果想新创作一首妈祖的歌曲显然是来不及了，而社会上歌唱妈祖的歌曲又很少。所以我想起了在台湾的亲戚和福建的朋友，拜托他们寻找歌唱妈祖的歌曲。经过大家的共同努力，最终找到了这首《大海的女儿》，并通过网络传递了过来……

拿到歌曲后，我首先交给天津歌舞剧院创作室主任赵学询老师，由他改编配器并完成了音乐制作。最终这首《大海的女儿》歌曲经过我们几天的辛勤合作，终于在开幕式前完成了。

为了确保完美地展现妈祖的高贵品德和妈祖文化的深厚底蕴，我不断地演练，反复体会。同时，翻阅了很多有关妈祖文化的书籍，并虚心请教了天津天后宫的妈祖文化专家，进一步理解妈祖文化的内涵。每次演练时，都情不自禁地被这首歌曲的音乐和歌词所感染，心潮澎湃，难以言表。

在开幕式现场演唱这首歌曲时，我大胆地运用了一种天空与大海之间的凌空的歌唱方法与音色，深刻诠释了歌曲的思想内涵，"大海的女儿，她慈祥的目光，抚平了一切苦难。大海的女儿，她磅礴的柔情，驯服了肆虐的风浪。在茫茫的海天之间，留下了人间的传奇，在无际的海天之间，留下爱的颂歌……"增加了感染力和震撼力。

妈祖的精神是一种大文化，她的博爱、和平、正义、包容从古至今影响了许多人，把妈祖文化继承下来并传承下去，是我们义不容辞的责任和使命。妈祖文化作为世界文化遗产，既是中国的，也是世界的。我要用歌声把妈祖文化，把妈祖立德、行善、大爱的精神传播到全世界每个角落，直到永远……

（李青）

难忘的千人祭祀大典

时光隧道的穿越,往往是可以被美好的记忆强行止住,在回首过往的恢宏时,再次感悟邂逅它的刻骨铭心。

2012年9月27日上午7:30,天津天后宫宫前广场被装点得金碧辉煌、华丽典雅。以天津天后宫正门为主背景,广场的两座幡杆之间是一座高出地面0.6米,呈8米×8米、共64平方米的正方形祭台,环带栏杆。迎面高5.5米、宽7.5米巨幅的大红背板上雕刻着金灿灿的龙凤呈祥和彩色海水江崖图案,一对高5米、采用立粉装裱工艺制作的高大华表造型矗立左右两侧,华

⊙ "千人祭妈祖"祭典仪式(安盛崑摄)　　⊙ 仪仗执事就位(安盛崑摄)

柒——妈祖文化旅游节

⊙ 福建湄洲祖庙董事长林金榜（右）、台湾北港朝天宫董事长蔡咏锝（左）、天津天后宫主任尚洁（中）世界三大庙宇主委齐聚第七届中国·天津妈祖文化旅游节（安盛崑摄）

表上盘绕的金凤凰灵动飘逸。祭台正中，精致、气派的华辇上端坐着特意为这次节庆活动新塑的檀香木雕天后娘娘，雍容、慈祥、盛装、唯美，凸显着天津地域妈祖造像的独有气质。来自台湾等地区的妈祖圣像分列其两旁，昭示着中华民族的同宗同源、血脉相连。主祭台前还有两层低于主祭台的台阶，为陪祭区。八仙礼仪高跷、挎鼓等老会队伍排列周边。自戏楼拱门处起至主祭台，设有宽1.8米、长32米的神道，上铺金黄色镶边装饰的地毯，18位仪仗执事站立在神道两侧。整个广场周边，海内外各宫庙的各式幡旗迎风招展，五光十色，宛若阳光下的七彩碧波，无不使人产生一种幻漫和景仰。第六届中国·天津妈祖文化旅游节将从这里拉开帷幕，它的重头戏——大型的千人祭祀妈祖大典将在这里隆重举行。这是天津天后宫有史以来第一次在宫前广场举办如此盛大的祭典仪式。

随着司祭人按照祭祀大典流程的引导，主祭人、陪祭人着定制的中国汉族传统服饰就位，其他信众肩披红底黄字的祭拜绶带，分列宫前广场两侧。

神圣的时刻到了！钟鼓齐鸣！18声钟鼓响彻苍穹！以"同谒妈祖缘·四海一家亲"为主题的天后圣母祭祀大典在庄严肃穆的《妈祖·天后》音乐中开始。按照天津传统的妈祖祭典仪式依次行迎神礼、盥洗礼、上香礼、读祝礼、饮福酒受胙礼、进献礼、送神礼。身着蓝白相间、象征海洋的服

⊙ 海内外妈祖宫庙代表参加天津妈祖文化活动（安盛崑摄）

装的诵唱班，第一次登上妈祖节的舞台，在行进献礼的过程中全程诵唱《妈祖祭》。

最后，举办了翡翠妈祖圣像捐赠仪式。来自上海的赵柳成先生向天津天后宫敬送了翡翠妈祖圣像一尊，并与主祭人尚洁共同为翡翠妈祖圣像安座、揭幕。天津天后宫还为与会嘉宾和信众颁发了"结缘向善"礼牌。

来自海内外的妈祖文化专家、宫庙代表和信众们完全沉浸在祭祀大典中，尽情地虔心感受着天津妈祖文化的博大与独特，恢宏与丰富，很多人是全程流着泪水，无不为此次千人祭祀妈祖大典中彰显出的中华民族强大的民族凝聚力、天津天后宫皇家庙宇的气派、天津国际大都市的风采而折服、惊叹和感动。

我也为自己能够有幸成为主祭人而感到无比荣耀，这也将是我一生中最幸福的记忆。

（尚洁）

华彩炫舞河海生艳　津门故里日月同光
——第九届中国·天津妈祖文化旅游节开幕式回眸

高质量高水平的开幕式是一届盛事的特色亮点。那么第九届中国·天津妈祖文化旅游节的这个亮点要以什么为主题？如何展现？是否具有震撼力？这个压力是不言而喻的。

在中国·天津妈祖文化旅游节过往的18年间，已经举办的共八届中国·天津妈祖文化旅游节，每届都有不同的主题和亮点，如2001年首届的"四水合一、首龙点睛"；2004年第二届的"众水合一，众土归一"；2006年第三届的"四方锦鲤放生海河，中华亲情万代永传"；2008年第四届的"河海相依、妈祖情缘"；2010年第五届的"五谷丰登、百福祈祥"；2012年第六届的"同谒妈祖情、四海一家亲"等，各具风采，都使得开幕式不同凡响，令人难以忘怀。

而第九届中国·天津妈祖文化旅游节囿于规模、经费等诸多方面都有了新形势下的新要求……对于我们这个团队来说，这的确是一个不小的挑战。

之前都是白天举办开幕式活动，要突破这样一种模式化的活动，最鲜明的特色就是晚上。对！就在晚上！就这样，我们首先沟通、联络说服了各个方面，并达成共识，确定了将开幕式活动安排在晚上举办。这是自2001年创办以来第一次采取晚上举办开幕的形式，也可以说是圆了几代创办者近20年的梦想！

我们本着彰显地域特色、突出创新创意，体现古今交融、大气亮丽，通过现代科技与文化传承相融合的手段，传承中华优秀文化基因，以现代理念和手法传播，以开放、包容、创新、发展的姿态，弘扬妈祖精神、讲好天津故事、弘扬文化自信。同时，注重节俭办好活动，在充分发挥有限经费实际效能的基础上，既注重开幕仪式的庄重热烈，也注重给各界人民群众以充分

⊙ 第九届中国·天津妈祖文化旅游节开幕式光影秀《大爱妈祖 光映津门》（尚立新摄）

的观赏性和获得感，激发起更为强烈的爱党、爱国、爱家乡的荣誉感和自豪感。

按照市区领导对本届妈祖节开幕式相关活动，办出特色、办出水平、办出影响，彰显历史人文底蕴厚重、现代发展日新月异的新南开、新天津的要求，我们着力注重两个方面的突出，即在创意上突出文化传承与社会发展的融合，在创新上突出现代科技手段对视听技术的充分运用。为此，策划采用了现代科技与文化传承相融合的手段，集成声、光、电、数字、影像等技术为一体，通过数字高清视频，炫彩激光技术，组织了极富天津地域特色的"华彩天津 光映南开——'津门故里'光影秀"活动，以崭新的手法、高科技手段，传承好中华优秀文化基因，展示好天津、展示好南开的昨天今天和未来。

2019年9月26日晚8：18，海内外各界嘉宾和妈祖宫庙代表500余人参加了这一盛会。与会嘉宾分别乘坐在六条游轮上观赏，深度体验天津历史文化渊源、现代都市时尚的气势恢宏，感受天津600多年政治、经济、文化、旅游发展的斑斓风采与无限魅力，感受独具天津特色妈祖文化的氤氲和天津美丽璀璨的夜景。

天津市古文化街的"亲水平台"上，巨大的背景屏和光、电、水、声、雾等科技新元素演绎了天津市、特别是南开区的人文与历史，展现了我市改革开放40年来日新月异的发展建设成就。以序幕、尾声、"美丽学府"、"曲水流觞"、"智慧之光"、"通达天下"等六个篇章结构内容，从历史、学府、文化、科教、商贸、宜居等多个角度，充分展现天津和南开的昨天、今天和明天；通过古今对话、传统与现代相结合、虚实相间、高科技与前沿技术概念相融等方式，把天津市和南开区的昨天、今天和明天美轮美奂地展现在人们眼前，从人文、经济、社会等多维度勾勒出津门的动感与活力，彰显出天津和南开发展的坚定步伐和昂扬向上的积极姿态，向世人传递着天津温度、南开温度。

第九届中国·天津妈祖文化旅游节开幕式的"华彩天津 光映南开——'津门故里'光影秀"，以博大精深的海河文化为线索，以"人"字造型为外在视觉创意核心点；以"追梦"为内在核心内涵，突出了天津、南开浓郁的人文气息，更象征着中国北方国际大都市天津，不忘初心，扬帆远航，奋进拼搏，筑路圆梦，并正在用全球化的战略视野，打造"一带一路"的重要支点，为实现中华民族伟大复兴中国梦而不懈奋斗。

（王敬）

作品《华彩天津 光映南开——"津门故里"光影秀》的幕后故事

一、彩排

第九届妈祖艺术节开幕前夜

2018年9月25日晚,海河之夜,天空朦胧,"人"字雷亚架傲然耸立在古文化街亲水平台,绚丽夺目的灯光照亮了十里河面和桥梁,商业楼两侧超大视频荧幕与之遥相辉映,古老深邃的戏楼犹如琵琶遮面,灯留百盏、呼之欲出。

随着导演组指令,灯光炫图、多维激光投射,妈祖娘娘犹如穿越时光隧道,从清水涟漪中浮出河面,雷亚架上光束闪闪,四面体阶梯LED大屏的高清画面与覆盖近三万平方米的自由场扩声系统同步播出:天妃宫、鼓楼、纷至沓来的信众与游客,天津南开的中营小学、南开中学、南开大学校园里的朗朗书声,"为中华崛起而读书"的苍劲字体,高教科研基地的信息流与纵横如织的交通流展现出天津、南开阔步向前的激情画面……

站在指挥中心的操作台旁,望着这炫美的画面,聆听这撼人心魄的音乐,不由得心生感慨,回想创作团队这两个多月辛勤努力,妈祖光影秀作品终于有了呈现……

二、创作

机缘,是一个非常奇妙的遇见。2018年7月,应南开纪念改革开放40周年暨南开文化宫成立60周年活动组委会之邀,协助策划完成了文化中心大楼灯光秀的方案。活动结束后,大家对此简约绚丽的创意给予了肯定,与此同时,南开区及文旅局领导也提出了两个月之后将要举办的中国·天津妈祖文化旅游节能否将此表现手法融入开幕式。因项目级别的提升以及主题表现内容的艺术水准都需要进行充分细致的准备，特别是回顾前八届妈祖艺术节，每届都有亮点，每届都有新的诠释。妈祖"立德、行善、大爱"的主题是永恒的，而"德、善、爱"之光如何与人民福祉相结合？今届如何进行创意设计？融入声光电科技需要选择夜晚举办，大家清楚近年来天津的城市发展建设速度很快，亮化工程已经使津城的夜晚非常炫美，特别是在海河沿岸，如何应用声光电科技手段营造新的亮点，对天津及南开的经济、科技、文化发展做出新的诠释……

由锐丰科技天津公司牵头成立了以吴庆东为导演的创作团队，脚本确定了以序幕"津门故里"、第一篇"美丽学府"、第二篇"曲水流觞"、第三篇"智慧之光"、第四篇"通达天下"、尾声"幸福南开"为结构内容的初稿。序幕从津门故里拉开，用光影设备追索妈祖文化的历史，以立德、行善、大爱为主线，从"先有娘娘宫，后有天津卫"的地域文脉讲述天津故事。灯图编辑7天，视频制作5天，音乐设计5天，以导演阐述的形式汇编送审；修改若干，多次往返京津粤，直至彩排之日……

三、选址与选型

经创作团队多次现场勘查与评估，妈祖光影秀选址在古文化街海河亲水平台搭建，设计高度16米，占地面积约800平方米，自重60吨，安装960块LED大屏，1600只光束变色炫图灯具，两侧商业大楼楼顶安装520只图案灯，超大功率激光视频镜像对称。相关领导现场办公带领大家制定平台负荷，模拟实验以及后期现场复位的严谨实施方案。秋高气爽的海河之夜，仿佛又可见妈祖娘娘的德、善、爱之光……

四、准备就绪

2018年9月26日

8：00，拆除搭建现场围挡。

10∶00，扩声系统再次确认。

11∶00，应急消防安全再次确认。

12∶00，供电车保障再次确认。

14∶00，供电线缆路由再次确认。

16∶00，激光视频存储确认。

17∶00，雷亚架灯光大屏、海河沿岸灯光、河对岸实时摄录、戏楼灯光、激光投影、指挥中心操控人员按导演要求各就各位。

18∶00，天空不再朦胧，夕阳未去，皎月已来……

我们准备好了！

19∶30，第九届中国·天津妈祖文化旅游节开幕。

五、后记

作品《华彩天津 光影南开——"津门故里"光影秀》，脚本创作历时30天，现场搭建8天，使用声光电科技进行艺术创作讲述天津故事的表现手法在天津尚属首次。之前，很多人讲，津城街景早已不再灰暗，夜色之美在国内也是数得上的。然而我们的创作立意却不是街景亮化，作品使用了超万台灯光音响视频及其各类配套的电气设备。我们的初衷是想呈现一部简约炫丽的艺术作品，以诠释天津的曾经、现在和对未来的美好的憧憬和企盼，我们似乎做到了……

（岳伟）

附录　天津妈祖文化相关历史文献

表1　近代天津妈祖文化研究主要专著一览表

序号	作者	专著	出版时间
1	张焘著	《津门杂记》	清代光绪十年（1884）刻本
2	徐肇琼著	《天津皇会考》	民国二十五年（1936）刻本
3	望云居士、津沽闲人合著	《天津皇会考纪》	民国二十五年（1936）刻本

表2　当代天津妈祖文化研究主要专著一览表

序号	作者	专著	出版社	出版时间
1	尚洁著	《天津皇会》	山东教育出版社	1999年
2	董季群著	《天津文化概览（第一集）天后宫写真》	天津社会科学院出版社	2002年
3	尚洁著	《妈祖情缘》	香港凌天出版社	2003年
4	尚洁主编	《中国民俗大系·天津民俗》	甘肃人民出版社（国家"十五规划"重点图书）	2004年
5	尚洁著	《皇会》	天津百花文艺出版社	2006年
6	罗春荣著	《妈祖文化研究》	天津古籍出版社	2006年
7	尚洁主编	《天津通志·民俗志》（天津市重点社科项目）	天津社会科学院出版社	2006年
8	蔡长奎著	《妈祖文化艺术研究》	天津古籍出版社	2009年
9	冯骥才主编	《天津皇会文化遗产档案丛书》	山东教育出版社	2014年
10	张国贤著	《天津皇会》	天津社会科学院出版社	2015年
11	张国贤著	《天津的天后宫和城隍庙》	天津社会科学院出版社	2015年
12	高惠军、陈克整理	《天后宫行会图校注》（天津市"十三五"国家重点图书出版规划项目	天津古籍出版社	2017年
13	冯骥才名誉主编、尚洁主编	《天津市志·妈祖文化志》	中国方志出版社	2019年
14	尚洁编著、陈伟翻译	《天津天后宫行会图》（汉英对照）（国家出版基金项目）	天津教育出版社	2020年

表3　第一届妈祖文化论坛论文目录一览表

序号	作者	论文题目
1	冯骥才	《妈祖从信仰到文化》
2	周汝昌	《关注津门天后文化的意义》
3	乌丙安	《民俗文化资源的现代化效应》
4	韩嘉谷	《元代漕运和东西天妃宫》
5	罗雄岩	《海外风涛静 寰中麟凤翔——妈祖信仰与出巡舞蹈的文化探析》
6	吴祥	《台湾社会的转型与宗教信仰活动的演变》
7	邢莉 宋颖	《妈祖与观音》
8	蒋维锬	《关于妈祖"卫漕"之说》
9	李世瑜	《天后崇拜杂缀》

序号	作者	论文题目
10	胡光明	《天后文化与天津国际化大都市建设——兼论天津卫派文化的特质与地位》
11	罗澍伟	《"绣帨遥连赤崁城"》
12	张仲	《妈祖信仰与天津民俗》
13	董贻安	《宁波与妈祖信仰渊源关系辨析》
14	郭凤岐	《天后宫——天津文化的原点》
15	陈克	《妈祖崇拜与天津文化》
16	姜维群	《从平民到神演变的活化石——妈祖祭享现象与海运关系初探》
17	林开明	《天津妈祖文化试说》
18	周金琰	《妈祖文化活动应是精神文化活动》
19	陈健	《妈祖文化与天津及其传播》
20	冯育楠	《天后宫与天津民间艺术》
21	杨乃琛	《青岛天后宫与民俗博物馆》
22	董季群	《津门天后崇拜及其历史流变》
23	詹高越	《试议津台两地的妈祖文化》
24	蔡长奎	《天津天后宫与元直沽港》
25	尚洁	《妈祖从神话到文化的思考》
26	王利文	《妈祖文化与天津》
27	刘金山	《试谈妈祖文化的天津民间信仰特点》
28	王琳	《让文化撑起天津的蓝天——挖掘文化资源,促进城市可持续发展》
29	王长兴	《试析天后宫对明北天津城址选择的影响》
30	马俊红	《从匾联看天后宫对天津城市的影响》

表4 第二届妈祖文化论坛论文目录一览表

序号	作者	论文题目
1	刘魁立	《中华妈祖文化——宝贵的非物质文化遗产》
2	陶立璠	《妈组信仰的民俗学思考》
3	张仲	《妈祖信仰的社会契合性》
4	张士闪	《传统妈祖信仰中的民间记忆与官方记忆》
5	李正中	《妈祖文化研究的几个问题》
6	蔡相辉	《〈天妃显圣录〉考订》
7	姜维群	《妈祖封号初探》
8	周金琰	《浅谈闽台妈祖信仰文化活动》
9	邢莉 白庆侠	《东方海神与西方海神的比较研究——妈祖与波塞冬的比较》
10	叶涛	《山东沿海渔民的海神信仰与祭祀仪式》
11	吴裕成	《妈祖传说与中国井文化》
12	蒋维锬	《明永乐的太监外交与天妃崇拜》
13	龙辉	《郑和下西洋与赤湾天后宫》
14	汪放	《浏河天妃宫考》
15	楚丽霞	《论妈祖文化的时代价值》
16	李世瑜	《天后宫何来泰山娘娘》
17	尚洁	《妈祖文化与天津600年》
18	齐静	《由妈祖故事所引发的思考——妈祖信仰作为一种大众宗教的社会功能》
19	罗澍伟	《传承妈祖文化彰显城市魅力——为天津市第二届妈祖文化节学术研讨会而作》
20	许平	《妈祖文化旅游资源开发之拙见——兼论上海松江妈祖文化旅游产品的开发》
21	罗春荣	《妈祖文化深刻内涵及其强大生命力》

续表

序号	作者	论文题目
22	德永华	《妈祖文化刍议——贺中国·天津妈祖文化旅游节》
23	刘金山	《妈祖文化与中国民间诸神的泛道教化》
24	郑启浦	《扩大妈祖文化交流促进社会经济发展》
25	董季群	《试论天津天后宫对天津城市形成和发展的影响》
26	曹琳	《天后信仰在天津之变化及衰落原因再分析》
27	方广玲	《以津台两地妈祖文化传播的比较研究认识天津天后宫的历史地位》
28	陈健	《天津天后宫是中国北方妈祖文北的中心》

表5 第三届妈祖文化论坛论文目录一览表

序号	作者	论文题目
1	乌丙安	《国宝"妈祖祭典":重大非物质文化遗产的杰出价值评估》
2	苑利 顾军	《非物质文化遗产保护与我们所应秉承的十项基本原则》
3	陶立璠	《民间信仰是节会文化的灵魂》
4	周金琰	《浅论妈祖宫庙的管理》
5	樱井龙彦	《日本的妈祖信仰——其分布及现状》
6	洪莹发	《大甲妈祖进香神迹传说初探》
7	龙辉	《"辞沙"祭妈祖习俗撷趣》
8	徐样生	《妈祖信仰与海洋文化——永定县妈祖信仰流传迅速广泛原因初探》
9	尚洁	《皇会——中国北方妈祖祭典的遗产价值》
10	吴裕成	《"敕建"包容了"淫祀"——试论从祀天后宫的民间俗神》
11	章用秀	《从陈家沟娘娘庙看天津的妈祖信俗》
12	吴祥	《由道教宗教活动看外国人对中国文化之认同》
13	蒋维锬	《历代妈祖封号综考》
14	张仲	《天后宫拴娃娃与古代民俗》
15	罗澍伟	《传承民族艺术 光大妈祖文化》
16	郑成龙	《关于对妈祖文化与非物质文化遗产保护的思考与探讨》
17	蔡相辉	《日据时期的北港朝天宫》
18	董季群	《海神妈祖称谓的俗与雅》
19	李正中	《妈祖文化溯源考》
20	张利民 任吉东	《妈祖信仰在北方的传播演变》
21	黄浙苏	《论妈祖信仰对宁波海上丝绸之路发展的作用》
22	董振雄	《大甲妈祖绕境进香之文化价值》
23	杨大辛	《妈祖的人文形象》
24	齐静	《妈祖故事研究》
25	陈容明	《妈祖的出生和出身》
26	罗春荣	《妈祖传说研究——妈祖传说与远古神话》
27	王玉梅	《渔民祈愿活动与妈祖文化传承》
28	林财龙 王在英 郑锵	《郑和下西洋与福建妈祖文化》
29	罗海贤	《论析妈祖对中华海洋文化的伟大贡献》
30	江怀海 徐炯明	《宁波妈祖文化刍议》
31	陈杰	《福建省霞浦松山妈祖文化及历史意义》
32	郑志宏	《锦州妈祖文化一瞥》
33	陈克	《妈祖文化的现代化》
34	黄殿棋 王彤	《试论天津港口城市文化特质标志》
35	宋春兰	《民族文化资源的保护与利用》
36	段德融	《浅析妈祖文化的文物价值》

序号	作者	论文题目
37	刘金山	《天津妈祖文化的旅游开发价值》
38	陈壮军	《加强妈祖文化交流，促进妈祖文化事业的发展》
39	许平	《刍议"妈祖精神"的弘扬光大在社会主义荣辱观教育中的积极意义》
40	林国敏	《北方妈祖文化的建设与发展印象记》
41	郑启浦	《妈祖文化交流促进了妈祖故里——莆田市社会经济的快速发展》
42	赵耀双	《天津城市的发展与妈祖文化的关系刍议》
43	李世瑜口述，李厚聪记录整理	《天后宫里要不要王三奶奶？》
44	姚树贵	《一个"善"字了得》
45	方广岭	《试析天津近代城市文化转型中的妈祖文化》
46	陈健	《充分发挥中国北方妈祖文化中心的作用》
47	卢永绣	《妈祖文化与建设和谐社会》
48	王利文	《环渤海妈祖文化采风北线考察报告》
49	钱志强 牛刚	《我们的历史责任——整理抢救和传承发展皇会》
50	由国庆	《妈祖文化影响天津民风》
51	邵宝明	《构建妈祖文化桥梁，续延两岸心结纽带》
52	王志恒	《妈祖文化和时代的与时共进》
53	游丽珍	《中华民族的精神财富——妈祖文化在心灵净化中的作用》
54	刘强	《环渤海地区"中华妈祖文化文艺采风"南线考察报告》
55	张咏诗	《公共图书馆应对妈祖文化的研究提供资料整合》
56	姜欣政	《我眼中的妈祖》
57	郭俊次	《在天愿为"比翼鸟"在地愿为"连理枝"》

表6　第四届妈祖文化论坛论文目录一览表

序号	作者	论文题目
1	乌丙安	《国家级非物质文化遗产天津皇会实施保护的关键》
2	陶立璠	《妈祖祭典与非物质文化遗产保护——兼谈"非遗"名录评审的理论和实践》
3	周金琰	《刍议妈祖文化申报"世界文化遗产"工作》
4	蔡泰山	《两岸妈祖文化交流重要基元与发展方向之研究》
5	尚洁	《关于加强妈祖文化中非物质文化遗产保护的思考》
6	刘恒岳	《由天津皇会想到的——秧歌、延安、新舞蹈、发展民族舞蹈》
7	许平	《"妈祖祭奠"应当申报"世界文化遗产"》
8	王知三	《天津妈祖文化的保护与开发利用》
9	王宏刚	《妈祖崇信的内地传播——中国海洋与陆地水系互动的新视角》
10	张春生	《对妈祖神敬仰的一个思索》
11	黄殿祺	《迎接我市第四届妈祖文化旅游节确立中国北方天津妈祖文化中心地位》
12	邵宝明	《大中华意涵下的妈祖文化及其在两岸关系中的地位》
13	章用秀	《天津天后宫与名道士王野鹤》
14	关昕	《北京东岳庙海神殿仓神殿考》
15	陈杰	《浅谈霞浦松山妈祖文化》
16	吴裕成	《"水，阴次之，则曰妃"——从封号看妈祖信仰的产生与演进》
17	罗春荣	《妈祖传说是中华优秀文化遗产的重要组成部分》
18	甄光俊	《概说近年来天津艺苑涌现的两台〈妈祖〉》
19	林国敏	《妈祖信仰，撑起霞浦海洋文化的一片蓝天》
20	赵耀双	《浅议〈皇会论〉与串铃数子〈子弟过会〉》
21	郑启浦	《妈祖文化的传播交流与社会经济发展的关系》

续表

序号	作者	论文题目
22	刘金山	《传承妈祖文化增强中华认同》
23	罗澍伟	《妈祖诞辰庆典是天津第一非物质文化遗产》
24	李莹 王玉梅	《津门妈祖文化传承需要文学力量的助推》
25	卓克华	《新竹内天后宫之历史调查与研究》
26	王利文	《试论"皇会"保护中的几个问题》
27	方广岭	《妈祖文化是中华优秀文化遗产的集中体现》
28	杨家瑢	《海神妈祖精神与海洋文化》
29	姚树贵	《无量"功德"不了情——妈祖文化涌动黎庶盛歌传承》
30	郑成龙	《关于对妈祖文化与民俗风情的探讨和思考》
31	陈健	《妈祖信仰与中华民族优秀传统美德》
32	齐静	《妈祖文化作为一种文化遗产的价值》
33	王志恒	《妈祖文化中的天津皇会》
34	张月光	《妈祖文化是中华民族的经典文化》
35	赵振民	《天津皇会已成为妈祖节活动的亮丽风景》
36	宋铭月	《浅析文学艺术对妈祖文化的传播》
37	沈岩 马颖	《关于打造天津妈祖文化旅游品牌的几点思考》
38	由国庆	《妈祖风范流芳邮品》
39	周姗姗	《弘扬妈祖文化 传播中华美德》
40	张思华	《天津城市发展的摇篮与天津天后宫始建考略》
41	傅德伟	《妈祖文化——民俗文化摄影者极力保护的文化遗产》
42	徐婷婷	《初识妈祖文化之美》
43	王丽莉	《浅谈妈祖文化》
44	刘强	《民俗博物馆在民俗学研究领域及非物质文化遗产保护中的作用》
45	张晓丹	《浅谈天津天后宫对天津城市形成和发展的影响》

表7　第五届妈祖文化论坛论文目录一览表

序号	作者	论文题目
1	蔡世彦 刘金山	《现代妈祖文化传承综论》
2	陈丽贤 陈丽闻	《妈祖与医学的人文共性》
3	蔡泰山	《妈祖文化创意产业的时代意义与创思作为之研究》
4	王知三 王莲春	《妈祖文化意识及妈祖信仰的文化圈》
5	陈克	《海洋文明与海洋文化的区域性特征》
6	刘咏	《江苏妈祖文化遗产和天妃宫郑和航海遗存的原真性保护与价值提升刍议——以宗教势力入主太仓、南京两地天妃宫现象为例》
7	林正修	《华人海洋性、东亚和平与妈祖信仰》
8	周金琰	《从妈祖祭拜看其对现代社会的影响——以浙江象山、广东深圳、台湾澎湖、福建湄洲为例》
9	周丽妃	《民俗文化与经济发展之间的关系——以妈祖文化为个案》
10	李莺	《上海妈祖文化与漕运》
11	孔正一	《妈祖现象与现实》
12	林国敏	《弘扬与发展妈祖文化要"四驾马车"协调并进》
13	吴裕成	《〈天妃娘妈传〉塑造水神形象——兼论这部明代小说中鳄与猴的符号意义》
14	陈添寿	《发展文化创意产业的政府角色分析——以台湾妈祖信仰为例》
15	陈容蓉 宋新民	《从传统儒家观点论大学品德教育中的典范人物——以妈祖为例》
16	蔡武璋	《台湾妈祖文化探索——航海之神的故事》
17	张利民	《妈祖信仰在北方的传播》

序号	作者	论文题目
18	陈杰	《妈祖信仰世代弘扬——浅析福建霞浦妈祖信仰》
19	张宪昌	《妈祖文化空间新探》
20	林开明 刘佐亮	《乾隆巡幸津门"笙歌帗舞迎驾"——"皇会"试说》
21	罗澍伟	《关于试行改进妈祖诞辰和春祭典礼的一点思考》
22	张春生	《从内涵与当代性谈妈祖信仰》
23	齐珏	《融入新生活——试论非物质文化遗产妈祖祭典（天津皇会）活态传承的可能》
24	朱伯评	《妈祖文化在当下的弘扬》
25	尚洁	《妈祖文化北传的路径探源》
26	罗春荣	《妈祖巫文化对杨柳青木版年画的深刻影响》
27	蔡雷	《浅谈浙北渔场中的妈祖信仰》
28	康军	《对当代社会弘扬和发展妈祖文化的思考》
29	章用秀	《妈祖文化在西南地区的传布》
30	许哲娜	《天后宫在当代城市发展中的生存模式——兼论漳州、天津两地信仰的异同》
31	姚树贵 刘新梅	《德善润天下清风贯长虹——拙释当代社会妈祖文化的弘扬与发展》
32	娄婷	《延伸在当代社会中的妈祖文化》
33	许春蓝	《当代社会妈祖文化弘扬与发展》
34	纪俊臣	《两岸发展新启示：妈祖信俗与经济合作架构协议之良性发展》
35	方广岭	《妈祖文化的价值内涵及影响》
36	郑成龙	《新竹地区客家人祭拜妈祖的民俗风情探讨——迎妈祖与绕境、以灵治灵与驱邪赐福》
37	邵宝明	《试论妈祖文化在津台两地社会生活及交流中的地位》
38	郑启浦	《经商不忘传播妈祖文化——记天津市莆田商会连续四年举办天上圣母省亲散福巡安活动》
39	王君霞	《妈祖文化的起缘传播和弘扬发展》
40	侯杰 李钊 赵天鹭	《天津天后宫的民俗旅游刍议》
41	黄殿棋 王彤	天津城市标志性建筑的形成与历史文化遗存的保护开发——仅以大直沽地区天妃灵慈宫遗址开发为例》
42	赵耀双	《从天津的晏公庙说起》
43	李莹 王玉梅	《做大"津门第一庙会"促进妈祖文化的创新与发展》
44	杨家瑶 王建环	《探讨天津妈祖文化资源与文化创意产业的发展》
45	刘强 金鹏	《民俗文化对德化白瓷创作的文化影响》
46	张晓丹	《天津妈祖文化的独特信俗》
47	濮文起	《妈祖信仰在天津》
48	齐静	《妈祖文化在天津的弘扬与发展》
49	朱伯评	《妈祖文化在当下的弘扬》
50	傅亚冬	《妈祖文化在天津的传播》

表8　第七届妈祖文化论坛论文目录一览表

序号	作者	论文题目
1	陈克	《妈祖文化的升华——妈祖信仰在天津》
2	郭凤岐	《妈祖文化的现代意义》
3	刘金山	《试谈妈祖文化的时代性》
4	张春生	《从历史崇敬走向现代精神的美丽——妈祖文化的当代解读》
5	黄殿棋 王彤	《妈祖文化在天津城市建设发展中的重要作用》
6	阎金明	《关于妈祖文化助推津台经贸交流的思考》
7	刘顺利	《妈祖林默娘形象的崇祖色彩》

续表

序号	作者	论文题目
8	宋光宇	《妈祖信仰的社会功能》
9	侯杰 李净昉	《天后信仰与地方社会秩序的建构》
10	蔡志祥	《在分灵与姐妹之外：国家、族群与新加坡的天后——妈祖信仰的启示》
11	罗春荣	《妈祖图像的历史足迹与意义》
12	吴裕成	《漕运、海神与一座城市的兴起——天津历史发展视野里的妈祖文化》
13	罗澍伟	《关于妈祖信俗中的天津特色》
14	章用秀	《〈津门保甲图〉上的妈祖庙》
15	梁广中	《震撼心灵的"大直沽天妃灵慈宫"》
16	郭庆江	《从葛沽妈祖文化想到的》
17	王凤 霍金	《中国传统木版年画与津门天后信仰》
18	王勇则	《清末天津皇会失慎时间考》
19	王小蕾 侯杰	《妈祖信仰亚洲海域的传布探析——以"海洋亚洲"为视域的考察》
20	胡松雅	《近十年来大陆地区妈祖信仰研究史综述》
21	尚洁 桂慕梅	《民俗文化创新在培育和践行社会主义核心价值观中的作用》

表9　第八届妈祖文化论坛论文目录一览表

序号	作者	论文题目
1	谭汝为	《天后信仰与天津方言文化》
2	侯杰 张鑫雅	《祖信仰在近代天津的传布团——以〈大公报〉为例》
3	陈克	《从文化体系看中国海神的异同》
4	罗澍伟	《关于海上丝绸之路经济带的北方起点——兼说妈祖认知中的"泛妈祖"现象》
5	阎金明	《基于"一带一路"视角的天津旅游业发展研究》
6	吴裕成	《诞辰祭典·出巡散福·大众狂欢——天津皇会：妈祖信仰习俗的重要载体》
7	尚洁	《关于皇会活态传承问题的思考》
8	张春生	《生活中的崇敬——谈天津的皇会》
9	刘金山	《妈祖仪典（祭典）和皇会的祭祀文化特征》
10	黄殿棋 王彤	《传承中华传统文化 把握独特战略资源——学习习近平同志相关重要论述及相关评价有感》
11	甄光俊 王琼	《花会〈篓子灯〉实系傩俗》
12	梁广中	《天津皇会里的天安寺同乐高跷会》
13	方广岭	《环渤海地区现存妈祖文献的史料价值》
14	续红泉	《妈祖民俗文化是天津旅游的助推器》
15	崔雅倩	《天津法鼓老会传承困境之思考》
16	汤小娟	《整理香塔老会，使之在新时期创新发展》
17	卢建新	《从影视媒体看谁在参与大甲妈祖巡游》
18	马晓驰	《天津地区妈祖信仰与标准化、地方问题论述》
19	陈华秋	《天津地区妈祖庙的空间布局与视觉文化探析》
20	高晓宇	《妈祖信仰与东南亚华人社会》

表10　第九届妈祖文化论坛论文目录一览表

序号	作者	论文题目
1	陶立璠	《妈祖信仰与非物质文化遗产保护》
2	周金琰 周丽妃	《人类非遗"妈祖信俗"的保护——以"湄洲妈祖祭典"为例》
3	谢胜义	《浅论世界遗产的妈祖文化之角色》
4	蔡相辉	《世界遗产与妈祖文化》

续表

序号	作者	论文题目
5	游红霞	《妈祖信俗的文化谱系与非遗保护》
6	马文清	《南开区非物质文化遗产保护工作的传承与创新》
7	尚洁	《品牌保护与创新融合是新时代非遗项目有效传承、可持续发展的重要路径——以"皇会"为例》
8	蒲娇	《妈祖信仰在津的"正祀"演变兼论"非遗"视角下的皇会文化建构》
9	卫庶	《妈祖文化的生命力》
10	罗澍伟	《试论妈祖文化的本原价值》
11	吴裕成	《妈祖文化的当代解读与保护》
12	耿学明	《妈祖文化的传承价值》
13	张月光	《〈天津市志·妈祖文化志〉——首部地域妈祖文化志》
14	刘金山	《妈祖文化遗迹、传说与妈祖圣象、宫庙建设相结合的现代化意义》
15	袁学俊	《弘扬妈祖文化,开辟国际文化旅游圈》
16	张晓丹	《天津妈祖文化研究现状及现代功能》
17	陈克	《妈祖文化与一带一路》
18	侯杰 张鑫雅	《海洋中国:妈祖信仰的传播——以天津为中心考察》
19	崔庆捷 莲启	《行进在"一带一路"中的妈祖文化——关于元明清天妃宫遗址博物馆与天妃庙复建的时光追寻》
20	谭汝为	《从天津方言角度诠释妈祖文化》
21	陈兴华	《试论灵渠与妈祖文化》
22	郁立安	《蚕沙口妈祖信仰考辨与中国民间非制度化宗教》
23	张宇	《浅谈天津泥人张世家妈祖像》
24	肖海明	《试论清代〈天津天后宫行会图〉的叙事结构和象征意义》
25	逯彤	《妈祖彩塑创作随笔〈护海妈祖〉创作由来》
26	蔡长奎 刘金山	《木版年画中的天上圣母妈祖文化传播中的木刻版画、年画与壁画》
27	宋少波	《试论邮资票品对妈祖文化的影响》
28	王志恒	《我用画表现妈祖文化》
29	尚立新	《论摄影图片对天津南开妈祖文化传承发展的影响》
30	周醉天	《萧振瀛与天津皇会》
31	姚树贵	《妈祖法绘自淳真 德善清风沐苍穹》
32	汤兴国	《妈祖文化必须在交流互鉴中实现创新性发展》
33	张显明	《天后宫忆旧》
34	王春	《浅议妈祖文化》

"历史虽然是过去发生的事情,但总会以这样那样的方式出现在当今人们的生活之中。"

妈祖文化是天津起源和发展的脉络,"立德、行善、大爱"是天津人崇尚的品德。保护、发展优秀传统文化功在当代,利在千秋。

推动优秀传统文化融入新时代,是我们义不容辞的责任。

深厚的人文关怀和普世价值,始终是妈祖文化亲和力和凝聚力的源泉。

妈祖文化的传入和发展,铸就了天津优秀地域文化的灵魂。

后记

妈祖，是一个极具传奇色彩的人物，是真善美的化身。她之所以被数以亿计的人们所敬仰，正是因为她身上所表现的热爱和平、爱国爱家、除暴安良、见义勇为、助人为乐、无私无畏、敢于奉献的高尚品格与中华民族的传统美德一脉相承。由此形成的妈祖文化不仅是中华优秀传统文化的重要组成部分，作为世界文化遗产之一，更是人类文化的共同财富。因此妈祖既是属于中国的，也是属于全世界的。

《津卫妈祖》一书采用大量的历史资料、图片及亲历者的口述等第一手资料，全方位展现了妈祖文化在天津产生、发展的历程，细致梳理了妈祖文化对天津社会发展的影响，特别是亲历者的口述，填补了史料的空白，为天津妈祖文化的研究留下了宝贵的第一手资料。

非常感谢冯骥才、周金琰、韩宏范、张志、谭汝为、陈克、李家璘、张利民、姜维群、吴裕成、李家森、杨鸣起、王敬、尚洁、刘丽、刘瑞芳、王利文、华绍栋、张宇、吕琰、赵靖、李青、张月光、张威、江春、穆霖、耿学明、崔欣、何焕臻、魏以刚、桂慕梅、段德融、董季群、龚孝义、岳志刚、张晓丹、安盛崑、刘心、汲朝怡、蒲娇、刘建国、宋少波、戴东涛、孙林瑞、谢俊煌、尚君、续红泉、贺艳生、刘健、岳伟、武延增、尚立新、聂元龙、于全岑、王晓岩、王红磊、郭男平、刘杰、王金亮、田萌、王楠、赵猛、桑吉扎西、邰思博、张强等专家学者和工作人员在本书编撰过程中给予的支持和帮助。同时，本书还收录了已故著名专家李世瑜、张仲两位先生的遗作，以此表达对前辈的敬意和怀念。

《津卫妈祖》是凝结着集体智慧和历史记忆的妈祖文化成果，在一个具有历史意义的时刻——妈祖荣膺海神1034周年暨"妈祖信俗"列入世界非物质文化遗产名录12周年付梓出版，既是天津这座历史文化名城的一件文化盛事，亦是中华优秀传统文化传承有序、发扬光大的重要标志。

　　留住城市记忆，传承津卫文化是我们的美好愿望。也许本书还不够完美，但我们坚信初心的力量，《津卫妈祖》的涟漪无论对大运河文化、海洋文化还是城市文化领域的延伸探究，都将具有推动作用。

　　在此亦敬请读者指正。

编者
2021年5月4日

图书在版编目（CIP）数据

津卫妈祖 / 马文清主编 . — 北京：文化艺术出版社 , 2021.4
　　ISBN 978-7-5039-7088-7

　　Ⅰ . ①津… Ⅱ . ①马… Ⅲ . ①神—信仰—民间文化—天津—通俗读物 Ⅳ . ① B933-49

中国版本图书馆 CIP 数据核字 (2021) 第 052788 号

津卫妈祖

编　　者	马文清
责任编辑	原子婷
责任校对	董　斌
书籍设计	张亚静
出版发行	文化艺术出版社
地　　址	北京市东城区东四八条52号（100700）
网　　址	www.caaph.com
电子邮箱	s@caaph.com
电　　话	（010）84057666（总编室）　84057667（办公室） （010）84057696—84057699（发行部）
传　　真	（010）84057660（总编室）　84057670（办公室） （010）84057690（发行部）
经　　销	新华书店
印　　刷	北京雅昌艺术印刷有限公司
版　　次	2021年10月第1版
印　　次	2021年10月第1次印刷
开　　本	787毫米×1092毫米　1/16
印　　张	28
字　　数	300千字　图片240余幅
书　　号	ISBN 978-7-5039-7088-7
定　　价	128.00 元

版权所有，侵权必究。如有印装错误，随时调换。